신용하 慎鏞廈

서울대 문리대학 사회학과를 졸업하고 같은 대학 대학원에서 경제학 석사와 사회학 박사학위를 받았다. 서울대 사회학과 교수(1981~2003), 한국사회학회 회장, 독도학회 회장 등을 역임하고, 한양대, 이화여대, 울산대 석좌교수를 지냈다. 현재는 서울대 명예교수 및 대한민국학술원 회원으로 있다.

대표 저서로 《신판 신간회의 독립운동》, 《독립협회연구》, 《한국독립운동사 연구》, 《3·1운동과 독립운동의 사회사》, 《한국근대민족운동사 연구》, 《한국근대사회사연구》, 《한국의 독도영유권 연구》, 《고조선문명의 사회사》 등이 있다.

민족독립혁명가 도산 안창호 평전

초판 1쇄 발행   2021. 1. 19.
초판 2쇄 발행   2023. 3. 30.

지은이   신용하
펴낸이   김경희
펴낸곳   (주)지식산업사
본사 ● 10881, 경기도 파주시 광인사길 53(문발동)
전화 031－955－4226~7 팩스 031－955－4228
서울사무소 ● 03044, 서울시 종로구 자하문로6길 18－7
전화 02－734－1978, 1958 팩스 02－720－7900
영문문패   www.jisik.co.kr
전자우편   jsp@jisik.co.kr
등록번호   1－363
등록날짜   1969. 5. 8.

책값은 뒤표지에 있습니다.

이 책에 대한 문의는
지식산업사로 연락해 주시길 바랍니다.

민족독립혁명가

도산 안창호 평전

신용하

지식산업사

이 저서는
2015년 대한민국 교육부와 한국학중앙연구원(한국학진흥사업단)의
한국학총서사업 지원을 받아 수행된 연구임(AKS-2015-KSS-123006)

머리말

이 책은 도산 안창호 선생의 생애와 업적을 한국민족과 사회의 변혁 과정의 시각에서 서술한 평전이다.

도산 안창호 선생은 개량주의적 '민족개조론자'가 아니고 당시 최고의 '민족혁명가'였다. 저자가 이 사실을 절감한 것은 '신민회'에 대한 연구논문을 쓰던 1970년대였다. 한국 근대역사에서 한국민족과 한국사회의 전근대체제를 근저에서 해체시키고 민중의 힘으로 새로운 한국민족의 시민사회 근대체제를 확립하면서 일본 제국주의 침략을 타도하려는 한국민족 최초의 '시민적 신민족 민주혁명당'이 '신민회'이고, 이 혁명당 신민회를 창립하여 선구적 신민족 민주혁명운동을 선창하고 지도한 분이 바로 도산 안창호 선생임을 저자는 신민회의 제일차 자료를 검토하다가 알게 되었다.

저자는 그때 바로 도산 선생의 연구서 겸 교양서로서 새 평전을 쓰고 싶었다. 이전까지 저자는 춘원 이광수의 《도산 안창호》라는 전기와 주요한의 《안도산 전서》라는 평전의 영향을 받아서, 도산을 민족개량주의적 독립운동가이며, 인격 수양과 준비를 강조하는 민족개조론의 스승이라고만 생각하고 있었다.

우리 국민 대다수에게 정립되어 있던 이러한 도산의 상은, 주로 춘원과 요한 두 분이 유려한 문장으로 보급한 도산의 반쪽 像이었다. 그러나 도산의 실제 생애는 그렇지 않았다. 독립운동사 자료들을 읽으면

읽을수록, 새로운 민족독립운동노선이 필요한 시기에 가장 적절한 새 노선과 방법까지 과감하게 제시하여 큰 장벽을 돌파하는 도산의 명석함과 민주적 지도력 및 혁명성에 저자는 수없이 탄복하였다.

저자가 읽은 도산에 대한 논평 중에서 가장 객관적이고 정곡을 찌른 것은 서재필 선생의 논평(《도산안창호전집》 제13권, 250~251쪽)이라고 생각한다. 서재필은 뛰어난 수재였고, 일찍이 1893년에 미국 컬럼비아 의과대학(지금의 조지워싱턴 대학교 의과대학)을 졸업한 의사로서 당시 세계적 의학 학술지에 의학연구논문을 여러 편 발표한 당시 세계 최고 지성인의 하나였다. 그는 거의 남을 존경하거나 칭찬하지 않는 습관을 가진 분이었다. 서재필은 도산보다 14년 선배였으며, 사적 친분은 없었고, 냉정한 관찰만 있었다. 그러한 서재필이 1938년 도산의 별세 소식을 듣고, 도산을 아브라함 링컨에 비유하면서 진심으로 높이 존경하는 글을 썼다.

서재필은 도산을 그가 아는 독립운동가들 가운데서 가장 뛰어난 인물이라고 논평하였다. 도산은 조직을 만드는 능력이 탁월하며, 어떠한 상황에서도 함께 일하는 사람들을 자기편으로 만드는 능력을 가졌다고 평하였다. 그는 자신과 다른 의견을 고집하는 사람들에 대해서도 매우 관대하고, 인내심을 갖고 의견을 교환하며, 자유로운 토론을 요구할 때 자신의 의견을 솔직하게 나타내는 데 두려움이 없었다. 그는 타고난 명

석한 두뇌와 성실한 공부로 가장 필요한 시기에 언제나 문제를 해결하는 데 정확한 해답을 제시하였다. 세계에는 비천한 지위에서 뒷날 조국의 지도자가 되어 큰일을 한 뛰어난 품성을 가진 사람들이 가끔 있는데, 미국의 에이브라함 링컨이 그 가운데 하나이다. 안창호도 빈한한 시골 가정에서 태어나 정식 고등교육을 받지 못했음에도 높은 이상과 함께 스스로의 공부와 노력으로 방대한 실제적 지식과 높은 상식을 갖춘 고결한 성품의 지도자가 되었다. 만일 안창호가 링컨과 같은 (미국 대통령의) 기회를 가졌었다면 더 큰일을 이루어 세상에 더 알려졌을 것이라고 서재필은 논평하였다.

저자는, 서재필 선생의 안창호 선생 인물평이 가장 실제와 일치한다고 생각한다. 민족해방 독립전선의 최선두에서 좌·우 통일과 대통일을 주창하며 자기를 희생해 바치면서, 모든 애국세력들을 승복시키고 지도했던 도산 안창호 선생이 광복 후까지 생존했더라면, 강요된 분단을 민족의 힘으로 극복하고 민족통일을 그 시기에 성취하여 한국전쟁의 뼈저린 상처와 아픔은 아예 없지 않았을까, 상상해 보기도 한다.

저자는 그사이 맡아 놓은 일에 쫓기어 도산 평전을 미루어 오다가 이제야 책을 내게 되었다. 이 책은 외람되게 춘원과 요한 두 분이 수양과 단련을 강조하는 '민족개량주의적 민족개조론자'로 정립한 도산 선생의 이전의 상像을 민족운동과 독립운동 역정에서 동포와 나라에 바친 그

의 일생과 일치하는 새로운 상으로 다시 조각한다는 의미로 '민족독립
혁명가 도산 안창호 평전'이라고 제호를 붙였다.

그러나 저자는 문장이 매끄럽지 못하고 글쓰기 훈련도 부족하여 제
목에 설명이 미흡하지 않을까 두려운 마음이다. 독자들의 질정을 받아
계속 고쳐 나가려고 한다.

이 책이 도산 안창호 선생의 겨레와 나라에 바친 위대한 생애를 아
는 데 독자들에게 조금이라도 도움이 되기를 간절히 바랄 뿐이다.

이 책의 출판을 맡아 주신 지식산업사 김경희 사장님께 감사드리며,
정성껏 교정을 보아 주신 편집부 직원들께도 감사를 전한다.

또한 이 책 원고의 타자와 교정에 정성을 기울여 준 서울대학교 대
학원 사회학과 조민서·전경모 두 조교에게도 깊이 감사하는 바이다.

2021년 1월 1일 새해를 맞으면서

신용하 삼가 씀

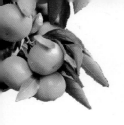

차 례

머리말 ● 5

제1장 소년시절과 서당 수학 ● 13
　1. 출생과 성장 _14
　2. 소년 안창호의 각성과 나라와 겨레의 발견 _17

제2장 신학문의 수학과 야소교학교 ● 21
　1. 상경과 '야소교학교' 입학 _22
　2. 귀향과 약혼 _26

제3장 독립협회에서 구국운동 시작 ● 27
　1. 독립협회 가입과 서재필의 영향 _28
　2. 독립협회 평양지회 설립 및 쾌재정 연설과 만민공동회의 활동 _32
　3. '점진학교' 설립과 신교육운동 _37

제4장 도미 유학의 길과 안창호형 리더십의 형성 ● 41
　1. 도미 유학의 여정과 결혼 _42
　2. 안창호형安昌浩型 리더십 형성과 한인친목회 _45

제5장 리버사이드 공립협회의 창립과 "도산선생 공화국" ● 49
　1. 리버사이드 공립협회共立協會 _50
　2. "도산 선생 공화국" _55

제6장 전미주 '한인공립협회' 본부와 '공립신보' 발행 ● 65
　1. 전미주全美洲 '한인 공립협회'의 창립 _66

2. 공립협회의 항일운동 _68

제7장 도산의 귀국과 대한신민회의 창립 ● 기

1. 리버사이드에서 대한신민회 구상과 준비 _72
2. 도산의 귀국길 _80
3. 도산과 국내 '대한신민회' 창립 _82

제8장 신민주의新民主義와 신민회의 국권회복운동 ● 95

1. 신민회의 목적과 도산의 '신민주의' 사상 _96
2. 신교육구국운동과 대성학교 _99
3. 도산과 신민회의 학회활동 및 계몽강연운동 _106
4. 이토 히로부미의 회유공작 거절 _109
5. 도산과 신민회의 잡지·서적 출판운동 _112
6. 도산의 〈애국가〉 작사와 애국계몽창가 보급 _114
7. 도산과 신민회의 실업운동 _125
8. 도산과 신민회의 청년운동과 청년학우회 창립 _127
9. 도산과 신민회의 독립군기지 창설운동 _129

제9장 망명과 연해주에서의 활동 ● 135

1. 망명 _136
2. 연해주에서의 활동 _142
3. 망명 후 미주에서 받은 신민회의 소식 _148

제10장 '대한인국민회'를 민족자치기관으로 확대 강화 ● 153

1. 대한인국민회 중앙총회의 결성 _154
2. 한국민족 자치기관으로서 대한인국민회 정립 강화 _157
3. 멕시코 지방회의 방문과 조직 강화 _167

제11장 흥사단興士團의 창단 ● 171

1. '흥사단' 창단 목적과 흥사단의 이념 _172
2. '흥사단기興士團旗'의 새 해석 _179

3. 흥사단의 조직 _181

4. 흥사단의 창단 _184

5. 북미실업주식회사의 설립 지도 _189

제12장 상해 임시정부 내무총장 겸 국무총리 대리 시기의 활동 ● 193

1. 도산의 상해 도착과 3개 임시정부 _194

2. 상해 임시정부 내무총장 겸 국무총리 대리 활동 _205

제13장 도산의 통합 임시정부 수립 활동과 성공 ● 217

1. 3개 임시정부의 실상과 특징 _218

2. 도산의 3개 임시정부 통합 활동 _222

3. 통합 대한민국 임시정부 수립의 성공 _228

4. 도산의 대통령 대리 피선과 취임 거부 _233

5. 통합 대한민국 임시정부 수립의 역사적 의의 _237

제14장 도산의 민주주의사상과 독립운동 6대 사업 및 방략 ● 241

1. 민주주의사상과 독립운동 6대 사업 및 방략 발표의 동기 _242

2. 군사와 '독립전쟁' 전략_245

3. '외교'와 '교육' _251

4. '사법'과 '재정' _254

5. '통일'과 대동단결 _257

6. 흥사단 원동위원부의 설치 _259

제15장 도산의 임시정부 개조활동과 국민대표회의 ● 267

1. 임시정부의 활동과 어려움 _268

2. 독립운동가들의 '국민대표회의' 제안과 도산의 동의 결정 _274

3. 도산의 임시정부 개조 강화를 위한 국민대표회의 개최 활동 _277

4. 동명학원東明學院의 설립 _287

제16장 도산의 임시정부 국무령 사양과 민족혁명론 ● 291

1. 도미와 상해 임시정부의 상태 _292

2. 도산의 임시정부 국무령 사양 _301

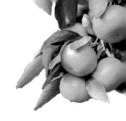

3. 도산의 민족혁명론 _307

제17장 대공주의大公主義와 '민족유일독립당' 운동 ● 317

1. 도산의 대공주의大公主義 _318

2. 중국 관내에서 민족유일독립당 결성 활동 _327

3. 만주에서의 민족유일독립당 결성 활동 _332

제18장 상해 한국독립당 창당 및 '한인 모범촌' 건설계획과 항일 '한·중동맹군' 제의 ● 339

1. 상해 한국독립당의 결성 _340

2. 독립운동 근거지 '한인 모범촌' 건설계획 _342

3. 도산의 항일 '한·중동맹군' 창설 제의 _348

제19장 체포·투옥·순국 ● 351

1. 도산의 피체 _352

2. 도산의 투옥 _355

3. 도산의 순국殉國 _367

부기附記 ● 372

도산 안창호 연보 ● 374

참고문헌 ● 394

찾아보기 ● 397

제1장

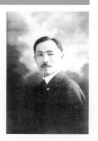

소년시절과 서당 수학

I. 출생과 성장

한국민족이 일본 제국주의자들의 침략과 강점으로 도탄에 빠져 있던 캄캄한 어둠의 시기에 민족의 자유와 독립을 쟁취하고 겨레의 나아갈 진로를 가르쳐 준 위대한 선구자의 하나가 대동강 가운데 작은 섬마을에서 가난한 농부의 아들로 태어났다. 그가 도산島山 안창호安昌浩 선생 (이하 도산 또는 안창호로 약함)이다.

안창호는 1878년 11월 9일(음력 10월 6일) 평안도 대동강 하류 강서군江西郡 '도봉섬'에서 평민 신분의 빈농 안흥국(安興國, 1852~1885)과 어머니 황몽은(黃夢恩, 1847~1929)의 셋째 아들로 태어났다. 큰형은 치호致浩, 둘째형은 어릴 때 사망했고, 막내 누이동생이 신호信浩였다. 본관은 순흥順興이다. 그의 출생지는 일제 강점기 행정구역 명칭으로는 평안남도 강서군江西郡 초리면草里面 칠리七里 봉상도鳳翔島로 되어 있다.[1]

종래 도산에 대한 모든 전기들은 춘원 이광수의 최초의 전기에 따라 도산의 출생지를 대동강 가운데 '도롱섬', '도룡섬'이라고 기록해 왔다.[2] 이것은 틀린 것으로 보인다. 도산의 가족은 출생지를 '도봉섬', '도봉리'로 말해 왔다.[3] 필자는 이것이 정확한 것이라고 본다.

---

[1] 〈安昌浩自筆履歷書〉, 도산안창호선생기념사업회 편, 《도산안창호전집》 제1권, 2000, 149쪽 수록 참조.
[2] 李光洙, 《島山 安昌浩》, 도산기념사업회, 1947, 15쪽; 주요한, 《安昌浩全書》 상편, 삼중당, 1971, 15쪽 참조.

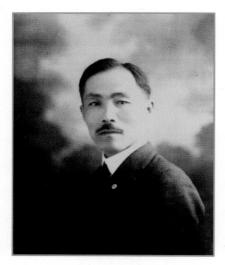

사진 | 도산 안창호의 모습

당시 관행으로 '호'는 거의 모두 자기가 태어나거나 오래 거주한 마을 이름을 우아하게 변용해서 취하는데, 안창호의 호 '島山'은 '섬뫼'(섬메), '섬봉우리'의 뜻으로서, '도봉'島峰과 일치한 데서 이를 알 수 있다. '島山'과 '島峰'은 동일한 뜻이다.**4** 이 지역 사람들은 이 섬을 '섬뫼'의 뜻으로 '도(島)마메'라고 부르고 있었다.**5** '도봉리'와 같은 말이다.

---

3 《안창호전서》, 15쪽;《도산안창호전집》제12권, 501쪽 참조.

4 주요한이 도산 전기에서 도산이 24세 때에 기선을 타고 태평양을 건너다가 하와이 부근 망망대해 가운데 작은 섬 하나가 있는 것을 보고 그 섬의 기개에서 '도산' 호를 지었다고 기록한 것은,《조광朝光》잡지 기자가 1937년에 취재한, 문장 책임이 기자에게 있는 기사만을 맹종한 것이다. 가족이 증언한 도산의 출생지 이름이 먼저이고, 여기에 기자가 쓴 '태평양상의 한 섬'의 인상이 부차적으로 겹쳐진 결과 지어진 아호일 것이다.《조광》1937년 3월호, 〈名士들의 感話集: 太平洋上의 一小島, 安昌浩〉,《도산안창호전집》제1권, 236~237쪽 참조.

5 《도산안창호전집》제1권, 182쪽에서 도산은《동광東光》1926년 6월호에 게재된 글 〈無情한 社會와 有情한 社會〉에서 자기의 이름을 '섬메'라고 표현했고, 인정식은 상당한 조사 후에 "평남 강서땅 수려한 舞鶴山을 등지고 용용히 흐르는 대동

안창호가 태어난 1878년은 일본 군국주의자들의 강요에 의해 조선왕국이 1876년 개항한 2년 후여서, 나라의 급격한 변동을 예고하는 시기였다.

안창호는 아버지의 슬하에서 6세부터 9세까지 한문(천자문 등)을 배웠다. 아버지는 가난한 농민 선비였다. 안창호는 7세까지 출생지에서 살다가 1885년 가족이 평양군 대동강면 국수당國樹塘으로 이사하였다.

안창호는 만 10세(1888년) 때 아버지를 여의었다.[6] 홀어머니가 된 도산의 어머니는 이듬해 아들들의 교육을 위해 가족을 데리고 평양군 남관면南串面 노남리魯南里에 살고 있는 시아버지를 찾아 가족을 합쳤다.

노남리에서 안창호는 12세부터 14세까지 3년간 정식으로 서당에 다니면서 한문을 수학하였다. 당시 서당에서는 《동몽선습童蒙先習》,《소학小學》,《사략史略》,《통감通鑑》,《사서四書》,《당송문唐宋文》 등이 주요 교재였으므로, 그는 이 시기 서당 교육과정을 이수하였을 것임은 물론이다.

도산은 서당에서 수학할 때 매우 영민한 소년이었다. 예절 바르고, 공부 잘하고, 꾀가 있고, 친절한 소년이었으므로 동리 노인들까지 소년 창호를 칭송하였다고 한다. 동리 노인들은 한문을 잘 읽지 못하므로, 창호는 노인들에게 고담古談 책(《삼국지》,《수호지》,《초한지》,《임경업전》 등의 류)을 풀이해 가며 읽어 드리는 것이 서당 공부 뒤 일과의 하나였다.

안창호의 집은 가난했으므로 소년 창호는 서당 공부가 없을 때에는 꼴을 베고 소를 기르는 목동이었다.

강을 앞으로 바라보면서 낮으막한 언덕 위에 자리잡은 一寒村 〈島마메〉에서 한 貧農의 아들로 태어난 島山 安昌浩"라고 하여, 도산의 출생지를 지방민들이 '도마메'라고 통칭하는 곳임을 찾아내어 기록하였다. 《朝鮮中央日報》 1936. 5. 28일자,《도산안창호전집》 제13권, 101쪽; 印貞植,〈安昌浩論〉. '도마메'는 '島마' '도메'의 중복 호칭으로서 '섬메'와 동일하며, '島山'과 같은 것이라고 본다.

6 〈제4단우 안창호이력서〉,《도산안창호전집》 제10권, 555쪽 참조.

안창호가 14세 때에 할아버지는 다시 강서군 동진면東津面 심정리心貞里로 이사하였다. 손자를 큰 서당에 보내기 위한 것으로 추정된다. 안창호는 이곳에서 14세부터 16세까지 3년간 김현진金鉉鎭이라는 훈장으로부터 유학儒學을 공부하였다. 할아버지는 영민한 손자 창호에게 유학을 교육시켜 당시 모든 뜻있는 할아버지들의 관행대로 과거시험 준비를 시키려 했던 것으로 보인다.

안창호는 김현진 훈장의 큰 서당에서 이 지방의 뛰어난 수재 친구들을 만나게 되었다. 그 가운데 평생 뜻이 맞게 된 필대은畢大殷이라는 선배 친구를 만났다.

우리가 여기서 주목할 것은, 소년 안창호가 아버지와 엄격한 할아버지의 슬하에서 10년간 한문 수학과 유교 경전들을 공부했다는 사실이다. 소년 도산이 6세부터 16세까지 모든 단계를 거치면서 한문으로 유교경전을 공부했다는 것은, 같은 시기 양반층 자제들이 수학한 한문 학습과정과 동일한 기간의 동일한 한문·유교경전 교육과정을 모두 거쳤음을 의미하는 것이었다.

2. 소년 안창호의 각성과 나라와 겨레의 발견

서당에서 한문과 과거공부를 하던 소년 안창호에게 나라와 겨레에 대해 눈을 뜨게 한 큰 사건이 일어났다. 청일전쟁(1894~1895)이었다.

청일전쟁 이전에도 대동강 하류 유역 안창호의 고향은 큰 사건에 휘말리기 쉬운 지역이었다. 그러나 1866년의 제너럴셔먼호 사건은 창호가

태어나기 이전의 사건이었다. 운양호 사건(1875)은 강화도에서 일어난 사건이었으며, 그 후 개항(1876), 임오군란(1882), 갑신정변(1884) 등은 다른 곳이나 서울에서 일어난 사건들이었다. 물론 대동강변에도 그 영향은 물결쳐 와서 평양 시장에는 자본주의 새 상품이 진열되어 팔려 나갔다. 그러나 나라에 큰 위기가 닥친 사실은 아직 알기 어려웠다.

그런데 1894년에는 소년 안창호에게도 충격적인 큰 사건이 일어났다. 호남지방에서 동학농민혁명운동이 폭발하자, 민비정권은 이를 '진압'할 자신을 잃고 청국에게 그 나라 군대의 '차병'을 요청하였다. 이를 구실로 일본군이 역시 대군을 불법으로 한반도에 들여보내 1894년 7월 한반도에서 청일전쟁이 일어난 것이었다.

일본군은 1894년 7월 29일 경기도 성환에서 청국군을 패배시키고, 북상하여 1894년 8월 17일부터 안창호가 살고 있는 대동강변 평양에서 청국군을 공격하여 일대가 큰 전쟁터가 되어 버렸다. 일본군과 청군의 교전으로 평양성의 일부는 폐허가 되었다. 시민들과 부근 농민들이 모두 피란하지 않으면 안 되었다. 평양에 들어온 청국군과 승리한 일본군이 조선 백성들에게 부린 행패도 막심하였다.

한학을 배웠고 이미 성숙한 소년 안창호도 청국군과 일본군이 자기 나라에 들어와서 제멋대로 전쟁을 일으켜 고향 일대와 나라를 파괴하는 것을 보며 큰 충격을 받았다. 안창호는 당연히 서당 친구들과 청일전쟁에 대한 토론을 자주 하였다. 특히 나이 세 살 위인 필대은의 국제정세·청일전쟁·국내정세의 해설과 토론에서 소년 안창호는 깨우쳐 배우고 공명하는 바가 많았다. 안창호와 필대은은 이 토론과정에서 뜻을 같이한 동지적 친우가 되었다.

필대은은 황해도 안악安岳 출신의 한문 잘하고 중국 고전과 중국 당대 신서들을 많이 읽은 박식한 학도였다. 필대은은 선각적 민족의식을

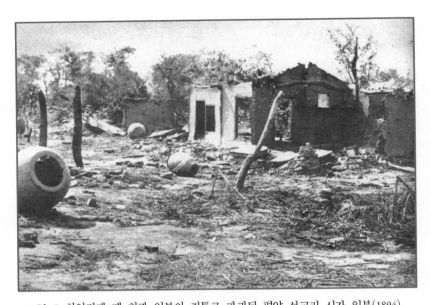

사진 2 청일전쟁 때 청과 일본의 전투로 파괴된 평양 선교리 시가 일부(1894)

갖고 있던 청년으로 기록되어 있고, 그 이상은 밝혀져 있지 않은 인물
이다.[7]

---

[7] 필대은(畢大殷, 1875~1902)의 필畢씨 성은 한국에는 매우 드문 희성이다. 《고려사》
에 이 성씨의 인물로 필광찬畢光贊, 필현보畢賢甫 등이 나오는 것으로 보아 고려시대
형성된 성씨로 보인다. 조선왕조 시대에는 필몽량畢夢良이 무과에 합격한 기록이 있
고 대흥大興 필畢씨의 시조로 기록되어 있다. 김현진의 서당에서 필대은은 19세
(1894년) 때 세 살 연하의 안창호와 동문수학하게 되었다. 이때 필대은은 독서를
많이 하고 통찰력이 뛰어났으며 선각적 민족주의 사상을 형성하여 갖고 있었다.
1894년 동학농민혁명운동이 황해도에서도 일어났을 때, 그는 동학농민군의 참모로
협조하였다. 동학군에 잡혀서 참모가 되었다는 기록도 있다. 당시 백정 출신으로 후
에 부자가 된 김종옥이 필대은의 정치활동을 끝까지 도운 것을 보면, 필대은은 동학
의 평등주의와 인본주의에 공감했던 것으로 보인다. 필대은은 동학농민혁명운동이
실패하자 서울로 피신하여 야소교학교(구세학당)의 안창호를 찾아왔다. 필대은은 안
창호의 권고로 기독교에 입교하였다. 필대은은 안창호와 함께 독립협회에 가입했으
며, 1898년 9월 독립협회 평양지회 창립에도 함께 활동하였다. 독립협회 해산 후 필
대은은 안창호와 함께 평양으로 내려갔다가, 폐병에 걸렸다. 안창호 등이 정성껏 간
호하고, 김종옥이 치료비를 모두 부담하며 온갖 처방을 다했으나 27세의 젊은 나이

도산 안창호는 청일전쟁의 경험적 관찰과 필대은과의 토론 과정에서 자기가 태어난 나라와 겨레의 처지에 대하여 크게 눈을 떴다. 영민한 두 청년이 청국과 일본의 전쟁터가 되어 버린 조국의 처지와 일본국의 행패에 분노하여 무엇인가 나라와 백성을 위해 큰일을 해야겠다고 토론하고 합의했을 것임을 추론하는 것은 전혀 어려운 일이 아니다.

당시 이미 16세의 청년이 된 안창호는 청일전쟁의 경험적 관찰과 선배 친구 필대은과의 토론을 계기로 민족과 국가를 새로이 다시 발견하고 크게 각성하여, 나라와 겨레를 위해 일할 '내적 동기'를 확립한 것으로 추정된다.

안창호는 이 무렵 민족과 국가를 위해 일하려면 정치의 중심인 서울로 올라가서 더 배우고 더 알아야 한다고 생각하고 상경을 결심한 것으로 보인다.

로 1902년 숨을 거두었다. 후에 일제 강점기 도산 안창호가 일제에게 체포 투옥당했다가 1936년 대전감옥에서 출옥하여 평양에 갔을 때, 안창호는 보통강 건너 서장대 기독교 공동묘지에 있는 필대은의 묘소를 찾아 참배했다고 기록되어 있다.

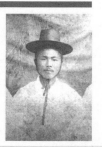

신학문의 수학과 야소교학교

I. 상경과 '야소교학교' 입학

안창호는 청일전쟁 시기에 1894년(16세) 삼촌을 따라 황해도 곡산으로 피란 갔다가, 그곳에서 고향 부근의 청군과 일본군 전투가 끝났다는 소식을 들었다. 삼촌은 평양으로 귀향했으나, 창호는 새로운 공부를 하려고 스스로 결심하여 삼촌이 준 노자를 쥐고 서울로 상경하였다.

소년 안창호는 우선 남대문 객주집에 머문 채 매일 서울 시내를 구경하고 돌아다니면서 직업을 구하였다. 객주집에 동숙한 한 노인이 일자리를 구하는 영민한 소년 안창호를 보고 자기 유급 조수로 삼남지방 구경을 가자고 제의하였다. 그러나 안창호는 서울에서 새 공부를 해야 할 목적 때문에 이 매력적 제의를 거절하였다.

안창호가 상경하여 직업을 구하며 돌아다니다가 일자리도 찾지 못한 채 노자가 떨어져 있을 때에 마침 '야소교학교'가 학생모집을 하고 있었다.[1] '야소교학교'의 교사 밀러(Edward H. Miller) 목사는 당시 아직 조

---

[1] 미국 북장로교파 언더우드(Horace G. Underwood) 목사는 선교하러 한국에 들어와서 1886년 고아원을 세우고 고아들을 모아 성경교육을 시키면서 이를 통칭 '언더우드 학당'(Underwood School) 또는 '야소교 학당'(Jesus School)이라고 불렀다. 밀러 (Edward H. Miller) 목사가 부임해 와서 이 학당 교육을 맡게 되자 1893년부터 이를 '민노야 학당'(Miller School)이라고 부르다가, 1901년 게일(James S. Gale)이 교장으로 오자 '구세학당'으로 명칭을 정하였고, 1905년 밀러 목사가 교장에 취임하게 되자 '경신학교儆新學校'로 이름을 바꾸었다. 언더우드 목사는 1915년 서울에 '연희전문학교'도 설립하였다. 다른 기독교 교파인 감리교파(Methodist)는 이미 10년 전 1885년에 '배재학당'(Appenzeller School)을 세워 교육과 포교 활동을 하고 있었다.

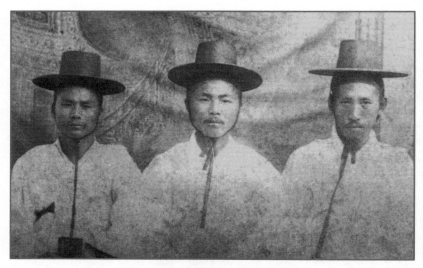

사진 3 처음 상경 무렵의 안창호(중앙, 1895)

선말 신문이 없었으므로 신문에 '광고'를 내지 않고 정동 거리에 직접 나가서 한국인 조수와 함께 손종을 흔들면서 "배우고 싶은 사람은 우리 학교로 오시오, 먹고 자고 공부를 거저 할 수 있소"라고 큰소리로 말하며 모여드는 구경꾼에게 입학을 권고하고 있었다.

안창호는 여비가 떨어졌으므로 숙식문제를 해결하면서 신학문을 배우기 위해 '야소교학교(언더우드 학당)'에 입학하였다. 댕기머리를 잘라 머리를 깎고 학교 규칙대로 1894년(16세) 먼저 세례를 받아 기독교에 입교하였다. 안창호는 유학儒學 교육을 이미 받았으나, 신학문을 배우는 것이 더 중요한 목적이므로, 신학문 학습만 할 수 있으면 기독교 입교는 부차적인 것으로 생각하였다.

안창호는 '야소교학교'에서 만 2년간 신학문을 배웠다. 첫해는 '보통 반'에 들어가 수료했고, 이듬해에는 '특별반'에 입학해서 졸업하였다. 교사는 미국인 밀러 목사와 한국인 정동명鄭東鳴이었다. 교과목은 기독교

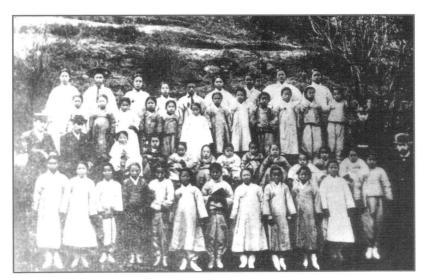

사진 4 초기 야소교학교(구세 학당, 밀러 학당)의 학생과 교사

교리 이외에 산수, 세계지리, 과학, 체조, 음악을 교육하였다. 그러나 이 학교에서는 '영어'는 교과과목으로 교육하지 않았다. 처음에는 한국 국 내에서 기독교 포교자 양성을 목적으로 학교를 설립한 때문이었던 것으 로 해석된다.

안창호는 야소교학교에서 성실하게 신학문을 공부하였다. 그는 성경 공부도 성실하게 하여, 오래지 않아 '접장'(조교급)으로 지명되고, 보수 도 매달 1원씩 받게 되었다.

안창호의 야소교학교 시절에 특기할 것은, 필대은이 서울로 안창호를 찾아와서 그의 주선으로 기독교에 입교하고 야소교학교 학생이 되었다 는 사실이다. 필대은은 1894년 9월 제2차 동학농민혁명운동이 일어나자 황해도 동학당 수령의 참모로 동학농민군에 들어갔었다. 그는 동학당 해산 후 쫓기는 처지로 1895년 상경하여 안창호를 찾아온 것이었다.

안창호는 필대은을 기독교에 입교시켜 피란처를 만들어 주고, 동시에

야소교학교에 입학시켜 갈구하던 신학문도 배우게 하였다. 안창호와 필대은이 더 굳은 동지가 되었음은 말할 필요가 없다.

또한 주목할 것은, 안창호가 야소교학교 수학 중에 1895년 처음 간행된 유길준(俞吉濬, 1856~1914)의 《서유견문西遊見聞》을 구입해 읽고 큰 충격과 감명을 받은 사실이다.[2] 《서유견문》은 단순히 서양세계 소개만 한 것이 아니라 어떻게 하면 조선도 '실상개화實相開化'를 하여 문명한 나라를 만들 것인가에 대한 뚜렷한 문제의식을 갖고 서양을 소개해 주었다.[3]

안창호는 《서유견문》을 읽고 직접 서양에 '유학'을 가려고 결심한 것으로 생각된다. 그는 서양에 가서 '교육학'을 박사까지 공부하고 귀국해서 대한을 서양 열강처럼 자주독립하고 부강한 문명국가로 만들려고 결심하였다. 이때 필대은도 함께 '유학'하기로 했던 것 같다.

---

2 《신한민보》 1925년 9월 3일자, 〈안창호〉; 《도산안창호전집》 제6권, 779쪽 참조.

3 유길준의 《서유견문》은 원고가 1889년 늦은 봄에 일단 완성되었으나 당시에는 이를 간행하지 못하고, 갑오개혁 도중인 1895년 4월에 활자로 간행하였다. 20편으로 되어 있는 《서유견문》의 제14편 '개화의 등급'은 그 자신의 독창적 개화사상을 피력한 것으로, 개화의 등급에는 3단계가 있다고 하였다. ① 미개未開 ② 반개半開 ③ 개화開化가 그것이다. 유길준은 동아시아와 페르시아, 터키 등 중동지방 나라들은 '반개'의 단계에 있고, '개화'의 단계에 있는 것은 미국과 서유럽뿐이라고 하였다. 그는 한국·중국·일본 등은 모두 '반개' 단계에 있다고 보고, 개화정책을 실시하여 "개화" 단계에 도달하는 것이 국가정책의 기조가 되어야 한다고 설명하였다. 유길준은 또한 개화에는 '실상개화'實狀開化와 '허명개화'虛名開化의 2종류가 있다고 하였다. '실상개화'란 개화된 나라의 새 문물을 자기나라의 현실과 실정에 맞게 사물의 이치와 근본을 탐구하여 취사선택해서 개화하는 것이다. 그러므로 자기나라의 우수한 문화와 전통은 지키고 보충하고 발전시키면서 개화하는 것이 '실상개화'이다(俞吉濬, 《西遊見聞》, 381쪽; 《俞吉濬全書》Ⅰ, 일조각, 1996, 401쪽). 한편 '허명개화'란 타인의 개화된 경관을 부러워하거나 두려워한 나머지 사물에 대한 지식이 부족함에도 이를 탐구하거나 전후를 헤아리는 지식 없이 맹목적으로 모방하기만 주장하여 재화는 소비하되 실용實用은 그에 미치지 못하는 개화이다. 유길준은 조선은 "실상개화"를 해야지 "허명개화"를 해서는 안 된다고 강조하였다.

2. 귀향과 약혼

청년 안창호는 1896년(만 18세) '야소교학교'를 졸업하고 일시 귀향하였다. 그런데 뜻밖에 고향에서는 할아버지가 안창호의 의사를 묻기에 앞서, 안창호보다 다섯 살 아래의 이혜련(李惠鍊, 서당 훈장 이석관李錫觀의 장녀)을 약혼녀로 정하고 손자의 동의를 기다리고 있었다. 당시의 풍속에는 할아버지나 아버지(가장)가 정혼을 할 수 있었다.

약혼녀 아버지 이석관은 강서의 훈장으로서 일찍부터 안창호를 큰 인물이 될 영민한 학생이라고 생각하여 그의 서당으로 소년 안창호를 가끔 초대도 하면서 주목하고 있었다. 이석관은 장녀 이혜련을 비롯하여 5남매를 두었는데, 안창호를 맏사윗감으로 점찍어 두었던 것 같다. 안창호의 서울 유학 중에 이석관은 안창호의 할아버지에게 청을 넣어 약혼을 성사시킨 것이었다.

안창호는 미국유학을 결심하고 있었으므로 약혼에 반대하였다. 이유로 자신은 기독교도가 되었는데 신부는 유교집안이니 종교가 다름을 내세웠다. 그러나 이석관이 영민한 사윗감을 놓아줄 리 없었다. 이석관은 딸을 안창호에게 결혼시키기 위해 온 집안을 평양의 기독교 교회에 입교시켰다.

안창호는 이번에는 약혼녀의 신학문 '무학'을 이유로 들었다. 안창호는 한학과 야소교학교 졸업의 신학문을 모두 수학했는데, 약혼녀는 '무학'이니 좋은 가정을 꾸리기 어렵다는 이유를 내세웠다. 그러나 약혼녀 집안은 역시 영민한 사윗감을 놓아주지 않았다. 이석관은 학비를 댈 터이니 딸을 서울로 데려가서 마음에 들도록 신학문을 공부시키라고 하였다. 안창호는 이듬해 동생 안신호와 약혼녀 이혜련을 데리고 다시 상경하여, 두 처녀를 정신貞信여학교에 입학시켜 신학문을 교육받게 하였다.

제3장

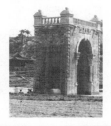

독립협회에서 구국운동 시작

I. 독립협회 가입과 서재필의 영향

한국 근대 개화파 지도자의 하나인 서재필(1864~1951)이 갑신정변에
실패하자 미국에 망명하여 워싱턴DC에 있는 콜럼비아 의과대학(Columbia
Medical College, 지금의 조지워싱턴 대학교 의과대학)을 졸업하고 의사가
되어, 1895년 12월 25일 귀국하였다. 서재필은 조선정부의 중추원 고문
에 취임하고, 1896년 4월 7일 《독립신문》을 창간하였다. 서재필은 국내
개화파 동지들과 함께 '독립문獨立門' 건립운동을 시작하면서 7월 2일
국내 동지들과 함께 '독립협회獨立協會'를 창립하였다. 서울에 있던 안창
호는 1897년 독립협회에 가입하여 회원이 되었다.[1]

서재필은 1896년 3월부터 배재학당에 강사로 나갈 때, 그 학당 안에
'협성회'라는 '토론회'(Debating Society)를 조직하였다. 토론회는 하나의
주제를 올려놓고 토론자를 양편으로 나누어 찬·반 토론을 시키면서 학
생과 방청하는 시민들을 교육 계몽하였다. 또한 서울 시내에서 기회 있
을 때마다 '계몽강연'을 하였다.

서양 사정을 알고 싶어 했던 안창호는 처음부터 서재필의 모든 강연
과 배재학당의 모든 토론회에 참석하여 공부하였다. 뒤에 안창호 스스
로 다음과 같이 회고하였다.

---

[1] 〈제4단우 안창호이력서〉, 《도산안창호전집》 제10권, 554쪽.

배재학당 안에 협성회라는 회를 조직하고 모든 회규를 가르쳐 가면 어떤 때는 서 박사, 윤치호 두 분이 가·부 편으로 갈리어 가지고 경쟁적 연설로 가르치매, 차츰 회규를 아는 자 점점 늘어서, 그 후는 독립협회를 조직하고 유신을 도모하는데, 그때는 양반들이 많이 왔소. 그중에 배재학당에서 협성회의 회규를 배운 선생과 학생들과 양반들 사이에 차츰 충돌이 많았나이다.

그때 서 박사의 주의는 낡은 정치를 개혁하고 백성이 마음대로 복리를 누리도록 국가를 건설함과 탐관오리의 결재를 아니 받고 자주해 살자는 정신을 주장했소.

그 후 《독립신문》을 발행할 때에는 백성을 본위로 하셨기 때문에 순국문으로 발행하여 각처로 퍼졌는데, 그때 인심이 신문을 보는 사람마다 서 박사는 참 선인이라고 부르짖음이 참 많았소. 그다음은 각처로 다니며 연설로 많이 깨우쳤는데, 연설에 감동되어 독립협회는 날로 발전되었소.

이 사람(안창호-인용자)도 서 박사의 연설로 감동을 많이 받았소. 그래서 서 박사가 연설한다면 밥 먹을 시간을 그만두고라도 따라다녔소. 내가 지금 그전보다 얼마나 변했다고 할진대, 그 변한 원인은 유길준의 《서유견문》이라는 책과 서 박사에게 감동받은 결과이외다. 그래서 나는 이 두 어른의 감화를 잊지 못합니다.[2]

도산 안창호는 독립협회 시기의 서재필의 연설에 감동을 많이 받아서 "서 박사가 연설한다면 밥먹을 시간을 그만두고라도 따라다녔다"고 25년 후에도 회고하였다. 안창호 자신이 그 이전과 달리 이만큼 변한 원인은 "유길준의 《서유견문》이라는 책과 서 박사(서재필-인용자)에게 감동받은 결과이고, 그래서 나는 이 두 어른의 감화를 잊지 못한다"고 회고한 것이었다. 서재필 박사의 계몽강연, 《독립신문》 및 독립협회 활동이 도산 안창호에게 얼마나 큰 영향을 주었는가를 알 수 있는 일이다.

2 《신한민보》, 1925년 9월 3일자, 〈안창호〉; 《도산안창호전집》 제6권, 779쪽.

그러나 이때 안창호는 개인적으로 서재필을 만나 인사하지 않았기 때문에 서로 친밀한 관계는 없었고, 서재필은 개인적으로 안창호를 아직 알지 못하였다.[3]

안창호의 이력서에 따르면, 안창호는 1897년 독립협회에 가입하였다. 그는 후에 홍사단에 제출한 이력서에서 '단체' 란에 유일하게 "독립협회(단기)4230년에 입회하야 동회 해산 시까지"[4]라고 기록하였다. 입회 때 반드시 독립문 건립 성금을 내어야 가입이 허가되었다. 안창호도 독립문 건립 성금을 내었음은 물론이다.

이 시기 《독립신문》 등 문건에 안창호의 이름이 나오지 않는 것은, 이때 안창호는 독립협회 간부가 아니라 평회원으로서 주로 (협성회의 토론회와) 독립협회의 토론회에 출석하면서 나라를 구하기 위한 '공부'

---

3 서재필, 〈Random Thought in English〉(1933), 《도산안창호전집》 제13권, 250~251쪽에서, 서재필은 안창호의 별세 소식을 듣고 애도하며 간단한 회상기를 썼다. 서재필은 1925년 5월 독립운동자금 부족의 여건 속에서 장래 독립운동 방략을 논의하려고 찾아온 안창호를 미주 필라델피아에서 만나게 되었다. 이때 서재필은 안창호에게 그의 탁월한 능력, 완벽한 성실성과 매력적 성품 때문에 반드시 성공할 터이니 캘리포니아나 동양에서 사업을 한번 해 보는 것이 어떻겠느냐고 시사해 보았다. 안창호는 "아니오"라고 말하고, "약 40년 전 한국에서 독립협회 때 서재필의 강연을 들은 이후에는 한국의 재건설 과업에 일생을 바치기로 했다고 말하였다."(He said no, and said that he had to spend his life in the work of the reconstruction of Korea after he had my lectures at the independence club in Korea some forty years ago.)고 기술하였다. 서재필도 안창호를 모르고, 안창호도 자기를 서재필에게 알리지 않은 상태로 약 1년간 안창호는 서재필의 강연을 청강한 것 같다고 서재필은 생각했다. (It seems that he had attended my lectures for a year or so without my knowledge and without making known to me.) 서재필은 안창호의 별세 소식을 듣고 1895~1898년 한국 체류기간에 자신이 뿌린 교육계몽의 씨앗이 이 젊은 청년의 심장에 뿌리를 내려서, 안창호를 한국을 위해 순국하게 만든 책임이 있구나 하고 생각했다고 서술하였다. 안창호의 고통과 순국은 그가 조국을 위한 헌신을 자기의 의무로 생각한 때문이었다고 서재필은 안창호를 논평하였다.
4 〈제4단우 안창호이력서〉, 《도산안창호전집》 제10권, 554쪽.

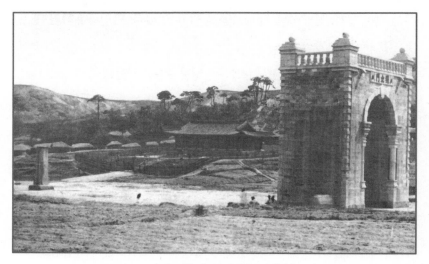

사진 5 건립 직후의 독립문과 독립관(1897)

를 다른 동료회원들과 함께하는 학습 시기였기 때문이었다고 생각된다.
실제로 이 시기는 독립협회 자체도 아직 본격적 정치활동을 하지 않고
시민을 계몽하는 기간이었다.[5]

독립협회가 토론회의 시민계몽 단계를 거쳐서 본격적으로 정치활동을
시작한 것은 제정 러시아의 부산 절영도 조차租借 요구에 반대하는 민
족운동을 시작한 1898년 2월부터였다.

안창호는 1898년부터 청년 회원으로서 독립협회의 구국운동에 적극
앞장서서 국민들이 그를 주목하기 시작하였다.

---

5 신용하, 《신판 독립협회 연구》 상권, 일조각, 2006, 146~148쪽.

2. 독립협회 평양지회 설립 및 쾌재정 연설과 만민공동회의 활동

1898년에 들어서자 제정 러시아는 얼지 않는 군항을 한반도 남해안 부산-진해-마산항 일대에 설치하기 위한 준비로 부산 절영도(絶影島: 지금의 영도) 석탄고 기지 조차租借를 요구하였고, 대한제국 친러수구파 정부는 이를 수용하여 허락하는 절차를 밟기 시작하였다. 독립협회는 단호하게 이를 반대하여 1898년 2월 21일 '구국운동선언' 상소를 올림과 동시에 본격적 구국정치활동을 시작하였다.[6]

독립협회는 1898년 3월 10일 서울 종로에서 한국 역사에서 처음으로 시민궐기대회인 '만민공동회萬民共同會'를 개최하였다. 이 만민공동회에는 1만여 명의 서울 시민들이 참가하여 제정 러시아 등 열강의 이권침탈을 규탄하였다. 그들은 빼앗아 간 이권 환수를 결의했으며, 대한제국 군대 교육 훈련을 시키는 러시아 군사교관과 러한은행의 철수를 요구 결의하였다. 이튿날 3월 11일에는 독립협회의 주최 없이도 다시 1만여 명의 서울시민들이 자발적으로 제2차 '만민공동회'를 개최하여 전날과 동일한 결의를 하였다. 안창호는 이 두 만민공동회 때부터 구국정치운동의 전면에 나서기 시작하였다.

안창호는 동지들과 함께 독립협회 평양지회 설립을 추진하여, 1898년 8월 지회 설립의 '연설'을 담당하였다. 1898년 음력 7월 25일(양력 9월 10일)은 고종황제의 탄신일이므로 평양 감영 관원의 힘으로 대동강변 쾌재정快哉亭에 군민들을 모이게 해서 먼저 경축식을 거행하고, 이어서 서울에서 내려온 안창호의 '연설'을 들은 다음, 독립협회 평양지회를 설

---

6 《上疏存案》 의정부 편, 제5책, 광무 2년 2월 21일조, 〈中樞院議官安駉壽等疏〉 및 鄭喬, 《大韓季年史》 상(국사편찬위원회판), 173~175쪽 참조.

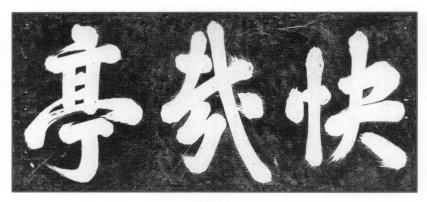

사진 6 쾌재정 현판 탁본

립하기로 기획되었다.

경축식이 끝난 뒤 청년 안창호의 '쾌재정' 연설은 참석한 평양 관리들과 평양 군민들을 놀라게 하였다. 연설 장소 정자의 이름에 맞추어서 18조목의 나라가 잘한 일 '쾌재'와 잘못한 '불쾌'를 논리 정연하게 설파한 안창호의 유창한 연설에 평안감사 조민희趙民熙 등 관리들은 부끄러워 고개를 숙였다 올렸다 하고, 군민들은 너무 통쾌하여 박수와 환호를 연발하였다.

현재 안창호의 '쾌재정 연설'의 전문은 전하지 않는다. 그러나 참석자들의 기억에서 수집 채록한 몇 토막이 알려져 있다.[7]

"쾌재정, 쾌재정 하기에 무엇이 쾌한가 했더니, 오늘 이 자리야말로 쾌재를 부를 자리올씨다."

"오늘은 황제폐하의 탄일인데, 우리 백성들이 이렇게 한데 모여 축하를 올리는 것은 전에 없이 처음 번 보는 일이니, 임금과 백성이 군민동락君民

7 〈도산언행 습유拾遺〉, 《도산안창호전집》 제11권, 106~109쪽; 《안창호전서》 상편, 12~13쪽 참조.

同樂의 날이라, 어찌 쾌재가 아니고 무엇인가."

"감사 이하 높은 관원들이 이 축하식에 우리들과 자리를 함께 하였으니 관민동락官民同樂이라, 또한 쾌하지 아니할 수 없도다."

"남녀 노소 구별 없이 한데 모였으니 만민동락萬民同樂이라, 더욱 쾌재라고 하리니, 이것이 오늘 쾌재정의 삼쾌三快라 하는 바로다."

"세상을 바로 다스리겠다고 새 사또가 온다는 것은 말뿐이다. 백성들은 가뭄에 비구름 바라듯이 잘살게 해 주기를 쳐다보는데, 인모人毛 탕건을 쓴 대관·소관들은 내려와서 여기저기 쑥덕거리고 존문(存問: 안부편지, 지방관이 지방 부호들에게 안부 편지를 보내어 답례 뇌물을 받는 관행 편지)만 보내니, 죽는 것은 애매한 백성뿐이 아닌가.

존문을 받은 사람은 당장에 돈을 싸 보내지 않으면 없는 죄도 있다 하여 잡아다 주리를 틀고 돈을 빼앗으니, 이런 학정이 또 어디 있는가.

뺏은 돈으로 허구한날 선화당에 기생을 불러 풍악 잡히고 연광정에 놀이만 다니니 이래서야 어디 나라 꼴이 되겠는가."

"진위대장은 백성의 생명 재산을 보호하는 것이 책임인데, 보호는커녕 백성의 물건 빼앗는 것을 일삼으면 우리나라가 어떻게 되겠는가."

안창호의 날카로운 비판과 명료하고 유려한 연설에 참석한 평양 군민들은 박수와 감탄의 환호를 연발하였다. 안창호의 쾌재정 연설은 대성공을 거두어 평안도 일대에 안창호의 명성과 칭송이 자자하게 되었고, 서울에도 소식이 전해졌다.

독립협회 평양지회는 안창호 등의 활동으로 1898년 9월 10일경 설립되었다. 회관은 과거 청국 사신을 영접하던 공해(公廨: 관가 건물)를 서울의 예에 따라 '평양 독립지회관平壤獨立支會館'으로 사용신청을 내어서 허락받고 사용하였다.[8] 독립협회의 평양지회는 공주지회 다음으로 전국 두 번째로 설립된 지방지회였다.[9] 그러나 회원수로는 전국에서 가장 큰

---

8 《독립신문》 1898년 9월 13일자 참조.

지회였다.

독립협회 평양지회를 조직한 뒤 안창호는 중앙에서 활동하기 위해 서울로 올라왔다. 안창호 상경 후에도 그의 평양 동지들은 활발한 지회 활동을 전개하였다. 예컨대 독립협회 평양지회는 1898년 10월 평안도 관찰사 조민희와 평양군수 이계필李啓弼이 독립협회 발기회원임에도 탐욕하여 재물 수령이 많으므로 그들을 성토했고, 그들은 사직을 자청하였다.[10] 또한 독립협회 중앙본회의 자주 민권 자강운동이 친러수구파의 탄압을 받고 17명 지도자들이 구속되었으며 경비부족에 시달린다는 소식을 듣고, 독립협회 평양지회는 1898년 11월 총대위원 3인을 보내어 성금 50원을 중앙본회에 지원하였다.[11] 12월에는 서울 만민공동회의 경비 부족을 충당 지원해 주기 위해서 400원을 모금했고, 다시 500원 채우려고 의연금 모금운동을 전개하였다.[12]

평양지회 조직을 마치고 다시 상경한 안창호는 독립협회와 만민공동회에서 활동하였다. 황제와 친러수구파는 1898년 11월 4일밤 독립협회 및 개혁정부의 한국역사상 최초의 '의회설립법'(중추원 신관제)을 모략전술로 저지하고 개혁정부를 해체시킴과 동시에 독립협회 간부 17명을 일거에 체포하면서 독립협회 해산령을 내렸다. 이때 안창호는 서울시민이 자발적으로 조직한 만민공동회에 '연설자'로 나서서 적극 활동하였다. 서울 만민공동회에서 이때 연설한 안창호의 연설문은 역시 남아 있는 것이 없다. 당시 운동 참가자들의 회고담들 속에 편린이 남아서 채록된 몇 가지 단편적 토막만이라도 들어보면 다음과 같다.[13]

---

9 《독립신문》 1898년 10월 12일자, 〈잡보(지회인가)〉 참조.
10 《독립신문》 1898년 10월 27일자, 〈잡보(지회토론)〉 참조.
11 《황성신문》 1898년 11월 17일자, 〈잡보(助金幷書)〉.
12 《황성신문》 1898년 12월 19일자, 〈잡보〉.

"독립협회 운동의 목적은 나라를 바로 다스리고 백성을 잘살게 하자 함인데, 이런 충군애민忠君愛民하는 사람들을 보부상패로 들이쳐서 해산시켰으니 정부는 마땅히 반성해야 한다."(박수 갈채)

"독립협회 회원들이 나라와 백성을 위하는 충정이 있다면 총칼이 가슴에 들어와도 물러서지 않을 용기가 있어야 한다. 그런데 정부에서 시키는 보부상패의 몽둥이에 흩어지고 말았으니, 이런 약한 정신으로 어찌 나라 일을 바로잡겠는가."(박수 환호)

"우리가 다시 만민공동회로 모인 것이 지난번처럼 정부의 몽둥이나 기타 무엇이 무서워서 또다시 깨어질 것이라면 아니 모임만 못하다. 참으로 나라를 위한 모임일진대 지금부터 목숨을 내놓을 결심으로 모이자."(환호)

서울시민들의 만민공동회는 독립협회 복설, 개혁정부 수립, 의회 설립을 요구하여, 당시 한국 역사에서 가장 긴 42일간 간고한 밤샘〔철야〕 시위투쟁을 전개하였다. 만민공동회는 용감하게 싸워서 황국협회의 보수 상패를 물리치고, 한때 목적을 달성하였다. 《독립협회연혁략》에는 이 시기 안창호의 이름이 만민공동회의 총무부 과장 및 부장급 인물로 다른 5명과 함께 기록되어 나온다.[14]

그러나 황제 고종과 친러수구파 정권은 제정 러시아와 일본의 권고를 받고, 1898년 12월 25일 사실상 계엄을 선포하여 친위대의 군대무력으로 만민공동회를 해산시키고, 독립협회 주요회원 400여 명을 일거에 체포 구금해 버렸다. 이어서 황제 고종은 독립협회 등 모든 민간단체들을 영구히 해산시켜 버렸다.

청년 안창호가 이때 친위대와 경무청에 일시 체포 구금되었는지는

---

13 〈도산언행 습유拾遺〉, 《도산안창호전집》 제11권, 110~111쪽; 《안창호전서》 상편, 31쪽.

14 《獨立協會沿歷略》(독립협회), 《창작과 비평》, 1970년 봄호 수록 자료 참조.

자료가 없어 알 수 없다. 구금되었더라도 최상층 간부와 공화정을 주창하던 소장 급진파 일부는 장기 투옥되었고, 나머지 대부분은 몇 달 후 바로 석방되었으므로, 안창호가 이듬해 귀향한 사실은 그가 장기 투옥 대상은 아니었음을 알려 주는 것이다.

안창호의 독립협회 참가 운동은 실패한 운동이었는가? 그렇지는 않다. 안창호가 주도하여 조직한 평양지회에는 당시 가장 애국적이고 선각적인 청년들이 모여들어서 그 후 이 지방 애국운동의 중추세력이 되었다. 그뿐 아니라, 독립협회 평양지회 회원들은 그 후 중앙에 진출하여 애국계몽운동의 중심 세력으로 성장해서 신민회시대에 안창호의 구국활동의 굳센 동지들이 되었다.

3. '점진학교' 설립과 신교육운동

독립협회 강제해산 뒤 1899년 귀향한 안창호는 신교육운동의 일환으로 강서군 동진면 바위고지(岩花里)에 '점진학교漸進學校'를 세웠다. 초등과정 4년 및 중등과정 2년 학제의 남녀공학 사립학교였다. 최초의 남녀공학 사립학교인 셈이다. 이 시기 해산된 독립협회 회원 가운데 뜻있는 이들은 각기 귀향해서 사립학교를 설립하여 교육구국운동을 하면서 때를 기다리기로 약속했던 것으로 보인다. 1899년에 전국 각지에서 독립협회 회원들의 사립학교 설립이 갑자기 증가하고 있었다.

점진학교의 교장은 안창호가 맡고, 교사는 독립협회 때의 동지 최광옥崔光玉과 이석원李錫元이 맡았다. 학생은 남녀 학령 아동을 모집하여

신학문을 교육하고 애국심을 배양하였다.

안창호가 지은 다음의 점진학교 '교가'는 그가 청년 시기에 이미 가사 창작과 문장에도 탁월한 재능을 가졌음을 잘 나타내 주고 있다.

> "점진 점진 기쁜 마음과
> 점진 점진 기쁜 노래로
> 학과를 전무專務하되 낙심 말고
> 하겠다 하세 우리 직무를 다"

안창호가 '점진학교' 이름으로 강조한 '점진'에는 두 가지 뜻이 포함된 것으로 해석된다.

첫째, 독립협회 운동에서 소장 '급진파의 공화정' 주장이 독립협회 탄압의 구실로 악용되고 실패 원인의 하나가 되었으므로, '급진'만 좋은 것이 아니라 '점진'도 교육에는 좋은 것임을 가르치기 위한 것으로 해석된다. 박은식은 독립협회 실패 원인을 '급진'으로 보았다.[15]

둘째, '점진'에는 '쉬지 않고 꾸준히'의 뜻이 포함되어 있으므로, 교육과 학습에는 쉬지 않고 '꾸준히' 공부하는 것이 최선의 방법과 바람직한 태도임을 가르치기 위한 것으로 해석된다.

안창호는 또한 고향에서 구국 교육사업뿐만 아니라 하천변을 메워서 '농토'를 만드는 하천매축河川埋築 공사도 착안하여 시작하였다. 학교경비를 조달하기 위한 장기대책을 구상했던 것으로 보인다.

안창호는 때를 기다리면서 약 3년 동안 고향에서 신교육사업을 하였다. 그러나 안창호에게는 불행한 소식만 들려왔다.

중앙 서울에서는 독립협회의 복설은커녕, 황제는 1899년 8월 17일 '대

---

15 朴殷植, 《韓國痛史》, 《박은식전서》 상권(단국대 동양학연구소판), 98~100쪽 참조.

한국국제大韓國國制'를 제정 공포하여 황제가 행정·입법·사법·외교·군사·상훈의 모든 전제권을 가지며, 백성들의 결사結社와 정치활동 및 정치적 발언은 영구히 엄금한다고 공포한 것이다. 뿐만 아니라 1902년에는 개혁당改革黨 사건이라 하여 전 독립협회 부회장 이상재(李商在, 1850~1927) 등 개혁파 인사 다수를 체포 투옥하였다. 언제 이 폭압적 전제체제가 해체될지 전망이 보이지 않았다.

또한 절친한 동지 필대은이 폐병으로 병사한 것이다. 안창호는 수개월간 온갖 정성으로 그를 간호했으나, 필대은은 1902년 숨을 거두었다.

안창호는 3년간 점진학교 신교육 활동을 실행한 뒤에, 그가 '야소교학교' 시절 계획했던 미국 유학을 실행하려고 결정하였다. 그는 미국에 유학하여 '교육학'을 박사까지 공부한 다음 귀국하여 나라를 위해 헌신할 것을 결심하였다. 그는 '점진학교'는 동지에게, 농토매축사업은 형님(안치호)에게 맡기고 도미 유학의 길에 나서게 되었다.

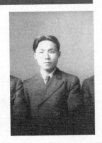

도미 유학의 길과
안창호형 리더십의 형성

I. 도미 유학의 여정과 결혼

안창호는 1902년 상경하여 '야소교학교'의 설립자 언더우드와 교장 밀러 목사의 도미 유학 추천서를 얻었다. 여비는 여러 곳에 부탁하여 간신히 마련하였다. 약혼녀 이혜련은 서울에 두고 유학을 마쳐 귀국한 후에 결혼할 예정이었다. 그러나 약혼녀가 한사코 따라가겠다고 소원하였다. 약혼녀의 아버지 이석관도 안창호 혼자 떠나면 영구히 이별하게 된다고 여비를 빌려서라도 마련해 줄 터이니 안창호를 따라가라고 딸을 부추겼다. 안창호는 도미유학길에 오르기 하루 전에 서울 제중원에서 밀러 목사의 주례로 약혼녀 이혜련과 간단한 결혼식을 올렸다. 신랑 안창호가 24세, 신부 이혜련은 19세였다.

안창호 부부는 1902년 9월 제물포(인천)항을 출발하여 일본 요코하마·하와이·밴쿠버·시애틀을 거쳐서 약 30일 만인 1902년 10월 14일 미국 캘리포니아주 샌프란시스코에 도착하였다. 태평양을 횡단한 긴 뱃길 여행이었다.

도산 부부는 여비도 떨어지고 영어도 잘 못하는 처지로 친우도 친척도 없는 상태에서 차이나타운을 찾아갔다. 당시 미국은 인종차별주의가 극심한 때였다. 피부가 황색인 동양인은 백인식당에서 식사도 하기 어려웠다. 그러므로 동양인은 샌프란시스코 한 모퉁이 중국인 철도노동자들이 개척해서 조성한 차이나타운에 우선 찾아가기 마련이었다.

도산은 차이나타운에서 일자리를 찾다가 우연히 알렉산드로 드류

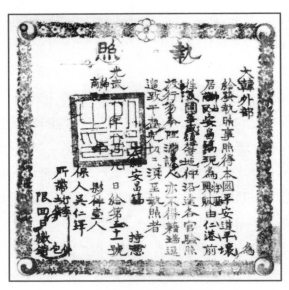

사진 7 안창호 출국 시의 대한제국 집조(여권)

(Alexander Derew) 박사를 만나게 되었다. 그는 의사로서 한국에서 약 8년간 거주하면서 선교활동에도 종사한 일이 있었다. 그는 서울에서 안창호를 만나 뛰어난 웅변능력을 가진 청년으로 기억하고 있을 정도로 이미 안면이 있는 사람이었다. 그는 도산의 처지를 듣고 샌프란시스코에 인접한 이스트 오클랜드의 자기 집 사랑채에 머물도록 해 주었다. 도산은 드류 의사의 집에서 우선 가사고용인의 일을 하면서 그람머스쿨(Gramma School, 국립 초·중등학교)에 등록하여 영어 공부를 하였다.

도산 부부는 얼마 뒤에 샌프란시스코 차이나타운에 셋방을 얻어 이사하였다. 당시 샌프란시스코에는 10여 가구의 한국인이 차이나타운 한 곳에 세를 들어 살고 있었다. 약 10가구는 인삼 행상 장수였고, 나머지는 학생들이었다. 안창호 부부가 한국인 거주지 부근 셋방에 이사해 와

보니, 한국인들의 생활상태는 외국인들에게 너무 부끄러운 형편이었다.

인삼 장수들은 중국 인삼을 사다가 자주 '고려인삼'이라고 중국인들에게 속여 팔 뿐 아니라, 행상 구역을 침범했다고 서로 싸우기 일쑤였다. 한번은 한국인 인삼 장수 두 사람이 구역을 침범했다고 길가에서 상투를 붙들고 싸우는데 미국인들이 재미있다고 둘러싸고 구경하고 있는 광경을 목도하기도 하였다. 주거생활도 불결하였다.

도산은 미국인들이 한국인들의 생활방식을 보고 한국인을 무시할 것 같아 부끄럽고 참담함을 느꼈다. 외국인들이 한국인은 독립할 자격이 없는 사람들이라고 생각하지 않을까 염려되었다.

도산은 우선 동포들의 생활상태를 찾아가 살펴보았다. 춘원 이광수의 묘사를 빌려 보면, 우선 첫째로 그의 눈에 띈 것은 동포들이 거주하는 거처가 불결한 것이었다. 셋방이나 셋집을 가리지 아니하고 장식도 없고, 청소가 불충분해서 밖에서 얼핏 보아도 어느 것이 한국인 사는 집인지 알 수 있을 정도였다. 우선 유리창이 더럽고 커튼도 없었다. 서양인의 창에는 반드시 커튼이 있었다. 둘째로 눈에 띄는 것은 문 앞이 더러울 뿐더러 찾는 손님을 기쁘게 하는 화초가 없는 것이요, 셋째는 실내가 불결하고 정돈되지 아니하고 또한 미화되지 아니한 것이었다. 넷째로 집에서 불쾌한 냄새가 나는 것이었다. 이 냄새로 말미암아 인접한 서양인이 살 수가 없어서 이사해 가버린 일도 있었다. 다섯째로 이웃사람이 싫어할 만큼 큰소리로 말하고 싸움질하는 것이었다.[1]

도산 안창호는 여기서 마음의 갈등을 겪었다. 목사들의 추천서를 갖고 바로 고등학교·대학에 진학해 교육학 박사가 되어 귀국해서 나랏일을 할 것인가, 아니면 아직 24세로 젊으니 한 몇 년 유학을 미루고 먼

---

[1] 이광수, 《도산 안창호》, 26~27쪽; 《도산안창호전집》 제12권, 68~69쪽 참조.

저 이 동포들의 생활을 개선하도록 지도해 준 다음 대학 진학의 길을 택할 것인가의 갈등이었다. 안창호는 친하게 된 유학생 이강·정재관·김성무 등에게 "공부도 해야겠지만 이왕 늦은 공부니 한 3년 더 늦어도 큰일 없소. 우선 시급한 노동 주선과 생활 지도의 일을 해야 하겠소"라고 말하고 후자를 택하였다.[2]

안창호 부부는 한국인 거주지 일대에 셋방을 들어 살면서, 부인 이혜련은 생계를 위해 가사도우미 일을 나가고, 도산 안창호는 동포들의 신임을 얻는 봉사활동을 시작하였다.

2. 안창호형安昌浩型 리더십 형성과 한인친목회

도산은 동포들의 생활 속으로 자연스럽게 파고들어 가기 시작하였다.

그는 인사를 나누어 친분이 생긴 동포의 거처를 한 집 한 집 찾아가서 청소운동부터 시작하였다. 도산은 스스로 집 안팎을 쓸고 유리창 먼지를 닦고 성심껏 청소를 해 주었다. 고장 난 곳이 있으면 고쳐 주고, 철사와 천을 사다가 커튼을 달아 주었다. 다음 방문할 때에는 화분을 창문과 대문 앞에 놓고, 꽃씨도 심어 주었다.

동포들은 처음에는 이 특이한 청년 도산을 의심도 하고 거절하는 이도 있었다. 그러나 외국에서 한국인의 삶의 방식이 외국인에게 부끄럽지 않도록 하고 독립할 자격이 있는 국민으로 알도록 성심껏 생활을

2《안창호전서》상편, 43쪽.;《도산안창호전집》제12권, 529쪽.

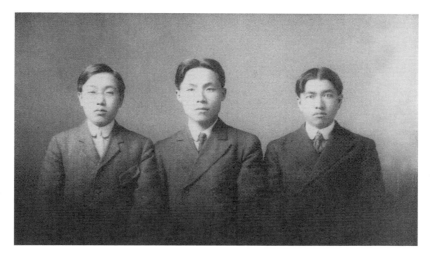

사진 8 도미 초기(1903년경)의 도산 안창호(중앙)

개선시켜 주려 일하는 것을 점차 알게 되었다. 또 청결한 거처에서 살아 보니 역시 상쾌하고 좋으므로 나중에는 도산을 신뢰하고 환영하게 되었다. 도산과 동포들 사이에 봉사의 실증적 효과를 통해서 '친화력'이 형성된 것이었다.

도산과 동포들의 친화력이 형성된 뒤, 도산은 동포가 허락하는 경우에 방안도 정돈해 주고, 냄새나는 것도 치워 주었으며, 부엌도 깨끗이 청소해 주었다. 화장실을 더럽게 사용하면 화장실까지 깨끗하게 청소해 주고 고쳐 주었다. 이제는 도산을 바깥주인뿐 아니라, 안주인과 온 가족이 환영하게 되었다.

오래지 않아서 동포들의 거처 생활환경이 일신되자 동포들의 정신도 깨끗하게 되었는지, 그들 스스로 면도도 깨끗이 하고 의복도 깨끗하게 빨아 입었다. 말할 때도 이웃에 방해가 되지 않도록 낮은 소리로 말하고, 이웃이 싫어하는 냄새나 음식은 삼가게 되었다. 동포들도 가난하다고 생활을 제멋대로 하면 외국인들이 한국인 전체를 오해하여 불쾌하게

생각할 것을 알게 되었다. 동포들은 점차 자발적으로 청결한 환경과 깨끗한 복장을 갖춘 문화생활을 갖추어 나가게 되었다.

동포들은 마침내 도산을 신임하게 되어, 일이 있으면 의논하려 찾아왔다. 좋은 음식을 차리면 도산을 초대하였다. 동포들은 도산과의 자기 문제 자문 과정에서 도산이 그들보다 훨씬 더 높은 지식과 학문과 교양을 가진 훌륭한 인물임을 알게 되었다. 처음에는 착한 청년으로 생각했던 동포들이 어느새 도산을 저절로 '선생님'으로 부르게 되었다. 도산의 리더십이 형성되기 시작한 것이다. 동포들은 어려운 일이 생기면 찾아와 도산의 자문과 지도를 받았다. 동포들 사이에 도산의 지도력, 리더십이 자연스럽게 형성된 것이다.

도산은 지도력이 형성되자, 동포들에게 정직하고 예의 바른 문화생활을 하도록 지도해 주었다. 인삼 장수들에게도 행상구역을 공평하게 정한 뒤 매달 구역을 순환하여 바꾸도록 하며, 판매가격을 협정하여 투매를 방지해서 이익을 보장하도록 하고, '계'를 조직하여 서로 협동하는 체제를 갖추도록 지도해 주었다.

도산은 참담한 상태의 동포들과 생활을 같이하면서 솔선수범하여 봉사하는 과정에서 풀뿌리부터 서로 맺어지는 신뢰를 형성하고, 힘써 실행하면서 배우고 지도하는 방식을 체질화하였다. 동포들을 굳게 신뢰하고 그들에게 솔선수범하여 성심껏 봉사하면서 친화력을 형성함과 동시에 공익과 나라사랑·겨레사랑을 목표로 그들을 자발적으로 따라오도록 지도하는 '안창호형 리더십'은, 도산이 이십대에 샌프란시스코 동포사회에서 봉사하면서 처음 체득하여 형성한 리더십 유형이었다. 그것은 전형적인 봉사적 서번트 리더십 형성이었다고 볼 수 있다.

1년 뒤 집세를 놓는 미국인 사업가가 한국인 거주지역에 왔다가 한국인의 생활 면모가 일신된 것을 보고 깜짝 놀라서, 당신네 나라에서

지도자가 왔느냐고 만나기를 희망하였다. 집주인은 도산 안창호를 만나 보고 노인 지도자인 줄 예측했다가 청년 지도자임을 알게 되자 더욱 감탄하였다. 그는 집세를 1년에 1개월치 공제해 주고 한국인이 모이는 회관을 무료로 제공해 주었다.[3]

　도산은 그의 독특한 지도력이 형성되자 1년 뒤인 1903년 9월 23일 샌프란시스코 거주 한국인들을 모아 '한인친목회韓人親睦會'를 조직하였다. 회장에는 안창호가 선출되었다. 발기인은 박성겸·이대위·김성무·박영순·장경·김찬일·김병모·전동삼·박승지 등 9명이었다.[4] 한인친목회는 뒤에 공립협회, 이어서 국민회, 대한인국민회로 발전한 재미한국인 최초의 단체였다.

3 《도산안창호전집》 제12권, 529쪽 참조.
4 김원용, 《재미한인 50년사》, 혜안, 2004, 77~78쪽 참조.

제5장

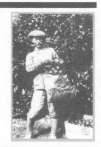

리버사이드 공립협회의 창립과
"도산선생 공화국"

I. 리버사이드 공립협회共立協會

도산이 1903년 샌프란시스코에서 동포들과 '한인친목회'를 창립한 얼마 뒤 로스앤젤레스에서 구조요청이 왔다. 로스엔젤레스 부근 리버사이드河邊에서 귤밭 농장의 일자리가 열렸는데, 하와이에 이민 왔던 한국인 노동자들 일부가 이곳에 찾아와서 방황하고 있다는 소식이었다.

한국인의 하와이 이민은 1902년부터 시작되었다. 하와이 사탕수수 농사 경주耕主동맹회가 노동자를 모집하려고 1902년 5월 9일 테슬러를 한국에 보내자, 대한제국 정부는 이에 응하여 수민원綏民院을 설치해서 총재에 민영환, 국장에 서병호를 임명하고 이민을 모집해 보냈다. 1902년 12월 22일 이민을 실은 첫 기선이 인천항을 출항한 후, 1902년에 236명, 1903년에 1,113명, 1904년에 3,434명, 1905년에 2,659명, 모두 7,226명이 하와이에 이민하였다. 그 가운데 남자가 6,048명, 여자가 637명, 남녀 어린이가 541명이었다. 이들의 한국 내 직업은 학생·선비·광부·군인·농민·머슴·막벌이·역부·건달 등 다양했으나, 모두 사탕수수 농장에 투입되어 가혹한 조건 아래 일하는 농업노동자들이 되었다.[1]

하와이 한국인 이민은 처음에는 농노적 상태의 열악한 농업노동을 했었으므로, 그 가운데에는 1903년부터 미주 본토 캘리포니아 지방으로 도항해 오는 노동자들이 생기기 시작하였다. 그들 가운데 몇 사람이 리

---

[1] 김원용, 《재미한인 50년사》, 20~22쪽 참조.

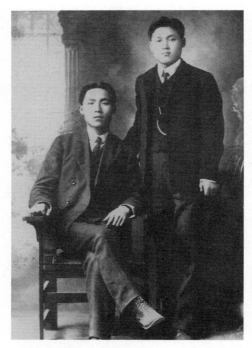

사진 9 공립협회 활동 당시의 도산(왼쪽)과
정원영(1905년경)

버사이드 귤밭 농장에 찾아와서 서성거리고 있다는 것이었다.

도산은 한인친목회 회원들과 의논한 뒤 그들을 도우려고 이강李剛·임준기林俊基와 함께 리버사이드로 찾아갔다. 도항해 들어와 있는 한국인 노동자는 6명이었다. 리버사이드의 귤밭 농장에서 귤 따는 노동자들을 모집하고 있었으므로, 한인 노동자들은 계속 늘고 있었다.

로스앤젤레스 동남으로 약 100킬로미터 지점에 있는 리버사이드시는 인구 약 20만 명의 중소도시였지만 주변의 감귤 농장산업 덕택으로 전 미국에서도 이름난 부유한 도시였다. 이곳의 감귤은 아주 따뜻한 기후에 비 대신 수로로 물을 끌어와 재배된 최고 품질의 '네이

블' 감귤이어서 전 미주에 팔려 나갔다. 감귤 수확기에는 '감귤따기 노동자'(orange picker) 수요가 폭증하고, 임금도 다른 지역보다 높았다. 이에 맞추어 중국인·일본인·멕시코인 이민 노동자들이 리버사이드에 모여들었다. 감귤 농장들은 '노동자 알선사'들을 통해서 감귤따기 노동자를 모집하는데, 알선사들은 대부분 일본인 소개업자들이었다. 그들은 약 1,000명 이상의 일본인 이민 노동자들을 먼저 일터에 보낸 다음 자리가 남으면 한국인 노동자들을 보내었다. 이 때문에 한국인 노동자들은 일거리가 없어서 일하는 날보다 쉬는 날이 더 많았다.

최근의 조사연구를 종합해 보면, 도산 부부는 동지들과 함께 1904년 3월 23일 리버사이드에 도착하였다. 도산은 점증하는 한국인 이민 노동

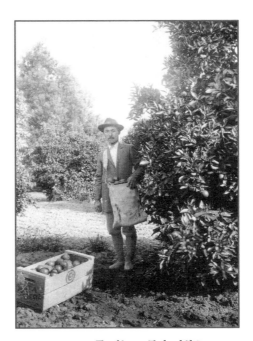

사진 10 귤 따는 노동자 안창호

자들이 미국을 떠돌며 방황하지 않고 비교적 조건이 좋은 리버사이드에 우선 정착하도록 한인 '자치공동체' 마을 건설을 구상하였다. 도산은 기차역에 가까운 리버사이드시 파차파 에비뉴(Pachappa Avenue) 1532번지(당시 지번) 일대의 비어 있는 목조 건물 약 20채를 주목하였다.[2] 모두가 사각형 단층 목조건물이고, 중앙의 2채만 1.5층이었다. 한 채에 방이 각각 3개씩이었고, 지붕은 모두 빨간색으로 칠해져 있었다.

파차파 거리의 목조 건물은 원래 유니온 퍼시픽 철도회사(Union Pacific Railroad Co.)의 철도건설 노동자용으로 지은 건물이었다. 철도 공사가 끝나고 그들이 떠나자 당분간 비어 있는 곳이었다.

도산은 이 목조 건물을 계약하여 자리를 잡았다. 자기 자신과 한국인 노동자들을 함께 입주시키고, 도산의 방식대로 셋집과 주변을 자기 집처럼 매우 깨끗하게 청소하여 단장하고, 화초도 심어 가꾸게 하였다. 찾아오는 한인 노동자들에게도 청결과 위생을 강조하면서 모두 도산의 방식을 따르도록 설득하였다.

도산에게 무엇보다도 중요하고 급한 것은, 한국인 이민 노동자들이 감귤따기 노동을 하기 위해 일본인 소개업자의 지배를 벗어나서 독립캠프를 만드는 일이었다. 셋집 소유주가 지나다가 들러 한국인들의 셋집 관리에 만족을 표시하자, 그에게 약간의 자금을 빌려서 전화 1대를 구입하여 '한국인 캠프'(Korean Camp)를 차렸다.

도산은 한국인 노동자들에게 농장 주인이 감시하든지 말든지 감귤 1개를 따더라도 오직 정직하고 성실하게 규정대로 자기 감귤처럼 따서

---

2 이선주, 〈리버사이드에서의 도산 안창호의 활동, 1904년~1914년〉, 《미주 한인사회와 독립운동》, 미주한인 이민 100주년 남가주기념사업회, 2003; 장태한, 《파차파 캠프, 미국 최초의 한인타운》, 성안당, 2018; 최승원, 《도산 안창호의 정치 리더십 연구》, 한국학중앙연구원 박사논문, 2020 참조.

I. 리버사이드 공립협회共立協會   53

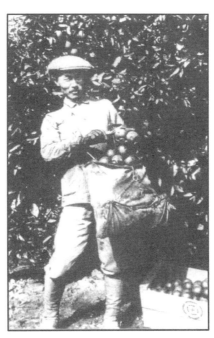

사진 11 감귤 따는 도산
(남가주 대학교 동아시아도서관 제공)

신용과 신뢰를 획득하는 것이 정착 성공의 길임을 강조하였다. 도산은 노동자들과 함께 농장에 가서 솔선하여 정성껏 성실하게 일하는 모범을 보였다. 안창호가 인솔한 한국 노동자들이 일한 알타 크레스타 그로브 (Alta Cresta Grove) 감귤 농장 주인 코넬리우스 럼지(Cornelius. E. Rumsey)가 한국인 노동자의 성적이 가장 우수한 것을 확인하여 도산을 신뢰하고 친구가 되었다.

도산은 럼지로부터 1,500달러의 자금을 빌려서 1905년 한국인 캠프의 공식 명칭을 '한국인 노동국'(Korean Labor Bureau)이라고 붙인 직업·노동 소개소를 설치하였다. 전화도 여러 대 놓고, 한국인 '노동 소개사'를 2명 두었다. 《리버사이드 데일리 프레스》 등 지방신문에 "한국인 고용

국 감귤 수확노동자(Korean Employment Bureau Orange Pickers)"라는 제목
으로 큰 광고를 내어 감귤 수확노동자, 집안 청소부, 정원사를 신속하게
공급해 준다고 홍보도 하였다. 도산은 모든 한인 노동자들에게 솔선수
범을 보이면서 정직하고 성실하게 작업을 마무리하도록 철저히 교육·계
몽하였다.

　도산의 '한국인 노동국'은 크게 성공하였다. 노동자 공급 주문 요청이
연속되었다. 1,500달러의 빌린 자금도 곧 상환했을 뿐 아니라, 방황하던
한국인들이 리버사이드 한국인 파차파 캠프에 들어오면 바로 취업이 되
어 생활이 가능하게 되었다.

2. "도산 선생 공화국"

　도산은 리버사이드시 한국인 '파차파 캠프'에 들어온 한국인 노동자
와 그 가족들이 당당한 한국인으로 공립共立해서 '자치공동체'를 만들어
생활하도록 1904년 9월 파차파 캠프 노동자 18명으로 '리버사이드 공립
협회共立協會'를 창립하였다. 찾아오는 한인 노동자들이 계속 늘어 회원
은 곧 35명으로 증가하였다.

　도산은 파차파 캠프 회원들이 자발적으로 토론하여 합의해서 자치회
의 '규약'을 만들고, 임원을 민주적으로 그들의 투표로 선출하도록 지도
하였다. '규약'은 그들이 자발적으로 합의해서 제정한 것이므로 반드시
협동하여 실행하도록 하였다.

　규약의 내용은 대부분 자치공동체 회원의 생활개선에 관한 것이었다.

예컨대, 술(과음) 금지, 노름 금지, 아편 금지, 싸움(쟁투) 금지, 청결, 위생, 환경 미화, 환난 구제, 경조사 협동 등에 관한 것이었다. 길거리에서 침을 뱉거나 코를 풀지 못하게 하고, 이웃과의 싸움은 엄금하였다. 남자들은 거리에 나올 때 속옷바람으로 나오지 않고 와이셔츠를 입거나 단정하게 옷을 입도록 하였다.

도산은 회원들이 자치위원 3인과 자치 경찰 2인을 선출하여, 임기는 자치위원이 2개월, 자치 경찰이 1개월씩 번갈아 임무를 맡으면서 스스로 정한 규약을 잘 실행하게 서로 권면하도록 지도하였다. 당시의 '규약'은 말로 전해지고 문서는 없어졌지만 1911년 사용한 동류 '규약'이 발견되어 그 대강을 알 수 있다.[3]

도산은 파차파 캠프에 야학夜學을 개설하여 모든 회원이 반드시 영어와 문화생활을 공부하도록 지도하였다. 도산이 미국 교회에 파차파 한국인 캠프 야학에서 무료봉사로 영어를 가르쳐 줄 교사를 요청했더니, 놀랍게도 11명이 자원하였다. 도산은 신뢰가 가는 한 사람을 선발하여 초빙하였다.

도산은 캠프 부근의 믿을 만한 목사가 있는 장로교 신령회 교회를 선택하여 주일에는 회원들이 교회에 가서 예배를 보도록 권고하였다.

도산은 아이들이 있는 가정은 아이들을 반드시 캠프 부근 미국학교에 입학시켜서 장차 미국사회에서 훌륭하게 생활할 수 있도록 교육받게 하고, 가정 안에서는 한국말과 한글, 예의범절과 관습을 가르치도록 지도하였다.

도산은 한국인 파차파 캠프 마을을 미국인 거리보다 더 청결하고 위생적이며 아름답게 가꾸고자 솔선수범하였다. 그렇게 해야 미국인이나

---

3 장태한, 《파차파 캠프, 미국 최초의 한인타운》, 44~84쪽 참조.

외국인이 한국인을 얕보지 않고 독립 국민으로 존중하게 된다고 설득하였다.

도산의 자상하고 솔선수범하는 봉사적 리더십으로 파차파 캠프의 한국인 '삶'이 확실하게 일신되었다.

리버사이드 파차파 에비뉴의 한국인 캠프에 들어서면 먼저 거리에 "한국인 노동국"(Korean Labor Bureau)이라고 '한글'로 쓴 커다란 간판이 마을 입구에 걸려 있어서 여기가 한국인의 '자치' 지구임을 알 수 있게 하였다.

마을 중앙에 있는 '공회당'(Community Center)에 들어가면 전면에 대한국의 태극기와 미국의 성조기가 나란히 걸려 있고, 긴 의자들이 다수 놓여 있었다. 회원들이 모여서 토론회, 강연회, 결혼식, 회갑잔치, 추모식 등 각종 행사를 여는 모임 장소였다. 캠프 사무실도 여기에 있었다. 고국의 소식과 고국 형편도 여기서 교환하고 토론하고 걱정하였다.

한국인 캠프의 거리는 아직 부유하지는 않았지만 미국의 어느 거리보다도 더 청결하고 아름답게 가꾸어져 있었다. 미국인 토지 셋집 주인이 방문했다가 놀라서 자금을 빌려주겠다고 도산에게 제의한 것은 당연한 반응이었다고 말할 수 있다.

도산이 동지들과 공립협회를 조직한 뒤에는 리버사이드 파차파 캠프는 한인 이민 노동자의 구원의 보금자리가 되었다. 하와이 사탕수수밭에서 농노적 노동과 기아 임금에 허덕이다가 간신히 탈출하여 옷가방 하나와 가족을 이끌고 샌프란시스코 항구에 내린, 영어도 서투른 무일푼의 한국인 이민 노동자는 어디를 가야 할지 방황하는 가운데 뜻밖에 연락도 없이 마중 나온 공립협회 직원의 천사 같은 안내를 받게 되었다. 그 직원은 샌프란시스코역에서 리버사이드역까지 가는 기차표와 점심 도시락도 주면서 역까지 안내해 주고, 기차 기관사에게 한인들이 내

릴 기차역도 미리 말해 준 다음 전송해 주었다. 구원을 만나 리버사이드역에 내려서 가르쳐 준 대로 얼마 가자마자 당시 한국인만이 알던 '한글'로 "한국인 노동국"이라고 쓰인 커다란 파차파 캠프 간판을 읽고 고향집에 도착한 것 같이 얼마나 안심이 되었겠는가. 캠프 자치위원의 친절한 안내를 받아 들어간 방 세 칸짜리 집에는 침대도 있었고 이미 등유 난로와 램프가 있었으며 부엌에는 쌀과 식기들이 있었다. 김치도 있었다. 부인은 감격하여 얼굴을 돌리고 눈물을 흘리며 울었고, 아이들은 지푸라기 위에서 자지 않아도 된다고 뛰며 기뻐했다는 회고담이 채록되어 있다.[4]

도산의 '한국인 노동국'은 미국인 사회에서도 성공적이었다. 《공립신보》(1906. 4. 14.)에는 다음과 같은 보도기사가 있다.

> 리버사이드라 하는 곳은 그전에 일본 사람들이 그곳에 가서 노동하기를 시작하였다. 그런데 한인이 간 이후에는 미국 사람들이 각별히 한인을 좋아하고 일이 있으면 한인을 불러 일을 시키고, 한인이 부족한 경우에는 일인을 불렀다. 이로부터 일인이 시기가 나서 과수원 농장주에게 묻기를 '어찌하여 한인을 일인보다 더 중요하게 여기는가' 한즉, 농주의 대답이, '한인은 부지런하고 성실함으로 인하여 그러하노라' 하매, 일인이 할 대답이 없어 물러와 다시 한인의 노동을 주선하는 사람을 찾아와서 말하기를, '그대가 어찌하여 우리 이익을 빼앗느냐' 한즉, 한인의 대답이, '우리가 너희 이익을 빼앗을 것이 없고 다만 농장 주인과 소청대로 일하여 줄 뿐이라' 하니, 일인이 또한 물유하여 가더라고 하더라.[5]

---

4 장태한, 《파차파 캠프, 미국 최초의 한인타운》, 49~50쪽; Ellen Thun, Heartwarmers, *Korea Times*, January 4, 1955 참조.

5 《공립신보》, 1906년 4월 14일자, 〈질문무리質問無理〉; 장태한, 《파차파 캠프, 미국 최초의 한인타운》, 63쪽 참조.

또한 《공립신보》(1906. 6. 30.)에는 다음과 같은 보도기사도 게재되어 있다.

> 리버사이드라 하는 지방에서 6월 하순에 미국 사람들이 그 지방에 거류하는 모든 한인들을 청하여 연회를 배설하고 접대하는 예를 행할새, 연회 대표자가 설명하기를, '여러 나라 사람들이 이 지방에 와서 거류하는 중에, 한국 사람이 특별히 품행이 단정하고 근실한 것을 보고 친감해 하는 뜻을 표하며, 친절한 의를 더욱 두터이 하기를 위하여, 이와 같이 청하여 같이 화락함이라' 한 후에, 그곳 목사는 종교의 진실함을 증거하고, 농주들은 노동의 근실함을 증거하고, 기타 제씨들은 술먹지 않고 노름하지 않는 것과 자기 나라 동포끼리 친목하여 단체를 조직하고 본국을 위하는 뜻이 많음을 증거하고, 또한 한국 사람을 대하여 도와주기를 힘쓰노라 하매, 한인 중에 이정래 씨등 몇 사람이 답사하고 풍류와 음식을 거듭하고 즐거이 놀다가 헤어졌다더라."[6]

도산의 지도와 더불어 리버사이드 파차파 캠프는 미국사회에서 미국 농장주들도 우대하는 한국인 노동자 자치공동체가 된 것이었다.

파차파 캠프의 한국인의 수는 가족까지 포함해서 1904년에는 약 70명, 1905년에는 약 100명, 1906년에는 약 150명으로 빠르게 늘었다. 도산이 신민회를 조직하러 국내로 떠난 이후에도 1907년에는 약 200명, 감귤 수확기에는 한국인 계절노동자들까지 찾아와서 약 300명이 되기도 하였다. 1908년에 뉴욕 산본회사에서 제작한 리버사이드 보험 지도에는 파차파 캠프를 아예 "한국인 거주지역"(Korean Settlement)이라고 표시하였다. 미국에서 미국인들이 인정하기 시작한 최초의 한국인 타운(Korea

---

6 《공립신보》, 1906년 6월 30일자, 〈우대한인優待韓人〉; 장태한, 《파차파 캠프, 미국 최초의 한인타운》, 65쪽.

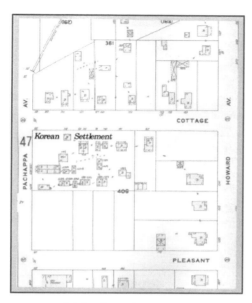

사진 12 파차파 캠프를 'Korean Settlement'(한인 거주지)로 표시한 보험지도(1908. UC 리버사이드 도서관 소장. 장태한, 2018, 81쪽에서 재인용)

Town)이 형성된 것이라고 볼 수 있다.[7]

이 무렵 강명화姜明化라는 다른 지역 재미 동포 간부가 1906년경 리버사이드를 방문하여 파차파 캠프 동포들의 생활 실태를 두루 살펴보고, "도산 선생의 공화국이 훌륭하다"고 감탄하였다.[8] 그 이후 파차파 캠프는 재미 동포들 사이에서 애칭으로 '도산 공화국'이라는 별

---

7 장태한, 《파차파 캠프, 미국 최초의 한인타운》, 58쪽 및 81쪽 지도 참조. 파차파 캠 프는 1903~1913년까지 계속 발전했다가, 1913년 1월 이상 기후로 대한파가 몰아쳐 서 오렌지 농장이 많이 폐쇄되어 고용 기회가 급감했으므로 한인들도 로스앤젤레스 로 이사하기 시작하였다. 도산 안창호의 가족은 1903년~1913년까지 리버사이드 파 차파 캠프에 거주했고, 1913년 말~1914년 초에 로스앤젤레스로 이사하였다.
8 《도산안창호전집》 제12권, 533쪽.

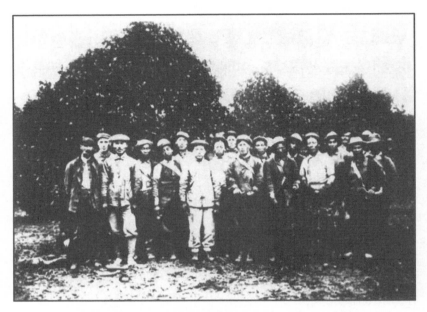

사진 13 미주 오렌지농장 한국 노동자들과 함께한 도산(왼쪽에서 세 번째)

명을 갖게 되었다.

리버사이드의 한국인 생활이 안정되고 풍요롭게 되었다는 소문이 나자, 한국인 노동자들이 계속 모여들어 회원은 더욱 증가하게 되었다. 그 가운데에는 불량한 노동자가 끼어들기도 하였다. 한번은 부채를 많이 진 한국인 노동자가 도망하여 부채를 숨기고 리버사이드 공립협회에 들어왔다. 사실이 발각되자 도산은 벌하지 않고 그를 따뜻하게 포섭하여 임금에서 매번 일정액을 공제해서 부채를 분할 상환케 하고 떳떳한 한국인으로 함께 살게 하였다.

연말이 가까워지면 귤밭 농장주들은 한국인 노동자를 성실하다고 초대하여 파티를 열어 주었다. 한 귤밭 농장회사 사장은 연설하기를 "귤은 가위질을 함부로 하면 상하기 쉽고, 꼭지를 길게 따서 팽개치면 다른 귤에 박혀서 흠이 생기고 그곳이 썩어 버려 손해를 보는데, 한국 형

제들이 그런 일이 없도록 조심해서 따 주었기 때문에 큰 이익을 보았다"고 칭송하고, 선물을 한 아름 안겨 주었다. 도산은 우리 동포들의 기술과 능률도 향상되고 있으니 한국인들이 찾아오면 더 이해하고 써 달라고 답사하였다.

도산이 리버사이드에서 귤 따는 노동자 겸 노동지도자로 일하고 있을 때, 부인 이혜련 여사는 1905년 3월 29일 첫아들을 낳았다. 도산은 첫아들 이름을 '필립'必立이라고 지었다. 도산은 단체 이름이든지 개인 이름이든지 작명에 특출한 재능이 있다고 필자는 경탄해 왔다. 예컨대 '필립'의 작명에도 세 가지 깊은 뜻이 있다고 해석할 수 있다.

첫째, 우리나라는 '반드시 독립'한다는 뜻이라고 해석할 수 있지 않을까? 여러 한자를 두고 하필 '必'자를 택한 곳에 그의 깊은 뜻과 소망이 담겨져 있다고 본다.

둘째, 아들이 단결하여 '반드시 다른 사람들과 함께 서도록' '공립共立'의 뜻을 담고 있지 않을까? 도산이 첫아들을 얻어 작명한 시기가 '공립'협회의 창립 직후이다.

셋째, 아들이 미국사회에서 자랄 것이므로 도산은 서양인들도 부르기 좋게 널리 애용되는 'Philip'(필립)의 이름을 택한 것으로 보인다. '필립', '必立', 'Philip'은 실질과 실용을 중시한 도산이 한 가지 이름으로 동양의 뜻과 서양의 호명 관습의 두 가지를 모두 담은 현명한 작명이라고 생각된다.

리버사이드 공립협회 회원들의 자치생활이 자리잡히자, 회원과 간부들은 도산에게 자기들이 활동자금을 조달할 터이니 샌프란시스코로 돌아가서 나라를 위한 큰일을 해 달라고 요청하였다. 도산이 바라던 바이

---

9 《도산안창호전집》 제12권, 535쪽.

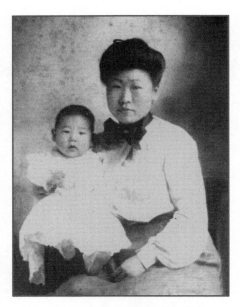

사진 14 부인 이혜련과 장남 필립

지만 그들의 갹출한 경비를 사용하기가 미안해서 사양했더니, 회원들은
귤 따는 자기들을 대표해서 나랏일을 해 달라고 강경하게 요구하였다.
이에 도산은 승낙하고 샌프란시스코로 돌아갔다.

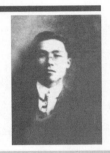

전미주 '한인공립협회' 본부와
'공립신보' 발행

I. 전미주全美洲 '한인 공립협회'의 창립

도산 안창호는 샌프란시스코에 돌아와서 전에 조직해 두었던 '한인친 목회'를 바탕으로 하여 1905년 4월 5일 전미주 '한인 공립협회' 중앙총 회를 창립하였다. 협회의 목적과 활동은 동족상애同族相愛·환난상부患難 相扶·항일운동抗日運動으로 정하였다.[1]

샌프란시스코는 당시 미주에서 한국인이 가장 많이 입항하는 첫 도 시이자 해상·육상의 교통 요지였으므로, 도산은 샌프란시스코에서 창립 된 공립협회와 각 지역 지회를 묶어서 전미주 한인 공립협회의 본부인 '중앙총회'를 이곳에 두었다.

이에 따라 1년 전 창립한 리버사이드 공립협회는 전미주 한인 공립 협회의 리버사이드 지회로 개편되었다.

도산은 한인 노동자들이 모여 사는 각 도시에 지회 설립 사업을 시 작하여, 로스앤젤레스, 오클랜드, 레드랜드 포이드, 라크스프링스 등 6개 지역에 지회를 설치하였다.

도산은 1905년 11월 4일 샌프란시스코 패시픽가(Pacific Street)에 3층 건물을 사들여 '공립협회회관'을 설치하였다. 1905년 11월 20일에는 《공 립신보共立新報》를 발행하기 시작하였다. 이것이 미주 최초의 한국인 신 문이었다.

---

[1] 김원용, 《재미한인 50년사》, 78~79쪽 참조.

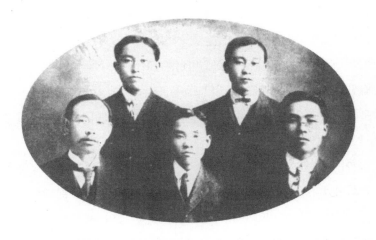

사진 I5 공립협회 창립 임원(1905). 1열 왼쪽부터 송석준·이강·도산, 2열
왼쪽부터 임준기·정재관

　공립협회가 샌프란시스코 중심가에 3층의 독립건물을 사들여 공립협
회회관을 설치하고, 《공립신보》를 발행하여 전미주에 배포하게 된 것은
참으로 획기적인 일이었다. 이것은 한국인 이민 노동자들이 도산 안창
호의 인격과 성실성을 확신하여 지도자로 존경해서 성금을 모아 보내었
기 때문에 가능한 일이었다. 이것은 도산의 지도력과 이민 노동자들의
도산에 대한 신뢰가 없었으면 당시의 조건으로는 도저히 실현할 수 없
는 일이었다.

　이러한 사업은 당시 이민의 역사가 더 길고 숫자가 훨씬 많은 일본
인 이민과 멕시코 이민에서는 아직 이루지 못한 일이었다.

　공립협회는 그 뒤 1908년 1월에 김성무金成武와 이강李剛을 파견하여
러시아령 수청水淸·치타ㅎ塔·블라디보스토크에 '원동遠東지회'와 만주리滿
洲里에 '만주지회'를 설치하였다.

　1909년에는 '한인 공립협회'가 하와이 '한인 합성협회'와 통합하여 '국

민회國民會'를 창립하였다. 이어서 '국민회'와 '대동보국회大東輔國會'를 통합하여 '대한인국민회大韓人國民會'를 창립하였다.

대한인국민회는 전미주를 통일하여 대표하는 한국인단체가 되었다. 《공립신보》도 이에 따라 《신한민보新韓民報》로 개명하여 전미주를 대표하는 신문이 되었다. 도산의 '공립협회' 창립과 《공립신보》 창간이 얼마나 큰 업적이었는가를 여기서도 알 수 있다.

도산이 공립협회 활동을 하는 동안에 태평양 건너 고국의 상황은 더욱 악화되었다. 일제는 1904년 2월 한반도 침략 강점을 목적으로 러일전쟁을 일으켜서 이기고 1905년 9월 포츠머스 조약 체결 결과 승전국이 되었다. 일제는 1905년 11월 17일 대한제국에 을사조약을 강요하여 조약체결권자 고종 황제의 승인·비준을 받지 못하고서도 대한제국의 외교권을 강탈하였다. 일제는 1906년 2월 1일부터는 통감부를 서울에 설치하여 내정까지 간섭하면서 식민지 강점정책을 급속히 강제 집행해 나갔다. 대한제국이 일본 제국주의의 반半식민지 상태로 떨어진 것이었다.

2. 공립협회의 항일운동

일제의 마수는 재미동포들에게까지 뻗쳐 오기 시작하였다. 1906년 2월 15일 일제의 지시에 굴복한 대한제국 정부의 발표로 '해외 한국인은 어느 곳에 있든지 일본 영사의 보호를 받으라'는 지시가 있었다.

이에 공립협회는 하와이의 '에와 친목회'와 함께 재미한인공동대회를 열어 일제의 한국 침략을 규탄하고, '을사조약'을 거부하는 배일결의문

을 선포했으며, 이것을 대한제국 정부에도 발송하여 공립협회의 결의를 전달하였다.

1906년 4월 18일 샌프란시스코 일대에 대지진이 발생했다. 한국인의 인명피해는 없었으나 공립협회 회관이 소실되었다. 일본 영사는 '을사조약'에 의거하여 자기들이 한국인을 관리한다는 명목으로 일본 본국에 한국인 24명이 사망하고 84명이 부상하였다고 허위보고를 하였다. 서울의 《대한매일신보》가 이를 받아 보도하자, 대한제국 정부는 샌프란시스코 대지진에서 '인명피해'를 크게 입었다는 재미동포들에게 1,900달러의 위문금을 송금해 왔다. 일본영사가 '을사조약'에 따라 외교활동을 대행한다고 하면서 일본 영사관에 와서 이 위문금을 찾아가라고 공립협회에 통지가 왔다.[2]

도산은 즉각 '일본기관을 통한 위문금을 받아서는 안된다'고 결정하였다. 이에 공립협회는 일본정부의 간섭행위를 미리 막기 위해 "재래에 일본 영사가 우리의 일을 간섭하려고 여러 번 시험하다가 거절을 당한 까닭에 우리가 곤경에 빠진 때를 기회 삼아 구휼금으로 은혜를 베풀고 우리의 마음을 사려는 것이니, 우리가 굶어서 죽을지언정 일본 영사의 간섭은 받지 않아야 한다"[3]는 요지의 통고문을 발표하고, 그 등본을 서울의 대한매일신보사에 보내었다.

또 하나의 예를 들면, 철도 공사장에서 한국인 노동자 1명이 피살된 사건이 발생했는데, 공립협회는 피살자가 한국인이므로 송석준을 파견하여 동포의 권익을 위해 자체조사를 실시하였다. 현장의 미국인은 보고서를 일본 영사관에 제출하는 것이 정당하다고 주장했으나, 도산은

---

2 Gardner, A. L., *The Korean Nationalist Movement and An Chang-ho*, 35~39쪽 참조.

3 김원용, 《재미한인 50년사》, 315쪽.

이를 단연코 반대하여 결국 미국 측이 보고서를 공립협회 회장에게 제출케 하였다.[4]

공립협회는 1905년 일제의 외교권 강탈로 당시 외교권을 상실한 재미 한국인들에게 이와 같이 외교적 대표기관의 구실을 하면서 동포의 권익 옹호를 위해 노력하였다. 공립협회는 본국(대한제국) 정부가 일제에게 외교권을 침탈당한 뒤에도 일본 영사관의 간섭을 단호히 물리치고 동포들 사이의 일종의 '자치단체'가 되어 한국인의 자치생활을 추진하고 실행하였다.

---

4 《도산안창호전집》 제12권, 537쪽.

제7장

0

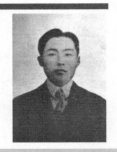

도산의 귀국과
대한신민회의 창립

I. 리버사이드에서 대한신민회 구상과 준비

　도산 안창호는 미주에서 공립협회의 활동을 하다가 1905년 11월 17일 일제가 '을사조약'을 강요하여 대한제국의 외교권을 강탈해 가고 조국을 이른바 '보호국' 이름의 반\#식민지로 강점한 소식에 큰 충격을 받았다. 그 직후부터 도산은 큰 번민에 빠졌다. 일제는 이제 대한제국을 급속히 완전식민지로 강점할 것이 뻔한데, 미주에서 어떻게 이를 저지하는 일을 할 것인가를 고민한 것이었다. 본국에서 일제의 침략에 저항하여 애국계몽운동과 의병무장투쟁이 일어나고 있음은 《공립신보》를 편집 발행하면서 대강 알고 있었다. 도산은 소식이 들어오는 대로 《공립신보》에 이를 보도하면서, 조국의 형편을 염려하고 국권회복운동의 효율적 방법을 끊임없이 고민하였다.

　도산은 1902년 9월 미국에 올 때 원래 교육학을 공부하고 귀국하려 했었고, 샌프란시스코에서 이민 동포들의 참담한 생활 상태를 보고 먼저 동포들의 생활개선사업을 약 3년 실행한 다음 대학 학업에 들어갈 예정이었다. 만일 도산이 원래의 개인적 목표대로 나아갔었더라면, 그의 우수하고 명석한 두뇌와 근면 성실한 성품으로 보아서, 그는 미국 명문 대학에서 교육학 박사가 되어 큰 학자와 교육가가 되었을 것이다.

　이미 3년이 지나 미주 동포 사업은 어느 정도 체계가 잡히기 시작하였다. 그런데 이제는 멀리 조국과 민족의 위급한 사정이 급박하게 그를 부르는 것 같았다. 개인의 영달을 위해서는 미국 대학에 들어가야 되겠

지만, 조국을 위해서는 바로 귀국하여 국권회복을 위한 투쟁에 들어가야 할 것 같았다.

도산의 애국심은 후자를 택하였다. 1906년에 들어서자, 그는 조국에 돌아가서 국권회복을 위해 투쟁하기로 굳게 결심하였다. 그 증거는 도산이 쓴 〈대한신민회취지서〉에서 "본인 등은 국민의 일분자로서 해외에 표박한 다년, 바라건대 학문 문견의 가운데 득得한 바로써 국민의 책임을 수酬함으로써 국민의 천직天職을 행코저 한다"고 밝힌 데서 알 수 있다. 또한 도산이 미주 공립협회 중앙총회 회장의 직책을 1906년 4월 동지 송석준宋錫俊에게 인계하고, 신뢰하는 동지 이강李剛·정재관鄭在寬·김성무金成武를 본국에 인접한 연해주 블라디보스토크와 간도에 보내어 공립협회 '원동지회'와 '만주지회'를 설치한 데서 확인할 수 있다.

도산은 1906년 샌프란시스코와 리버사이드를 왕래하면서 귀국 후의 확실하고 효율적이며 과학적인 국권회복의 운동방법을 연구하고 또 연구하였다. 도산의 그 후의 연설과 사업과 독서한 서적, 남긴 유물을 검토해 보면 그의 국권회복운동의 구상 방향은 대체로 다음과 같이 정리해 볼 수 있을 것이다.

  (1) 국권을 허약하게 빼앗긴 부패하고 무능한 황실과 양반귀족에게 국권
      회복을 기대해서는 안 된다.
  (2) 국민·백성을 조직하고 새로 교육하여 새로운 국민의 힘, '민력'을 길
      러서 민력으로 국권·독립을 회복하고 쟁취해야 한다.
  (3) 새로운 국민의 힘을 기르려면 전 국민에게 우선적으로 새로운 교육을
      실행하여 신국민으로 되게 해야 한다.

ㅣ《대한신민회취지서》,《한국 독립운동사》(국사편찬위원회 편) 제1권 자료편, 1024쪽
  이하.

(4) 새로운 국민의 힘을 기르고 지도할 주체세력으로 가장 애국적이고 헌신적인 지도적 인물들을 선발하여 핵심단체를 조직해야 한다.

(5) 일제의 치밀한 조직적 침략 강화추세에 대항하여 장기 지속적 효율적 활동을 위해서는 애국적 지도적 인물의 핵심단체는 반드시 '비밀결사'로 조직해야 한다.

(6) 국내에는 '결사대'와 동일한 '비밀결사'를 조직하고, 미주 동포들에는 '공개단체'로 연락단체를 결성할 필요가 있다.[2]

(7) 국권을 회복한 후의 조국 대한은 왕정을 폐지하고 반드시 '민주공화국'체제의 자유문명국으로 건설해야 한다.

도산은 국내에 조직할 비밀결사의 단체 명칭을 '대한신민회'(New Korean Society)로 작명하고,[3] 미주에 설치할 공개 연락단체를 처음에는 '신고려회'(New Korean Society)로 이름 지었다.[4] 단체의 한국어 호칭은 달리하고, 영문 명칭은 동일하게 한 것이었다.

도산은 1906년 말 크리스마스와 1907년 새해 초에 걸친 휴가기간에 미국 캘리포니아주 리버사이드에서 이강·임준기·정재관·김성무·송석준·신달원·박영순·이재수 등 8명의 동지들을 초청하여 비밀리에 그의 구상을 피력하였다. 동지들은 적극 찬성하였다.

이에 1907년 초 신고려회가 리버사이드에 설치되었다. 이강·임준기가 연락활동을 맡고, 신달원·박영순·이재수가 재정 조달을 맡은 것으로 보

---

2 필자는 독립운동사연구소 초대 소장의 직책을 맡아 독립기념관 건립사업을 하고 있을 때 도산 선생의 따님 안수잔 여사로부터 독립기념관에 기증하는 도산 유품을 받았었다. 그중에 중국 역대 비밀결사에 대한 서적이 있음을 보고 놀란 일이 있다. 도산은 대한신민회 비밀결사 조직에 앞서 비밀결사에 대한 공부와 연구를 미리 한 것이었다. 중국 비밀결사뿐만 아니라 서양의 Freemason에 대한 연구도 한 것으로 추정된다.

3 신용하, 〈신민회의 창건과 그 국권회복운동(상·하)〉, 《한국학보》 제8~9집, 1977.

4 《도산안창호전집》 제12권, 134~135쪽 참조.

인다.

도산은 국내 신민회 창립의 준비로 리버사이드에서 〈대한신민회취지서〉와 〈대한신민회통용장정〉 초안을 작성하였다. 도산이 리버사이드에서 직접 집필 작성한 이 두 문건은 신민회의 성격을 이해하는 데 매우 중요하므로, 길지만 그 전문의 일부를 (약간 현대문으로 번역하면서) 인용하면 다음과 같다.[5]

대한신민회취지서大韓新民會趣旨書

……

무릇 수백 년 이래 세계는 새로히 열리어 인지人智 또한 새롭다. 정치는 새 정치, 법률도 새 법률, 교육도 새 교육, 공예도 새 공예, 전차양함電車輛艦도 새롭고 전포양환電砲兩丸의 전술도 새롭다. 양구대륙兩球大陸의 신기술은 날을 다투며 사면해양의 신법이 나날이 도래한다.

이때를 당하여 우리는 아직도 단꿈에 취하여 잠꼬대만 짓거리고 있다. 위로 관신官紳은 권세를 다투어 뇌물을 탐하고, 아래로 인민은 우부迂腐하야 명리名利만 다투어 좇으니, 정령政令은 허설虛設의 우상이오 법문은 폐탈되어 헌 종이로 화해서, 인순고식因循姑息의 한마디가 전후상전前後相傳의 심법이오, 허위부사虛僞浮詐의 사자는 조야에 통하는 율령이 되었다. 사자士子의 숭상은 단지 공문空文뿐이오 실제實際가 무하여, 공상제가工商諸家는 사회詐飾에 힘써 정치, 문화, 모든 제예諸藝가 퇴보치 않음이 없다. 신농神農의 쟁기가 지금에도 아직 경전耕田의 기구가 되며, 고려의 자기는 절종의 보물을 만드니, 이것이 진화進化의 천연공례天演公例에 상반相反되어, 고대古代를 추상追想하면 도리여 이염美艶의 정精을 금하기 어렵다. ……

일로전쟁의 포성이 아직 끊이지 않고 마관馬關조약의 먹물 자욱이 아직

---

5 〈대한신민회취지서〉, 《한국독립운동사》(국사편찬위원회 편) 제1권, 자료편, 1024~1028쪽. 이것은 후에 일제 관헌이 원문을 압수하여 일문으로 번역한 것을 국사편찬위원회에서 한국어로 번역한 것인데 다시 교열한 것이다. 아직 원문은 발견하지 못하였다.

마르기 전에 외교권外交權을 하루아침에 일본에 빼앗기고, 정부석차政府席次에는 외국인이 병좌하여, 군경軍警 법도法度를 낱낱이 인계하고 광산·산림·토지는 촌촌히 할양되었다.

슬프다 동포여! 아는가, 모르는가. 꿈을 깨었는가. 몇 평의 초가집도 나의 집이 아니며, 문전의 뽕나무도 나의 초목이 아니며, 동구洞口의 작은 시내도 나의 시내가 아니다.

내 몸이 죽어서 묻일 땅이 없으며, 나의 자손이 자라서 살 방이 없으니, 눈을 들어 하늘을 우러러 보매 능히 낙루落淚를 금하랴. 칼을 뽑아 땅을 치매 능히 약동함을 억제하랴. 말이 이에 이름에 우리 이천만 동포 이왕에 실기失機함과 장래의 통탄함을 불금하여, 눈물이 방타滂沱하고 강혈腔血이 용약踊躍하는도다. ……

슬프다! 이 나라는 내 나라인데 우리가 죽고자 하면 이 나라를 어데다 버려두며, 우리가 숨고자 할진대 누구에게 위탁委托할 것인가. 남아의 한 좌한坐閑함은 상제(上帝; 하느님)의 미워하는 바이라. 어찌 일시적 비분으로써 분연 자결自決을 도圖하며 또한 염세의 비관으로써 호연장귀浩然長歸할 바이랴. 그러므로 금일 우리들의 전략은 오즉 위국爲國하는 것뿐이다.

위국爲國이란 어떻게 하는 것이냐. 난亂으로 인하야 치治함을 알며, 망亡을 추측하여 존存함을 앎이니, 전철前轍의 복복覆은 후거後車의 경계할 바이라. 우리가 옛날로부터 자신自新치 못하여 악수악과惡樹惡果를 금일에 거두게 되었으나, 금일 진실로 능히 자신自新할진대 선수선과善樹善果를 타일에 거둘지라. 오늘 위국爲國하는 길은 역시 자신自新일 뿐이라.

자신自新은 어떻게 하느냐. 구몽舊夢을 연속커든 일고一鼓로써 깨어나게 하며, 구습舊習이 전면纏綿커든 한칼로써 쾌단快斷하여, 오늘 이 시각으로부터 새로이 맹서하되,

나는 일신一身을 불고하고 우리 인민을 유신하기를 목적한다.

나는 일가一家를 불고하고 우리 인민을 유신하기를 책임으로 한다.

일념一念이 이 유신에 재하며, 일몽一夢이 이 유신에 재하고, 일언일동一言一動이 이 유신에 재하여, 이 혈성血誠을 포抱하고 용약전진踊躍前進한다면 급기야에는 유신의 날이 유할진저 ……

본인 등은 국민의 일분자로서 해외에 표박한 지 이에 다년, 바라건대 학문 문견의 가운데 득得한 바로써 국민의 책임을 수수酬함으로써 국민의 천직天職을 행코저 한다. 반야풍운伴夜風雲에 천지번복天地飜覆하여 부모고 향을 찾을바이 없도다. 여우가 죽을제 머리를 언덕에 언고 고향을 사모한 다고 하거든, 부앙건곤俯仰乾坤에 하물며 사람으로서랴.

동방으로부터 오는 악신惡信은 귀뿌리를 놀라게 하며, 이역의 광음은 유 수와 같이 재촉하니, 안좌安坐코저 하되 참을 수 없고, 도사徒死코자 하되 무익이라. 이에 위로 천지신명에 질문하고, 아래로 동포형제에게 도모하 여, 드디어 일회一會를 미국美國 가주加州 하변성河邊省에서 발기하니 그 이 름을 대한신민회大韓新民會라 하다.

신민회新民會는 무엇을 위하여 일어남이뇨? 민습民習의 완부頑腐에 신사 상新思想이 시급하며, 민습의 우매에 신교육新敎育이 시급하며, 열심의 냉각 에 신제창新提唱이 시급하며, 원기의 모패耗敗에 신수양新袖養이 시급하며, 도덕의 타락에 신윤리新倫理가 시급하며, 문화의 쇠퇴에 신학술新學術이 시 급하며, 실업의 조췌凋悴에 신모범新模範이 시급하며, 정치의 패부에 신개 혁新改革이 시급이라. 천창만공天滄萬孔에 신신을 기다리지 않은바 없도다.

지리한 겁몽劫夢에 한 사람도 신신을 원치 않는 이 없도다. 급급함이여 오늘의 유신維新. 일일불급신一日不急新이면 이는 아국이 일층 지옥에 떨어 짐이라. 금일 신신키 불능하면, 명일 신신키 불능하야, 필경 만겁의 지옥에 함입하야 인종은 멸절하고 국가는 구허丘墟가 되고 말 것이니, 이때에 이 르러 서고噬膈의 탄탄嘆을 발한들 어찌하리오. 그러므로 우리들은 마땅히 침 寢을 망忘하고 찬餐을 폐폐廢야 소술所朮할 바는 이 유신維新이라. 심心을 구구嘔하고 혈혈血을 갈갈竭하야 실행實行할 것은 이 유신維新이라. ……

무릇 우리 한인은 내외를 막론하고 통일연합統一聯合으로써 그 진로를 정하고 독립자유獨立自由로써 그 목적을 세움이니, 이것이 신민회新民會의 발 원發願하는 바며 신민회의 회포하는 소이이니, 약언하면 오즉 신정신新情神 을 환성喚醒하야 신단체新團體를 조직한 후 신국新國을 건설建設할 뿐이다.

오호 천도天道가 신신치 않으면 만물이 생생치 못하며, 인사人事가 신신 치 않으면 만사 이루지 못하나니, 우리가 오매간에 잊지 못하는 대한大韓

이여. 우리가 사생간에 버릴 수 없는 대한이여. 우리 민民을 새롭지 않으면 누가 우리 대한을 사랑하며, 우리 민이 새롭지 않으면 누가 우리 대한을 보호하겠는가.

　내래來하라 우리 대한신민大韓新民이여, 우리 대한신민이여, 형극험조荊棘險阻에도 유진무한有進無限할 것이오, 조차전패造次顚沛에도 전추후계前趨後繼하야 본회를 위하야 헌신할지어다. 본회는 국민의 일신단체一新團體임으로써 본회에 헌신하는 자가 즉 본국本國에 헌신함이라. ……

　과거 사천년 구한국舊韓國의 말년 망국귀亡國鬼를 작作하려는가. 장래 억만세億萬歲 신한국新韓國의 초년 흥국민興國民을 작하려는가. 무엇을 버리고 무엇을 취하며, 어느 것을 버리고 어느 것을 따르려 하는가. 내래來하라 우리 대한신민大韓新民이여.

　도산이 리버사이드에서 쓴 이 〈대한신민회취지서〉는 당시로서는 다른 어디에서도 볼 수 없는 탁월한 명문이며, 당시 다른 어디서도 볼 수 없는 새로운 사상과 결의를 담은 역사적 문건이다. 도산의 〈대한신민회취지서〉는 그가 매우 학식 높은 사상가이며 탁월한 명문장가임을 잘 알려 주고 있다.

　도산은 이 취지서에서 "본인 등은 국민의 일분자로서 해외에 떠돈〔漂迫〕 지 이에 여러 해, 이에 배우고 보고 들은 것들 가운데 얻을 만한 것을 국민에 바쳐 국민의 책임을 보답하려 하는 것"이라 하고, 신민회의 활동에 통일 연합하여 모든 것을 새롭게 해서 독립하고 자유롭고 부강한 '새 나라'新國를 건설하자고 호소하고 있는 것이다.

　또한 도산이 리버사이드에서 준비한 〈대한신민회통용장정(大韓新民會通用章程; 신민회 회칙)〉 가운데 제1장과 제2장 '목적과 방법'을 중심으로 일부를 인용하면 다음과 같다.[6]

6 《대한신민회통용장정》, 《한국독립운동사》 제1권 자료편, 1028~1029쪽.

제1장 회명 및 위치

　제1절 본회의 명칭은 대한신민회大韓新民會로 정함.

　제2절 본회의 중앙총회소中央總會所는 미국美國 가주加州 하변성河邊省에
　　치置함.

제2장 목적과 방법

　제1절 본회의 목적은 아한我韓의 부패한 사상思想과 습관習慣을 혁신革新
　　하야 국민을 유신維新케 하며, 쇠퇴한 발육發育과 산업産業을 개량하야
　　사업을 유신케 하며, 유신한 국민이 통일연합統一聯合하야 유신한 자
　　유문명국自由文明國을 성립케 함.

　제2절 본회 목적의 실행방법은 좌와 여함.

　1조 각소에 권유원勸諭員을 파견하야 권유문勸諭文을 파전播傳하며 인민
　　의 정신을 경성케 할 사.

　2조 신문잡지 및 서적을 간행하야 인민의 지식을 계발케 할 사.

　3조 정미精美한 학교를 건설하야 인재를 양성할 사.

　4조 각처학교의 교육방침을 지도할 사.

　5조 생략

　6조 실업가에 권고하야 영업방침을 지도할 사.

　7조 본회에 합자合資로 실업장實業場을 설설하야 실업계의 모범을 작作할 사.

　8조 본회는 해내해외를 막론하고 애국성愛國誠이 유한 동포로써 일체단
　　합할 사.

　9조 회원 산재한 각구역에 연합기관聯合機關을 분치分置하야 교통방편交
　　通方便을 전專히 힘쓸 사.

　10조 실력을 확장하야 국체를 완전케 할 사.

　도산이 초안한 〈대한신민회통용장정〉은 신민회의 목적과 방법이 명료
하게 규정되어 있을 뿐 아니라, 처음에는 신민회의 본부(중앙총회)를 일
제 마수가 미치지 않는 미주 리버사이드(河邊)에 두려고 계획했음(제1장
제2절)을 알 수 있다.

2. 도산의 귀국길

도산은 1907년 1월 8일 샌프란시스코를 출항하여, 1월 31일경 일본 요코하마에 기항하였다. 그는 일본 유학생들 가운데서 신민회 회원을 선발할 숨은 목적도 갖고 약 1주일 동안 동경에서 체류하였다.

당시 동경에는 한국인 유학생 단체로 '태극학회太極學會'가 결성되어 있었으며, 연간으로 기관지《태극학보太極學報》를 발행하고 있었다. 도산은《공립신보》를 발행하고 있었으므로 태극학회의 성격을 대체로 알고 있었다. 태극학회 회장 장응진張膺震과 총무 김지간金志侃은 도산이 독립협회 평양지회를 조직할 때 이미 만난 적이 있는 청년학생이었다.

도산은 2월 3일 동경 태극학회가 주최한 도산환영회에서〈학생의 분발과 전진 방침〉이라는 제목의 '연설'을 하였다.[7] 당시 참석했던 유학생들은 도산의 명연설에 놀랐으며 큰 감동을 받았다고 회고하였다.

도산은 당시 동경에 망명하여 체류하고 있던 유길준을 방문하였다. 일찍이 도산은 야소교학교 학생시기에 유길준의《서유견문》을 읽고 크게 감동하여 자주 개화운동에 헌신하려고 각오한 적이 있었다. 도산은 유길준을 존경하여 우리나라는 '국기'는 있으나 아직 '국가國歌'가 없으니 가사를 지어 달라고 요청했는데, 유길준은 나는 책을 쓸 수는 있어도 노래를 지을 재능은 없다고 고사했다고 한다.[8]

도산은 이어서 역시 동경에 망명해 와 있던 박영효朴泳孝도 방문하였다. 도산은 박영효에게 '태극기'의 '태극'의 의미를 질문하여 설명을 들었다. 박영효가 태극기 제작자로 알려져 있었기 때문이었다.

---

7 이태복,《도산 안창호 평전》. 동녘, 2006, 128쪽; 장석흥,《한국독립운동의 혁명영수 안창호》, 역사공간, 2016, 53~59쪽.

8《도산안창호전집》제12권, 543쪽 참조.

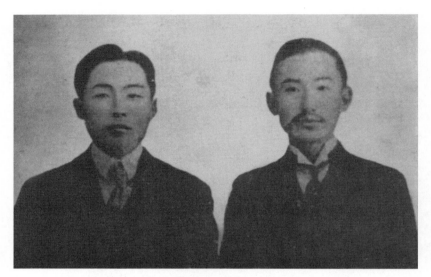

사진 16 태극학회 2대 회장을 역임한 김지간과 함께(1907)

도산이 동경에 들려서 태극학회 유학생 회원을 만난 것은 성과가 있었다. 태극학회 회장 장응진과 총무 김지간을 비롯하여 상당수의 유학생이 귀국 후 신민회 회원으로 가입했기 때문이다. 특히 최남선崔南善은 이때 도산의 태극학회 연설에 큰 감명을 받고 귀국 후 신민회에 가입하여 신민회 산하 '청년학우회' 기관지로 잡지 《소년少年》을 간행하면서 활동하였다.

도산은 1907년 2월 20일경 나라의 안위를 크게 염려하면서 그리던 조국의 제물포항에 도착하였다.

3. 도산과 국내 '대한신민회' 창립

도산 안창호는 귀국 직후 1907년 2월 22일경 대한매일신보사 총무 양기탁梁起鐸을 방문하여 미주 공립협회의 이름으로 국채보상금 35원을 희사하였다.[9] 도산은 양기탁에게 국권회복운동 단체로 '신민회'라는 단체를 비밀결사로 창립할 것을 제안하고, 도산이 미국에서 초안하여 갖고 온 〈대한신민회취지서〉와 〈대한신민회통용장정〉을 양기탁에게 검토하도록 건네주었다.

양기탁은 신민회의 취지에는 전폭적으로 찬성하면서도 '비밀결사' 조직은 반대하고, 신민회를 합법적 '공개단체'로 조직하자고 주장하였다. 그러나 도산은 이미 미국에서 검토 끝에 신민회는 '비밀결사'로 조직해야 한다는 결론을 내린 일이었다. 이에 두 지도자의 의견이 합치되지 않아서 안창호는 귀국 후 즉각 신민회를 창립하지 못하였다. 이때의 사정을 양기탁은 그 후 일제의 심문과정에서 다음과 같이 말하였다.

문(일제 재판관) : 그대는 신민회에 가입하였는가?
답(양기탁) : 안창호가 미국에 있는 신민회의 전권위원으로 파견되어 귀국하였다면서, 그 회의 위임사항을 실행하는 데 있어서는 본인의 찬성이 없이는 안 된다는 이야기를 하며 규칙서 및 세칙 등을 보여 주었다. 그런데 그것은 본인의 의견과 합치되었기 때문에 거기에 찬성하고 신문에 광고를 내주겠다고 말하였다. 그러나 그는 이전에 공립협회(協立敎會라고 오기) 일로 신문에 광고를 내었으나 아무런 효과도 없었으므로 이번에는 광고를 하지 않고 직접 사람들에게 권유하고 다니겠다는 것이었다. 본인은 그렇게 비밀스럽게 해서는 당국의 오해를 살 우려가 있으

---

[9] 《대한매일신보》 1907년 2월 24일자, 〈잡보〉, "해외의연" 참조.

므로 광고를 내는 것이 좋을 것이라고 권했으나 그(안창호)는 승낙하지 않고 돌아갔으며, 그때 규칙서 1통을 받았다.

그후 그 사람(안창호)이 경성에 왔을 때도 그 규칙을 공공연하게 발표 하도록 권했는데, 그(안창호)는 이갑과 상의한 후 경찰서에 규칙서를 신고한다면서 본인이 이전에 받았던 규칙서를 가지고 갔다. 그 후 진행 상황을 물었으나 공공연한 발표를 보류하고 비밀에 붙이기로 하였는데 '윤치호와 상의한 다음 실행할 것이니 자네는 관계하지 말라'는 이야기 였다. 또한 당시 미국에서 돌아온 임치정을 매일신보사에 입사시켰는데, 그 사람도 안창호로부터 신민회에 대한 상담을 받았다고 하면서 안창 호에게서 들었던 것과 같은 이야기를 하였다.[10]

양기탁은 다음 공판 때에도 재판장의 질문에 이와 유사한 응답을 하 였다. 즉 도산은 1907년 2월 20일 귀국 직후에 양기탁에게 '비밀결사'로 서의 신민회의 창립을 제의하면서 대한신민회의 규칙서와 세칙을 주었 는데, 양기탁이 이를 '공개단체'로 조직하여 신문에 광고를 내자고 제의 하자 도산이 승낙하지 않고 돌아갔다는 것이다.[11]

안창호는 서울에서 3월 1일 12시에 남문 밖 자암紫岩 한양학교漢陽學 校에서 한양학회의 주최로 약현藥峴의 광흥학교光興學校, 만리현萬里峴의 균명학교均明學校, 청파靑坡의 청련학교靑蓮學校 학생들을 연석케 한 환 영 강연회에서 최초의 '귀국강연'을 하였다.[12] 그는 또한 3월 2일 하오 6 시에는 서우학회西友學會가 주최한 '안창호 환영회'에 참석하였다.[13]

---

10 〈신민회사건 제22회 공판시말서, 양기탁 부분〉, 국사편찬위원회 편, 《한민족독립운 동사자료집》 제1권, 309~310쪽.

11 〈신민회사건 대구복심법원 공판시말서, 양기탁 부분〉, 《한민족독립운동사자료집》 제 2권, 292쪽 참조.

12 《대한매일신보》 1907년 2월 2일자, 〈잡보〉, "지사연설" 참조.

13 《대한매일신보》 1907년 3월 1일자, 〈잡보〉, "서우개회" 참조.

도산은 3월 상순 평안도에 내려가서 그의 고향과 관북지방 일대를 여행하였다. 도산은 3월 11일에는 서우학회와 평안도민이 설립한 사범강습소師範講習所의 개교식에 참석하여 최광옥崔光玉과 함께 경축강연을 하였다.[14] 도산은 평안도지방에 약 20여 일 체류하면서 그의 동지가 될 수 있는 인사들을 물색하면서 긴밀히 접촉한 것으로 보인다. 도산은 당시 평안도 관찰사로 와 있던 이시영李始榮과 접촉하여 신교육운동을 시작하도록 했으며, 다수의 평안도 유지들에게 국권회복을 위한 실력양성운동의 필요를 역설하였다.[15]

또한 도산은 평안도 일대에서 이승훈李昇薰·안태국安泰國·최응두崔應斗를 비롯한 민족자본가들의 결사체인 상민공동회商民共同會 지도자들과도 접촉하여 그들을 장차 신민회에 가입시킬 준비를 해 두었다.

도산은 1907년 4월초에 다시 서울로 올라와서 《대한매일신보》 총무 양기탁을 만났다. 신민회를 '비밀결사'로 창립하려는 안창호의 결의가 여전히 확고하자, 공개단체로 창립을 주장하던 양기탁도 결국 '비밀결사' 창립에 동의하였다. 이에 드디어 1907년 4월 초에 서울에서 안창호·양기탁·전덕기·이동녕·이동휘·최광옥·이갑·유동열 등이 제1차로 회합을 갖고 극비리에 신민회를 창립하였다.[16]

신민회 창립 직후에 양기탁은 《대한매일신보》 1907년 4월 11일자에 〈공립협회의 상보詳報〉라는 논설을 써서 도산이 소개한 대로 미주의 공립협회를 크게 보도하였다.[17]

---

14 《대한매일신보》 1907년 3월 16일자, 〈잡보〉, "서경사범" 참조.
15 〈안창호의 귀국과 평안도민정에 관한 內田良平의 조사보고서〉(1097), 《한민족독립운동사》 제1권, 자료편, 1016~1017쪽 참조.
16 신용하, 〈신민회의 창건과 그 국권회복운동(상·하)〉, 《한국학보》 제8~9집, 1977; 윤경로, 《105인 사건과 신민회 연구》, 한성대학교 출판부, 2012 참조.
17 《대한매일신보》 1907년 4월 11일자, 논설, "공립협회의 상보" 참조.

도산은 역시 《대한매일신보》 4월 11일자와 12일자 광고란에 '북미상 항北美桑港에 있는 공립협회와 《공립신보》를 국내 동포들이 지원해 줄 것을 요청하는 호소 광고를 게재하였다.[18]

도산은 1907년 4월 초 서울에서 신민회를 창립하면서 당수에 해당하는 총감독에 양기탁을 추대하고, 도산 자신은 집행원을 맡았다.[19] 집행 원은 오늘날의 용어로 표현하면, 조직부장·조직책에 해당하는 것이었고, 신민회 조직에서는 총감독 다음의 제2인자 직책이었다. 그러나 신민회 는 비밀결사였기 때문에 실질적 지휘자와 실권은 조직책에 있었다고 볼 수 있다.

그 밖에 서기를 이동녕, 재무부장을 전덕기가 담당하였다. 도산은 또 지역을 분담할 때 미주지역 총감의 책임을 겸임하였다.

도산은 1907년 4월 초 신민회를 조직·창립하면서 탁월한 조직능력을 발휘하여 다음의 다섯 집단의 애국세력을 하나로 통합하였다.

첫째는, 대한매일신보사의 애국세력이다. 이 신문사에서는 양기탁이 총무로, 신채호가 주필로, 박은식(객원주필)·장도빈(임시주필)·옥관빈·최 익·이장훈·양인탁·김연창·유치겸·이만직 등이 기자로, 임치정·강문수·김 홍서 등이 회계로 활동하였다. 이 가운데에서도 특히 임치정은 대한매 일신보사 총무 양기탁과 도산 사이의 연락을 담당하기 위해 도산의 요 구로 입사시킨 간부였다. 이들 거의 모두가 신민회에 가입하였으므로 《대한매일신보》는 신민회의 사실상의 기관지로 전환된 셈이었다.[20]

둘째는, 서울의 상동교회尙洞敎會와 그 자매교육기관인 청년학원靑年學

---

18 《대한매일신보》 1907년 4월 11일자, 광고 참조.
19 〈안창호예심신문조서〉, 《속편 도산안창호》, 87쪽; 《도산안창호전집》 제11권, 143쪽 참조.
20 장도빈, 〈암운 짙은 구한말〉, 《사상계》, 1982년 4월호 참조.

院의 애국세력이다. 이 애국세력은 목사 전덕기를 중심으로 기독교(개신교) 신도들과 함께 도산이 귀국하기 전에 이미 '을사조약' 반대 상소운동과 시위운동을 주도한 뒤 국권회복을 위한 신교육구국운동과 기독교운동을 전개하고 있었다. 이 세력의 주요 인물은 전덕기·이준·이동녕·이회영·정순만·최재학·조성환·김구·서상팔·계명육·김인집·이승길·이항직·이희간·기산도·김병헌 등이었다.[21] 이들은 모두 신민회에 가입하여 주요 간부와 회원으로 활동하게 되었다. 특히 청년학원의 책임 교무인 이회영이 창립 때부터 신민회에서 맹활약을 했으므로 상동교회와 청년학원은 신민회 안에서 가장 세력과 규모가 큰 신 구국교육 중심기관이 되었다.

셋째는, 구한국 무관 출신의 애국세력이다. 대한제국 군대 장교 출신들인 이갑·이동휘·유동열·노백린·조성환·김희선 등이 그 주요 인물이었다. 그들은 '을사조약' 전후에 항일의병 무장투쟁이 일어나자 원칙적으로 이를 지지하고 지원하면서도 빈약한 무기로 군사훈련 없이 싸우는 의병전쟁에 참가하지 않고 있었다. 그들은 후일의 항일독립전쟁을 기약하면서, 주로 교육구국운동에 종사하고 있다가 도산의 권유로 신민회의 창립에 합류하여 활동하게 되었다.

넷째는, 주로 평안도 일대를 중심으로 활발하게 성장하고 있던 실업가, 민족자본가의 애국세력이다. 이승훈·안태국·최응두 등이 그 대표적 인물이었다. 그들은 신민회 창립 직전인 1907년 3월 평양의 상회사商會社인 협동사協同社 사장 안태국을 경찰관서가 구속한 사건에 항의하여 상민공동회를 개최하면서 활동하고 있다가, 도산의 권유와 요청을 받고 신민회의 창립에 합류하게 되었다.

---

21 김구, 《백범일지》(백범김구선생기념사업협회판), 1968, 179~182쪽 참조.

다섯째는, 미주 공립협회의 애국세력이다. 안창호·이강·정재관·임준기·김성무·송석준·임치정 등이 그 중심 인물이었다.[22] 이 애국세력은 이미 미주에서부터 신민회 창립을 발기한 세력이며, 도산이 이미 스스로 조직하여 형성해 놓은 세력이었다.

도산은 이 다섯 개 집단의 애국세력을 하나로 묶어 양기탁을 대표인 총감독으로 추대하고, 도산 자신은 조직책임자가 되어 탁월한 조직능력을 발휘해서 1907년 4월 초에 서울에서 '대한신민회'를 창립한 것이었다. 창립 후 명예회장처럼 추대되었던 윤치호가 그 후 일제의 심문에 대한 답변에서 "안창호의 부탁으로 다만 이름만 빌려주었을 뿐 그 내용에는 안창호가 모든 것을 처리하고 있었다"[23]고 진술한 바와 같이, 도산은 양기탁을 총감독으로 추대하고 신민회의 창립을 주도했을 뿐만 아니라 신민회의 중요한 일들을 실제로 모두 처리하고 있었다. 신민회의 사실상의 배후 대표와 조직자는 도산 안창호였다.

도산이 신민회를 공개적 합법단체로 조직하자는 양기탁의 주장을 물리쳐 가면서 '비밀결사'로 조직한 이유로서는 특히 다음과 같은 점이 주목된다.[24]

① 일제의 법령이나 탄압조치에 의하여 해산당하지 않기 위한 것
② 일제의 방해와 탄압을 최소한으로 받으면서 국권회복운동을 효과적으로 수행하기 위한 것
③ 일제가 한국을 완전 식민지로 강점하는 경우에도 독립운동 추진의 핵

---

22 《도산안창호전집》 제11권, 117~189쪽 참조.

23 〈신민회사건 제1회공판시말서〉 윤치호 부분, 《한민족독립운동사자료집》 제1권, 19쪽 참조.

24 〈신민회사건 제22회공판시말서〉 양기탁 부분, 《한민족독립운동사자료집》 제1권, 310쪽 및 〈안창호예심신민조서〉, 《한민족독립운동사자료집》 제1권, 80~90쪽 참조.

심단체를 조직해 두려는 것

④ 회원의 입회를 제한하고 엄선하여 일제 밀정의 침투를 방지하기 위한 것
⑤ 민주공화국 수립의 목표에 대해 군주제 지지 수구파와 그에 동조하는 일부 전근대세력의 반감과 방해를 받지 않기 위한 것

    도산은 신민회의 조직책임자로서 회원 입회에는 매우 엄격한 심사를 하여, 장기간의 관찰과 여러 차례의 시험을 거쳐서 신중하게 결정하였다. 이 때문에 신민회 회원은 애국심이 매우 강할 뿐 아니라, 국권회복을 위해 생명을 바쳐 희생할 각오가 되어 있는 담대한 애국자들만이 엄선되었다.[25] 이 때문에 신민회는 창립 후 회원들이 회의 명령에 열심히 잘 따랐고 비밀이 잘 지켜지면서 매우 조직적으로 치밀하게 국권회복운동을 전개하였다. 그러므로 뒤에 일제 관헌도 신민회의 '조직'에 감탄을 금치 못하였다. 나중에 신민회를 조사한 일제 고등경찰의 한 심문자는 다음과 같이 기록하였다.

    회원은 토지의 부호, 명망자 혹은 학생 사이에 모집하였으며, 수령 등은 서로 기맥을 통하여 그 선택에는 매우 세심細心한 주의를 하였고, 용이하게 입회를 허용하지 않는다. 각 수령은 항상 회원의 모집에 주의하여, 회원의 추천이 있을지라도 길게는 년여年餘, 짧게는 수개월 그 행동을 관찰하고, 의사意思의 견고堅固를 인정하지 않으면 입회시키지 않는다.
    또한 입회의 결정은 수령 스스로 면회하여, 국가사상國家思想의 후박을 문답하고, 다시 담력의 시험으로서 일사一事를 시키어, 이에 합격하여야 입회를 시키는 것이다. 그럼에도 오히려 용이하게 신민회의 존재를 알려주지 않고, 단지 국권 회복을 목적으로 하는 표면의 회명을 고지告知함에 지나지 않으며, 신민회 및 그 내용을 알기에는, 의사意思의 강약, 담력의

---

25 윤경로, 《105인 사건과 신민회 연구》, 한성대학교 출판부, 2012, 181~316쪽 참조.

여하에 의해 정해지는 것으로써, 사람에 따라서 다를지라도, 그 빠른 자로서 입회 후 1년을 요한다고 한다.

이 때문에 이번 사건의 각 피고도 대개 완미頑迷하나 능히 수령의 명을 고수하여, 아무래도 다소의 이채異彩가 있다. 그들 흉도배(안창호 등 신민회 간부– 인용자)가 그 위인爲人을 봄에 교묘하여 참으로 감탄하지 않을 수 없는 것이다.[26]

도산은 신민회의 본부를 대한매일신보사 안에 두었다. 그 이유는 ① 신민회 총감독 양기탁이 대한매일신보사 총무였고, ② 신문사는 전국 각 지방 지회와 연락을 신속하게 할 수 있으며, ③ 비밀 결사 신민회의 활동을 신문사의 활동으로 위장하기 편리한 때문이었다고 해석된다.

이렇게 하여 창립된 신민회의 조직은 중앙에 회장, 부회장, 총감독總監督, 의사원議事員, 재무원財務員, 집행원執行員, 감찰원監察員을 두었다. 이것이 최고지도부였다. 회장과 부회장은 신민회 말기에 만든 직책으로서 명예직이었고, 처음부터 총감독이 전 신민회를 총괄하였다. 의사원은 의결기관으로서 각 도별로 임원을 선정하였다. 재무원은 재정 담당 책임자였고, 집행원은 신입회원의 자격심사와 조직을 담당하는 책임자였다. 감찰원은 회원의 기강을 감찰하는 책임자였다.

도道에는 도총감道總監을 두고 각 도별로 회원을 지휘하도록 했으며, 의결기관으로 평의원評議員을 두었다.

군郡에는 군감郡監을 두고, 의결기관으로 평의원을 두었다.

군감 밑에는 '반'班을 편성하였는데, 회원 60명마다 도반장都班長을 두었고, 회원 20명마다 부반장副班長을 두었으며, 회원 5명마다 반장班長을

---

26 國友尙謙, 《不逞事件ニ依テ觀タル朝鮮人》, 57~58쪽; 고려서림판, 《百五人事件資料集》 제2권, 120~122쪽.

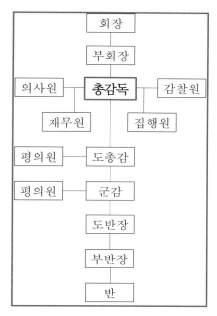

사진 17 신민회의 조직체계도

두었다. 회원 5명 단위의 '반'조직이 기본 단위조직이었다.

비밀결사이면서도 중앙으로부터 군에 이르기까지 의결기관을 둔 것이 신민회 조직의 특징이었다.

신민회의 조직은 종선縱線으로만 고리처럼 이어지게 해서 당사자 2인 이상은 서로 알지 못하게 했고, 횡선으로는 전혀 서로 누가 회원인지를 모르게 하였다.

신민회 회원의 입회는 애국사상이 확고하고 국권회복운동에 생명을 바칠 결의를 한 인사에 한하여 매우 엄격한 심사에 심사를 거듭한 다음 일정기간의 행동을 관찰한 뒤 허가되었다. 신민회 입회 때에는 생명과 재산을 회의 명령에 따라 바친다고 선서하는 예식이 있었다.[27]

---

27 애국동지원호회 편, 《한국독립운동사》, 1956, 91쪽 참조.

도산이 주도하여 이와 같이 조직된 신민회는 1910년 4월 도산의 망명 직전의 간부조직을 재구성해 본다면 대체로 〈표 1〉과 같이 정리할수 있다.[28]

주의할 것은 신민회의 간부 구성은 시기와 사업실행에 임하여 수시로 변동이 있었다는 사실이다. 그러므로 위의 간부 구성으로 고정되어 있었던 것은 전혀 아니었다.

엄격하게 선발 조직된 신민회의 회원수에 대해, 도산은 그가 본국을 떠나 중국으로 망명한 무렵의 회원수가 약 300명이라고 그 후 일제 심문 때 응답하였다.[29] 백범 김구는 신민회의 회원수가 약 400명이라고 기록하였고,[30] 백암 박은식은 약 800명에 달했다고 기록하였다.[31] 독립운동가들이 집필한 《한국독립운동사》도 신민회의 회원수를 800명이라고 기록하였다.[32]

1910년 4월 도산이 망명하기 직전의 회원수가 300명이었다고 할지라도, 신민회가 발각되어 해산당한 1911년 9월까지는 회원의 증가가 있었을 것이므로, 신민회의 회원수는 가장 융성했을 때에는 약 800명에 달했다고 볼 수 있을 것이다. 독립운동가들은 신민회 회원들에 대하여 "당시 유지계有志界의 정화精華는 모두 가입"[33]했다고 기록하였다.

도산의 탁월한 조직능력에 따라 신민회는 당시 대한의 가장 애국적인 지도자들을 엄선하여 모아서 강력하고 철통같이 잘 조직된 전국적

---

28 《不逞事件ニ依テ觀タル朝鮮人》, 《朝鮮陰謀事件》(1912), 〈안창호예심신문조서〉(1932), 장도빈의 회고(1962) 등에 의거하여 정리.

29 〈안창호예심신문조서〉, 《도산안창호전집》 제11권, 143쪽 참조.

30 《백범일지》, 195쪽 참조.

31 박은식, 《한국독립운동지혈사》, 《박은식전서》 상권, 479쪽 참조.

32 애국동지원호회편, 《한국독립운동사》, 91쪽 참조.

33 애국동지원호회편, 《한국독립운동사》, 91쪽 참조.

표 ㅣ 신민회의 간부조직

직책	담당자
총감독(중앙총감)	양기탁梁起鐸
집행원(부총감격)	안창호(安昌浩, 미주 총감 겸임)
총서기	이동녕李東寧
재무원	전덕기全德基
감찰원	이갑李甲, 유동열柳東說, 노백린盧伯麟
서울·경기 총감	전덕기(겸임), 양기탁
평안남도 총감	안태국安泰國
평안북도 총감	이승훈李昇薰
함경도 총감	이동휘李東輝
황해도 총감	김구金九
강원도 총감	주진수朱鎭洙
경상도 대표(총감대리)	김진호金鎭浩
충청도 대표	최익崔益
기타도 대표 -	김도희金道熙
미주지역 총감	안창호(겸임)
본부연락 대표	임치정林蚩正
최고간부(의사원 등)	안창호, 양기탁, 윤치호, 이갑, 유동열, 이동휘, 전덕기, 이동녕, 이종호, 박은식, 신채호, 이회영, 이승훈, 김구, 안태국, 조성환, 노백린, 이준, 최광옥

비밀결사로 창립된 것이었다. 이처럼 신민회가 매우 잘 조직된 비밀결사였기 때문에 신민회의 지도로 맹렬한 국권회복운동을 전국에서 효율적으로 잘 전개할 수 있게 된 것이었다.

도산 안창호가 중심이 되어 한말 한국의 애국지사들이 1907년 4월초 국내에서 창립한 대한신민회는 일본 제국주의의 침략을 물리치고 국권을 회복하여 대한제국의 군주국 구체제를 변혁해서 자유로운 새 민주공화국을 건설할 것을 목적으로 전면적 투쟁을 전개한 한국 근대사상

최초·최대의 '신민족·신민주 혁명당'이었다. 즉 신민회는 모든 전근대체제와 구습을 "한칼로써 쾌단快斷하여"[34] 근대체제의 자주부강한 새 민주공화국을 건설하려고 한 최초의 한국 민중의 '시민혁명당'이었다고 볼 수 있다. 도산은 1907년 귀국하여 나라와 동포를 구하기 위해 비밀결사로 새로운 '시민혁명당'을 조직한 것이었다.

---

34 안창호, 〈대한신민회취지서〉, 《한국독립운동사》(국사편찬위원회편) 제1권 자료편, 1024쪽 이하.

제8장

平壤大成学校
安昌浩

신민주의新民主義와
신민회의 국권회복운동

I. 신민회의 목적과 도산의 '신민주의' 사상

도산이 한국 근대사회의 발전과 한국 근대사에서 획기적 공헌을 한 매우 중요한 활동의 하나는, 1907년 대한신민회를 창립하여 국권회복운동을 전개해서 대한제국이 망해 가는 절망적 시기에 낙망하지 않고 도리어 한국민족과 민중의 근대적 역량을 비약적으로 증강시키고 한국사회의 근대적 변혁을 획기적으로 추진한 것이었다.

도산이 발의하고 창립동지들이 동의한 신민회의 궁극적 목적은 ① 국권을 회복하여 자유독립국을 세우고, ② 그 정치체제는 공화정체共和政體로 하는 것이었다.[1]

신민회가 국권회복 후의 정체를 전제군주제專制君主制의 입헌군주제立憲君主制로의 개혁으로 하지 않고 아예 군주제를 폐지하여 '민주공화국' 民主共和國을 세울 것을 공식적 목표로 정한 것은 한국 역사상 최초의 참으로 혁명적인 것이었다. 그리고 이것을 신민회의 목적으로 앞장서서 설정한 인물은 도산 안창호였다. 이것은 주목해야 할 사실이다.

신민회에 앞서 독립협회 때에는 전제군주국의 입헌군주국으로의 개혁을 공식목표로 삼았으며, 민주공화국으로의 개혁은 만민공동회의 소수 급진파 청년들 사이의 이상에 불과하였다. 그러나 10년 후의 신민회에 이르면 입헌군주국도 낡은 것으로 인식되고, 처음부터 국권회복 후에는

---

[1] 〈대한신민회의 구성〉, 《한국독립운동사》(국사편찬위원회편), 1024쪽 참조.

민주공화국의 수립을 목표로 삼기에 이르렀다.

도산과 신민회는 이 목적을 달성하기 위하여 한국민족은 당장 '힘'이 없어 일제에게 국권을 박탈당했으므로 무엇보다도 '실력'을 양성해야 한다고 강조하였다.

도산과 신민회는 이 '실력'을 양성하기 위해서는 '백성을 새롭게 만들어야' 한다고 주장하고 '신국민新國民'을 주장하였다. 이것은 도산과 신민회가 민주주의民主主義사상에 기초하여 국가의 주인은 국민이며 국가의 부강은 국가를 이루고 있는 국민의 부강에서 나온다는 사상에 의거하고 있었음을 나타내는 것이라고 볼 수 있다. 도산이 작명한 신민회의 이름을 나타내는 '신민新民'은 바로 이러한 뜻에서 취해진 것이었다.[2]

도산과 신민회는 또한 이러한 '신민'은 타국의 도움에 의뢰하는 것이 아니라 반드시 자기 스스로의 힘으로 하는 '자신自新'이어야 한다고 주장하였다.[3]

도산과 신민회는 이러한 '자신'의 내용으로 ① 신사상新思想 ② 신교육新敎育 ③ 신도덕新道德 ④ 신문화新文化 ⑤ 신실업新實業 ⑥ 신정치新政治 ⑦ 신열심新熱心을 제창하였다. 도산과 신민회는 이를 실행하여 신국가와 신사회를 수립할 것을 주창하였다.

그러므로 신민회 창립 무렵부터의 도산 안창호의 사상은 '신민주의新民主義'라고 부를 수 있을 것이다. 도산의 신민주의는 침략자 일본제국주의를 타도하여 국권을 회복하고, 국가체제를 전제군주제를 비롯한 모든 군주제를 폐지하여 '민주공화국民主共和國'을 수립하는 사상 체계였다. 도산은 국가의 주인인 국민을 '신국민新國民'으로 교육 계몽 발전시

---

2 박명규, 〈도산 안창호의 사회사상〉, 신용하 편, 《한국현대사회사상》, 지식산업사 1984, 87~131쪽 참조.

3 〈대한신민회취지서〉, 《한국독립운동사》(국사편찬위원회편), 1026쪽 참조.

킴과 동시에 사회체제의 모든 부문을 낡은 구체제舊體制로부터 '신체제新體制'로 변혁하여 국민의 자유와 평등과 복락을 실현시켜야 한다고 주장하였다.

도산의 이러한 신민주의 사상은 나라의 주인인 백성의 실력을 배양해서 모든 외래 제국주의 침략을 물리쳐 나라의 독립과 발전을 지키고 세계평화에 기여하면서 신민주공화국과 신국민의 자유와 평등과 행복을 성취하려고 한 일종의 시민적 신민족·신민주 혁명사상이었다고 말할 수 있다.

도산은 일본 제국주의 침략에 대항하여 투쟁하면서 이러한 자주독립하고 자유 평등한 신국가와 신사회·신문화를 건설하려는 것이므로, 다른 나라의 도움을 기대하지 말고 한국민족 스스로 새로워지는 '자신自新'에 의한 '힘의 양성'을 역설하였다.

이러한 도산의 시민적 신민족·신민주 혁명사상과 이념에 찬동하여 '신민회'가 창립되었으므로, 신민회는 1907년에 비밀결사로 결성된 한국 최초의 근대 시민적 '신민족·신민주 독립혁명당'이었다.

도산과 신민회는 이러한 목적과 이념을 달성하기 위한 사업으로서 우선 다음과 같은 일을 실행하기로 결정하였다.[4]

① 신문·잡지 및 서적을 간행하여 백성의 새 지식을 계발케 할 것.
② 각 곳에 권유원勸諭員을 파견하여 백성의 정신을 각성하도록 계몽할 것.
③ 정미精美한 학교를 세워서 인재를 양성할 것.
④ 각 곳의 학교의 교육방침을 지도할 것.
⑤ 실업가의 영업방침을 지도할 것.

---

4 〈대한신민회통용장정〉, 앞의 자료, 1028~1029쪽; 山縣五十雄편, 《朝鮮陰謀事件》(서울, 1912), 26~154쪽 참조.

⑥ 신민회 회원의 합자合資로 실업장實業場을 건설하여 실업계의 모범을 만들 것.

⑦ 국외에 무관학교武官學校를 설립하여 기회가 올 때의 독립전쟁獨立戰爭에 대비할 것.

⑧ 국외에 독립군기지를 건설하고 독립군獨立軍을 창설할 것.

도산과 신민회는 국민의 실력이 일정한 수준으로 양성되면 신민회 회원이 앞장서고 새롭게 된 신국민이 '통일연합統一聯合'하여 비폭력 또는 무력의 방법으로 총궐기해서 일본 제국주의를 몰아내고 국권을 회복하여 자유문명한 '입헌공화국立憲共和國'을 수립하기로 결정하였다.[5]

2. 신교육구국운동과 대성학교

1) 도산과 신민회의 신교육구국운동

도산과 신민회가 국권을 회복하여 신국가를 건설하기 위한 민력양성民力養成의 방법으로서 가장 정력을 많이 투입한 운동이 신교육구국운동이었다.

신민회 창립 당시 이미 교육구국운동은 시작되었으나, 이것이 열정적으로 불붙고 1907년 이후 전국적으로 신구국新救國 교육열이 절정을 이

---

5 〈대한신민회의 구성〉, 앞의 자료, 1024쪽 및 〈대한신민회취지서〉, 앞의 자료, 1027쪽 참조.

루어 민중들이 전답을 팔면서 자발적으로 전국방방곡곡에 매우 많은 신식학교를 설립한 것은, 신민회가 신교육구국운동을 지하에서 고취하고 지도한 영향이 가장 컸다.

도산과 신민회의 신교육구국운동은 세 가지 측면에서 전개되었다.

첫째, 국민들에게 국권회복을 위한 신교육의 절실한 필요를 계몽하여 민중들이 스스로 학교를 설립하고 신교육을 실시하도록 고취하는 일.

둘째, 민중들이 각 곳에 설립한 학교의 교육방침을 국권회복에 적합하도록 지도하는 일.

셋째, 신민회 자체가 정미한 학교를 설립하여 국권회복을 위한 인재를 양성하는 일.

도산과 신민회가 민중이 설립한 학교의 교육방침을 지도만 하지 않고 그 스스로 학교 설립사업을 벌인 것은 다음과 같은 세 가지 일을 중점적으로 수행하기 위한 것이었다.

첫째, 중학교를 설립하기 위한 것이었다. 당시 민중들이 자발적으로 설립하는 학교는 대부분이 소규모의 소학교였다. 도산과 신민회는 중학교를 설립하여 이러한 소학교 출신 청소년들에게 고등교육을 시킴으로써 국권회복을 위하여 고급의 신지식을 습득한 민족간부들을 양성하려고 하였다.

둘째는 학교의 '모범'을 만들기 위한 것이었다. 도산과 신민회가 전국 각 곳에 중학교를 모두 세울 수는 없으므로 중요지역에 '모범'이 될 만한 정미한 중학교를 다수 설립하여 민중에게 '본보기'를 제시해 줌으로써 민중이 이 본보기 학교를 보고 동일한 종류의 중학교를 자발적으로 설립하도록 고취하려고 하였다.

셋째는 이 중학교에서 동시에 사범교육을 시켜서 젊은 교사를 양성하기 위한 것이었다. 도산과 신민회는 그들이 설립한 중학교에서 사범교육을 받은 청년들이 교사가 되어 전국 각 곳에 흩어져서 학교를 설립하고 신민회의 목적과 이념대로 청소년들에게 국권 회복에 적합한 신교육을 시키도록 하여 신교육 구국운동을 전국적으로 파급시키려고 하였다.[6]

2) 대성학교大成學校의 모범

도산은 중등학교의 모범으로서 대성학교大成學校를 직접 설립하였다.

도산이 설립한 대성학교는 신민회의 목적과 이념에 따라 세운 학교였으므로 오늘날의 중학교와는 다른 특수한 성격을 갖고 있었다. 대성학교는 중등교육과 함께 ① 국권회복의 간부, ② 국민교육의 사부師傅 양성을 목표로 하였다.[7]

이를 위해서 대성학교가 가장 강조한 것이 지식계발뿐만 아니라 ① 애국심·애국주의, ② 건전한 인격의 양성이었다.

---

6 도산과 신민회가 이러한 목적으로 스스로 설립한 주요 학교들을 들면 다음과 같다. ① 오산학교(五山學校, 평안북도 정주), ② 대성학교(大成學校, 평안남도 평양), ③ 보창학교(普昌學校, 경기도 강화와 기타 전국), ④ 양실학교(養實學校, 평안북도 의주), ⑤ 신안학교(新安學校, 평안북도 정주), ⑥ 가명학교(嘉明學校, 평안북도 납청정), ⑦ 협성안흥학교(協成安興學校, 평안북도 안주), ⑧ 신흥학교(新興學校, 평안북도 선천), ⑨ 흥양학교(興襄學校, 평안북도 곽산), ⑩ 명륜학교(明倫學校, 함경남도 영흥), ⑪ 경성학교(鏡城學校, 함경북도 경성), ⑫ 양산학교(楊山學校, 황해도 안악), ⑬ 안악군면학회사범강습소(安岳郡勉學會師範講習所, 황해도 안악), ⑭ 서북협성학교(西北協成學校, 서울)
신민회가 비밀결사였고 그 조직활동이 비교적 자세히 밝혀진 곳은 '105인 사건' 때의 평안남북도뿐이며, 그 밖의 다른 지역의 활동은 자료가 없어 더 이상 밝힐 수 없다.
7 《도산 안창호》, 25쪽 참조.

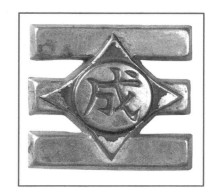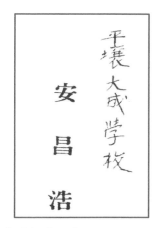

사진 18 대성학교 모표와 안창호의 명함 및 글씨

우선 대성학교는 애국심·애국주의를 고취하기 위하여 모든 교과목과 강의안에 '애국愛國'을 집어 넣었다. 매일 아침 조회에서도 '애국가'를 고창할 뿐 아니라 반드시 애국에 관한 훈화를 새겨듣고 익히도록 하였다.[8]

대성학교가 가르친 교과목을 표로 만들면 〈표 2〉와 같다.[9]

대성학교의 교과내용은 〈표 2〉에서 알 수 있는 바와 같이 수준이 상당히 높은 것이어서, 오늘날의 중·고등학교는 물론 초급대학의 교과과정까지도 일부 포괄하고 있었음을 알 수 있다. 이 학교에서는 국권회복의 이념을 가르치기 위하여 예컨대 한문 시간에도 중국의 오경五經을 가르치지 않고 열강의 침략으로부터 중국을 구제하기 위한 양계초梁啓超의 논설집인 《음빙실문집飲氷室文集》을 교재로 사용하였다.

대성학교의 교육에서 큰 비중을 차지한 것이 체육이었다. 체육교사로 구한국군 장교 출신을 초빙하여 군대와 같이 강력한 체육과 군사훈련을

---

8 〈평양대성학교와 안창호〉, 《안창호전서》, 89쪽 참조.
9 《대한매일신보》 제922호, 1908년 10월 6일자, '광고' 참조.

표 2 대성학교의 학년별 교과목과 교과서

과목＼학년	예비과	1학년	2학년	3학년
수신修身	중등수신	윤리학교과서 상	윤리학교과서 하	심리학
국어	대한문전 大韓文典	대한문전		
한문	한문독본	어정오경백선 御定五經百選	중학문법	고등문법
작문	논·서함 論書緘	책·기·서함 策記書緘	명·성·서·발·서함 銘緘序跋書緘	의·표·소·전·공 문식 疑表疏傳公文式
역사	동국사략	동서양역사 상	동서양역사 하	
지리 및 천문	대한지리	만국신지지 萬國新地志	지문학地文學	천문학天文學
수학	사칙·분수	비례·구적	대수·기하·부기	기하·삼각·츨량
박물博物	신편박물학 新編博物學	식물학	동물학	광물학
이화학理化學	초등이화학	중등이화학	물리·화학	화학
법제法制	경제	국가학國家學	법학통론	경제학
농학	농학입문	임업학	수산학水産學	농정학農政學
상업	상업대요	상업대요		
공업				
외국어	영어·중국어· 일본어	영어·중국어·일 본어	영어·중국어·일 본어	일본어·영어·중 국어
도화圖畫	자재화自在畫	자재화自在畫	자재화自在畫	용기화用器畫
음악	단음창가 單音唱歌	단음창가·악기용 법樂器用法	복음창가複音唱歌 ·악기용법	복음창가·악기 용법
체조	보통·병식兵式	보통·병식	보통·병식	보통·병식

실시하고 전술 강의까지 하였다. 야간에 비상소집 훈련까지 실시하였다.[10] 대성학교가 이와 같이 체육시간에 군사훈련을 시킨 것은, 전통적으로 누적된 문약의 폐단을 극복하여 청산함과 동시에, 교육구국운동을 당시 신민회가 추진하는 국외의 독립군獨立軍 창설과 보조를 같이하기 위한 것이었다. 도산은 새로운 세대에게 현대지식의 습득과 함께 건장한 체력양성과 군사훈련을 시켜, 후에 무장국권회복운동이나 독립군이 독립전쟁을 일으켰을 때에 내외 호응해서 신교육을 받은 새로운 세대의 힘으로 국권을 회복하고 독립을 쟁취하려고 준비한 것이었다.

대성학교의 건전한 인격의 양성은 '성실誠實'을 기본으로 하였다. '성실'은 정도正道, 시간엄수, 약속이행, 무실역행務實力行을 주요내용으로 하여 교육되었다.[11]

대성학교에서는 또한 학생의 자치를 권장하고 자치훈련을 시켰다. 학생 자치회로서는 교내에 동문회를 조직하여 그 안에 강론부, 음악부, 운동부, 검찰부, 사교부 등을 두었다. 예컨대 운동부에서는 서울·평양의 축구대회를 처음 열기도 하고, 야구경기를 처음 열기도 하였다. 강론부가 모이는 날에는 애국연설을 하여 애국심을 고취하였다. 학교 안에 군악대도 처음 설치하였다.[12]

대성학교가 이러한 교육내용과 성격을 갖고 있었기 때문에, 후에 그 졸업생들은 대성학교가 중학교·정치학교·사관학교를 겸한 종합학교였다고 회상하였다.[13]

도산은 대성학교의 교장에 명예직으로 서울의 윤치호를 추대하고 안

---

10 〈안도산의 교장시대〉, 《도산안창호》, 240쪽 참조.
11 《안창호전서》, 80~82쪽 참조.
12 〈평양대성학교와 안창호〉, 《안창호전서》, 89쪽 참조.
13 전영택, 〈내가 본 안도산〉, 《안도산전서》, 82쪽 참조.

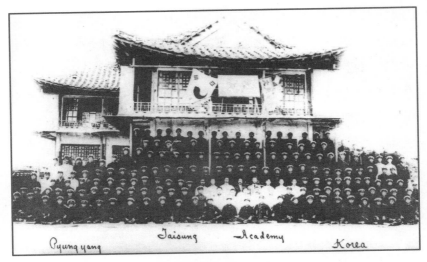

사진 19 1909년의 대성학교

창호 자신은 대리교장을 맡았다. 그러나 윤치호는 일 년에 몇 차례만 평양에 내려왔으므로, 대성학교의 설립자·실제 교장과 감독자는 항상 도산 안창호 교장이었다.

대성학교는 1909년 2월 융희황제(순종)가 통감 이토 히로부미伊藤博文를 대동하고 평안도를 순행할 때 태극기와 함께 일장기를 들고 나오라는 정부와 일제 통감부의 요구를 무시하고, 도산의 지시로 태극기만 들고 일장기 드는 것은 거부하였다. 이 때문에 폐교설까지 나왔었다.[14]

도산이 직접 설립한 대성학교는 신민회의 모범학교로서 민중들이 이 학교를 표본으로 하여 다수의 학교를 세웠다. 후에 대성학교 졸업생들 다수가 독립운동가들이 되었다.

대성학교를 모범으로 하여 신교육구국운동을 목적으로 설립해서 크게

---

14 《대한매일신보》 1909년 2월 4일자 〈별보〉 및 1909년 2월 12일자 〈론설: 대성학교를 폐지한다는 말〉 참조.

성공한 대표적 사례가 보창학교普昌學校였다.[15]

도산과 신민회의 학교설립과 교육구국운동은 그 자체가 큰 성과를 내었을 뿐만 아니라, 이 시기의 애국계몽운동 가운데 교육구국운동에 가장 큰 기둥이 되고 가장 큰 영향력을 행사하였다. 신민회가 창립된 이후 한국 백성들이 자발적으로 세운 사립학교가 3,000여 개나 되었다.[16] 일제의 사립학교령私立學校令의 탄압을 받고서도 1910년 7월 1일 현재 인가를 받아 낸 민간 사립학교가 2,082개 학교였는데,[17] 이 학교들의 배후에는 바로 직접적으로 도산이 창립하고 지휘한 신민회의 고취와 지도가 있었다.

도산과 신민회의 교육구국운동은 그들의 목적대로 독립운동에 종사한 수많은 민족간부들을 양성해 낸 것이었다.

3. 도산과 신민회의 학회활동 및 계몽강연운동

도산과 신민회의 활동 중에서 성공을 거두고 활발하게 전개된 운동 가운데 하나가 학회활동과 계몽강연이었다. 이 부문의 운동은 신민회의

---

15 보창학교는 이동휘가 도산의 자문을 받으면서 경기도 강화에 중학교의 본교를 세우고 전국 각지에 중학교급 또는 소학교급 지교들을 세워 체계를 만들었다. 학제는 중학교를 3년제로 하고 1년제 예비과를 두었다. 교과내용은 대성학교의 경우와 거의 비슷하였다. 보창학교는 강화도는 물론 전국 여러 곳에 지교를 설치하면서 크게 번창하였다.

16 《황성신문》 제3067호, 1909년 5월 8일자 잡보 '私立學校認許數' 참조.

17 《관보》 제4756호, 1910년 8월 13일자, 64쪽 참조.

취약점의 하나인 재정 부족의 제약을 비교적 적게 받고 실행할 수 있는 것이었기 때문에 큰 성과를 낼 수 있었던 것으로 생각된다.

도산과 신민회의 학회활동은 두 가지 차원에서 전개되었다.

첫째는, 신민회가 스스로 직접 전국 각지에 학회를 조직하는 것이었다. 예컨대 ① 안악군면학회(安岳郡勉學會, 황해도), ② 해서교육총회(海西敎育總會, 황해도), ③ 평양청년권장회(平壤靑年勸奬會, 평안남도), ④ 연학회(練學會, 평안남북도), ⑤ 동제회(同濟會, 평안남도) 등은 그 대표적인 것들이었다.

둘째는, 각 도별로 이미 조직된 기존 학회들을 통합하는 일이었다. 그 대표적인 것이 1908년 1월에 서우학회西友學會와 한북흥학회漢北興學會를 통합하여 서북학회西北學會를 창립한 일이었다.[18] 이 작업은 배후에서 도산과 신민회가 수행한 것이었다.

도산과 신민회는 뒤이어 설립되고 있는 기호흥학회畿湖興學會와 관동학회關東學會도 통합하여 전국적으로 단합된 학회를 만들려고 하였다.[19]

도산과 신민회는 전국 각 지방에서 애국계몽운동가들이 '학회'를 조직하여 교육구국운동을 비롯한 각종의 애국계몽운동을 전개하도록 고취하고 지도하였다. 각 지방에서 각종 학회들이 조직되면 도산과 신민회의 '자신自新한 국민의 통일연합統一聯合'[20] 원칙에 따라 이들 학회들을 단계적으로 통합하여 궁극적으로 국민의 단결된 힘을 길러 나가도록 하였다.

도산과 신민회 회원들이 큰 성과를 낸 계몽강연은 각종 학회의 통상회通常會와 토론회, 강연회, 친목회, 학교, 교회, 그리고 운동회와 각종

---

18 《서북학회월보》 제3권 제15호, 1908년 2월호 〈西北學會組織會錄〉, 44~45쪽 참조.
19 《서북학회월보》 제3권 제15호, 〈이동휘축사〉, 8~9쪽 참조.
20 〈대한신민회의 구성〉, 전게자료, 1024쪽.

집회를 활용하였다. 그들은 사립학교들의 연합운동대회를 개최하여 계몽강연의 집회로 활용하였다.

도산과 신민회가 계몽강연을 통하여 고취한 내용은 자주독립사상, 애국주의, 국권회복 이념, 민권사상, 교육구국과 학교설립 고취, 신지식 계발, 실업구국 계몽, 구습개혁, 자발적 의무교육 실시, 학회활동 고취, 실력양성 호소 등과 같은 것이었다.

이러한 계몽강연에는 신민회 간부들이 광범위하게 참가하여 활동했다. 그 가운데서도 민중을 감동시키는 웅변으로 도산이 전국에 명성이 높았다. 도산은 서울과 평안도·황해도 등 전국각지에서 기회만 있으면 계몽 강연을 하여 청중을 감동시키고 구국운동에 뛰어들도록 영향을 끼쳤다. 한 예를 들면, 오산학교를 설립하고 뒤에 신민회 평안북도 총감을 맡은 구국교육운동가 이승훈도 도산 안창호의 계몽강연을 듣고 감동하여 고향에서 구국계몽운동을 시작한 것으로 전해지고 있다.

또한 여운형의 아우 여운홍은 1908년 음력 정월 14일 서울 원각사에서 열린 도산 안창호의 시국강연을 듣고 형 여운형과 함께 크게 감명을 받아서, "우리도 후에 저런 웅변가가 되어 보겠다고 하며 또 나라를 위해 죽어야 하겠다는 결심을 했다"고 다음과 같이 회고하였다.

…… 미국에서 나온 웅변가이며 애국자인 안창호安昌浩의 시국강연이 있어 우리(여운형 형제)는 방갓을 쓰고 그곳을 찾아갔다. 이때도 아직 대한제국이었으므로 거기에는 대한협회 주최 강연회장이라 씌어 있었다. 가보니 아래층은 벌써 만원이어서 윗층으로 올라간즉 …… 도산의 연제는 〈대한의 장래〉라는 것이었는데 그 내용은 '오늘의 한인은 몽매파, 절망파, 회의파 세 파 뿐이고 진정한 애국자와 일꾼이 적다'는 것으로서 우리에게는 처음 듣는 웅변이었다. 그날 우리 형제는 크게 감명을 받았고 우리도 후일에 저런 웅변가가 되어 보겠다고 하며 또 나라를 위해 죽어야 한다는

결심을 했다.[21]

도산은 1909년 1월 황성기독교청년(YMCA)회관에서 "전도前途의 희망"이라는 주제의 대강연을 하여 청년 청중들을 크게 감동시켰고, 온 장안에 명웅변으로도 명성이 자자하였다.

도산과 신민회 간부들이 계몽강연에 얼마나 헌신적이었는가 하는 것은, 예컨대 최광옥이 병약한 몸으로 계몽강연에 헌신하다가 강연 도중 과로로 졸도하여 결국 별세했다는 사실에서도 이를 알 수 있다.[22]

당시 많은 민중들이 도산과 신민회 회원들의 계몽강연을 듣고 감동하여 국권회복운동에 일어섰으며, 많은 청소년들이 계몽강연의 감화를 받아 독립운동자로 성장하였다. 그중에서도 도산 안창호의 강연은 청중들의 가슴을 고동치게 하는 감동과 깨달음을 주어서 수많은 애국자들을 양성해 내었으며, 전국적으로 가장 명성이 높았다.

4. 이토 히로부미의 회유공작 거절

춘원 이광수의 《도산 안창호》에는, 도산의 신민회 활동시기에 최석하崔錫夏가 이토 히로부미와 자주 만나서 한국 혁신공작을 하던 중에 '안창호내각'을 출현케 하는 것이 한국 혁신을 위해 가장 양책이라고 진언

---

21 여운홍, 《몽양 여운형》, 1967, 청하각, 7쪽.
22 《백범일지》, 187쪽 참조.

해서 도산과 이토가 면담한 것으로 기술되어 있다.[23]

　주요한의 《안도산 전서》에서는 춘원의 이 기술을 전제로 하여 "나중에 이등박문의 암살 사건이 있은 후 한국합병을 강행하기 직전에 '도산 내각' 조직을 권고해 왔다는 것을 보면 짐작되는 것이다"[24]라고 하여 마치 일제 측의 정책에 '안창호 내각' 구상이 있었고, 이를 타진하려고 이토가 안창호를 면담하여 제안한 것처럼 해석될 수 있는 기술을 하고 있다.

　그러나 이것은 사실과는 크게 다른 것이다. 당시 이토 히로부미는 이완용 친일매국 내각을 조종하고 있어서 '안창호 내각'으로 교체할 이유가 전혀 없었다.

　또한 곽림대의 《안도산》은 일제 통감이 안창호의 연설회를 개최해 주었다고 서술했는데,[25] 이것도 미국에 거주하면서 떠도는 말을 수록한 황당한 기록으로, 전혀 그러한 사실이 없었다. 당시 몇 개 신문이 발행되고 있었는데 어디에도 그러한 기사나 보도가 전혀 없다.

　안창호와 이토의 면담은 이토의 요청에 의해 딱 한 번 있었다. 안창호 《예심신문기》에는 다음의 구절이 있다.

---

23 이광수, 《도산 안창호》, 40~43쪽 참조.
24 주요한, 《안도산 전서》, 64~66쪽 참조.
25 곽림대, 《안도산》(직해), 《도산 안창호 전집》 제11권, 662쪽.
　"경성 종로에 대규모로 연단을 건축하고 경성 각 신문지와 시가에 광고가 되었으니 '이등통감의 주최로 안창호가 연설한다'는 것이었다. 그날 회집하였던 대중의 수효는 무려 10만 명이라고 전하였다. 이등 주석하에 각부 대신들과 내외국 외교관 또는 신문기자들이 연단 상하좌우에 여지없이 가득한 중에 도산이 등단하여 대략 2시간 연설하였는데 그 시대에는 확성기 장치가 없고 오직 천연한 음성을 넓이 투사하여 10만 대중이 듣게 하려한즉 연사로는 자연 기력이 있는 대로 쓰게 되어서 2시간에 연궁한 연설을 마친 후에 도산은 전신에 땀이 흘러서 푸록 콜 외부까지 젖게 되었다."

문(판사) 피고인은 이등 통감과 회견한 일이 있는가?

답(도산) 있다.

문 회견 내용 여하?

답 이등 통감이 본인에게 2차의 초청이 있어 회견하였다. 회견 석상에서 이등씨가 말하되 '그대의 연설은 이 연설집(일본인이 수집한 것)에 의하여 잘 알고 있다. 그대는 열렬한 애국자니 나는 일본인이지만 그대의 조선을 사랑하는 애국열은 충분히 알고 있다. 나는 일본 유신 공로자의 한 사람으로서 조선도 훌륭한 나라로 만들려고 생각하고 있은 즉 흉금을 열고 말하자' 하므로 나는 이등씨에게 대하여 "만일 일본이 한국을 위한다면, 한국의 자주독립을 용허한다면, 일본은 어찌하여 한인으로서 한국독립을 위하여 활동하는 자이면 조금도 가차없이 체포하고 투옥하는가. 이것이 한국을 위해주는 것인가"하고 불평을 말한 즉, 이등은 그 것은 자기의 생각을 이해하지 못하는 하부의 자들이 잘못하는 일이라고 하였다."[26]

도산의 위의 대답이 진실이다. 이토는 일제 정보기관이 수집한 도산의 애국연설들을 읽어 보고 도산을 면담하려고 두 차례 초청하였다. 도산은 처음은 만나 주지 않았다가 두 번째 초청에는 만나 보았다. 이토가 자기도 조선을 훌륭한 나라로 만들려고 생각하고 있다고 말한즉, 도산은 그렇다면 한국독립을 위하여 활동하는 사람들을 왜 조금도 가차없이 체포 투옥하는가라고 반박 비판하였다. 이토는 그것은 자기 생각이 아니라 아래 사람들이 잘못하는 일이라고 변명했다는 것이다.

여기에는 '안창호 내각' 등의 시사는 전혀 없다. 이토가 도산을 회유하려고 짐짓 도산을 애국자로 칭찬하면서 접근하는 모습과 일제의 한국 애국자 체포 투옥 등 탄압을 비판하는 도산의 반응만 명료하게 서술되

---

[26] 《안도산 전서》 상편, 64~65쪽.

고 있다.

이토가 도산을 면담하여 직접 그 인물됨을 관찰하고 회유하려고 시도했다가 도산의 거절과 한국인 애국자 탄압에 대한 비판만 받고 끝난 것이었다. 그러므로 이토 히로부미의 안창호 내각설 또는 안창호 연설회 개최설 따위는 사실이 아니라 허위의 풍설임을 인식할 필요가 있다.

진실은 한국을 위한 도산 안창호의 애국연설에 이토도 감복하여 도산을 회유해 보려고 한번 면담했다가 회유당하기는커녕 일제의 한국 애국자 체포 투옥에 대한 비판만 받고 회유에 실패했다는 사실뿐이다.

5. 도산과 신민회의 잡지 · 서적 출판운동

도산과 신민회는 신문·잡지·서적을 간행하여 국민을 계몽하는 운동을 매우 중시하였다. 이 부문의 도산과 신민회 활동을 들면 다음과 같다.

첫째, 도산은 양기탁과 함께 《대한매일신보》를 신민회의 기관지로 활용하였다.[27]

도산이 신민회 총감독으로 양기탁을 추대한 가장 큰 이유의 하나는, 그가 《대한매일신보》의 총무였기 때문이었다. 《대한매일신보》의 총무와 논설기자와 사원들이 모두 신민회 회원으로 가입했으므로 이 신문은 신민회의 기관지로 전환되었다. 뿐만 아니라 신민회 총감독(당수) 양기탁이 이곳에서 일했으므로 대한매일신보사는 신민회의 총본부의 기능까지

---

27 애국동지원호회 편, 《한국독립운동사》, 91쪽 참조.

겸하여 수행하게 되었다.

《대한매일신보》(Korea Daily News)는 당시 국한문혼용판, 순국문판, 영문판까지 발행한 신문으로서, 양기탁 등이 영국인 베델(Ernest Thomas Bethell)을 사장으로 추대하고 양기탁이 총무 겸 주필이 되어 한영합작으로 설립한 구한말 대표적인 신문이었다. 외국인이 사주였으므로 일제 통감부의 〈신문지법新聞紙法〉에 의한 사전 검열을 거치지 않고 신문을 발행할 수 있었다. 이 때문에《대한매일신보》는 신민회의 대변지가 되어 날카로운 필봉으로 구국 언론활동을 전개할 수 있었다.

《대한매일신보》의 국권회복운동이 신민회의 국권회복운동과 완전히 보조가 일치된 것은 이 신문의 신민회 기관지로의 전환에 의거한 것이었다.

둘째, 도산의 강연에 감동하여 신민회에 가입한 최남선崔南善이 월간지로서《소년少年》잡지를 간행하였다.[28] 《소년》지는 주로 최남선이 편집을 담당하고, 집필자로서는 최남선, 홍명희洪命熹, 이광수李光洙, 신채호申采浩, 박은식朴殷植 등이 기고하였다. 《소년》지는 청소년들의 애국정신 고취에 크게 기여했으며, 신문화와 신문학의 발전에도 기여하였다. 《소년》지는 '105인 사건' 때 일제에게 신민회의 기관지로 인지되어 폐간당하였다.

셋째, 도산과 신민회는 평양 등지에 태극서관太極書館을 설립하여 운영하였다. 태극서관은 도산의 직접 지도를 받으면서 이승훈, 안태국 등이 중심이 되어 서적의 출판과 공급을 목적으로 평양, 서울, 대구 등지에 설치한 서점이다.[29] 태극서관은 신민회의 연락기관으로도 활용되었다.

28《조선음모사건》, 27쪽 참조.
29《도산안창호전집》제12권, 97~98쪽 참조.

6. 도산의 애국가 작사와 애국계몽창가 보급

도산은 애국계몽운동에서 애국사상 배양을 위해 '애국가'와 '애국계몽창가'의 중요성을 일찍 인식하고 학생들에게 애국가와 애국계몽 창가 부르기를 권장하였다. 이것은 도산의 애국계몽운동의 독특한 측면이었다. 도산은 작곡은 못했지만 가사의 창작에는 당시 누구보다도 탁월한 재능을 갖고 있어서, '애국가'와 다수의 애국계몽 '창가'를 작사하고 또 보급하였다.

임시정부와 독립운동가들이 '국가'로서 부른 "동해물과 백두산이 마르고 닳도록"으로 시작되는 '애국가'는 자료를 검증해 본 결과 도산이 1907년 3월에서부터 1908년 9월 사이에 작사한 것이라고 필자는 판단하고 있다.[30]

도산 안창호는 국내에서 신민회를 조직하여 국권회복운동을 하려고 미국으로부터 1907년 2월 20일 서울에 귀국 도착하여, 3월 1일 한양학회 주최로 남문 밖 한양학교漢陽學校, 약현의 광흥학교光興學校, 만리현의 균명학교均明學校, 청파의 청련학교靑蓮學校 등 4개 학교 학생들의 연석강연회에서 최초의 귀국강연을 하였다. 도산은 이 강연에서 청년학도들에게 애국사상을 강조해서 매주 조회 때의 '국기' 배례와 '애국가' 제창을 강조하여 권고하였다. 그 효과로 균명학교가 3월 18일 월요일부터 조회에 앞서 국기 배례와 (아직 애국가가 지정되어 있지 않으므로) 애국적 창가唱歌를 제창하였다.[31]

---

30 신용하, 〈애국가 작사는 누구의 작품인가〉, 《대한민국학술원통신》 제297호, 2018 참조.

31 《대한매일신보》 1907년 3월 20일자, 〈국기배례〉.
  〈國旗拜禮 西署 萬里峴 義務均明學校에서 去番 歸國하얏든 미국유학생 安昌浩

도산의 영향으로 균명학교에서 1907년 3월 18일부터 부른 노래는 《대한매일신보》 기사와 같이 아직 '애국가'가 아니라 '창가唱歌'였다. 따라서 1907년 서울 균명학교에서 '애국가'가 아니라 '창가'를 불렀으므로 1907년 창작되었다는 일부 주장은 사실과 약간 다르다.

도산은 귀국 도중에 일본 동경에서 체류 중인 유길준을 예방하여 '애국가' 작사를 요청한 사실에서 보거나, 균명학교 등의 강연에서 볼 수 있는 바와 같이 '애국가'의 중요성을 잘 인식하여 강조하고 있었다. 그러나 유길준 등이 〈애국가〉 작사를 모두 고사했으므로 스스로 작사할 의지를 가졌던 것으로 보인다.

도산이 1907년 4월 신민회를 창립한 뒤, 이듬해 구국교육운동의 모범 학교로 1908년 9월 26일 평양에 대성학교大成學校를 설립했을 바로 이때 〈애국가〉의 문제가 대두되었다.

도산이 새 '애국가'('동해물과 백두산이 마르고 닳도록'으로 시작하는 애국가)를 창작 보급하기 시작하기 이전 1908년 8월까지 애국계몽기에 부른 애국가는 주로 '무궁화 노래'라는 이름의 황실 찬양 중심의 다른 노래였다. 이 노래는 1897년 개국 505주년 '기원절'(紀元節: 이성계가 조선 왕조를 개창한 날의 기념일)에 배재학당 학생들이 합창한 '무궁화 노래'라는 축가이기도 했다. 《독립신문》 1897년 7월 13일자에는 "배재학당 학원들이 '무궁화 노래'를 부르는데 "우리나라 우리님군/황천이 도우사/님군과 백성이 한가지로/만만세를 즐겨하여/태평독립하여 보세"하니, 외국 부인이 또 악기로 율에 맞추어 병창하더라"[32]라고 하여 '무궁화 노래' 제

씨가 生徒에게 대하야 勸勉한 內開에 美國 각종학교에서는 愛國思想으로 매일 上學전에 國旗에 拜禮하고 愛國歌를 唱함을 見한즉 其開明模範을 今人感歎이라. 然則 凡吾학교도 從今施行하자 하므로 該校에서 去月曜日로 爲始하야 拜旗唱歌例를 거행한다더라.〉 참조.

32 《독립신문》 1897년 7월 13일자, 《잡보(대조선 개국 오백오회 기원절)》 참조.

4절 합창을 보도하였다. 《독립신문》의 같은 날짜 영문판 *The Independent*는 이 '무궁화 노래'는 계관시인 윤치호가 지은 것을 스크랜튼 부인(Mrs. M.F. Scranton)이 '올드 랭 사인'(Auld Lang Syne) 곡으로 오르간 반주를 했다고 좀 더 자세히 보도하였다.[33]

무궁화가(무궁화 노래, 별칭 '애국가')의 가사는 다음과 같다.

> 1절:
> 성자신손聖子神孫 천만년은 우리 황실이오
> 산고수려山高水麗 동반도는 우리 본국일세
> (후렴) 무궁화 삼천리 화려강산
> 대한사람 대한으로 길이 보전하세
>
> 2절:
> 애국하는 열혈의기 북악北岳같이 높고
> 충군忠君하는 일편단심 동해같이 깊어
>
> 3절:
> 이천만민 오직 한마음 나라 사랑하야
> 사농공상 귀천없이 직분만 다하세
>
> 4절:
> 우리나라 우리님군 황천이 도우사
> 국민동작 만만세에 태평 독립하세

이 '무궁화 노래'는 윤치호가 편찬한 《찬미가》에서는 영어 제목을 〈Patriotic Hymn(애국가)〉으로 번역해 수록하고 있어서 〈애국가〉로도 불렸음을 알 수 있다. 또 〈황실가〉의 가사 내용과도 동일하므로 〈황실가〉

---

33 *The Independent* 1897년 7월 13일자, 〈Editorial Notes〉 참조.

로 불리기도 했음을 알 수 있다. 이 '무궁화 노래'는 윤치호의 작품이라고 *The Independent*는 보도하였다.

대성학교의 설립자이며 대판代辦교장이었던 안창호는 대성학교 개교 직후 그가 추대한 대성학교 교장 윤치호가 평양의 대성학교로 내려오자, 당시의 〈애국가〉(무궁화 노래) 가사는 황실 중심이어서 적당치 아니하므로 새로이 한 절을 지어 보시라고 윤치호에게 요청하였다. 윤치호는 "미처 좋은 생각 아니나니 도산이 생각한 바가 있는가"하매, 도산이 책상 서랍에 미리 써서 넣어 두었던 것을 보인 것이 "동해물과 백두산이 마르고 닳도록 하느님이 보우하사 우리나라 만세"의 〈애국가〉였다. 윤치호는 즉석에서 그것이 매우 잘되었다고 찬성하여 대성학교에서 (안창호 작사의) 새 가사의 〈애국가〉가 제창되기 시작하여 전국에 보급되기 시작하였다는 증언이 있다.[34]

이것은 안태국安泰國의 증언인데, 안태국의 사위 홍재형이 안태국으로부터 들은 증언이라는 취약성이 있다. 그러나 대성학교 교사 김동원도 동일한 증언을 하였다. 이 증언이 다른 자료와의 교차검증에서 재확인되면 가장 합리적 증언이라고 생각한다.

일본 외무성 외사경찰外事警察이 러시아령 블라디보스토크 신한촌의 한민학교韓民學校 아동들이 부르는 애국창가들을 조사하여 1911년 8월 22일 일본 외무대신에게 보낸 보고서에는 한국인 애국창가 9곡을 조사 보고하면서 〈애국가〉, 〈국기가〉, 〈국민가〉는 "평양 대성학당 생도 중에서 浦潮(포조, 블라디보스토크)에 작년에 온 조선인의 作(작)"이라고 하고, 〈애국가〉의 내용은 "동해물과 백두산이 마르고 닳도록"으로 시작하고 있다고 보고하였다.[35] 그러므로 〈애국가〉와 대성학교와의 관련 증언

---

34 《도산안창호전집》 제12권, 579~581쪽 참조.

은 신뢰성이 매우 높다.

도산은 1907년 3월부터 1908년 8월 사이의 어느 시기에 〈애국가〉 가사를 직접 창작했다가, 1908년 9월 26일 대성학교를 개교하자 윤치호를 (명예) 교장으로 추대하고 안창호 자신은 대판(대리)교장으로 실제 실무를 담당하면서, 종래의 〈무궁화 노래〉는 황실 중심 가사이므로 대신 미리 창작해 놓은 〈애국가〉를 윤치호 교장에 보이어 동의를 받고 〈애국가〉를 대성학교에서 공개하여 보급하기 시작한 것으로 해석된다.

대성학교 졸업생 김형식은 도산이 교장이었을 때의 일을 1932년에 회고하면서 "이 학교(대성학교)는 (애국)정신을 고취하는 것을 목적으로 한 학교였으므로, 매일 아침 엄숙한 조회를 하되 ××가 (애국가)를 고창한 후 '애×(국)'에 관한 훈화訓話가 있어 학생은 모두 이를 성화聖話로 복응服膺하였다."[36]고 회고하였다.

도산은 겸손하여 이 '애국가'를 자기 작품이라고 명기하거나 주장하지 않았다. 비단 '애국가'뿐만 아니라 도산은 대부분 자기가 지은 애국계몽창가 가사에 자기 이름을 밝히지 않았다. 도산의 성격이 겸손하여 자기를 내세우지 않았을 뿐 아니라, '보급'에는 작사자 표시 없는 것이 더 효과적인 경우가 많았으므로 효율적 '보급'에 목적을 두었기 때문이었다고 해석된다. 또한 새 '애국가'의 본 가사는 도산의 작품이지만, 후렴은 '무궁화 노래'의 후렴을 차용했으므로, 도산은 새 〈애국가〉를 자기 작품으로 밝히지 않았을 수도 있다. 이 때문에 〈애국가〉를 도산의 작품

---

35 日本外交史料館所藏, 在浦潮總領事 大鳥富士太郎이 外務大臣 小村壽太郎에게 보낸 보고서 〈明治四十四年八月二十二日次浦潮斯德地方鮮人動靜〉 및 〈韓民學校兒童用唱歌 譯報〉; 이명화, 〈애국가 형성에 관한 연구〉, 《역사와 실학》 제10·11집, 1999; 이민규, 〈한민학교의 창가 가창 양상〉, 《국제어문》 제75집, 2017 참조.

36 김형식, 〈평양 대성학교와 안창호〉, 《삼천리》 1932년 1월호.

이 아니라 윤치호의 작품이라고 보는 견해도 나오게 된다고 본다.

증언에 차이가 있을 때에는 작품의 내용분석이 작가를 밝히는 좋은 방법이 된다. "동해물과 백두산이 마르고 닳도록"의 〈애국가〉 가사의 내용과 표현을 다음과 같이 도산의 다른 작품과 비교해 보면, 이 '애국가'의 본 가사는 도산 작품임이 분명해진다.[37]

우선 대조하기 쉬운 〈애국가〉 제2절부터 보기로 한다.

> (애국가 2절)
> 남산 위에 저 소나무 철갑을 두른 듯
> 바람 서리 불변함은 우리 기상氣像일세

〈애국가〉 제2절은 우리의 '불변의 애국정신'과 '기상氣像'을 남산의 소나무[松]의 사시사철 푸르름에 비유한 것이다. 도산의 다른 시가에는 다음 구절이 있다.

> 남산 위에 송백松柏들은 사시四時로 푸르다
> 청청한 산림 새로 들리는 바람소리(《한양가》 제1절)
>
> 송백의 푸른 빛은 창창하고
> 소년의 기상氣像은 늠름하도다.

---

37 尹致昊 譯述, 《찬미가》, 1908; 광성중학교편(신용하 해제), 《최신애국창가집》, 1914, 국가보훈처(1996); 국사편찬위원회, 《애국가 작사자 조사자료》, 1955; 이광수, 《도산 안창호》, 大成文化社, 1959; 신용하, 〈도산 유품 《구한말 애국창가집》 해제〉, 《한국학보》 제49집, 1987; 김연갑, 《애국가 작사자 연구》, 집문당, 1998; 주요한 편저, 《증보판 안도산 전서》, 흥사단출판부, 1999; 이명화, 〈애국가 형성에 관한 연구〉, 《역사와 실학》 제10·11집, 1999; 오동춘·안용환, 《애국가와 안창호》, 흥사단, 2013; 신용하, 〈애국가 작사는 누구의 작품인가〉, 《대한민국학술원통신》 제297호, 2018.

우리의 기상氣像이 송죽松竹같으면
조국의 독립기초 튼튼하리(《조국의 영광》 제2절)

〈애국가〉 제2절은 남산 소나무의 사시사철 불변을 우리의 '기상氣像'
으로 상징 표현한 가사인데, 도산의 위의 다른 가사 시상과 표현이 거
의 완전히 일치하고 동일하다. 소나무의 불변과 우리의 기상氣像을 결합
시킨 시상과 표현은 구한말 다른 애국계몽 가사에는 없었고 오직 도산
의 가사에만 보인 특징이었다.

(애국가 제3절)
가을하늘 공활한데 높고 구름 없이
밝은 달은 우리 가슴 일편단심一片丹心일세

〈애국가〉 제3절은 높고 푸른 가을하늘의 명월明月같이 '밝은 달'을 나
라사랑하는 우리의 애국심의 '일편단심'에 비유해 노래한 것이다. 도산
의 시가에는 다음 구절이 있다.

가을 하늘 반공 중에
높이 빛난 명월明月인 듯
(흠도 없고 티도 없는
뚜렷하게 밝은 마음)(《높은 덕을 사모하며》 제3절)

대한청년 학도들아 동포형제 사랑하고
우리들의 일편단심一片丹心 독립하기 맹세하세(《대한청년 학도들아》 제1절)

〈애국가〉 제3절의 가사는 도산의 '가을 하늘 맑게 개어 있는 하늘의
밝은 달'과 '우리들의 일편단심一片丹心'을 상징적으로 결합시킨 다른 가

사의 시상과 표현이 거의 완전히 동일하다. 구한말에 황제·황실을 위한 '일편단심'을 노래한 가사는 몇 개 있으나, "구름 한 점 없는 맑은 가을 하늘에 있는 '밝은 달〔明月〕' 같은 일편단심"을 "나라 사랑하는 마음에" 비유하여 노래한 시상과 표현은 도산에게만 보이는 특징이다.

> (애국가 제4절)
> 이 기상과 이 맘으로 충성을 다하여
> 괴로우나 즐거우나 나라 사랑하세

〈애국가〉 제4절은 소나무 같은 기상과 밝은 달 같은 일편단심으로 '괴로운 때'나 편하고 '즐거운 때'나 항상 애국愛國하자는 노래 가사이다. '즐거울 때'에도 '애국정신'을 잊지 말자고 강조한 것이 특징이다. 도산의 시가에는 다음의 구절이 있다.

> 모든 곤난 무릅쓰고 쉬임없이 나아가면
> 못할 일이 무엇인가 일심으로 나아가세
> 우리강산 우리 동포 영원보전 할양이면
> 우리들의 중한 책임 한시인들 잊을손가(《대한청년 학도들아》 제3절)

> 악풍폭우 심한 이때 부디부디 잘 있거라
> 홋날 다시 만나보자 나의 사랑 한반도야(《거국가》 제4절)

> 상하귀천 물론하고 애국정신 잊지마세
> 편할 때와 즐거울 때 애국정신 잊지마세(《대한청년 학도들아》 제4절)

〈애국가〉 제4절의 가사는 괴로울 때에도 곤란을 무릅쓰고 일심으로 애국하고 즐거울 때에도 애국정신 잊지 말라는 도산의 위의 다른 가사 시상과 표현도 거의 완전히 일치한다고 볼 수 있다. 편할 때와 즐거울

때에도 '나라사랑'을 잊지 말자는 강조는 구한말 애국계몽가사에서 도산의 가사 이외에는 찾아볼 수 없는 도산만의 특징이었다.

문제는 〈애국가〉 가사 제1절의 일치 정도이다.

(애국가 제1절)
동해물과 백두산이 마르고 닳도록
하느님이 보우하사 우리나라 만세

〈애국가〉 제1절은 우리나라가 '영원'할 것을 동해가 마르고 백두산이 닳아 평지가 되는 불가능한 경우에 비유하여 "우리나라의 영원"을 축원하고 기린 것이다. 우리나라를 '동해'와 '백두산'에 상징화시켰다. 도산의 시가에는 다음의 구절이 있다.

동해東海에 돌출한 나의 한반도韓半島야
너는 나의 조상나라이니
나의 사랑함이 오직 너뿐일세
한반도야(《한반도야》 제1절)

우리 황조 단군께서 태백산太白山에 강림하사
나라집을 건설하여 자손 우리에게 전하셨네(《大皇祖의 높은 덕》 제5절)

태산이 변하여 바다 되다
바다가 변하여 들이 된들
나라 사랑하는 내 맘 변할손가
길이 불변일세 길이 불변(《우리나라》 제4절)

〈애국가〉 가사의 제1절과 도산의 '바다가 마르고 높은 산이 닳아 평지가 되도록 영원히'의 시상은 생각에서는 동일한데, 표현에서는 일치가

약간 간접적이다. 그러나 기본적인 시상은 같은 바탕 위에 있다고 할 것이다. 또한 제2·3·4절이 거의 완전히 일치, 동일한데, 이 절들을 지은 이가 제1절도 지었으니, 설령 제1절 표현의 일치가 약간 간접적이라 할 지라도 시상은 동일하다. 따라서 〈애국가〉 가사 제1·2·3·4절은 한 사람 도산 안창호의 작품이라고 보아야 할 것이다.

지금까지 편찬된 애국계몽 가사집들을 대조해 보았는데, 구한말 다른 어떤 분의 애국계몽가사에도 도산의 작품 이외에는 이러한 일치가 전혀 보이지 않았다.

〈애국가〉 가사 내용 분석에서 볼 때, 〈애국가〉 본 가사는 도산 안창 호의 작품이라는 것이 필자의 결론이다. 즉 〈애국가〉의 가사 가운데 제 1·2·3·4절의 본 가사는 도산 안창호의 작품이고, 후렴은 〈무궁화 노래〉 에서 차용한 것이라고 필자는 본다.[38]

도산의 '동해물과 백두산이 마르고 닳도록'의 '애국가'는 독립운동 과 정에서 독립운동가들과 임시정부에서 '국가'로서 불려졌다.[39]

도산도 자신이 작사한 〈애국가〉에 자부심을 갖고 그 후 자녀들에게 도 직접 가르친 것으로 보인다. 도산이 1915년 7월 9일 둘째 아들 안필 선에게 보낸 엽서에서는 "내 필선아, 네가 이즈음에도 마춰(행진놀이 – 인용자)를 잘하며 동해물과 백두산도 잘 부르느냐"라는 편지 내용이 친 필로 쓰여져 있다.[40]

---

38 윤치호, 《찬미가》(재판, 1908)에서 〈무궁화가〉의 영문제목을 〈Patriotic Hymn애국 가〉으로 번역한 것은 윤치호임이 분명하므로, 윤치호가 〈애국가〉 작사를 했다는 그 의 애국가는 이 〈무궁화 노래〉일 가능성이 매우 높다.

39 도산의 '애국가'가 독립운동 과정에서 '국가'로서 불려진 증거의 하나는, 1914년 만 주 길림성 연길현 소영자에 설립한 이동휘(통합 임시정부 초대 국무총리)가 교장을 맡은 광성중학교 편찬 《최신창가집》에는 152곡의 애국창가를 수집 수록하면서 도산 안창호의 가사 〈애국가〉를 첫머리에 그대로 國歌로 제목을 바꾸어 수록하였다.

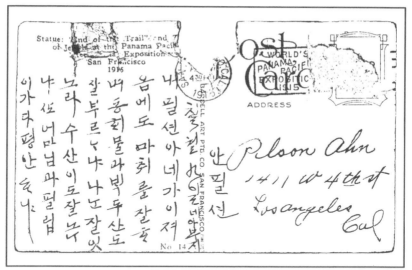

사진 20 안창호가 아들 필선에게 보낸 엽서

도산은 '애국가'뿐만 아니라 신민회 활동과 대성학교 교장 시기에 청
년 학도들에게 보급할 〈학도가(대한청년 학도들아)〉, 〈야구단가〉, 〈격검
가(쾌하다 장검을 비껴들었네)〉, 〈항해가〉 등 애국계몽 창가를 다수 창
작하여 보급하였다.

도산은 '청년학우회' 창립에 즈음하여 조국 청년들에게 '나라사랑' '국
권회복'을 생각하도록 노래 가사를 창작 보급하였다.

도산의 〈한반도〉 등 조국에 대한 사랑을 노래한 가사는 여러 편이다.
〈조국의 영광〉, 〈가치 높고 귀중한 말〉, 〈언제나 언제나〉, 〈단심가〉,
〈찬 애국가〉, 〈혈성대〉 등이 이러한 창가이다.

조국의 산하를 노래하면서 애국심을 고취한 도산의 창가들 〈한양가〉,
〈모란봉〉 등도 널리 애송되었다.

---

40 《도산안창호전집》 제1권, 711쪽 참조.

〈한반도〉

一. 동해에 돌출한 나의 한반도야
   너는 나의 조상나라이니
   나의 사랑함이 오직 너뿐일세
   한반도야

二. 산천이 수려한 나의 한반도야
   내 선조와 모든 민족들이
   너를 의탁하여 생장하였고나
   한반도야

三. 역사가 오래된 나의 한반도야
   선조들의 유적을 볼 때에
   너를 생각함이 더욱 깊어진다
   한반도야

四. 아름답고 귀한 나의 한반도야
   너는 나의 사랑하는 배니
   나의 피를 뿌려 너를 빛내고저
   한반도야

도산은 단군의 개국을 찬양한 〈대황조의 높은 덕〉, 부모의 은덕을 찬양한 〈산아 산아 높은 산아〉도 작사하여 부르게 하였다.

도산은 청년학우회(그 후 홍사단)의 훈련 덕목을 계몽 교육하는 일로 〈항해가〉 등 창가 가사도 창작하였다.

이 밖에도 도산은 수많은 가사를 창작해서 〈민요〉나 서양 명곡을 빌려다 곡을 붙여 합창시켜서 애국계몽교육에 활용하였다. 애국계몽 가사를 창작한 뒤 도산 자신의 이름을 밝히지 않은 것이 대부분이어서 이 밖에도 도산이 창작한 가사로 된 훨씬 많은 작품이 작가를 모른 채 널리 제창되었을 것이다.

7. 도산과 신민회의 실업운동

도산은 일제의 경제침략을 군사 침략과 마찬가지로 극히 위험시했으

며, 민족산업의 진흥이 신교육과 마찬가지로 바로 실력양성의 길임을 강조하고 이 부문의 사업을 전개하였다.

도산은 무엇보다도 먼저 신민회 회원들이 출자해서 '본보기' 공장과 회사를 세워 국민과 실업가들에게 모범을 제시하고 그들의 영업방침을 지도함으로써 민족자본의 발흥을 촉진하고자 하였다.

도산과 신민회는 우선 평양의 마산동馬山洞에 '평양자기제조주식회사 平壤磁器製造株式會社'를 설립하였다. 이 회사는 도산이 특히 설립에 힘쓴 회사였다. 도산과 신민회는 고려의 '자기'를 민족산업 부흥의 '상징'으로 생각하고, 고려자기의 영화를 되찾음으로써 국민들에게 민족적 자부심과 실업을 고취하려고 하여 주식회사로서 자기제조 공장을 설립하고 도자기를 생산하였다.[41]

다음으로, 도산의 지도를 받으며 신민회는 평안북도 납청정納淸亭에 무역상사 겸 도매상사로서 '협성동사協成同事'를 설립하였다.[42] 신민회 회원은 평안북도 선천과 용천에 무역상사 겸 도매상사로서 '상무동사商務同事'도 설립하였다.[43]

또한 도산과 신민회는 평양에서 '조선실업회사朝鮮實業會社'를 설립하려고 주식을 모집하였다.[44] 도산과 신민회 회원은 황해도 안악安岳에 소규모의 모범 방직공장과 연초공장煙草工場을 설립하였다.[45]

도산의 지도를 받으며 신민회는 황해도 사리원에 '모범농촌' 건설 계획을 수립하고 공사를 하다가 일제의 강점으로 중단되었다.[46]

---

41 〈대한신민회취지서〉, 앞의 자료, 1024쪽 및 《대한매일신보》 제1018호, 1909년 2월 9일자 '광고' 참조.

42 《조선음모사건》, 27쪽 참조.

43 《조선음모사건》, 46쪽 참조.

44 《조선음모사건》, 50쪽 및 96쪽 참조.

45 최명식, 《안악사건과 3.1운동과 나》, 23쪽 참조.

도산과 신민회의 민족산업운동은 교육구국운동처럼 큰 성과는 내지 못하였다. 무엇보다도 민족자본이 취약한 상태에서 일본의 대독점자본에 대항 경쟁해야 했으므로, 냉엄한 경제법칙이 관철되는 산업경제 분야에서는 신민회 회원들의 애국적 열의와 소자본만으로는 일본과의 경쟁에서 이길 수 없었기 때문이었던 것으로 보인다.

그러나 도산과 신민회가 문제를 정확히 포착하고 이 정도라도 민족산업의 진흥을 위하여 구체적 사업들을 실천한 것은 큰 의의를 가진 것이었다고 말할 수 있다.

8. 도산과 신민회의 청년운동과 청년학우회 창립

도산은 국권회복운동의 주체를 국민으로 보았지만, 세대별로는 청년층이 그 핵심체와 전위가 되어야 하며 청소년들이야말로 장래 민족의 주인이라고 보았다. 이 때문에 도산은 청년운동을 독립시켜 전개하게 되었다.

도산의 소년 및 청년에 대한 사랑과 기대는 특별히 큰 것이었다. 그는 청년의 애국심과 애국운동이 결국 국권을 회복하는 원동력이라는 신념을 갖고 있었다. 따라서 그는 청년의 애국교육과 민족간부로서의 훈련을 매우 강조하였다.

도산은 1909년 8월에 청년학우회靑年學友會를 창립하여 독립적 청년운

46 《안악군지》, 109쪽 및 《안악사건과 3.1운동과 나》, 25~26쪽 참조.

동을 전개하려 하였다. 도산은 청년학우회의 발기인에 윤치호, 장응진, 최남선, 최광옥, 차리석, 안태국, 채필근, 이승훈, 이동녕, 김도희, 박중화, 전덕기 등을 추천하였다. 취지서는 신채호가 작성하였다.[47]

청년학우회는 합법단체로서, 표면으로는 인격수양 단체임을 표방했지만, 실제로는 국권회복운동 단체였다. 청년학우회는 처음부터 국권회복을 목적으로 이탈리아 통일에 기여한 '청년이태리'를 비롯한 몇 개의 유럽의 청년정치단체를 참작하여 조직한 단체였다.[48]

청년학우회는 만 17세 이상의 청년으로서, 중학교 졸업 정도의 학력을 갖고, 애국심이 있으며 품행이 단정한 청년들을 엄격하게 심사하여 뽑아서 훈련을 실시하였다.

청년학우회의 훈련 덕목은 도산의 사상에 따라 ① 무실務實, ② 역행力行, ③ 자강自强, ④ 충실忠實, ⑤ 근면勤勉, ⑥ 정제整齊, ⑦ 용감勇敢 등으로 정하였다. 그리고 훈련분야를 덕육德育, 체육體育, 지육智育으로 나누어 국권회복을 위한 민족간부 준비교육을 시켰다.[49]

청년학우회는 서울에 본부를 두는 이외에 각 지방별로 회원 50명 이상이 되면 지방 연회聯會를 설립하도록 하였다. 이에 따라 1910년 3월에 한성연회가 조직되고, 1910년 6월에는 평양연회, 의주연회, 안주연회가 조직을 완료하였다. 이 밖에도 정주, 곽산, 선천, 삼화(진남포) 등지에서 지방연회의 조직이 진전되었다.[50]

특히 한성연회는 매우 강력하였다. 그들은 뒤에 서간도에 이주하여 신흥무관학교 설립의 주체세력의 하나가 되었다. 이동녕, 이회영, 윤기

---

47 《대한매일신보》 제1174호, 1909년 8월 17일자 잡보 '청년계 희신' 참조.
48 〈진실정신〉, 《육당최남선전집》 제10권, 247쪽 참조.
49 《소년》 제2권 제8호, 1909년 9월호 〈청년학우회 설립위원회 의정건〉, 15쪽 참조.
50 《소년》 제3권 제6호, 1910년 6월호 회보 〈설립위원회 기사〉, 78쪽 참조.

섭, 김좌진, 이규봉, 장도순, 이경희 등이 그 대표적 인물들이었다.

청년학우회는 급속히 조직을 확대해 나가다가 1910년 8월 일제에 의하여 강제 폐쇄당하였다. 뒤에 도산은 청년학우회를 계승하고 수정하여 미주에서 1913년 '흥사단'을 창립하였다.

٩. 도산과 신민회의 독립군기지 창설운동

1) 독립군기지 건설과 '독립전쟁' 전략의 채택

도산과 신민회는 국내에서 국권회복을 위한 여러 가지 실력양성운동을 전개하면서, 한편으로 국외에 무관학교를 설립하여 독립군기지를 창설하고 독립군을 창군하려 하였다. 장차 기회가 오면 독립군이 '독립전쟁'을 일으켜서 국내에 진입하고, 국내에서도 호응 봉기하여, 일거에 일본제국주의를 물리쳐서 한국민족 실력으로 국권을 회복할 독립전쟁전략을 최고전략으로 수립하고, 이의 실행을 준비하려 한 것이었다. 도산은 일제가 군사무력으로 한국을 강제점령하고 있으므로 국권회복의 최후 단계는 독립군의 독립전쟁 결전이 될 것이라고 예견하고 그 준비를 추진한 것이었다.

도산과 신민회가 국외의 독립군기지와 독립군 창설문제를 최초로 검토한 것은 신민회 창립 직후인 1907년 8월이었다. 일제가 1907년 7월 31일(해산식은 8월 1일) 대한제국 군대를 강제 해산하자, 해산된 군인 일부가 봉기하여 바로 의병운동에 가담해서 '의병전쟁'을 전개하게 되었다.

도산은 마침 서울에 체류하고 있던 1907년 8월 1일 일제의 한국군 강제해산에 저항하여 봉기한 시위대 제1연대 제1대대 병사들이 서울에서 일본군과 시가전을 전개하다가 부상병이 속출하자, 도산은 세브란스병원 의사 김필순金弼淳과 함께 부상병 간호에 뛰어들어 활동하였다.

도산과 신민회는 이 의병운동을 지지하였다. 도산과 신민회가 의병운동에서 절감한 것은 일본 정규군과 대전할 때 반드시 갖추어야 할 현대적 군사훈련과 무기의 결여였다. 의병운동은 일제와 즉각의 결전을 동반하는 것으로서 당장의 '승전'이 필요하였다. 그러나 의병은 민병의 집합이었으므로 비록 구군인이 상당수 참여하게 되었다 할지라도 현대적 군대로서 군사훈련과 무기가 부족하여 일본 정규군과의 전투력의 압도적인 차이로 당장의 '승전'을 기약하기는 어렵다고 생각되었다. 도산은 의병무장투쟁 현대화의 필요를 절감하고 있었다.

그러나 도산과 신민회는 1907년 4월부터 1908년 말까지는 의병운동의 문제점을 정확히 포착하고 있었으면서도 이에 대한 대책을 세우지 못하였다. 그 이유는 두 가지 점에 있었다고 생각된다.

첫째는 신민회의 실력이 아직 부족하여 국내의 애국계몽운동에 집중하느라고 의병운동에 대해서는 지지와 성원 이상의 활동을 할 여력이 없었다고 볼 수 있다.

둘째는 이 시기에 의병운동이 고양되어 민병과 빈약한 무기를 갖고서도 강렬한 애국정신의 용감성과 헌신성을 발휘하여 상당한 성과를 내고 있었기 때문이었다고 볼 수 있다.

도산과 신민회가 국외에 독립군기지를 창설하고 무관학교를 설립하여 현대적 정규군과 같은 독립군을 창설하려고 본격적 논의를 시작한 것은, 의병운동이 퇴조기에 들어가기 시작한 1909년 봄이었다.[51] 도산은 이때 한편으로는 '청년학우회'를 조직하면서, 다른 한편으로는 독립군기지 창

설을 논의하였다.

이때 도산과 신민회는 양기탁의 집에서 전국 간부회의를 열고 국외에 적당한 후보지를 골라 독립군기지를 만들어서 무관학교를 설립하고 독립군사관獨立軍士官을 양성하며 이를 토대로 현대전에서도 승전할 수 있는 강력한 독립군을 창설하기로 결정하였다. 이때의 초점은 '무관학교'의 설립에 따른 독립군의 창군과 체계적인 현대적 훈련 양성에 있었다고 볼 수 있다.[52]

도산과 신민회의 이 사업이 실천에 들어가기 전인 1909년 10월 26일 안중근安重根 의사의 이토 히로부미 총살 처단사건이 일어났다.

일제는 안중근과 친분이 있는 가장 명망 있는 한국인 지도자 도산 안창호를 일단 먼저 구속하였다. 이어서 이동휘, 이갑, 유동열, 이종호, 김명준 등 다수의 애국 인사들을 구속하였다. 일제는 도산 등을 무려 2~5개월간이나 구속하여 두었다가 1909년 12월부터 1910년 2월에 걸쳐 개별적으로 석방하였다. 안창호는 1910년 2월 22일에 석방되었다.

일제 헌병대가 안중근과 친분이 두터웠던 도산과 애국 인사들을 결국 석방하게 된 주요 이유로서는 다음의 세 가지 점이 주목된다.

첫째, 안중근 사건이 국제적 성격을 띠었기 때문에 안중근의 배경으로 명백한 증거 없이 무리하게 다른 인사들을 연결시켜 투옥하는 날조사건을 만들 수 없었다는 점이다.

둘째, 아직도 명목은 대한제국이 남아 있고 완전한 식민지로의 강점이 이루어지지 않았으므로 무리한 사건 조작이 병탄 공작에 불리한 영향을 끼칠 것을 우려하여 다른 인사들에 대한 탄압을 강점 뒤로 미루

51 원의상, 〈신흥무관학교〉, 《신동아》 1969년 6월호, 236쪽 참조.
52 《독립운동사》(독립운동사편찬위원회) 제5권, 163쪽 참조.

었다는 점이다.

셋째, 이때 일제는 비밀결사 신민회의 존재를 알지 못하였기 때문이었다는 점이다.

일제는 몇 달 후에 신민회 간부 일부의 해외 망명으로 일제가 주목하던 인사들의 일부를 놓쳐 당황했다고 한다.

안중근 의거와 관련하여 도산 등 신민회 간부의 일부가 체포되었다가 석방된 사실은, 도산과 신민회 회원들에게 위험이 닥쳐오고 있다는 사실을 예고해 주었다. 적어도 도산 등 안중근 의거 때 체포된 인사들만은 조직이 노출되었을 가능성이 있으며, 어떠한 계기를 잡으면 재구속되어 투옥당할 것이 거의 틀림없었다.

도산과 신민회는 1910년 3월 긴급 간부회의를 열어서, ① '독립전쟁전략'을 국권회복운동의 최고전략으로 채택하고, ② 국외에 '독립군기지'와 그 핵심체로서 '무관학교'를 설립하기로 결정하며, ③ 일제헌병대에 구속되었던 간부들은 원칙적으로 국외에 망명하여 이 사업을 담당하기로 하고, ④ 국내에 남는 간부들과 회원들은 이 사업을 지원하는 한편 종래의 애국계몽운동을 계속하기로 결정하였다.[53]

신민회의 독립전쟁전략은 도산의 주도 아래 1910년 3월 신민회 간부회의에서 채택·결정되었음을 주목할 필요가 있다.

도산과 신민회가 이때 결정한 독립군기지 창건사업과 독립전쟁전략의 골자를 정리하면 다음과 같다.[54]

---

53 신용하, 《한국민족독립운동사연구》, 을유문화사, 1985, 100~106쪽 및 〈안창호예심 신문기 보유〉, 《안도산전서》 부록, 895쪽 참조.

54 《조선음모사건》, 26~154쪽; 〈안악사건 판결문〉, 〈양기탁등 보안법위반사건 판결 문〉, 〈안악사건 공심판결문〉, 《한국학보》 제8집(1977), 222~250쪽 참조.

(1) 독립군기지는 일제의 통치력이 미치지 않는 청국령 만주 일대를 자유
   지대로 보고, 이곳에 신한민촌 형태로 설치하되 후일 독립군의 국내진
   입에 가장 편리한 지대를 최적지라고 결정하였다. 당시 신민회는 이러
   한 조건을 갖춘 최적지를 우선 백두산白頭山 부근이라고 추정하였다.[55]
(2) 최적지가 선정되면 '자금'을 모아 일정 면적의 토지를 구입하기로 하
   였다. 이에 소요되는 자금은 신민회의 조직을 통하여 비밀리에 모금하
   고, 이주민에게도 어느 정도의 자금을 휴대하도록 해서 보충하기로 하
   였다.
(3) 토지가 구입되면 국내에서 '계획적'으로 이주민을 모집하여 '단체이주'
   를 시키기로 하였다. 이주민은 독립군기지 창설의 목적에 비추어 애국
   청년들과 애국인사들을 중심으로 하기로 결정하였다. 신민회의 '청년학
   우회' 운동이 바로 이 계획과 관련이 되어 있었던 것으로 보인다.
(4) 이주민들이 모이면 구입한 토지에 신영토로서 신한민촌新韓民村을 건
   설하기로 하였다. 신한민촌에는 이주애국청년들과 이주민으로 강력한
   '민단民團'을 조직하고, 토지를 개간하여 농업경영을 통해서 경제적 자
   립을 실현하도록 계획하였다. 신한민촌에는 반드시 학교와 교회와 기타
   문화시설을 세우기로 하였다.
(5) 신한민촌에는 민단의 지원을 얻어서 반드시 '무관학교'를 설립하여 문
   무文武쌍전교육을 실시해서 '독립군사관獨立軍士官'을 양성하고, 이를 독
   립군기지로 삼기로 하였다.
(6) 무관학교를 중핵으로 무관학교 졸업생과 이주해 온 애국청년들을 조
   직하여 '독립군'을 창설하기로 하였다. 독립군의 장교는 물론 현대 전략
   전술을 습득한 무관학교 출신 사관으로 편성할 뿐 아니라, 병사까지도
   모두 무관학교에서 현대 교육과 전략전술을 익히는 강력한 정병주의精
   兵主義를 채택하고, 철저한 현대 군사훈련과 현대 무기로 무장시켜서 일
   본 정규군과의 현대전에서 승리할 수 있는 강력한 현대적 군대를 만들
   기로 결정하였다.

---

55 〈안악사건 판결문〉, 《한국학보》 제8집, 228쪽 참조.

(7) 독립군의 전력의 우수성을 보강하기 위하여 한편으로 다수의 애국청
  년들을 중국의 무관학교에 입학시키고, 졸업하면 독립군에 편입시키기
  로 하였다.[56]

(8) 독립군이 강력하게 양성되면 최적의 기회를 포착하여 '독립전쟁'을 일
  으켜서 국내에 진입하기로 하였다. 최적의 '기회'는 일본 제국주의의 힘
  이 증강되고 침략야욕이 더욱 팽창하여 만주지방이나 태평양지대로 팽
  창하려고 할 때에 불가피하게 발발될 중일전쟁, 러일전쟁, 미일전쟁이
  일어날 때라고 추정하였다.[57] 이러한 전쟁은 막강한 일제에게도 힘겨운
  전쟁이 될 것이므로 이 '기회'를 기민하게 포착하여 그동안 양성한 독
  립군으로 '독립전쟁'을 일으켜서 국내로 진입해 들어가고, 국내에서는
  신민회가 주체가 되어 그동안 실력을 양성한 각계각층의 국민과 단체
  를 '통일연합'하여 내외 호응해서 일거에 봉기하여 한국민족의 실력으
  로 일본 제국주의를 물리치고 국권을 회복하기로 하였다.

 도산과 신민회는 1910년 3월 전국 간부회의에서 '독립전쟁전략'을 채
택함과 동시에, 안중근 의거와 관련되어 일제가 의심하고 구금했던 간
부들은 먼저 망명시키기로 결정하였다. 국외로 망명할 간부로서는 안창
호, 이갑, 이동녕, 이동휘, 이회영, 유동열, 이종호, 신채호, 조성환, 최석
하 등이 선정되었다. 이들은 우선 신민회의 전략에 따라 해외에 독립군
기지로서의 신한민촌과 무관학교를 건설하는 한편, 신민회의 운동을 국
외에 널리 확대하기 위하여 해외 각 지역을 필요하면 분담하기로 합의
하였다. 안창호와 이갑은 구미지역, 이동녕은 노령 연해주, 이동휘는 북
간도, 이회영(또는 이시영)과 최석하는 서간도, 조성환은 북경지역을 분
담하기로 결의하였다.[58]

---

56 〈안악사건 공심판결문〉, 《한국학보》 제8집, 38쪽 참조.
57 《조선음모사건》, 2, 26, 83쪽 참조.
58 《도산안창호전집》 제12권, 123~124쪽 참조.

제9장

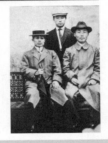

망명과 연해주에서의 활동

I. 망명

도산 안창호가 1907년 2월 귀국하여 국권회복과 새로운 국가와 사회를 건설하기 위해 '신민회'를 창립해서 활동하다가 1910년 4월 외국에 망명하게 된 것은 이때 '독립전쟁전략'을 채택하여 '해외 독립군기지' 창설계획을 실천하기 위한 신민회의 결정에 따른 것이었다.

신민회 결정이 내려진 뒤 1910년 4월에 우선 안창호, 이갑, 유동열, 신채호, 김희선, 이종호, 이종만(李鍾萬, 이종호의 아우), 김지간, 정영도鄭英道 등이 일제의 감시망을 피해서 북경쪽을 향하여 몇 개조로 나누어 흩어져서 망명하게 되었다.

도산은 신채호·김지간·정영도 등과 4명이 한 조가 되어 밀선을 타고 황해를 건너 산동성 연대烟臺에 도착하는 경로를 택하였다. 도산 등은 끈질기게 따라붙는 일제 밀정을 우여곡절 끝에 따돌리고 한강 하류에서 미리 약속해 둔 범선을 타고 행주해협을 거쳐 황해도 장연군 송탄松灘에 도착하였다. 송탄에서 신채호는 뱃멀미가 매우 심하여 뱃길망명이 어렵다고 하므로 신채호·김지간을 다시 한 조로 만들어 육로로 청도에 모이도록 약속하고 출발시켰다. 도산은 정영도와 함께 황해도 송탄과 중국 산동성 연대 사이의 밀무역에 종사하는 중국 범선을 기다리다가 중국배편으로 서울을 출발한 지 1주일 만에 1910년 4월 산동성 연대에 도착하였다.[1]

도산 안창호 등 망명 간부들은 1910년 4월에 일단 청도青島에 모여서

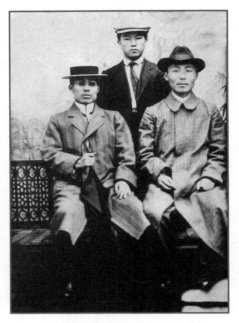

사진 21 청도회의 직전 시기(1910)의 사진
(앞줄 오른쪽이 도산)

이른바 '청도회의'를 열고 독립군기지 창설의 구체적 실행책을 논의하였다. 이때 독립군기지 창설의 자금은 이종호가 우선 내기로 하였다. 이종호는 이용익의 손자로서 당시 상해의 덕화은행에 이용익이 예치해 놓은 거액의 예금이 있었다고 한다. 이종호가 갖고 있던 자금은 약 3만~5만 원 정도였다고 전해진다.[2]

청도회의에는 안창호, 이갑, 유동열, 신채호, 김희선, 이종호, 이종만, 김지간, 이강 등이 참석하였다.[3] 춘원 이광수가 처음 도산 안창호의 전

---

1 곽림대, 《안도산》, 《도산안창호전집》 제11권, 626~629쪽 참조.
2 〈안창호예심신문기 보유〉, 《안도산전서》 부록, 896쪽 참조.
3 《도산안창호전집》 제11권, 200쪽의 〈이강회고담〉 참조.

기를 쓸 때 잘못하여 마치 이동휘가 청도회의에 참가하여 급진론을 주장해서 안창호의 점진론과 맞선 것처럼 기술한 설명이 일부에 유포되어 있다. 그러나 이동휘는 이때 국내에 있었고 청도회의에는 참가한 적이 없다. 이광수의 설명은 전혀 사실이 아니다.[4] 이 청도회의에서는 다음과 같은 두 개의 다른 사업안이 논의되었다.

첫째, 유동열, 김희선 등의 새로운 제안으로서 이종호의 자금으로 우선 청도에서 신문과 잡지를 경영하자는 안이었다.

둘째 안창호, 이갑 등의 제안으로서 신민회의 예정 계획대로 자금을 신한민촌과 무관학교 건설에 사용하자는 안이었다.

토의 결과 처음에는 우선 신문과 잡지를 경영하자는 첫째의 안이 다수의 지지를 얻어 통과되었다. 이 사업은 서양인의 명의로 발간하면 가능하였다. 그러나 적당한 외국인을 만날 수 없었으므로 한국인 명의로 발간하려고 청도의 독일총독에게 교섭해 보았다. 독일 총독 측은 순수한 종교잡지이면 허락해 줄 수 있으나 정치적 신문이나 잡지는 일본과의 외교 관계로 허가할 수 없다는 반응을 보였다. 이에 첫째의 안은 폐기되고 둘째의 안인 신한민촌과 무관학교 건설안이 채택되었다.

망명 간부들은 약 3,000달러의 자금으로 북만주 밀산현에 있는 미주 동포 경영의 태동실업회사泰東實業會社의 소유지 30팡자(약 70평방리)를 사서 그 땅을 개간하여 독립군기지로서 신한민촌을 건설하고, 농업 경영을 하면서 무관학교를 세워 독립군장교와 독립군전사를 양성하기로

---

4 이광수, 《도산 안창호》, 60쪽 및 《안창호전서》 상권, 114쪽에서, 이때 '청도회의'에서 이동휘의 급진론(독립군의 무장독립운동)과 안창호의 점진론(해외동포의 교육산업진흥론)이 대립하였다는 것은 전적으로 착오이다. 이동휘는 청도회의에 참가하지 않았으며, 1912년 국내에 있었다. 청도회의에서는 오히려 안창호·이갑 등이 독립군기지 창설을 주장하였고 유동열·김희선 등이 신문·잡지의 경영을 주장하여 의견이 대립되었다. 〈안창호예심신문기 보유〉, 《안도산전서》 부록, 896쪽 참조.

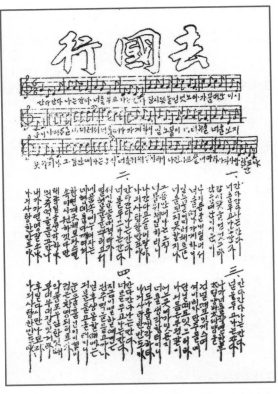

사진 22 만주지역 민족학교인 광성학교 창가집에 실린
도산의 〈거국가〉 4절 악보(1910.4.)

하였다. 유동열, 이갑, 김희선 등은 무관학교 교관을 맡기로 하고, 신채
호는 국사와 한문 교사를 담당하기로 했으며, 김지간은 농업경영의 책
임을 맡기로 하였다.[5]

　도산은 조국을 떠나 망명해서 청도에 체류한 초기에 망명의 심정의
일단을 〈거국가去國歌〉라는 가사로 지어 대한매일신보사에 보내었다.

---

5 《도산안창호전집》 제11권, 200쪽 〈이강 회고담〉 참조.

거국가

一.

간다 간다 나는 간다
너를 두고 나는 간다
잠시 뜻을 얻었노라
까불대는 이 시운이
나의 등을 밀어내서
너를 떠나 가게하니
이제부터 여러 해를
너를 보지 못할지나
그동안에 나는 오직
너를 위해 일하리니
나간다고 설어 마라
나의 사랑 한반도야

二.

간다 간다 나는 간다
너를 두고 나는 간다
저 시운을 대적타가
열혈루를 뿌리고서
네 품속에 누어자는
내형제를 다 깨워서
한번 기껏 해봤으면
속이 시원 하겠지만
나중 일을 생각하여
분을 참고 떠나노니
내가 가면 영갈소냐
나의 사랑 한반도야

간다 간다 나는 간다
너를 두고 나는 간다
내가 너를 작별한 후
태평양과 대서양을
건널 때도 있을지요
시베리아 만주들로
다닐 때도 있을지나
나의 몸은 부평같이
어느 곳에 가 있든지
너를 생각할 터이니
너도 나를 생각하라
나의 사랑 한반도야

四.

간다 간다 나는 간다
지금 이별할 때에는
빈주먹을 들고 가나
이후 상봉할 때에는
기를 들고 올 터이니
눈물흘린 이 이별이
기쁜 환영 되리로다
악풍 폭우 심한 이때
부대부대 잘있거라
훗날 다시 만나보자
나의 사랑 한반도야

도산의 '나의 사랑 한반도야'라는 별명을 가진 이 '거국가'는 도산의

신민회 동지에 의해 《대한매일신보》(1910년 5월 12일자)에 게재되었다. 작자는 '신도新島'라고 기재되었는데, 양기탁 또는 임치정 또는 그 밖의 신문사내 신민회 회원인 도산의 동지가 이 작품이 도산 작품임을 눈치 채게 하도록 '신민회新民會 도산島山'의 요약으로 '신도'新島라고 작자를 표기한 것으로 해석된다.

도산의 〈거국가〉는 《대한매일신보》에 발표된 뒤 당시부터 전국 학도들의 애송가사가 되었다.

2. 연해주에서의 활동

도산과 신민회 망명 간부들은 1910년 9월경에 블라디보스토크에 도착하였다.[6] 여기서 그들은 일제가 마침내 조국 대한을 병탄했다는 기막힌 소식을 들었다. 도산은 큰 충격을 받았다. 그러나 낙심하지 않고 신민회의 전략과 계획에 따라 신한민촌과 무관학교를 건설할 후보지를 고르기 위하여 북간도 일대 답사 계획을 추진하였다.

그러나 도산 등 신민회 망명 간부들의 독립군기지·무관학교 건설계획은 좌절에 부닥치게 되었다. 그것은 블라디보스토크에서 신민회 간부들 사이에 의견이 갈라졌기 때문이었다. 유동열·김희선 양인은 일제가 나라를 강점한 마당에 장기사업인 독립군기지·무관학교 건설을 기다릴 수가 없으니 간도와 노령의 동포를 토대로 당장 '독립군'을 조직하여 국

---

6 〈안창호예심신문기 보유〉, 《안도산전서》 부록, 897쪽 참조.

내로 진입하자고 주장하였다. 한편 안창호·이갑은 예정대로 시간이 걸리더라도 독립군기지로서의 신한민촌·무관학교를 건설하자고 주장하였다. 사업의 열쇠나 다름없는 자금을 갖고 있는 이종호는 밀산에 신민회의 독립군기지로서 신한민촌·무관학교를 설립하자는 도산 등의 계획에 반대하였다.[7] 그는 함경도 출신 동포들의 요청을 받고 블라디보스토크에서 독립운동을 후원하려 하였다.

유동열·김희선 등은 즉각 독립군을 조직하려고 만주를 거쳐 연대煙臺로 갔으나 일본관헌에게 체포되어 독립군 조직도 좌절당하게 되었다.[8]

블라디보스토크에는 도산의 활동을 지원해 줄 조직으로 '국민회' 지회가 있었다. 이것은 도산이 일찍이 미주에서 귀국하기 전에 설치한 '공립협회' 원동지회가 그 후 하와이 한인합성협회와 통합되어 '국민회' 원동지회로 개칭된 것으로서, 이강·정재관·김성무 등 도산의 동지들이 주도하고 있는 단체였다.

그러나 1910년의 블라디보스토크의 사정은 꽤 복잡하였다. 지리적 근접성으로 블라디보스토크 지방에 가장 많이 이주한 함경도 출신 이주민들은 별도의 세력을 형성하면서 국민회 지회의 지도를 잘 받으려 하지 않는 경향이 생기기 시작하였다. 한국동포들의 출신 도별 갈등이 현저하였다. 여기에 더하여 제정 러시아 블라디보스토크 당국이 '국민회'를 제정帝政에 반대하는 공화주의 단체이며 안중근의 이토 히로부미 총살의 배후 '테러'단체로 지목하고 적대시해서 사찰하고 있었다.

이러한 상태에서 함경도 출신 이용익의 손자 이종호는 함경도 인사들의 권고를 받고 북간도 밀산에 독립군 근거지 신한민촌·무관학교를

7 《도산안창호전집》 제11권, 203~204쪽 〈이강 회고담〉 참조.
8 〈안창호예심신문기 보유〉, 《안도산전서》 부록, 897쪽 참조.

설립하는 계획에 자금 공급을 거절하고, 블라디보스토크 거주 한국인의 교육사업과 계몽사업에 자금을 사용하겠다고 통보해 왔다. 이종호는 도산과 신민회의 독립군기지 건설사업을 반대하고 신민회에서 이탈한 것이다.

도산은 이종호의 뜻밖의 이탈에 큰 타격을 받았다. 자금 없이는 북간도 밀산 독립군기지 창설사업은 불가능한 것이 아닌가. 도산은 이때 동지들의 눈에 띌 정도로 고통을 느끼고 번민하였다고 한다.

그러나 도산은 결코 절망하지 않았다. 그는 국내에서 망명 전에 신민회 간부들과 함께 결정한 대로 북간도 밀산에 반드시 독립운동 근거지인 신한민촌·무관학교 건설을 추진하겠다고 거듭 결심하였다.

이 무렵 도산이 블라디보스토크에서 국민회 원동지회 동지들과 더불어 수행한 활동을 간단히 정리하면 다음과 같이 요약할 수 있다.

(1) 《대동공보大東共報》의 복간을 추진하였다. 공립협회(국민회) 원동지회가 배후에서 지원 운영하던 블라디보스토크의 한국인 신문 《대동공보》가 안중근 의사의 이등박문 처단 사건의 배후신문이라 하여 러시아 당국에 의해 폐간당했었는데, 도산은 이를 복간시키려고 러시아 당국과 여러 통로로 교섭하였다. 그러나 러시아 당국의 완강한 거부로 실패하였다. 러시아 당국은 그 대신 도산이 떠난 뒤 이종호 등이 추진한 《대양보大洋報》의 발행을 승인하였다.

(2) 국민회 지회의 자매단체로 '자선공제회慈善共濟會'를 조직하였다. 이 단체는 우선 한국인과 러시아 당국과의 관계개선을 도모하였다.

(3) 한국인의 러시아 국적취득 협조사업을 실행하였다. 당시 블라디보스토크와 연해주 한국인은 국제법상 일본(의 식민지) 국민으로 되어 있었기 때문에 일본영사관 총영사의 법률상 지배 아래에 있었다. 그러나 한국인이 러시아에 귀화하면 일제 영사관의 간섭을 받지 않을 뿐 아니라 일정한 면적의 토지를 분배받아 생활이 안정되었다. 도산은 한국인의

정신과 언어와 풍속만 잃지 않으면 된다고 강조하고 동포들의 러시아 귀화는 생계상 무방하다고 이에 협조하였다.

(4) 중국 북간도 밀산에 원래 계획의 독립군기지 건설 사업을 추진하였다. 국민회 원동지회에서 미주 국민회가 보내온 자금으로 도산이 떠난 뒤에 도산의 계획에 따라서 정재관 명의의 '태동실업주식회사泰東實業株式會社'를 설립하고 북간도 밀산현密山縣 봉밀산자蜂蜜山子에 약 2,430에 이커의 토지를 구입하여 한국인 동포를 이주시키기 시작하였다. 1911년에 약 150가구, 100가구, 50가구의 3개 신한민촌이 형성되었다. 여기에 우선 '학교'를 설립하여 첫해에 32명의 학생이 입학하였다.[9] 그러나 자금 부족으로 원래 계획에는 미치지 못한 작은 규모의 신한민촌이었다. 이를 발전시키려면 대규모 자금 공급이 절대적으로 필요하였다.

(5) 러시아의 시베리아 치타에도 국민회 원동지회의 소액 자금으로 한국인 동포들을 모아서 새로이 신한민촌을 건설하였다. 러시아 당국은 국민회가 기독교 프로테스탄트 단체라고 오해하고 있었으므로 이러한 오해를 불식시킴과 동시에 러시아 측에 호의와 승인을 받기 위해 치타 신한민촌은 러시아 정교회에 가입하였다. 도산이 떠난 뒤에 블라디보스토크의 국민회 원동지회가 탄압을 받자, 이강과 정재관은 대한인국민회 시베리아 총회를 치타에 옮겨 설치하고, 모두 러시아 정교에 가입하였다. 1912년 1월에는《대한인 정교보》신문 창간에도 성공했으나,《정교보》가 일본 제국주의 한국침략과 학정을 신랄하게 연속 비판한 것을 보고 일본정부가 러시아에 항의하여 오래지 않아 폐간당하였다.

연해주의 제정 러시아 당국은, 도산이 블라디보스토크에 도착한 직후부터 연해주 한국인 독립운동의 영수가 도산 안창호임을 이미 알고, 도산의 민주공화주의사상과 독립운동을 불온시하여 사찰하고 견제 탄압하였다. 이 위에 일제가 현상금을 걸고 도산의 체포·암살을 시도하였다.

도산은 1911년 9월 민주주의·공화주의 나라 미국의 캘리포니아로 돌

[9]《도산안창호전집》제5권 및 이태복,《도산 안창호 평전》, 192~196쪽 참조.

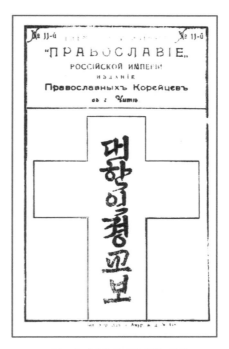

사진 23 《대한인 정교보》 표지

아가서, 그곳에서 독립운동을 전개하기로 결심하였다.

일제 밀정들의 도산 추격이 심했으므로 도산은 이번에는 일본 고베, 요코하마를 경유하는 '태평양 항로'를 택하지 않고, 시베리아 횡단철도를 거쳐 '대서양 항로'를 택하였다. 《서유견문》의 큰 영향을 받았던 도산은 영국·독일·프랑스 등 서유럽 선진 국가들의 상태도 이 기회에 관찰하고 싶었을 것이다.

도산은 1911년 7월경 비밀리에 블라디보스토크를 출발하여 먼저 북만주로 갔다. 하얼빈행 기차에서는 추격해 오는 일제 밀정 관헌에게 하마터면 체포될 뻔 했으나, 도산의 기지로 간신히 따돌리고, 안중근의 아우 안정근安定根이 있는 목릉穆陵으로 가서 밀산의 신한민촌 사업을 관찰하

였다. 이어서 시베리아 치타에 가서 그곳의 신한민촌 사업을 관찰한 뒤 제정 러시아 수도 상트페테르부르크로 갔다. 상트페테르부르크에 먼저 가 있던 동지 이강李剛은 뜻밖에 뇌일혈로 쓰러져 있었는데 입원비가 없어서 입원도 하지 못한 채 앓고 있었다. 도산은 비통하여 미국에 가서 여비를 부쳐 미국병원에서 치료해 주겠다고 위로하고, 독일 수도 베를린으로 갔다. 민박을 하면서 신흥강국 독일 수도의 모습을 살펴보았다.

도산은 베를린을 출발하여 1911년 8월 24일 영국 수도 런던에 도착하였다. 세계 최강의 제국주의 국가 영국 수도는 건물과 거리부터 웅장하였으나, 빈민가에 이주해 들어온 영제국 식민지 사람들의 상태는 지나가는 길손의 눈에도 비참하였다. 《서유견문》이 묘사한 시대는 벌써 지나갔고, 유럽은 새로운 동력으로 발전하고 있는 것 같았다.

도산은 스코틀랜드의 글래스고에서 출항하여 1911년 9월 2일 미국 뉴욕 항에 도착하였다. 도산은 전에 미국에 3년이나 살았으나 뉴욕을 가본 적이 없었다. 뉴욕은 런던과 판이하게 엄청난 동력으로 치솟고 있는 새로운 도시 같았다. 미국의 힘을 느끼면서 시카고를 거쳐 대륙횡단을 해서 1911년 9월 28일 샌프란시스코에 도착하여 동포들의 환영을 받고 가족이 기다리는 리버사이드로 갔다.

도산의 가족은 부인 이혜란 여사가 삯바느질을 하며 아들과 함께 그를 간절히 기다리고 있었다. 도산은 고국에 돌아가서 신민회사업을 하고 4년 만에 리버사이드 가족에게 귀환한 것이었다.

3. 망명 후 미주에서 받은 신민회의 소식

도산이 리버사이드에서 접한 고국의 소식은 신민회 조직이 발각되어 회원들이 일제의 전대미문의 야수적 고문과 학대로 극악한 고통을 받고 있다는 것이었다. 이른바 '신민회 사건' 또는 '105인 사건'이라고 부르는 것으로 일제가 전국에서 약 800명의 애국인사들을 검거하여 잔혹한 고문을 가하고 그 가운데 105인을 기소하여 중형을 내린 사건이었다.

이 전말을 간단히 쓰면, 도산이 망명하여 미주로 간 뒤, 신민회는 일제의 한국강점 후인 1911년에 일제가 조작한 '안악 사건安岳事件', '양기탁등 보안법 위반사건梁起鐸等保安法違反事件' '105인 사건(신민회 사건)' 등으로 신민회 회원들을 일제히 검거하고 투옥함으로써 신민회의 활동이 불가피하게 중지되기에 이른 것이었다.

일제는 안중근 의사의 사촌 동생 안명근安明根이 만주에서 의병을 모집하여 거사할 계획으로 황해도에서 군자금을 걷으러 다니자 그를 1910년 12월에 체포하였다. 그러나 안명근은 신민회 회원이 아니었다. 일제는 이 사건을 구실로 황해도 일대의 애국계몽운동가들 160여 명을 일제히 검거했는데, 그 대부분이 신민회 황해도지회 회원들이었다. 이것은 '안악 사건'으로 불리었다. 일제는 1911년 7월에 이들에게 가혹한 실형 언도를 내렸다.[10] 그 결과 신민회 황해도지회는 마비당하게 되었다.

또한 일제는 양기탁 등이 한국인들을 서간도에 집단 이주시켜서 신한민촌을 수립하려 한다고 하여 1911년 1월에 서울에서 33명의 애국계몽운동가들을 체포하였다. 이것은 '양기탁등보안법위반 사건'이라고 불리었다. 일제는 이들에게도 1911년 7월에 실형 언도를 내렸다.[11] 그 결과

---

10 〈안악사건 판결문〉, 《한국학보》 제8집, 222~230쪽 참조.

신민회 중앙본부의 일부 기능이 마비당하게 되었다.

일제는 뒤이어 1911년 9월에 평안남북도를 중심으로 하여 전국에 걸쳐 애국계몽운동가 600~700명을 갑자기 체포하였다.[12] 애국계몽운동가들이 조선 총독 데라우치 마사다케寺內正毅를 암살하려고 음모했다는 거짓 각본을 일제가 날조하여 이를 구실로 삼은 것이었다.

도산과 신민회는 국권회복을 위하여 서북간도에 독립군기지를 창설하려는 운동은 실행하였다. 그러나 일제 총독 데라우치 암살 기도를 한 일은 없었다. 일제는 그러나 신민회의 다른 사업은 법률에 저촉이 안 될 뿐더러, 서북간도에 독립군기지를 창설하려는 사업에 대해서는 '양기탁보안법위반 사건'으로 이미 써 버렸기 때문에 다른 애국계몽운동자들을 체포할 적절한 구실이 없었다.

이에 일제는 체포하고 싶은 애국계몽운동가들의 명단을 미리 만들어 놓고 그들이 조선총독 데라우치를 암살할 '음모'를 했다는 각본을 날조한 다음 이른바 '데라우치총독암살음모 사건'이란 명목으로 전국의 애국지사 600~700명을 일거에 체포한 것이었다.[13]

이 사건은 일제가 처음부터 의도적으로 날조한 사건이었기 때문에 기소요건을 만들 수가 없어서 검거된 애국지사들에게 전대미문의 형언할 수 없는 가혹한 고문을 가하였다. 이 과정에서 신민회의 존재와 조직 일부가 일제에게 발각되었다.

일제는 검거된 애국지사들 가운데 고문에 못 이겨 신민회 회원이라고 자백한 122명을 기소했으며, 이 중 105명에 대하여 이듬해인 1912년 9월에 가혹한 실형을 언도하였다.[14] 이 사건은 '105인 사건' 또는 '신민

11 〈양기탁등 보안법위반사건 판결문〉, 《한국학보》 제8집, 223쪽 참조.
12 〈민족의 수난-백오인사건 진상-〉, 24쪽 및 《조선음모사건》, 23쪽 참조.
13 《조선음모사건》, 20~54쪽 참조.

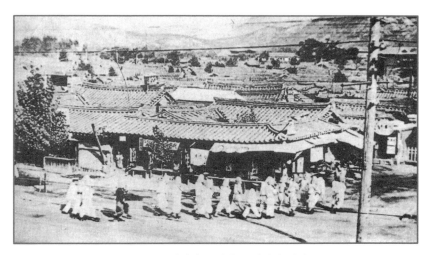

사진 24 공판정에 끌려가는 신민회 회원들

회 사건'으로 불리었다.

이 사건에서는 전 피고가 일제의 잔혹한 고문과 사건의 날조성을 재판정에서 조리정연하게 폭로했기 때문에 일제는 궁지에 몰리게 되었다. 또한 기소된 신민회 회원 가운데는 기독교 신도들이 다수 포함되어 있어서 미국 장로교회 외국전도국과 영국 에딘버러 종교회의 등 각국 기독교단체들이 이 날조된 사건의 재판에 항의했기 때문에, 세계 여론에서 일제의 처지는 더욱 난처하게 되었다.[15]

일제는 1913년 7월에 고등법원에서 윤치호, 양기탁, 임치정, 이승훈, 안태국, 옥관빈 등 6명에게만 각각 6년의 실형을 언도하고, 나머지 신민회 회원들은 모두 석방하였다. 그러나 이때는 신민회 회원들이 일제의 가혹한 고문으로 몇 회원은 옥사하고, 다수가 불구자가 되었으며, 국내 신민회는 사실상 해체되었기 때문에 일제의 사건 날조의 목적은 이미

---

14 《조선음모사건》, 54~177쪽 참조.
15 《조선음모사건》, 178~250쪽 참조.

달성된 뒤였다.

신민회는 일제의 이러한 탄압을 받고 그 기능이 마비되어 국내에서는 1911년 9월경부터 실질적으로 해체상태에 들어갔다. 국내의 잔여 신민회 회원들과 국외로 망명한 회원들이 그 후 신민회를 계승하는 새 단체가 조직될 때까지 신민회의 운동을 계속해 나가고 있었다.

도산은 고국의 동포사정과 신민회 동지들의 고통받는 소식을 듣고 리버사이드에서 불굴의 투지로 다시 투쟁하겠다고 굳게 맹세하였다. 일제가 아무리 탄압하고 한국을 영구히 식민지로 지배하려고 획책해도, 반드시 동포들을 깨우치고 일으켜 조국 대한을 되찾아서 자주독립국가로 다시 세워 세계에 부강국이 되고 백성들이 행복하게 사는 나라를 만들겠다고 굳게 굳게 다짐하였다. 본국에서 동지들이 고통을 감내하고 있다는 소식을 들으며, 도산은 미국에서 박사학위까지 공부 연구하겠다는 처음의 꿈은 완전히 접었다. 도산은 '독립'을 찾는 데 목숨을 다 바쳐 분투할 것을 굳게 맹세하였다. 그는 이때부터 "나는 밥을 먹어도 한국의 독립을 위해 먹고, 잠을 자도 한국의 독립을 위해 잔다"고 말하였다.

일부 인사들은 마치 도산의 신민회 사업이 실패한 것처럼 서술하지만 결코 그렇지 않았다. 장기적 관점에서 신민회 사업은 도리어 큰 성과를 낸 성공한 사업이었다. 도산이 제안하여 창립한 신민회가 비밀결사로서 지도한 한말 애국계몽운동은 당시 한국 국민의 사상, 의식, 교육, 문화, 언론을 혁명적으로 새롭게 변혁시키고 비약적으로 발전시켰다. 특히 도산이 총력을 기울인 신교육 구국운동은 큰 성과를 내어 한국 민중들이 자발적으로 설립한 학교가 무려 3천여 개에 달하였다. 이 학교들에서는 자발적으로 신교육과 애국교육을 철저히 실시하여 수십만의 미래의 민족간부들을 양성해 내었다.

도산 등이 창립해서 헌신한 신민주의 신민족 민주혁명당의 성격을

가진 신민회의 활동은 구한말 나라가 일제 식민지로 떨어지는 절망적 시기를 독립 회복을 위한 아래로부터 민족역량의 비약적 증강의 시기로 역전시켰다.

도산과 함께 독립전쟁전략과 해외 독립군기지 설립계획을 채택한 신민회 동지들과 회원들은 독립군 양성기관으로 1911년 4월 만주 봉천성 유하현 삼원보三源堡에 신흥무관학교(新興武官學校, 처음 이름 신흥강습소)를 설립하였다. '신흥新興'은 신민회가 흥국興國한다는 뜻으로 이름 지은 것이었다. 1913년에는 신민회 동지들에 의하여 만주 왕청현 나자구 대전자大甸子에 동림무관학교東林武官學校가 설립되었다. 또한 1916년에 만주 밀산현 봉밀산자에 도산과 이갑 등 신민회 망명 간부들이 1910년에 밀산에 설립하려 추진했던 밀산무관학교密山武官學校가 작은 규모이지만 설립되었다. 도산과 신민회가 채택한 독립전쟁전략에 따라 한국민족 독립운동이 줄기차게 지속 실행되어 나가고 있었다. 이 3개 무관학교는 3·1운동 직후 국외 독립군 항일무장투쟁의 기초가 되었다.

도산 안창호가 1907년 2월 귀국하여 국권회복을 위해 전개한 신민회의 사업과 활동은, 대한제국 국가가 망해 가는 불행한 시기에 절망하지 않고 한국민족과 국민을 크게 각성 계몽 교육시켜 근대민족과 국민으로서 민족독립역량을 비약적으로 증강시켜서 후일 독립쟁취의 기초를 튼튼히 세운 근대 시민혁명운동 사업이었다. 그것은 도산이 한국근대사와 민족독립운동사에 공헌을 한 영원불멸의 위대한 업적이었다.

제10장

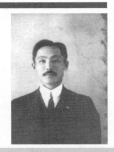

'대한인국민회'를
민족자치기관으로 확대 강화

I. 대한인국민회 중앙총회의 결성

도산은 1911년 10월 로스엔젤레스에 도착하자마자 노동자로 취업하여 공장에 나갔다. 상트페테르부르크에서 뇌일혈로 쓰러진 동지 이갑李甲을 미국으로 데려와 치료할 '여비'를 벌기 위해서였다.

도산은 이때 받은 임금과 도산 부인이 세탁과 삯바느질로 저축한 돈을 합하여 300달러를 긴급히 상트페테르부르크에 보냈다. 울 줄 모르던 무관 육군참령 출신 이갑은 이 돈을 받고 감격하여 펑펑 울었다고 한다. 이갑은 이 돈으로 긴급치료를 하고 여비로 삼아 뉴욕항에 도착하였다. 그러나 이갑은 입국심사에서 환자로 판정되어 상륙을 거부당하고, 러시아로 돌아가 시베리아에서 숨을 거뒀다.

도산은 나라가 일제에게 강점당한 상태에서 미주 동포들과 함께 우선 두 가지 사업 수행을 결심하였다. 하나는 '대한인국민회'를 전 세계 해외 한국인 사회에 조직하여 자치기관으로 강화해서 우선 해외 한국인만이라도 일본의 통치를 받지 않도록 하면서 국권회복운동을 하는 일이었다.

다른 하나는 대한인국민회가 설치되는 지역에서 우수한 애국청년들을 선발하여 조국광복을 위한 민족혁명전사를 양성하는 기관으로 '흥사단'을 창단하여 민족독립투쟁의 주체세력을 형성하는 일이었다.

대한인국민회는 1911년 3월 대한인국민회 하와이 지방총회와 북미 지방총회 사이의 사무처리 연락과 통일을 위하여 임시조직으로 대한인국

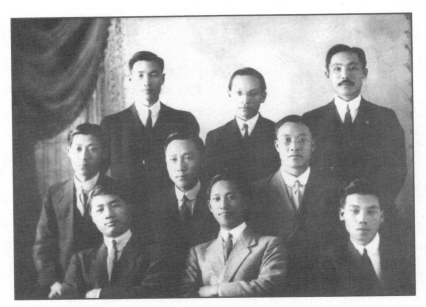

사진 25 대한인국민회 임원들(3열 제일 오른쪽이 도산)

민회 중앙총회를 두고, 임시 중앙총회장으로 최정익, 임시 부회장으로
한재영을 선임하였다. 이 임시 중앙총회는 최정익이 주도하였다. 도산이
미주로 돌아온 뒤에 대한인국민회는 1912년 11월에 시베리아 지방총회
와 만주리아 지방총회를 포함하여 전 세계 재외동포의 조직으로 정식
출발하기로 결의하였다.

1912년 11월 8일 샌프란시스코에서 '대한인국민회' 각 '지방총회'가 모
여 '대한인국민회 중앙총회'를 조직할 때, 도산은 '만주리아 지방총회'의
대표자격으로 참석하였다. 이때 이 회의에 참석한 각 지방총회와 그 대
표들은 다음과 같았다.

① 북미 지방총회 ··· 이대위李大爲·박용만朴容萬·김홍균
② 하와이 지방총회 ··· 윤병구尹炳球·박상하·정원명

③ 시베리아 지방총회 ··· 김병종·유주구·홍신언(통신으로 위임 참가)
④ 만주리아 지방총회 ··· 안창호安昌浩·강영소姜永韶·홍언洪焉

위의 지방총회 가운데서 ① 북미 지방총회는 원래 도산이 조직한 국민회였다. ③ 시베리아 지방총회는 도산이 미주 로스앤젤레스에 도착한 뒤인 1911년 10월에 조직되었고, ④ 만주리아 지방총회는 다음 달인 1911년 11월에 조직된 것이었다. 시베리아 지방총회와 만주리아 지방총회는 도산의 해외동포 전체의 조직화 구상에 따라 급속히 조직된 흔적이 보인다.

도산 안창호는 1912년 11월 8일 4개 지방총회를 통합지휘하는 '대한인국민회 중앙총회' 설립 전체회의에서 회장에 선출되었다.[1] 도산이 중앙총회 회장을 고사했다 할지라도, '대한인국민회 중앙총회'와 각 지방총회는 도산의 가장 큰 영향력 아래 있었다.

대한인국민회 중앙총회 창립대회에서는 다음과 같은 '결의안'(및 '선포문')이 통과되었다.[2]

〈결의안〉

(1) 대한인국민회 중앙총회를 설립하여서 각지의 지방총회를 관리하며 독립운동에 관한 일체 규모를 중앙총회 지도에 의하여 행사하기로 함.

(2) 중앙총회 헌장을 기초하여 규모 일치를 도모함.

(3) 국민회 회표를 만들어 일반 회원에게 분급함.

(4) 국민회 회기를 제정하되 각 지방총회마다 그 모형을 달리하여 각기 지방을 대표하게 함.

(5) 중앙총회에 대한 지방총회의 의무금은 매년 200달러로 정함.

---

1 김원용 지음, 손보기 엮음, 《재미한인 50년사》, 혜안, 2004, 94쪽 참조.
2 김원용, 《재미한인 50년사》, 91~93쪽 참조.

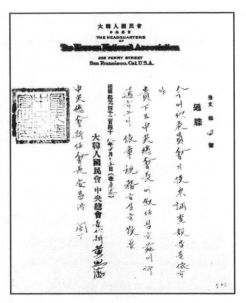

사진 26 대한인국민회가 도산을 회장에
선임함을 알리는 통첩(1915.4.15.)

위의 '결의안'에서는 대한인국민회 중앙총회가 '독립운동'도 실행하는
기관임을 명백히 하였다. 또한 동시에 통과된 '선포문'에서는 대한인국
민회 중앙총회가 대한제국이 이미 망한 상태에서 '해외 한국인의 최고
자치기관'임을 강조하였다.

2. 한국민족 자치기관으로서 대한인국민회 정립 강화

도산은 해외동포만이라도 일본의 통치를 받지 않고 독립된 민족생활

을 하기 위하여, '대한인국민회'를 확고하게 정립해서 미국사회와 미국 정부로부터도 한국민족 해외동포 자치기관으로 공인받으려고 하였다.

이 사업에서 먼저 성과를 낸 것은 '북미 지방총회'였다.

1913년 6월 캘리포니아주 리버사이드(처음 도산이 귤 따는 노동캠프를 설치했던 곳) 지방에서 한국인 노동자 11명이 헤메트 지방의 영국인 경영 농장에 일하러 갔다가 주민들에게 배척받아 쫓겨온 사건이 발생하였다. 당시 이 지방 미국 백인들 사이에 일본인 배척운동이 성행했는데, 한국인 노동자를 일본인으로 잘못 알고 배척한 것이었다. 이때 일본영사가 한국인을 찾아와서 배상금을 받아 주겠다고 설명하였다. 한국이 일본의 식민지가 되었으니 일본정부가 일본 식민지 백성인 한국인을 관리한다는 의미를 내포한 것이었다.

한국인들은 이를 거부하고 '대한인국민회 북미 지방총회'에 사태를 보고하였다. 도산의 지도 아래 북미 지방총회는 미국 백인 주민들과 직접 교섭하여 "한국인은 일본인이 아님"을 잘 설명하고 설득해서 이 문제를 해결하였다. 그 뒤 미국 정부와 교섭해서 미국 정부로부터 "한국인은 일본인이 아니며 한국인은 독자적으로 대한인국민회가 담당한다"는 것을 명확하게 공식 인정받아 내기로 하였다.

대한인국민회 북미 지방총회는 1913년 6월 30일 미국 국무장관에게 "한국인은 일본인이 아니며, 재미 한국인은 일본의 한국병탄을 반대해 왔으므로 앞으로도 결코 일본정부의 간섭을 받지 않을 것이니, 재미 한국인을 일본인으로 대우하지 말고 독자적 한국인으로 대우하여 한국인에 관한 문제는 한국인사회와 교섭해 줄 것을 요구한다"는 다음과 같은 공문을 전보로 발송하였다.

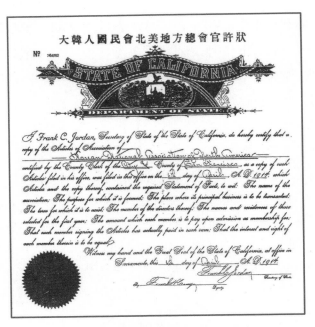

사진 27 대한인국민회 북미 지방총회 관허장(1914)

미국 정부 장관 브라이언 귀하

귀하께 드리는 바는, 근일에 한인 십일 명이 헤메트 지방에 일하러 갔다가 그곳 주민들에게 축출당하였는데 이 사건을 일본 영사가 간섭하려고 하나, 우리가 일본 관리의 간섭을 원하지 않는 까닭에 본회가 그 지방 주민들과 교섭하여 시비를 타협했습니다.

귀국 법률 밑에 사는 한인들은 대개 한·일 합방 전에 한국을 떠난 사람들이고, 한·일 합방을 반대하며 해가 하늘에 떠 있는 한 일본 정부의 간섭을 받지 아니할 터이니, 전시나 평시를 막론하고 재미 한인을 일본인과 같이 대우하지 말며, 어느 때든지 한인에게 관한 문제는 한인사회에 교섭하시기 바라나이다.

1913년 6월 30일
대한인국민회 북미 지방총회장 리 대위

이에 대하여 미국 국무장관은 1913년 7월 2일 이러한 요청을 받아들여, "앞으로 재미 한국인에 관계된 일은 일본정부나 일본관리를 통하지 않고 직접 한국인사회와 교섭하겠다"고 공인하는 다음과 같은 공문을 보내왔다.

〔미국 국무성 발표〕

〈한인은 일인이 아니라〉는 대한인국민회 총회장의 전보를 받았다. 그 전보에 말하기를, 재미 한인은 대개 한·일 합방 전에 한국을 떠난 사람들이고, 한·일 합방을 인정하지 않으며, 일본 정부와 관계가 없고 일본 관리의 간섭을 받지 않겠다 하였은즉, 이로부터 재미 한인에게 관계되는 일은 공사나 사사를 물론하고 일본 정부나 일본 관리를 통하지 않고 한인사회와 교섭할 것이다.

1913년 7월 2일
미국 국무장관 브라이언[3]

이것은 '대한인국민회'가 성취한 매우 중요한 사업성과였다. 미국정부의 이러한 공식인정으로 '대한인국민회'(Korean National Association)는 재미 한국인의 자치기관으로 공인되어, 미국 안에서 재미 한국인의 권익보호와 한국의 국권회복운동을 자유롭게 전개할 수 있게 된 것이었다.

도산은 재미 한국인들에게 여러 사람이 자금을 모아 협동해서 사업을 시작하고, 농장을 경영하도록 권고하였다. 그리고 대한인국민회는 이를 보호하는 책임을 갖도록 강조하였다.

도산은 여기에 만족하지 아니하고 재미 한국인들에게 미국사회에서

---

3 김원용, 《재미한인 50년사》, 97~98쪽.

'신용'을 획득 확립하는 일을 추진하였다. 도산은 재미 한국인의 ① 권익옹호와 ② 생활개선을 주창하면서, 신용사회인 미국에서 먼저 '한국인의 신용'을 확립해야 한다고 강조하여 생활개선을 지도하였다.

도산은 재미동포들에게 집안과 상점을 미국 백인들의 그것보다 항상 더 깨끗하게 하고, 예의를 철저히 지키며, 절대로 거짓말을 하지 말고, '예·아니오'를 분명히 하며, 한 번 언약하면 이해득실을 넘어 반드시 지켜서, 미국사회 백인들로부터 한국인의 신용과 명예를 확립하자고 주창하였다. 도산은 미국인들이 "한국인 상점에서는 안심하고 물건을 살 수 있다", "한국인 노동자는 믿고 일을 맡길 수 있다"고 한국인을 신용하고 신뢰할 수 있게 되면, 한국인들은 미국에서 개인적으로도 크게 성공할 수 있고, 동시에 한국민족 전체의 위신도 높아질 뿐 아니라 독립운동에도 큰 도움이 된다고 역설하였다[4]

도산의 이러한 지도는 대한인국민회 북미총회 지역에서는 성공하였다. 미국 정부와 사회는 '한국인'을 완전히 '일본인'과 구분하여 독자적 민족으로 대우하였다. 미국 경찰은 대한인국민회의 회원증을 갖고 있으면 작은 사고들은 대한인국민회에 처리를 넘겼다. 미국 이민국도 대한인국민회가 보증하면 여행권이 불비하거나 여행 소지 경비가 없는 유학생들도 입국을 허가하였다. 본국에서 나라는 망했지만, 재미동포들은 도산의 지도의 영향도 크게 작용해서 일본 정부의 간섭을 전혀 받음이 없이 '대한인국민회'의 권고를 받으면서 자유롭게 생활할 수 있었다. '대한인국민회'는 재미 한국인의 '자치기관'이 된 것이었다.

대한인국민회 중앙총회는 종래의 《공립신보共立新報》를 국민회가 《신한민보新韓民報》로 제호를 바꾸었던 것을 다시 인수 계승하여 기관지로

---

4 주요한 편저, 《신정판 안도산전서》, 삼중당, 1971, 138~139쪽 참조.

활용하였다. 《신한민보》는 해외 한국인의 권익보호 신문이었을 뿐 아니라, 동시에 매우 중요한 독립운동 기관지 구실을 수행하였다.

대한인국민회 중앙총회는 창립총회의 결정에 따라, 재외동포가 개별적으로 가입 여부를 결정하는 임의단체로서 '입회비'나 '회비'를 내는 것이 아니라, 모든 해외 한국인이 의무적으로 가입하는 자치기관으로서 '의무금'을 징수하였다. 의무금은 처음에 3달러, 1912년~22년에는 5달러, 1923년부터는 15달러였다고 한다.[5]

대한인국민회 중앙총회는 1914년 4월 6일 캘리포니아 주지사로부터 설립목적을 수행하는 '사단법인'의 허가장을 얻어 미국 법률상의 등록절차도 마쳤다.

대한인국민회 중앙총회의 사무소는 설립 때에는 샌프란시스코에 두었다가, 1913년 1월 로스앤젤레스로 옮겼다. 《재미한인 50년사》는 대한인국민회 중앙총회의 지도자에 대해 "회장은 도산 안창호, 백일규, 윤병구들이 역임하고, 부회장은 박용만, 백일규, 홍언 등이 역임하였다"[6]고 기록하였다.

대한제국은 망했지만, 대한인국민회 중앙총회 활동 후에 재외 한국인, 특히 미주에 사는 한국인의 사회적 지위는 현저히 향상되었다. 미국인 고용주와 쟁의가 일어나거나 인종문제로 모욕받는 사건은 대한민국민회 중앙총회가 나서서 교섭하고 재미동포의 권익을 옹호하였다.

미국에서 일본인 배척운동이 일어났을 때에는 재미 한국인은 대한인국민회 '회원증'으로 신변보호를 받았다. 미국 정부 당국은 한국인에 관한 사건은 일본영사관에 문의하지 않고 대한인국민회 중앙총회에 문의

---

5 김원용 지음, 《재미한인 50년사》, 104쪽 참조.
6 위의 책, 94쪽.

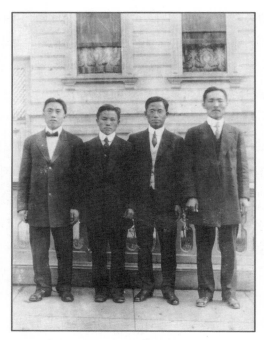

사진 28 대한인국민회 본부 앞에서(1916)
(제일 오른쪽이 도산)

하고 교섭하여 해결하였다.[7]

　도산의 대한인국민회 자치활동은 처음 미주 본토에서는 비교적 순조로웠다. 그러나 1914년 후반~1915년에 미 본토 이외에서는 큰 시련에 부딪치게 되었다.

　1914년 7월에 여러 가지 복합 요인으로 멀리 원동에서 만주리아 지방총회가 해체되었다. 미국 로스앤젤레스에 있던 도산으로서는 어찌할 방도가 없었다.

　1915년 5월에는 제정 러시아가 전시계엄령을 발하여 시베리아 지방총

---

7 주요한 편저, 《신정판 안도산전서》, 139~140쪽 참조.

회를 폐지시켰다. 시베리아 지방총회는 16개 지방회에 1,150명의 회원을 가진 조직이었는데, 제정 러시아가 대한인국민회 시베리아 지방총회의 혁명성을 의심하여 계엄령으로 폐지시켜 버린 것이었다. 이것도 미국에 있던 도산으로서는 어떤 대책을 세울 수가 없었다.

또한 1915년에 하와이 지방총회에서는 박용만과 이승만의 갈등으로 내분이 일어났다. 《재미한인 50년사》에 의거하여 이 사건을 간단히 요약하면, 대한인국민회 하와이 지방총회는 중앙총회 창립 직후인 1912년 12월 6일 네브래스카 대학 정치학과를 졸업한 박용만을 초빙하여 기관지 《신한국보新韓國報》의 발간 책임을 맡겼다. 하와이 지방총회가 1913년 5월 9일 주지사로부터 사단법인의 허가장을 받을 때 박용만은 5명의 등록이사의 하나로 활동했을 뿐 아니라, 국민회의 활동과 발전에 큰 기여를 하였다. 하와이 주정부는 하와이 지방총회를 믿고 특별경찰권을 허락해서, 한국인의 경찰자치가 실행되었다. 한국인 사이에 시비와 사건이 있으면 대한인국민회 하와이 지방총회 경찰부장이 사건을 조사처리하였고, 사건이 중대할 때만 미국 법원에 넘기는데, 대한인국민회 하와이 지방총회의 조사와 초심을 합법 행정으로 인정하였다. 대한인국민회 하와이 지방총회는 1913년부터 1915년 5월까지는 한국인이 거주하는 각 섬에 국민회 경찰부장을 두어 경찰행정도 자치했으며, 회원도 2,300명이 되어 크게 발전하였다.

1913년에 이승만이 본국으로부터 미국 미니아폴리스에서 열렸던 평신도 감리교 대회에 참석했다가, 귀국하지 않고 하와이에서 외교와 출판 사업을 하고 싶다고 박용만에게 원조를 요청해 왔다. 박용만은 이승만을 《신한국보》에 잘 소개하고, 국민회에 이승만의 요청을 간절하게 제의하였다. 그 결과 국민회는 '언론'을 이미 박용만이 맡고 있으므로 '교육'을 이승만에게 맡기기로 결정하였다. 이에 이승만은 1913년 2월 27일

하와이에 들어와서 감리교 한국인 기숙학교 교장을 맡게 되었다. 이승만은 하와이에 들어온 지 1년 후에 한인 여자학원 설립의 개인사업을 시작하여 국민회에 엠마 지방의 교회사업용 토지를 여자학원 부지로 자기 명의로 양도해 달라고 국민회에 요청하였다. 국민회는 공유물은 개인 명의로 바꿀 수 없다고 거절하였다. 이승만은 이에 불복하여 국민회를 반대하기 시작하였다.[8]

이승만은 자기 비용으로 《태평양잡지》를 발행하고, 국민회를 비판 공격하였다. 1915년 1월 15일 국민회 하와이 지방총회 대의원회의에서 회관 건축비 일부를 국민회 하와이 지방총회 일부 사무원이 유용한 사실이 드러나서 배상시킨 일이 있게 되자, 이승만은 이를 《태평양잡지》에서 크게 비난하고 국민회 공격을 선동하였다. 일부 교민들이 이에 동조하여 특별 대의회를 1915년 5월 1일 소집했는데, 76지방회 가운데서 31 지방회 대의원만 참석하여 정족수 미달로 대의회가 유산되었다. 하와이 지방총회가 분열되어 가고 있음을 염려한 지방회에서 참석을 거부한 것이었다. 이승만 신임파는 31지방회 대의원들로만 특별 대의회를 개최했으나, 의견충돌로 결국 싸움이 시작되자 의장 김종학金鍾學은 정회를 선포하였다. 그러나 이승만 신임파는 불복하여 그들만으로 특별 대의회를 다시 열어서 김종학을 해임하고 홍인표를 새 의장으로 선출했을 뿐 아니라, 김종학을 공금횡령 공범으로 미국법정에 고발하였다. 미국 법원은 3개월간 김종학을 구금해 두고 조사했으나 혐의가 없으므로 무죄로 판결하여 석방하였다.

이 사건으로 대한인국민회 하와이 지방총회는 국민회파와 이승만 신임파로 분열되어 버렸다. 하와이 지방정부도 내분을 보고 대한인국민회

---

8 김원용, 《재미한인 50년사》, 110~123쪽 참조.

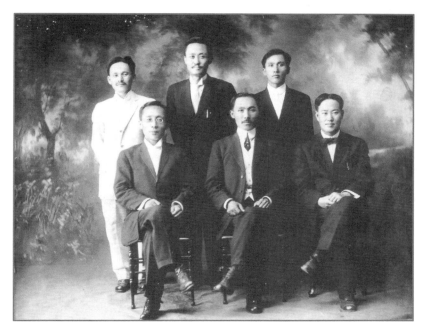

사진 29 하와이 지방총회(1915) 임원(1열 가운데가 도산)

하와이 지방총회에 허여했던 지방자치경찰권을 회수해 가 버려서 자치
경찰권도 상실하였다. 대한인국민회 하와이 지방총회 회원수도 김종학·
박용만 시기의 2,300명으로부터 이승만 신임파 시기에는 740명으로 급감
하였다.[9]

　도산은 1915년 2월 다시 대한인국민회 중앙총회의 회장으로 추대된
뒤, 이해 8월 25일 하와이로 가서 4개월 동안 머무르면서 중재와 통합
에 진력하였다. 양측 간부들은 도산의 설득에 승복했으나, 이승만과 박
용만은 불복하여 화해하지 않았다. 양자 회동은커녕 이승만은 도산과의
상면도 회피하였다.

---

[9] 김원용, 《재미한인 50년사》, 119쪽 참조.

도산은 하와이 지방총회 회원들의 화해에는 어느 정도 기여를 했으나, 이승만과 박용만의 화해에는 실패하고 1915년 12월 21일 샌프란시스코로 돌아왔다. 이로부터 하와이 지방총회는 중앙총회의 통제를 받지 않았다. 도산은 이때부터 독립운동 전선의 분열은 국민과 회원들에게서 나오는 것이 아니라 지도자들의 권력욕·지배욕에서 나오는 것임을 경험하고, 지도자들의 '단결'과 '수련' '인격단련'을 더욱 강조하게 되었다.

3. 멕시코 지방회의 방문과 조직 강화

도산은 하와이 지방총회에 다녀온 뒤 긴급한 요청에 응하여 미국 동포들보다 더욱 불우한 처지에 있는 멕시코 동포들과 쿠바 동포들을 찾아가서 그들을 새로이 조직화하였다.

한국인의 멕시코 이민은 러일전쟁 기간 동안 일본인 경영의 대륙식민회사와 국제 사기 이민단에 의해 매우 불리한 조건에서 시작되었다. 대륙식민회사는 유카탄 애니깽 농장주협회 대리인 마이어스와 결탁해서 1905년 《황성신문》에 7차례 광고를 내어 멕시코 이민을 모집하였다. 후한 임금 및 선박비용의 회사 부담과 부인 대동까지 승인하므로 하와이 이민보다 더 좋은 조건이라고 광고하였다. 이에 한국에서는 노동자·농민들뿐 아니라 구한국군 제대군인 약 200명 등을 포함한 1,033명이 응모하였다. 그들은 속아서 4년만 일하면 거금을 저축하여 금의환향할 수 있다는 꿈을 안고 1905년 4월 멕시코에 건너가 유카탄의 애니깽(용설란) 농장에 투입되었다. 이것이 한국인의 멕시코 이민의 시작이다.

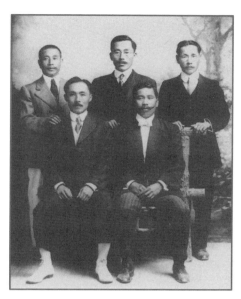

사진 30 멕시코 한인 지도자들과 함께
(1열 좌측이 도산)

그러나 초기 멕시코 이민은 대륙식민회사의 사기 고용계약에 속아서 종신 노예노동을 계약한 이민으로 되었다. 회사가 뱃삯을 부담했다는 이유로 실제 임금은 기아임금이어서, 숙식비를 제외하면 몇 푼 안 되는 잔여 임금으로는 최소의 용돈도 부족하였다. 이에 1909년 멕시코 농민 혁명운동 때 구군인출신 한인노동자들도 봉기해서, 1910년 종신노예 노동처럼 된 계약을 파기하였다. 그러나 한인 이민노동자들은 1910년부터 이제는 대한제국이 망하여 돌아갈 국가와 국적을 상실하게 되었다.

멕시코 이민 한인 노동자들은 1910년부터 농장주협회와 자유노동의 성과급 계약을 했으나, 임금이 매우 낮은 수준이어서 극빈을 면할 수 없었다. 이러한 상태에서 1917년 유카탄 농장주협회가 한국인 이민노동자들을 전원 해고하는 사태가 발생하였다. 일시에 한인 노동자 전부가

실직하게 되자, 한인들은 급박하게 미주 대한인국민회 중앙총회에 구원을 요청하였다.

도산은 회장으로서 1개월을 예정하고 급히 멕시코로 건너갔다.[10] 멕시코 한인 사정은 참담하였다. 농장주의 해고 이유는, 애니깽(용설란)의 큰 겉잎만 베어서 그 섬유를 뽑아내어 선박용 대형 새끼줄 제조에 사용하는 것이므로 애니깽 50개를 1다발로 성과급 임금을 계약했는데, 한인 이민 노동자들이 큰 애니깽뿐만 아니라 작은 속잎까지 베어내서 50개 개수를 채우기 때문에 애니깽 농장이 황폐화되어 가므로 전원 해고했다는 것이었다. 한편 한인 노동자들은 임금이 너무 낮아서 굶지 않으려면 크고 작음을 가리지 않고 한 잎이라도 더 베어 성과를 올려야 겨우 생존할 수 있다고 설명하였다.

도산은 한인 노동자들에게 이민 온 한인노동자는 멕시코에 오래 살 수밖에 없으므로 오래 살려면 멕시코인의 '신용'을 얻어야 함을 강조하고, 동포들에게 앞으로는 반드시 '신용'을 얻도록 노동할 것을 약속받고 설득을 통해 문제를 자각케 하였다.

도산은 다른 한편으로 멕시코 농장들을 일일이 방문하여 농장주들에게 한인 노동자들이 앞으로는 불합리한 일을 하지 않을 것이라고 약속하고 설득하였다. 도산의 성실한 노력으로 새로운 계약을 체결하기로 합의되었고, 한인 이민 노동자들은 전원 새로운 고용계약을 맺어서 복직하였다.

도산은 대한인국민회 멕시코 지방총회의 조직을 재정비하여 강화하고, 재정 조달 방법을 지도하였다. 또한 멕시코 이민들에게 농업노동뿐

---

[10] 곽림대, 《안도산》, 《도산안창호전집》 제11권, 653~646쪽 참조. 도산의 멕시코 방문 활동은 이를 가장 잘 알고 있던 곽림대의 전기에 의존하였음.

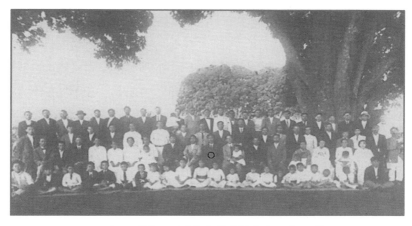

사진 31 멕시코 교민들과 함께(중앙의 ○이 도산)

만 아니라 상업과 어업 등 다른 직업에도 진출하도록 적극 권장하고 추진하였다.

또한 도산은 멕시코 이민 노동자들의 주거 상태가 '변소'를 거처에 두지 않아서 매우 불편하고 불결한 것을 보고, 생활 개선에 착수하였다. 도산은 앞장서서 손수 변소를 만들어 시범을 보이면서 매 거처마다 각각 변소를 만들고 환경을 청결하게 유지하도록 지도하였다. 도산의 생활개선 지도는 멕시코 한인 이민노동자 부인들에게 큰 환영을 받았고, 생활환경도 크게 개선 향상되었다.

도산은 이러한 활동을 하느라고 1개월 예정했던 멕시코 체류 기간이 10개월이나 연장되어 1918년 8월에야 샌프란시스코로 돌아왔다.

도산은 샌프란시스코로 돌아온 뒤 이어서 쿠바를 방문할 뜻이 있었다. 쿠바에는 약 300명의 한인 이주민이 어려운 생활을 하고 있었다.

그러나 1918년 10월 제1차 세계대전이 종결되어, 국제정세가 급변하면서 조국의 독립운동이 더 급하게 그를 부르고 있었다.

제11장

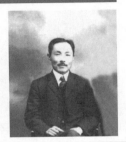

흥사단興士團의 창단

I. '흥사단' 창단 목적과 흥사단의 이념

   도산은 1911년 9월 미주 리버사이드에 온 뒤 대한 본국에서 일제에게 신민회가 발각되어 조직이 해체되고 동지들이 검거당하여 일제의 잔혹무비한 고문을 받으며 투옥되어 있다는 소식을 듣고 큰 충격을 받았었다. 도산은 그러나 불굴의 투지로 이러한 상황에서도 조국광복을 위한 확고한 기초를 준비하고 다져 놓으려고 하였다.

   한국 국내에서 국권회복 애국세력이 극단으로 탄압당하여 활동이 더욱 어려워졌다면, 이번에는 해외동포들을 더 조직하고 양성하여 국권회복의 기간단체를 강화할 수 있는 것이다. 문제는 국권회복투쟁이 단절되어서도 안 되고 쉬어서도 안 된다. 상황이 변하는 데 따라 대응하면서 더욱 불굴의 투지로 과학적 방법의 투쟁을 다져 나가지 않으면 안 된다고 도산은 생각하였다.

   도산은 전체 해외동포들의 단체로 '대한인국민회'의 확대강화를 추진하는 한편, 해외동포들 가운데서 애국적 청년 정예들을 선발해서, 새로운 청년 정예 단체를 조직하여 훈련하려고 하였다. 상황이 악화되고 한국민족 독립운동이 아무리 장기전이 될지라도 궁극적으로 '조국광복'을 쟁취하여 자주부강한 민주공화국을 건국해서 한국민족의 전 세계적 자유발전을 성취해 내고야 말 불멸의 애국단체를 이번에는 반드시 창설하려고 도산은 굳게 결심하였다. 이러한 결의와 원대한 구상으로 그가 1913년 미국 캘리포니아주 샌프란시스코에서 발기한 것이 바로 '흥사단'

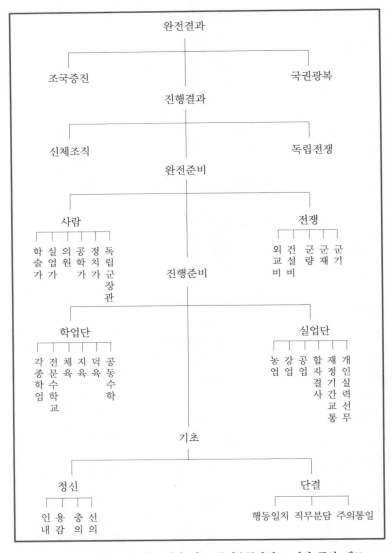

사진 32 도산의 수첩에 그려져 있는 독립운동단체 조직의 구상 메모

이었다.

홍사단을 창단할 무렵 도산의 구상을 메모해 놓은 도표가 그의 유물

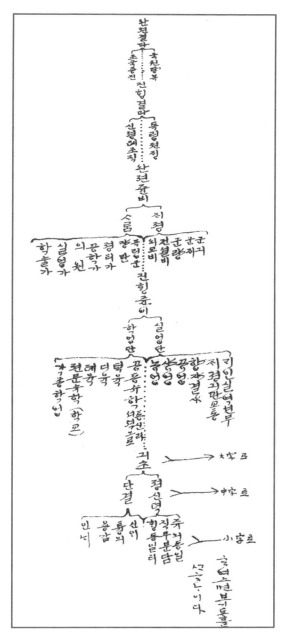

사진 33 도산의 독립운동 단체 구상준비 메모

수첩에 남아 있다.[1]

이 도표를 보면, 도산은 조국광복의 투쟁과정을 3단계로 나누었다. ①기초(단체 결성), ②준비(㉠진행 준비와 ㉡완전 준비), ③결과(㉠진행 결과와 ㉡완전 결과)가 그것이었다.

'흥사단'의 창단은 제1단계 '기초' 단체 결성의 사업이었다. 제1단계 사업이 성취되면, 제2단계의 완전준비를 수행함과 동시에 제3단계의 '국권광복'을 쟁취하여 '민주공화국'을 건국해서 전 국민의 복리와 전 세계적 발전을 증진하는 '조국증진'으로 나아가는 것이다.

'흥사단興士團'의 명칭은 구한말에 유길준이 한 번 사용한 적이 있었다. 그러나 그것과는 달리, 도산의 '흥사단'은 구한말의 신민회 청년단체인 '청년학우회靑年學友會'를 계승하여 새로운 여건에서 대폭 수정 발전시킨 것이다.

도산의 도표(사진 33)를 보면, 제1단계 '기초'의 단체결성 단계에서는 ① 정신 측면(신의·충의·용감·인내)과 ② 단결(행동일치·직무분담·주의통일)을 중시하였다.

도산은 정신적 측면으로서 '흥사단'의 4대 이념을 ① 무실務實 ② 역행力行 ③ 충의忠義 ④ 용감勇敢으로 정하였다. 이것은 청년학우회 시기의 ① 무실務實 ② 역행力行 ③ 자강自强 ④ 충실忠實 ⑤ 근면勤勉 ⑥ 정제整齊 ⑦ 용감勇敢의 7대 이념을 통합 정리하여 간소화한 것이었다.

(1) 무실務實은 조선후기의 '실학사상'과 같이 도산의 '실학사상'을 표현 강조한 것으로서, 형식과 부허浮虛를 버리고 내실과 실사實事에 힘쓸 것을 강조한 것이었다.
(2) 역행力行은 공리공론空理空論을 하지 말고 지행합일知行合一하여 실행實行

---

[1] 《도산 안창호전집》 제14권, 188쪽 사진.

에 힘쓸 것을 강조한 것이었다.

(3) 충의忠義는 시류의 불의不義에 따르지 말고, 민족 전도의 대업인 국권
회복의 의義로운 나랏일에 충성忠誠을 다함을 강조한 것이었다.

(4) 용감勇敢은 맡은 바 옳은 임무를 실행함에서 비겁하게 머뭇거리지 않
고, 용감하게 솔선수범하여 나아감을 강조한 것이었다.

흥사단의 목적과 이념은 '조국독립'과 '새 민주공화국' 건설의 목적을
달성하기 위한 '새 민족혁명'의 실행의 준비 수련이었다. 흥사단은 이
'조국독립' '새 민주공화국' 건설의 '새 민족혁명'을 성취하기 위해 '혁명
단체'로 창설된 것이었으며, 처음부터 이 '새 민족혁명' 수행을 위한 '혁
명단체의 훈련기관'으로 시작한 것이었다.

도산의 '흥사단'이라는 '민족혁명 수련기관'이 다른 보통의 혁명훈련기
관과 다른 특징은, 장기전에 대비하여 혁명전사들을 모두 혁명정신과
함께 '훌륭한 인격'을 갖춘 '모범적 인격의 정예 혁명전사'로 양성하려고
한 데 있었다.

혁명전사를 먼저 각각 도덕과 인격을 훌륭하게 잘 갖춘 도덕적 모범
적 인재로 양성하려는 것은 도산의 흥사단 인재 양성 내용의 큰 특징
이었다. 또한 개별 수련에만 의존하는 것이 아니라 동지들과 함께 집단
적으로 '동맹 수련'하는 방법을 중시한 것도 도산의 흥사단 인재 양성
방법의 큰 특징이었다. 소집단별 '동맹독서' '동맹금주' '동맹저금' 등도
그 사례이다. 흥사단 수련의 이 특징은 춘원과 요한의 도산 평전을 비
롯한 다수의 도산 전기들이 잘 서술하고 있다.

여기서 주의할 것은 흥사단 창단의 궁극적 목적인 '조국독립'의 '민족
혁명'을 빼어 버리고 '인격수양'의 측면만 떼어내서 '흥사단'을 수양단체
로 설명하면 도산의 흥사단 창단 사상의 한 부분을 전체로 설명한 큰

결함이 나온다는 사실이다. 이 때문에 흥사단을 아직도 '수양단체'로만 보는 해석에 집착하는 경우가 있다.

그러나 도산은 흥사단을 처음부터 '국권회복' '조국독립'의 민족혁명전사 양성기관으로서의 '혁명수련단체'로 창단하였다. 그는 혁명전사들을 첫 단계에서 윤리적으로도 훌륭한 인격을 갖춘 지도자들로 훈련시켰다가, 다음 단계에서 민족혁명의 각부문 지도적 주체세력으로 전선에 배치하려고 하였다. '흥사단 약법'에 '민족혁명'을 말하지 않은 것은 대외적으로 처음부터 불필요한 경계를 받지 않으면서 혁명전사의 인격 수련을 실행하기 위해서였다. 그러나 '입단 문답'에서는 '민족혁명'을 '인격수양'과 함께 교육하기 시작하고 조국에 헌신을 서약하게 하였다.

도산은 흥사단 단원이 일정하게 증가하고, '민족혁명'의 목적과 이념을 공개해도 위해가 없게 되는 환경이 조성되면 물론 이를 공개할 생각이었다. 이 사실은 도산이 체포된 후 심문조서에서 다음과 같이 당당하게 밝힌 데서도 알 수 있다.

(문, 검사) 흥사단의 주의와 목적은 어떠한가?

(답, 도산) 흥사단은 약 27~28년 전 내가 미국에서 조직했던 것이며, 수양단체로서 결성했던 것이다. 다시 말하면 수양을 해서 민족을 개선하려고 한 것이다. 그러나 단순한 민족 개선이 아니고 그 내용은 조선민족의 인구증산, 부력증진, 지위향상, 조선독립 기타 일체의 행복과 번영 등 다섯 가지 목적으로 조직했지만 1919년경부터는 단체의 목적이 조선독립을 최고 유일의 것으로 삼았던 것이다. 그 후 단군 연호 4246년 (1929년) 2월 모든 흥사단원에 대하여 흥사단이 조선의 국권을 회복하기 위한 혁명단체임을 선언했기에 흥사단은 조선독립을 목적으로 한 혁명단체로 된 것이다.

(문) 이 선포문을 발표하기 이전에도 흥사단원에 대하여 흥사단이 조선독

립의 기초 공작을 목적으로 한다는 것을 인식시킨 일은 없는가?

(답) 방금 선포문을 읽어 주기에 기억이 난다. 그 선포문에 기재한 대로 흥사단은 수양단체가 아니라 조선독립을 목적으로 한 단체였으므로 입단문답을 할 때 반드시 조선독립을 목적으로 한 혁명투사 양성의 단체임을 인식시켰던 것이다.

(문) 약법에는 조선독립의 단체임을 명기하지 않고 있지 않은가?

(답) 약법은 추상적이기 때문에 입단문서 또는 전술한 바와 같은 선포문을 발표하여 혁명단체임을 인식시키고 있었다.

또한, 뒤의 일이지만, 1931년 '흥사단 원동위원부'에서 노선의 해석을 두고 갈등이 일어났을 때, 도산이 흥사단 원동위원부에 보낸 다음의 10개항 지시에서 이를 참조 확인할 수 있다.

〈도산의 지시 10개항〉

① 우리 한국의 혁명을 위해서 단연코 희생이 될 것을 결심하고 혁명공작을 착수합시다.

② 혁명대당을 조직하기 위해 다 같이 노력합시다.

③ 본단은 혁명전선의 유력한 한 지엽대支葉隊로서 부문운동에 전력을 다하여 혁명을 적극적으로 힘써 도웁시다.

④ 혁명을 위해 각각 성심으로서 의견을 토론할지라도 감정적 싸움은 하지 말도록 노력합시다.

⑤ 본단의 개혁과 사업 진행 방침 등의 토론 중 한때의 의견불일치로 인하여 탈퇴하거나 단체 생활에 부적당한 태도는 버리기로 합시다.

⑥ 단에 대한 의무도 종전보다 더 절실하게 이행합시다. 이것이 우리 단을 부흥하게 하는 최대 조건입니다.

⑦ 의무 이행의 게으름을 바로잡고, 단에서는 아무것도 하는 일이 없다고 말하며 냉평冷評만을 일삼는 버릇을 바로잡읍시다.

⑧ 동지와 동지 사이에 서로 사랑하는 정의를 전보다 더욱 두텁게 합시다.

⑨ 본단 기관을 급작스럽게 확장하려 하지 말고 각자 힘을 다하여 현 상
태를 유지해 나갑시다. 한 사람의 사무원으로 사무를 맡아 보게 하는
것이 충분치 못하다는 것은 사실이지만, 이것을 잘 유지하지 않고서는
앞으로의 확장은 할 수 없습니다.
⑩ 어떤 단체, 어떤 개인을 불문하고 우리 동족끼리는 절대로 감정적 싸
움, 반항적 행동, 무례한 대우 등은 하지 말고 오로지 겸손, 사랑, 동정,
유화로써 상대하는 데 절실히 노력합시다.**2**

흥사단의 목적과 이념은 '조국광복'과 '새 민주공화국 건설'이었으며,
흥사단은 이러한 '민족혁명'을 수행할 '혁명전사의 양성기관'이었고, 양
성과정에서 혁명전사의 인격적 덕목은 '무실' '역행' '충의' '용감'이었다
고 필자는 해석한다.

2. '흥사단기興士團旗'의 새 해석

도산은 흥사단의 이념을 표상하는 '흥사단기', '흥사단깃발'을 스스로
도안하여 사용하였다(사진 34 참조).**3**
도산의 '흥사단기'의 뜻을 음미해 보면 그가 참으로 사려 깊고 명석
하며 탁월한 두뇌를 가진 인물이었음을 확인하게 된다.
첫째, 도산의 '흥사단기'는 한문자의 '사士'(정예, 선비, 엘리트) 자를

---

2 《도산 안창호 자료집》 제1권, 254~255쪽.
3 《도산안창호전집》 제14권, 189쪽 참조.

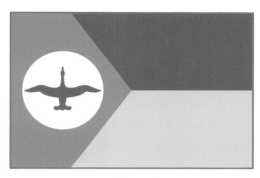

사진 34 도산이 고안한 흥사단기

표상화한 '나는 새'(기러기)를 '흰'〔白〕 색 '원'에 담고 청(靑: 파랑)·홍(紅: 빨강)·황(黃: 노랑)의 바탕색을 조합한 4색四色기이다.

도산이 백·청·홍·황의 4색을 취한 것은, 한국민족이 사랑해 온 4색과 전통 '태극기'(太極旗: 3태극기: 태극부채 참조)의 4색을 취한 것이라고 필자는 본다. 도산은 깃발의 색채에서부터 한국인이 사랑해 온 4색과 전통 태극기 색깔을 취하여 흥사단이 한국민족의 단체임을 표현한 것으로 해석된다.

둘째, 도산은 스스로 밝힌 바와 같이 전통적 4색에 흥사단의 이념과 의미를 스스로 다음과 같이 부여하였다.

> 황색 ··· 무실務實
> 적색 ··· 역행力行
> 백색 ··· 충의忠義
> 청색 ··· 용감勇敢

'백색'에 '충의'의 뜻을 부여한 사실도 주목할 필요가 있다. 한국민족은 '백의민족'으로 불릴 만큼 '백색'은 한국민족을 상징해 왔으므로, 백

색=충의는 곧 "한국민족에 대한 충의"를 표현한 것으로 볼 수 있다.

셋째, 도산의 흥사단 깃발에서 특히 주목해야 할 특징은 왼편 "백색 원 안에 그려진 '새'의 그림"이다. 백색 원은 흰색으로 '백의민족'인 '한국민족'의 상징이며, '태양'(해)의 상징이다. 이 백색원(한국민족, 태양) 안에 흥사(士)단의 "선비 '士'(사)자"를 "하늘을 나는 '새'로" 표현해서 '흥사단'을 표현하였다. '새'는 '기러기'로 해석되고 있는데, 기러기는 "선도자에 따라 질서 있고 지혜롭게 하늘을 원거리에도 나는 새"이다. 기러기를 포함한 '새'는 원래 한국민족과 고조선 및 그 후예들의 토템이었다.[4] 그리고 "백색 '원' 전체"를 청색 바탕 안에 넣었다. 청색은 '하늘색'이면서 '용감'의 상징이다. 청색 하늘과 백색 태양, 한국민족과 하늘을 나는 새(흥사단)가 하나로 조화되어 있다.

흥사단의 깃발의 뜻은 흥사단이 무실·역행하여 앞장서서 한국 민족과 조국의 광복을 용감하게 싸워 쟁취하는 민족혁명단체임을 상징한 것으로 해석된다. 흥사단기는 도산이 고안한 '걸작'이라고 필자는 생각한다.

3. 흥사단의 조직

흥사단은 청년학우회처럼 합법 공개단체였고, 신민회 같은 비밀결사가 아니었다. 그러나 실제로는 일본 제국주의를 물리치고 조국광복과 민

---

4 신용하, ① 《고조선 국가형성의 사회사》, 지식산업사, 2010, 258~264쪽; ② 《한국 민족의 기원과 형성 연구》, 서울대학교출판문화원, 2017, 52~55쪽; ③ 《고조선문명의 사회사》, 지식산업사, 2018, 68~72쪽 및 470~476쪽 참조.

족대흥을 목적으로 한 민족혁명 청년단체였기 때문에 비밀결사 신민회처럼 조직을 단순하면서도 엄격하게 만들려고 하였다.

홍사단 조직은 본부에 위원장(단장)을 두고, 전 세계 한인사회에 조직할 것을 전제로, 각 지역(지방)에는 '지역위원부'를 두도록 하였다.

본부와 각 지역위원부의 내부 조직은 3권분립의 민주적 방식으로 ① 의사회(議事會: 의결기구) ② 이사회(理事會: 집행기구) ③ 심사회(審査會: 심의감독 기구)의 3부를 두도록 하였다. 집행부인 이사회 안에는 다시 직능별 부서를 두었다. 이를 그림으로 그려보면 〈사진 35〉와 같다.

또한 도산은 홍사단 조직생활의 수련과 단결의 원칙을 제도화하였다. 신민회 조직 시기의 경험과 지식을 참조하고 수정하여 엄격하게 단원의 수련과 단결을 도모하였다. 단원은 모두 '단우'團友로 부르도록 하고, 단우는 ① 예비단우 ② 통상단우 ③ 특별단우를 두도록 하였다.

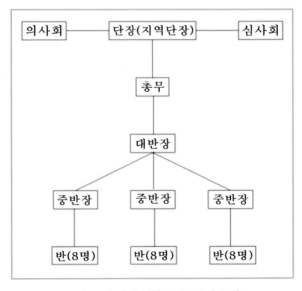

사진 35 홍사단 집행부(이사회)의 조직

입단을 지원하는 사람은 엄격한 심사와 '문답교육'을 실시하여 먼저 ① '예비단우'로 입단시키고, 6개월 이상 단우 생활을 거쳐 다시 '문답식 교육'과 서약례誓約禮를 거쳐 합격한 사람을 ② '통상단우'로 하며, 이 과정이 불필요한 특별한 경우를 '특별단우'로 하였다.

단우의 조직은 8명을 1개반班으로 하여 반장을 두고, 3개 반을 1개 중반中班으로, 다시 3개 중반을 1개 대반大班으로 조직케 하였다. 이것은 신민회 때의 반班조직보다 기본단위 인명수만 약간 증가시켰지 동일한 방식이었다.

단우끼리는 원칙적으로 '군'君이라고 상호 명칭하고, 인사는 '거수'(舉手, 손을 드는 인사)와 '악수'를 겸용하게 하였다.

신입단원의 입단에는 '흥사단 약법'을 익힌 뒤, 흥사단의 이념과 독립운동 및 인격수양의 각오를 다짐하는 내용의 입단 문답을 거쳤다.[5]

'입단 문답'에 합격하면 황색(무실)·적색(역행)의 좌우 어깨띠와 백색(충의)·청색(용감)의 허리띠를 두르고 거수하여 입단 '서약誓約'을 하였다. "나는 죽는 날까지 흥사단의 정신을 지키며 이 단대團帶를 벗지 않겠다"는 약속이었다.

도산은 입단식에서 "우리 무리가 수천·수만이 되어 이 띠를 띠고 대회 때에는 수백 개의 천막촌을 세워 한자리에 모일 것이오, 큰 도시에서 행진을 하여 우리의 기세를 보이게 되면 우리의 구국운동은 크게 발전될 것이라."고 항상 말했다고 전해진다. 도산이 흥사단 조직의 원대한 발전을 생각했음을 확인할 수 있다.

---

5 이광수의 《도산 안창호》, 174~229쪽에는 흥사단 가입 때의 도산과의 《일문일답》의 내용이 길게 수록되어 있다. 이광수와 주요한은 상해 시절(1919~1920)에 흥사단에 가입했다가 변절한 후 《일문일답》을 썼다. 그러므로 인격수양에 관한 것은 여기에 모두 포함되어 있고, 독립운동 부분만 여기에서 누락되어 있다고 보면 틀림없을 것이다.

4. 흥사단의 창단

도산은 1911년 9월 미주에 온 직후부터 흥사단의 창단을 위한 준비를 하상옥·정도원·강영소姜永韶 등 동지들과 비공개리에 신중히 논의하고 접촉하고 검토하다가, 1913년 5월 13일 샌프란시스코의 강영소의 집에서 도산 안창호, 하상옥, 강영소, 정원도鄭源道·양주은 등 6명이 모여서 '흥사단'을 발기하였다.

이때 도산이 주장하여 발기위원들은 다음과 같이 각 도별 창립위원을 선임하였다.

> 경기도 ··· 홍언洪焉
> 강원도 ··· 염만석廉萬石
> 충청도 ··· 미정(후에 조병옥趙炳玉 선임)
> 경상도 ··· 송종익宋鍾翊
> 황해도 ··· 김항작金恒作
> 전라도 ··· 정원도鄭源道
> 평안도 ··· 강영소姜永韶
> 함경도 ··· 김종림金鍾林

창립위원에 구태여 8도 대표를 선임한 것은 다음의 몇 가지 이유 때문이었다고 추정된다.

첫째, 흥사단을 전국적 민족혁명 청년단체로 발전시키기 위한 것이었다. 당시 국내 단체나 해외 이주민이나 모두 실질적 모임들을 출신지방별로 갖는 경우가 많았고 지방색이 강하였다. 이러한 현실 조건 위에서 전민족적 단체를 조직 발전시키기 위해서는, 개인 자질과 능력만 보면 특정지방에 기울 수도 있으므로, 각 도별 대표를 모두 모아 단결시키는

것이 현명한 방책이 될 수 있었다.

둘째, 도산의 측근에 평안도 출신이 상대적으로 다수였으므로, 흥사단도 '평안도 단체'라는 오해를 사전에 철저히 불식시키고 예방하기 위한 것이었다. 도산이 평안도 강서군 출신이었고, 신민회 회원들도 평안도·황해도 등 서북지방 출신이 많았다. 그러므로 이번 흥사단은 사전에 지방 편중에 대한 예방대책을 세울 필요가 있었다고 볼 수 있다.

도산의 이러한 세심한 주의로, 흥사단 발기위원들은 각도 대표로서 홍언, 염만석, 송종익, 김항주, 정원도, 강영소, 김종림 7인을 흥사단 창립위원으로 선임한 것이었다. 그리고 이 발기회의를 창립위원회로 해서 창립위원장으로 경기도 대표 홍언을 선임하였다.

도산은 충청도 대표 창립위원의 적임자를 찾지 못하여 발기회의에는 충청도 대표가 참석하지 못하였다. 흥사단 발기 후 도산은 충청도 대표 인물을 찾던 중에 유학생 조병옥의 편지를 받았다. 도산은 조병옥이 유학하고 있는 곳에 일부러 찾아가서 직접 만나 충분한 토론을 해 본 다음 1년 후인 1914년에 조병옥을 충청도 대표 발기인 겸 창립위원으로 선임하여 창립위원회 구성을 마쳤다. 조병옥은 그 후 다음과 같이 회고하였다.

나는 안창호 선생에게 편지를 내고 만나 뵙고 싶다고 했다. 그러나 그 때의 나의 형편으로는 LA까지 갈 여비가 부족했다. 그러던 중 어느 날 LA에 계시던 안창호 선생이 일부러 나를 만나기 위해 내가 있는 우리들리라는 작은 농촌에 오셨다. 안창호 선생은 이 농촌의 어느 작은 호텔에서 3일간 유숙하면서 나에게 흥사단에 입단할 것을 권유했다. 나는 3일간 안창호 선생과 담론하면서 그 인격에 깊은 감명을 느끼지 않을 수 없었다. 체격은 좀 마른 편이었으나 얼굴에는 언제나 위엄과 온화한 빛이 감돌고 있었으며, 입은 굳게 다물어 굳은 의지를 표현하는 듯했다. 그의 빛

나는 눈은 매섭고 날카로운 관찰력과 명석한 두뇌를 지니고 있음을 표현하는 것 같았다. 따라서 항상 몸 가지기를 근엄하게 했으며 자세를 흩트리지 않았던 것을 지금도 기억하고 있다. 그의 음성은 높지도 않고 낮지도 않았지만 명랑하고도 부드러워서 사람을 대할 때에 친밀감을 주었고, 동시에 사람을 대하는 태도가 너그럽고 친절했다.

선생은 성심성의를 다하여 명석한 이론과 정연한 논리와 무거운 어조로써 나에게 흥사단의 입단을 권유했다. 그는 한국의 독립은 지구전이 되지 않을 수 없다고 하면서 일본의 당시의 국제적 지위를 말하고, 따라서 일본의 발언이 국제적으로 커다란 영향을 주고 있는 까닭에 우리 민족은 무엇보다도 실력을 배양하지 않으면 안 된다고 강조하는 것이었다. 우리 민족의 실력을 양성함에 있어서 기술을 배워야 하고, 독립정신이 철저한 인재를 많이 양성해야 한다고 주장하면서, 이러한 인재를 양성하려면 무실역행의 정신 아래 집단적 훈련을 하지 않으면 안 된다고 역설하는 것이었다.

선생은 3일 동안 흥사단의 취지를 설명했는데, 정연한 이론과 열의로써 젊은 나에게 설득함에 감복하여 마침내는 흥사단에 입단하여 충청도 대표로 활약하게 되었던 것이다.[6]

그러므로 흥사단은 1913년 5월 13일 미국 샌프란시스코에서 도산 등 6인이 모여 발기해서, 그해 12월 20일 로스앤젤레스에서 창단되었다고 말할 수 있다.

흥사단은 창단 뒤 직책 책임자를 공식 발표하지 않았고 따라서 문서도 남기지 않았다. 그러나 그 뒤의 사업 추진과정에서 나타나는 것으로 보면, 창립 직후 위원장(단장)은 도산 안창호였고, 본부 총무는 처음에는 홍언, 다음에는 송종익이 맡았음을 확인할 수 있다.

흥사단은 발기와 창단 후 단원(단우)을 늘일려고 상당히 노력한 흔적

---

6 《도산 안창호 전집》 제11권, 107~108쪽.

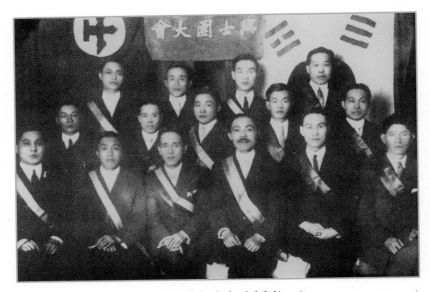

사진 36 홍사단 제4차 연례대회(1916)
(1열 왼쪽부터 하상옥·양주은·홍언·안창호·황사선·염만석, 2열 왼쪽부터 김계선·이인신·김종림·
김병구·김옥균, 3열 왼쪽부터 강영소·정원도·황사용·신달윤)

이 보인다. 그러나 도산이 노력하면서 희망했던 것 같은 대폭 입단은
어려웠다. 그 이유로는 다음의 요인을 들 수 있을 것이다.

첫째, 일제 탄압을 배제하기 위해 단원을 해외동포에서만 구했기 때
문에 인구 모집단의 크기가 처음부터 너무 적었다. 당시 재미 동포는
수천 명에 지나지 않았고 그중에서도 홍사단 단원이 될 수 있는 청년
층은 수백 명에 불과했으니, 인구 모집단의 측면에서 홍사단의 해외여
건은 그전 신민회의 국내여건과는 비교가 안되게 처음부터 규모가 작은
것이었다.

둘째, 홍사단 단원이 될 수 있는 해외동포 청년들은 고학생이 많았
고, 해외동포 가족들은 생계가 어려워 직장과 사업에서 생존유지에 허
덕이고 있었다. 이러한 여건에서는 홍사단의 국권회복 쟁취의 혁명사업

은 아무리 뜻이 있다고 할지라도 그 단체에 가입해 활동하는 것이 쉬운 일은 아니었다.

셋째, 흥사단은 합법적 공개단체였지만 실제로는 거의 비밀결사와 다름없는 준準비공개 결사였기 때문에 가입자격과 심사가 매우 엄격하였다. 그러므로 이 심사에 통과할 수 있는 해외 거주 청년을 구하기가 참으로 어려웠다.

이러한 여건에서 흥사단의 북미지역 회원수는 1918년 무렵에 통상단우 76명, 예비단우 21명, 특별단우 21명 등 모두 116명의 단우를 확보하였다.[7]

이것은 많은 숫자는 아니었다. 그러나 목숨을 걸고 국권회복과 새 민주공화국 건설의 투쟁에 일생 나서기로 서약하는 민족혁명전사의 엄격한 자격 심사 통과조건을 고려하면 이것은 결코 적은 수는 아니었다고 할 수 있다.

흥사단은 창단 후 신입단우들에 대한 엄격한 수련을 실행하였다. '입단문답'에서 대강을 익힌 흥사단의 목적과 이념을 더욱 투철하게 인식케 하고, '지육', '덕육', '체육'의 교육 원리에 따라 '동맹수련'을 시켰다.

'지육'은 '동맹독서'라 하여 반장과 의논하여 매주 일정량의 독서를 하도록 하였다. 서적의 종류는 지정하지 않고 매주 반장의 지도를 받도록 하였다.

'덕육'은 '신성단결'이라 하여 단우들끼리 철저한 '단결'을 무엇보다도 우선하는 큰 덕목으로 교육하였다. 단우들끼리는 절대로 서로 비방하는 일이 없도록 하고, '정의돈수情誼敦修'라 하여 정의를 돈독히 쌓으면서

---

7 이태복, 《도산 안창호 평전》, 232~233쪽 참조; 《도산 안창호전집》 제7권, 〈흥사단 성적표 1919년〉, 438~448쪽.

서로 돕는 관습을 수련시켰다.

'체육'은 반장과 의논하여 매주 일정량의 체력증진 운동을 하고, '동맹금주'를 권장하여 과음을 삼가서 건강을 증진하도록 하였다.

또한 '동맹저금'이라 하여 수입 가운데 일정 소액을 공동 저축케 해서 경조사에 '축하금' '조위금'을 보내 상부상조케 하였다.

이러한 수련 실시는 각 반의 사정에 따라 매주 또는 매월 회의를 열고 반장에게 보고되었으며, 흥사단 단원의 독립혁명정신과 건전한 인격과 지식을 크게 향상시켰다.

5. 북미실업주식회사의 설립 지도

도산은 흥사단 창립에 이어서 흥사단 단원을 중심으로 한 흥사단의 자매 실업회사로서 '북미실업주식회사北美實業株式會社'의 설립을 지도하였다.

도산은 재미 동포들이 자본주의 체제의 미국사회에서 빈곤에서 벗어나 크게 발전하고 한국독립운동의 기반의 하나가 되기 위해서는 동포들이 주식자금을 모아 반드시 경제적 실력을 가진 실업회사를 설립해서 발전시켜야 한다고 주장하였다. 도산은 동지들과 함께 1916년에 약 2만 불의 주식자금을 모아 정식으로 '북미실업주식회사'를 설립하였다.

도산은 대한인국민회 사업과 국권광복을 위한 흥사단 사업을 수행해야 하므로 '북미실업회사'의 임원에 들어가지 않고 설립 추진과 지도만 하였다. 실업회사 설립 총회에서는 임원으로 사장에 임준기, 총무에 송

종익, 재무에 정봉규가 선출되었다.[8]

북미실업회사는 1918년에는 주식자금이 5만여 달러로 증가하는 등 순조롭게 발전하기 시작하였다.

도산은 처음부터 끝까지 북미실업회사는 동지들에게 맡기고, 도산 자신은 독립운동에 전념할 계획이었다. 뒤의 일이지만 북미실업회사도 잘 안 되고 1925년 도산이 상해에서 일시 미국에 와서 독립운동자금 모금에 어려움을 겪고 있을 때, 도산의 탁월한 능력과 성실성을 보고 사업에도 대성공을 하리라고 확신한 서재필이 찾아온 도산에게 직접 사업을 맡아 할 것을 시사한 일이 있다. 이때 도산은 단호하게 거부하고 자신은 독립운동에 전념해야 한다고 대답하였다.[9]

도산이 미주에서 '국민회' 및 '흥사단' 사업과 '북미실업회사' 설립에 열중하고 있을 때, 제1차 세계대전이 1918년 11월 11일 종전되어 1919년 1월 18일부터 파리에서 평화회의가 열리게 되었다. 윌슨 미국 대통령이 '민족자결주의'를 거론했기 때문에 일부 약소민족들은 이 회의에 민족대표를 보내려고 준비하였다. 한국민족은 상해 신한청년당新韓青年黨의 여운형呂運亨 등이 중심이 되어 김규식金奎植을 대표로 파리에 파견하였다. 미주에서도 민찬호閔讚鎬, 이승만李承晩 등이 국민회 대표로 파리평화회의에 참가하려고 미국에 여권을 신청하였다.

도산은 파리평화회의에 별로 기대를 걸지 않았다. 그 이유는 일본이 미국과 함께 승전국인 협상국의 일원이었기 때문에, 승전국(일본)의 식민지에는 윌슨의 민족자결주의가 적용되지 않을 것이고, 미국도 세계대전의 동맹국인 일본의 반대를 무릅쓰고 한국 독립운동을 돕지는 않을

---

8 곽림대, 《안도산》(직해) ; 《도산안창호전집》 제11권, 640~641쪽 참조.

9 서재필, 〈Random Thought in English〉(1933), 《도산 안창호전집》 제13권, 250~251쪽 참조.

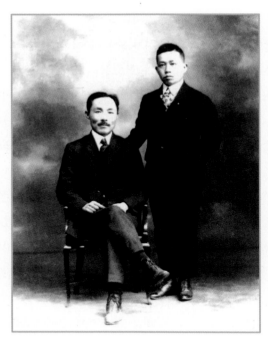

사진 37 도산과 황진남

것이라고 판단했기 때문이었다.

도산은 한국의 독립은 한국민족의 역량을 양성하여 자력으로 쟁취할 때 성공할 수 있다고 판단하고, 이때 '국민회' 대표로 파리에 도항할 생각은 아예 하지 않았다. 그러나 민찬호, 이승만 등이 국민회 파견특사로 파리로 도항하기를 희망하여 신청하자, 이것은 미국이 협조하여 여권만 내어 주면 유익한 일이므로 승인하고 협조해 주었다. 그러나 미국 정부는 역시 이들에게 파리행 여권을 발급해 주지 않았다.

도산은 그러나 1919년 3·1운동에는 큰 충격과 감동을 받았다. 1919년 3월 9일자로 목사 현순의 전보가 도착했는데, 본국에서 독립선언과 독립만세 시위운동이 일어났다는 것이었다. 현순은 3·1운동의 국내 민족

대표들이 '독립선언서'를 파리강화회의와 미국 대통령에게 전달하도록 상해에 파견한 목사이므로, 임시정부 수립계획 소식까지도 연이어 도산에게 전보해서 즉각 상해로 오도록 불렀다.

거듭 쓰거니와, 도산은 국내 한국 민중의 3·1운동에 감격하고 경탄하였다. 그는 3·1운동에 호응하여 긴급하게 1919년 3월 13일 대한인국민회 중앙총회를 소집해서, "독립운동에 재주와 힘을 다하고 생명을 희생하여 죽을 때까지 용감하게 나아가자"고 연설하였다. 도산은 3·1운동을 힘껏 지지 성원했으며, 회원동지들과 더불어 한국독립을 결의 선언하는 대한인국민회 중앙총회의 '결의문'과 '포고령'을 세계에 발표하였다.

도산은 대한인국민회 중앙총회의 한국독립 결의문과 포고령을 발표한 직후, 상해의 동지들의 부름에 응하였다. 도산은 대한인국민회 북미지방 총회장으로서 국민회 특파원 자격으로 1919년 4월 5일 유학생 황진남黃鎭南과 정인과鄭仁果를 대동하고 상해를 향해 샌프란시스코를 출발하였다.

제12장

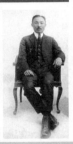

상해 임시정부 내무총장 겸
국무총리 대리 시기의 활동

I. 도산의 상해 도착과 3개 임시정부

1) 도산의 상해 도착과 상해 독립운동의 사정

도산은 일제 밀정의 위해를 피해 이번에는 일본 요코하마를 거치지 않고 샌프란시스코→호주→필리핀→홍콩을 경유해서 1919년 5월 25일 상해에 도착하였다. 1919년 4월 5일 샌프란시스코를 출항해서 50일이나 걸린 긴 여정이었다. 도산은 긴 항해에 극도로 지치고 건강도 나빠져 있었다.

도산이 상해에 도착했을 때에는 이미 상해 임시정부가 4월 11일 수립되어, 도산 안창호는 내무총장으로 선임되어 있었다.

도산이 상해에 도착하자 주로 신한청년당 당원들인 상해 임시정부 차장들이 나서서 도산을 열렬히 환영하였다. 그러나 정작 임시정부 총장들은 아직 다 상해에 모이지도 않았고, 상해에 와 있던 일부 총장들도 세 곳에서 3개의 임시정부가 세워졌으므로 당황하여 사표를 내고 집무를 하지 않고 있었다. 도산에게 전보를 친 현순玄楯이 내방하여 상해 임시정부의 사정을 자세히 들었다.

문제는 심각하였다. 우선 1919년 4월 11일 상해 대한민국 임시정부가 수립되었으나, 임시정부 수립과 각료들, 의정원 의원 명단만 발표했지, 행정요원, 사무소, 집기, 경비 아무것도 아직 준비가 되어 있지 않았다. 다음은 3·1운동의 결과로 임시정부가 상해에 하나만 수립된 것이 아니라, 3월 21일 러시아령 블라디보스토크에서 대한국민의회가 임서정부를

먼저 출범시켰으며, 그 후 4월 23일에는 서울에서 상해 임시정부와는 전혀 다른 '한성정부' 수립안을 작성하여 현순에게 보내어 온 것이었다.

도산은 대한국민의회 임시정부에서도 상해와 같이 내무총장으로 선임되어 있었다. 그러나 한성정부 수립안에서는 '노동국 총판'으로 지명되어 있었다. 이 3개 정부를 통합해야 할 것인데 이승만과 안창호만 3개 정부에 다 들어 있지 3개 정부마다 각료 구성 명단이 달라서 실제로 집무를 실행하기 어렵게 되었다는 것이었다.

신한청년당 계통 차장들은 3·1운동에도 큰 공로를 세웠으므로, 상해의 '대한민국 임시정부' 중심으로 밀고 나가자고 주장하고 있었다. 한편 러시아령 국민의회 임시정부는 통합을 주장하면서 원세훈을 상해에 보내어 동포들이 다수 거주하는 블라디보스토크나 북간도에 임시정부를 두자고 주장하고 있었다.

상해 임시정부와 연해주 임시정부에서 국무총리로 지명된 이승만은 한성 임시정부의 '집정관총재'를 'President(대통령)'로 번역하여 미국에서 스스로 자기가 한국 임시정부 '대통령임'을 내세우고 있었다. 여운형 등 신한청년당의 요청으로 상해에 와서 상해 임시정부의 의정원 의장에 선출된 이동녕과 재무총장 이시영은 도산의 상해 도착 직전에 사임을 선언하고 각각 항주와 북경으로 떠나 버렸다.

상해 임시정부의 6부 총장과 의정원 의장은 모두 취임하지 않거나 비어 있고, 주로 신한청년당 당원들인 상해 임시정부 차장들만 의정원 의원을 겸직하면서 이름만의 상해 임시정부를 지키고 있었다. 이러한 상태에서 임시정부 수립의 본국과의 연락을 맡은 현순은 이 난국을 타개해 줄 인물로 도산을 기다리고 있었다.

도산은 상해의 형편을 보고 처음 어이가 없었다. 3·1운동의 성과로 한국민족 임시정부 수립을 국제사회에 널리 알려 놓고, 3개 임시정부가

난립하여 통합되지 않으면 세계 각국은 한국민족을 독립자격이 없는 민족으로 평가하지 않을까? 세계와 일제가 한국민을 얼마나 업신여기겠는가? 도산은 이것부터 매우 염려되었다.

어떠한 난국에도 낙망을 극복하는 도산은 즉각 대원칙을 먼저 정하였다. 그것은 "어떠한 어려움이 닥쳐도 임시정부는 1개로 통합·통일되어야 한다"는 것이었다. 그리고 심사숙고 끝에 2개의 안을 구상하였다. 그 하나는 현재 각각 성립된 3개 임시정부를 실질적으로 통합·통일하여 상해에 두고 전 세계 한국 독립운동을 지휘하는 안이었다. 이것이 성취되지 않으면 차선으로 '3두체제'를 만드는 것이었다. 현재의 독립운동세력의 세계적 분산 분포를 수용하여 러시아령과 북간도 지역을 대표하는 대표자 1인과 중국 상해·북경 등 지역을 대표하는 대표자 1인과 미국·하와이 등지를 대표하는 대표자 1인 등 3인의 선출을 받아 3인이 상해 등지(또는 어느 한 지역)에서 임시정부를 조직하고 합동 지휘하는 안이었다.

도산은 먼저 3개 임시정부를 하나로 통합·통일하는 안을 추진하려고 하였다. 이 과정을 3개 임시정부 수립 및 특징과 관련지어 약간 더 설명하면 다음과 같다.[1]

2) 러시아령 연해주 대한국민의회의 임시정부

3·1독립운동의 결과로 가장 먼저 수립한 임시정부는 1919년 3월 21일 러시아령 연해주 블라디보스토크에 세워진 대한국민의회大韓國民議會의 임시정부였다.

---

[1] 신용하, 〈대한민국 임시정부의 수립활동과 그 역사적 의의〉, 《개정증보판 한국민족운동사연구》, 일조각, 2017, 429~501쪽 참조.

1919년 3월 1일 본국에서 3·1독립선언과 독립만세 시위운동이 봉기했다는 소식은 즉각 러시아령 한인들에게 전달되었다. 국내의 3·1운동에 호응하여 1919년 3월 17일 연해주 블라디보스토크에서 대한국민의회가 소집 개최되었다. 이 대회에서는 독립선언서를 반포하고, 독립만세시위 시가행진을 단행하였다. 그들은 3월 21일 다시 모여 한국의 독립, 국민의회 임시정부의 승인, 여의치 않을 때에는 일본과의 혈전을 전개할 것이라는 5개 항의 결의문과[2] 다음과 같은 국민의회의 임시정부 각료 명단을 발표하였다.[3] 도산은 이 대한국민의회 임시정부에서 내무총장에 선임되어 있었다.

대통령	손병희孫秉熙
부통령	박영효朴泳孝
국무총리	이승만李承晩
군무(및 선전)총장	이동휘李東輝
탁지총장	윤현진尹顯振
*내무총장	안창호安昌浩
산업총장	남형우南亨祐
참모총장	류동열柳東說
강화대사	김규식金奎植

러시아령에서 수립된 대한국민의회 임시정부의 특징은 소비에트 체제를 참고하여 국민의회가 입법, 행정, 사법을 모두 관장하도록 하고, 그

2 김병조, 《한국독립운동사략》, 1922, 55~60쪽.
3 김원용, 《재미한인 50년사》, 452쪽; ② 반병률, 〈대한국민의회의 성립과 조직〉, 《한국학보》 제46집, 1987; 〈대한국민의회와 상해임시정부의 통합정부 수립운동〉, 《한국민족운동사연구》 제2집, 1988 및 〈이동휘와 3·1운동기 민족운동〉, 《한국학논집》 제31집, 1997 참조.

안의 행정부를 임시정부로 설정한 것이었다. 또한 국민의회 임시정부 각료 선임의 특징을 보면, 대통령에는 3·1운동을 계승하는 임시정부의 정통성을 확립하고자 3·1독립선언 대표 손병희를 추대하고, 부통령에는 국내와의 연락관계를 고려하여 박영효를 추대하였다. 그러나 손병희는 감옥에 있었고, 박영효는 국내에 있었으므로 모두 명예직에 불과하였다.

국무총리에 이승만과 내무총장에 안창호를 선임한 것은 이승만, 안창호의 명성과 미주 독립운동과의 관련을 매우 중시한 것이었다. 강화대사에 김규식을 선임한 것은 이미 상해 신한청년당에서 파견한 기정사실을 임시정부 대표로 추인한 것이었다.

그러므로 대한국민의회 임시정부 각료구성은, 실질적으로는 군무(및 선전)총장 이동휘, 탁지총장 윤현진, 산업총장 남형우, 참모총장 유동열 등 러시아령 연해주 지방에 체류하고 있던 독립운동가들이 주도하도록 되어 있었다. 이들은 모두 도산 안창호의 옛 신민회 간부동지들이었다.

도산은 3·1운동 후 첫 번째 임시정부인 대한국민의회 임시정부에서도 매우 중요한 중심인물로 추대되어 '내무총장'에 선임되어 있었다.

3) 상해 대한민국 임시정부의 수립

3·1운동 후 두 번째로 수립된 상해 대한민국 임시정부는, 신한청년당과 그의 초청으로 러시아령 연해주와 북간도에서 상해로 모인 29인의 독립운동가들이 서울의 3·1운동 추진세력과 접촉해 가면서 수립한 임시정부였다.

신한청년당의 여운형呂運亨이 1919년 2월 북간도와 러시아령 연해주로 가서 독립운동의 본부를 상해에 설치하고자 상해에 모일 것을 요청하자, 이동녕李東寧 등은 이에 호응하여 상해에 집결할 것을 약속하였

다.[4] 또한 서울의 3·1운동 기획자들은 파리강화회의 각국 대표와 미국의 월슨 대통령에게 보내는 독립청원서를 상해에 미리 가 있는 목사 현순玄楯에게 책임지고 전하도록 하였다. 이에 신한청년당의 청년 독립운동가들은 상해 프랑스 조계租界 보창로寶昌路 329호에 '독립사무소'를 설치하고 현순을 총무로 하여 서울에서 보내온 독립선언서와 각종 문서를 세계에 배포하였다.[5] 서울에서는 1919년 3월 하순에 다시 이봉수李鳳洙를 상해에 파견하여 임시정부 수립의 필요성을 강조하였고, 4월 8일에는 다시 강대현姜大鉉을 상해에 파견하여 서울에서 구상하는 임시정부 각료 구성을 알리었다.[6]

이러한 여건에서 각지에 파견되었던 신한청년당 대표들과 연해주, 서북간도, 북경 등지의 저명한 독립운동가들 일부가 상해에 모이자, 1919년 4월 10일 저녁 한국독립운동 지도자 29인이 모여 이를 의정원 제1차 회의로 하기로 정하고, 밤새도록 회의를 진행하여 마침내 4월 11일 새벽에 상해의 대한민국 임시정부를 수립하는 데 성공하였다.[7]

상해 임시정부는 국호를 '대한민국'으로 결정하고, '헌법'에 해당하는 〈대한민국 임시헌장〉(10개조)을 제정하여 민주공화제를 채택하였다. 정부조직은 입법부로 '임시의정원'을 두고, 행정부로서는 '국무원'을 두며, 사법부는 복국을 완성할 때까지 생략하여 미루어 두기로 하였다. 처음에는 내각책임제를 채택하여 의회가 행정부를 지배하는 의회민주체제를 적용해서 행정부(국무원)의 수반은 대통령을 두지 않고 '국무총리'를 두

4 이만규, 《여운형선생투쟁사》, 1946, 25쪽 참조.
5 박은식, 《한국독립운동지혈사》, 《박은식전서》, 상권 참조.
6 신용하, 〈대한민국 임시정부의 수립과 활동의 역사적 의의〉, 《개정증보판 한국근대민족운동사연구》, 일조각, 2017, 429~501쪽 참조.
7 《한국독립운동사자료》 제2권, 386쪽 참조.

었다.[8] 4월 10일~11일 새벽에 '의정원'에서 선출된 임시정부의 각료 명단과 4월 14일 차장제를 폐지하고 위원제를 채택한 후의 위원 명단은 다음과 같았다.[9]

표 3 의정원(4월 10일~11일 구성) 의원 명단

의정원	이동녕李東寧
부의장	손정도孫貞道
서기(의원)	이광수李光洙, 백남칠白南七
의원	현순玄楯, 신익희申翼熙, 조성환曺成煥, 이광李光, 최근우崔謹愚, 조소앙趙素昻, 김대지金大地, 남형우南亨祐, 이회영李會榮, 이시영李始榮, 조완구趙琬九, 신채호申采浩, 김철金澈, 한진교韓鎭敎, 진희창秦熙昌, 신철申鐵, 이한근李漢根, 신석우申錫雨, 조동진趙東珍, 조동호趙東祜, 여운형呂運亨, 여운홍呂運弘, 현창운玄彰運, 김동삼金東三

상해 임시정부는 1919년 4월 13일 세계 각국 신문기자들을 초청하여 임시정부 수립을 알리는 기자회견을 가졌다. 또한 4월 13일에는 의정원의 선거구를 국내의 각도와 러시아령, 중국령, 미국령으로 나누어 11개 지방으로 정하고, 지방선거회에서 의원을 투표로 개선하였고, 의장에 손정도를 선출하였다. 또한 4월 23일과 25일에는 '임시의정원법'을 통과시켜서 전원위원회와 상임분과위원회(내무, 외무, 재무, 군무, 교통, 예결, 청원, 징계)와 특별위원회를 구성하여 현대 민주국가의 의회체제를 제대로 갖추었다.

상해 임시정부는 헌법을 제정하고 국호를 '대한민국'이라고 새로이 제정했을 뿐만 아니라 '의정원'(입법부, 국회)과 '국무원'(행정부)을 분립

---

8 양영석, 〈대한민국 임시의정원 연구〉, 《한국독립운동사연구》 제1집, 1987 참조.
9 ① 손세일, 〈대한민국임시정부의 정치지도 체계〉, 《3·1운동 50주년기념논집》, 1969
   ② 이연복, 《대한민국임시정부30년사》, 국학자료원, 1999, 17~21쪽 참조.

표 4 국무원(총장과 차장 및 4월 14일 위원제를 채택한 후의 위원) 명단

국무총리	이승만李承晚
위원	조완구趙琓九, 조소앙趙素昂, 조동호趙東祜, 이춘숙李春塾
*내무총장	안창호安昌浩
차장	신익희申翼熙
위원	신익희申翼熙, 윤현진尹顯振, 서병호徐丙浩, 한위건韓偉建, 조동진趙東珍, 김구金九, 최근우崔謹愚, 김대지金大地, 임승업林承業
외무총장	김규식金奎植
차장	현순玄楯
위원	현순玄楯, 여운형呂運亨, 백남칠白南七, 이광수李光洙, 장건상張健相
재무총장	최재형崔在亨
차장	이춘숙李春塾
위원	김철金澈, 최완崔浣, 김홍서金弘敍, 서성근徐成根, 송세호宋世浩, 구영필具榮佖, 한남수韓南洙
법무총장	이시영李始榮
차장	남형우南亨祐
위원	김응섭金應燮, 한기악韓基岳
군무총장	이동휘李東輝
차장	조성환曺成煥
위원	조성환曺成煥, 김영준金榮濬, 신철申鐵, 박종병朴宗秉, 김충일金忠一
교통총장	신석우(申錫雨; 다음 날 경질), 문창범文昌範
차장	선우혁鮮于爀
위원	양준명梁濬明, 신국권申國權, 이범교李範敎, 고한高漢, 윤원삼尹愿三, 이규정李奎楨, 김갑金甲, 손보형孫普衡, 이봉수李鳳洙, 임현林鉉
국무원비서장	조소앙趙素昂

정비해서 가장 잘 조직되고 체계화된 임시정부였다고 볼 수 있다.

도산은 상해 대한민국 임시정부에서 수석 총장인 '내무총장'에 선임되어 있었던 것이다.

4) 한성 임시정부의 수립운동

이어서 서울에서는 통칭 '한성정부'라고 불렀던 임시정부의 수립이 선포되었다. 이 한성 임시정부의 특징은 3·1운동 때의 전단 신문인 《조

선독립신문》(제2호)에서 제시된 '국민대회'를 거쳐서 수립되었다는 사실에 있었다.

3·1운동세력들 가운데서 일제 관헌의 체포를 모면한 인사들은 3월 상순부터 국민대회를 개최하여 임시정부를 수립하기 위한 연락과 회합을 홍진(洪震; 洪冕熹), 이규갑李奎甲, 한남수, 김사국金思國 등이 중심이 되어 급속히 진전시켰다. 그들의 연락을 받고 1919년 4월 2일 천도교 대표 안상덕安商悳, 기독교 대표 박용희朴用熙, 장붕張鵬, 이규갑, 불교대표 이종욱李鐘旭, 유교대표 김규金奎 및 13도 지방 대표 등 약 20여 명의 각계 대표들이 인천 만국공원 부근 음식점에서 비밀회의를 열고 가까운 시일 안에 서울에서 국민대회를 개최하여 '임시정부 수립'을 국내외에 선포하고 파리평화회의에 임시정부 대표를 파견하기로 결정하였다.[10] 준비위원으로는 한남수, 홍진, 이규갑 등을 선출하였다.[11] 준비위원들은 극비리에 '국민대회취지서', '선포문', '임시정부 약법' 등을 기초하여, 약 1,000장을 목판으로 인쇄하였다. '국민대회' 개최일시와 장소는 1919년 4월 23일 서울 시내 서린동의 중국음식점 봉춘관으로 정하였다.

1919년 4월 23일 전국 13도 대표들은 봉춘관에 극비리에 모여 정식으로 '국민대회'를 개최하고 '국민대표취지서', '선포문', '임시정부 약법'을 채택했으며, 다음과 같이 임시정부의 각료와 평정관을 선출하고, 파리평화회의에 파견할 국민대표를 선정하였다.[12]

---

10 ① 고정휴, 〈세칭 한성정부의 조직주체와 선포경위에 대한 검토〉, 《한국사연구》 제
　　 97집, 1997
　 ② 이현주, 〈3·1운동 직후 '국민대회'와 임시정부 수립운동〉, 《한국근현대사연구》
　　 제6집, 1997 및 〈3·1운동 직후 국내 임시정부 수립운동의 두 유형 -'공화주의'
　　 와 '복벽주의' 운동에 대한 고찰〉, 《인하사학》 제8집, 2000 참조.
11 이규갑, 〈한성임시정부 수립의 전말〉, 《신동아》, 1969년 4월호 참조.
12 《조선독립운동》 제2권 19~20쪽 참조.

표 5 4월 23일 선출된 각료 명단

임시정부 요원	집정관총재	이승만
	국무총리총재	이동휘
	외무부총장	박용만
	내무부총장	이동녕
	차 장	한남수
	재무부총장	이시영
	군무부총장	노백린
	법무부총장	신규식
	학무부총장	김규식
	교통부총장	문창범
	노동국 총판	안창호
	참모총장	류동열
	차 장	이세영
평정관	조완구, 박은식, 현상건, 한남수, 손보형, 신채호, 정양필, 현순, 손정도, 정현식, 김진용, 조성환, 이규풍, 박경종, 박찬익, 이범윤, 이규갑, 윤해	
파리평화회의 국민대표	이승만, 민찬호, 안창호, 박용만, 이동휘, 김규식, 노백린	

또한 이 국민대회에서는 '국체'를 '민주제'로 하고 정체는 '대의제'로 한다는 것을 골자로 한 6개조의 〈약법〉을 채택하여 선언하였다.

도산은 한성 임시정부 안에서는 '노동국 총판'에 지명되어 있었다. 이것은 당시 도산의 독립운동상의 위치에서 매우 부당하게 홀대한 것이었다. 홀대의 이유는 출신 지방 차별설, 신분 차별설 등 여러 가지 해석이 있으나, 어떠한 경우이든지 도산의 신민회 시기의 위대한 업적과 공로에 비추어 볼 때나 도산의 탁월한 지도력에 견주어 볼 때 전적으로 부당한 것이었다.

한성 임시정부를 조직한 '국민대회'의 대표자들은 4월 23일 정오를

기하여 학생과 시민대표를 서울 ① 종로 보신각 앞 ② 서대문 ③ 동대문 ④ 남대문 등 네 곳에 내보내어 태극기를 들고 독립만세를 외침과 동시에 '국민대회·공화만세' 구호를 부르고, 위의 '국민대회취지서', '임시정부 선포문', '임시정부 약법', '임시정부 명령' 등의 전단을 뿌리며 시위운동을 시작하였다. 하지만 출동한 일제 군경에 '진압'당하여 큰 시위로는 발전하지 못하였다.

그러나 이를 통하여 한국 국민과 일제 관헌이 모두 한성 임시정부의 수립을 알게 되었다. 또한 이것은 중요한 사건이므로 세계적 통신사인 UP(United Press) 통신이 이를 보도하여 전 세계가 '한성 임시정부의 수립'과 '국민대회'를 알게 되었다.[13]

도산은 상해의 실태를 파악하면서 5월 26일 그를 위해 환영회를 열어 준 상해 거류 한국인 교민 '친목회'의 환영회에서, 5월 28일에는 한국 '청년단'의 환영회에서 독립운동에 대한 생각을 연설하였다.

도산은 장기간 항해 여행과 쉬지 않는 활동으로 과로가 겹쳐 탈진상태가 되었으므로, 할 수 없이 약 3주일간 상해 적십자병원에 입원하였다. 이 기간에 상해 임시정부의 차장(위원)들은 도산을 방문하여 도산이 하루속히 쾌유하여 수석 총장인 내무총장에 취임하고, 국무총리 이승만이 미주에 있어 착임하지 않았으므로 국무총리 대리로서 상해 대한민국 임시정부를 활성화시켜 달라고 거듭거듭 간청하였다. 그들은 한성 임시정부안은 이미 반영한 것이고, 블라디보스토크 임시정부는 의회이니 상해 임시정부를 중심으로 밀고 나갈 것을 희망하였다. 도산은 앞에서도 기술했듯이 그들에게 반드시 3개 임시정부가 하나로 통합·통일되어야 함을 강조하였다.

---

13 《3·1운동재판기록》, 135~136쪽 참조.

도산은 입원 기간에 3개 임시정부 분립의 극복과 통일의 지난한 과업을 그가 담당·수행해야 할 처지에 있음을 잘 알고 그 방안을 구상한 것으로 보인다. 도산은 임시정부 차장들에게 그의 3개 임시정부의 통합에 동의하여 따를 것을 약속받고, 퇴원하자 1919년 6월 28일 상해 대한민국 임시정부 내무총장 겸 국무총리 대리의 직책에 취임하였다.

2. 상해 임시정부 내무총장 겸 국무총리 대리 활동

1) 임시정부 청사와 집무 개시

도산은 1919년 6월 28일 상해 임시정부 내무총장 겸 국무총리 대리로 정식 취임하게 되자, 바로 미주에서 가져온 2만 5천 달러를 풀어서, 프랑스 조계 마랑로 보강리寶康里에 상당히 큰 셋집을 새로 얻어 처음으로 '임시정부 청사'를 마련하였다. 도산이 프랑스 조계 안에 임시정부 청사를 빌린 것은, 프랑스만이 헌법상 외국 망명정부의 정치활동을 자기 나라 안에서 보장하는 유일한 나라이므로, 세계 어느 곳보다 프랑스 조계가 안전이 더 보장된다고 판단했기 때문이었다.

임시정부 총장들과 의정원 의장이 모두 사표를 내거나 먼 거리에 있어 취임하지 않고 있으므로, 도산은 총장들이 취임할 때까지 당분간 차장들이 각각 차장이면서 총장 대리 역할을 수행하도록 조치하였다.

도산은 임시 각료들과 직원들에게 매일 아침마다 정시에 출근하여 정부 업무를 수행하도록 관리하였다. 시무 때에는 반드시 출근하면 먼

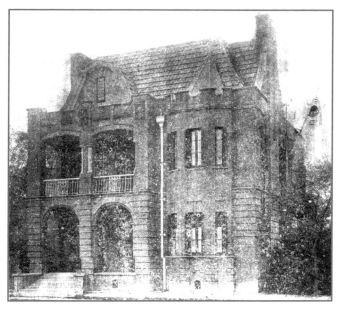

사진 38 상해 임시정부 청사

저 '태극기'(국기)에 대한 경례와, "동해물과 백두산이…"로 시작하는 '애국가'를 제창한 뒤에 집무를 시작하도록 의전 절차를 제도화하였다.

상해 대한민국 임시정부가 처음으로 도산에 의해 실제로 집무와 활동을 시작한 것이다. 이때 도산과 상해 임시정부의 목표는 대한의 '절대독립' '완전독립'이었으며,[14] 세계에 모범적 독립국가 민주공화국을 세우는 것이었다. 도산은 내무총장 겸 국무총리 대리 취임사에서 "우리가 주권을 잃고 사는 것은 죽은 것만 못하기 때문에 최후의 핏방울까지 흘려 찾아야 하며, 우리 운동은 주권만 찾는 것이 아니라 한반도 위에 모범적인 공화국을 세워 이천만이 천연의 복락을 누리게 하는 것이다"[15]

---

14 《독립신문》 1919년 11월 11일자, 〈절대독립 주장〉 참조.
15 안창호, 〈내무총장에 취임하면서〉(1919. 6. 28.), 《도산 안창호전집》 제6권, 80~81쪽.

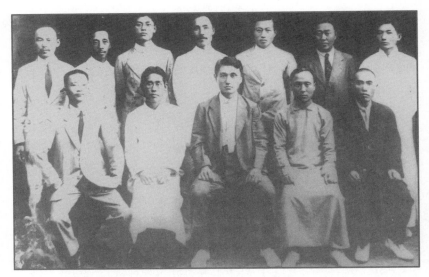

사진 39 사료편찬회 임원들(2열 가운데가 도산)

라고 말하였다.

2) 사료편찬회史料編纂會의 설치와 《한일관계사료집》의 간행

도산은 한국민족의 독립운동이 장기전이므로 역사를 매우 중시하여
반드시 한국역사 편찬기관, 특히 일본 제국주의 침략 및 이에 저항하는
한국민족의 독립투쟁사를 편찬하는 기관을 임시정부 안에 설치해야 한
다고 주장하였다.

도산은 상해 임시정부 내무총장 겸 국무총리 대리로 취임하자, 즉각
1919년 7월 2일 상해 임시정부 안에 우선 '사료편찬회'를 설치하고 총재
에 취임하였다.[16] 주임에는 독립신문사 사장 이광수, 간사에는 김홍서金

---

16 《독립》 1919년 9월 29일자, 〈사료편찬종료〉 참조.

弘敍를 임명하였다.

위원에는 김병조金秉祚, 이원익李元益, 장붕張鵬, 김한金翰, 김두봉金枓奉, 박현환朴賢煥, 김여제金輿濟, 이영근李泳根 등을 선임하였고, 이 밖에 모두 23명의 조역助役들이 활동하였다.

사료편찬회 안에 설치된 한일관계사위원회는 1919년 7월 2일 설치 즉시 활발하게 사료들을 수집하여 1919년 9월 23일 상해에서《한일관계사료집韓日關係史料集》전4책을 편찬하였다. 그들은 우선 국제연맹에 제출할 안건의 참고자료로 이 사료집의 100질을 등사판으로 간행하였다.

《한일관계사료집》(전4책)에서는 우선 한국민족이 오천 년의 긴 역사를 가진 문명민족이며, 독자적 문화를 창조하여 과거에는 일본에게 많은 문화적 혜택을 주었다가 최근에 도리어 일본에게 침략당한 사실을 밝혔다. 이어서 1910년 이후 일제의 한국인에 대한 각종 수탈과 학살을

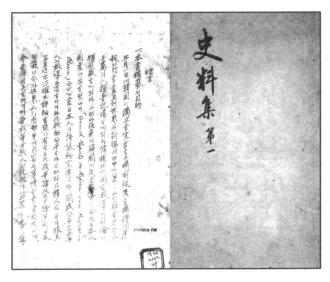

사진 40 한일관계사료집

밝히면서 한국의 국권수호투쟁과 3·1운동 및 임시정부 수립까지 역사를 상세히 설명하였다.

당시 독립운동의 여러 가지 어려운 여건에서 임시정부가 이러한 사료편찬 사업을 수행한 것은, 도산 안창호의 혜안과 장기전 준비가 아니면 해낼 수 없는 독특한 활동이었다.

임시정부는 이 자료집의 일부를 번역하여 국제연맹 및 세계 각국에 홍보하였다. 또한 이 사료집을 자료로 박은식朴殷植은 《한국독립운동지혈사韓國獨立運動之血史》를 저술하였고, 김병조金秉祚는 《한국독립운동사략韓國獨立運動史略》을 저술하여 독립운동을 고취하였다.[17]

3) 대한적십자회大韓赤十字會 창립

도산은 1919년 6월 28일 상해 임시정부 내무총장 겸 국무총리 대리에 취임하자, 누구도 착안하지 못한 또 하나의 사업을 우선적으로 해내었다. 그것은 '독립전쟁'의 준비와 관련하여 즉각 1919년 7월 초순 상해 임시정부 산하에 대한적십자회大韓赤十字會를 창립하여 내무부에 등록시킨 것이다.[18]

대한적십자회 회장에는 이희경李喜儆, 부회장에는 김성겸金聖謙, 이사에는 여운형呂運亨이 선임되었다.[19]

도산은 이때 한국독립운동이 '독립전쟁'을 전개할 경우 우선 부상병 치료 담당 조직으로 '대한적십자회'를 창립한 것이었다. 이와 동시에 도

---

17 《독립》 1919년 10월 14일자, 〈박은식선생의 독립운동사〉 참조.
18 《독립》 1919년 9월 25일자, 〈아적십자회의 출현〉 참조.
19 ① 국사편찬위원회, 《한국독립운동사자료》 제3권, 1973.
   ② 대한적십자사, 《대한적십자사 70년사》, 1977 참조.

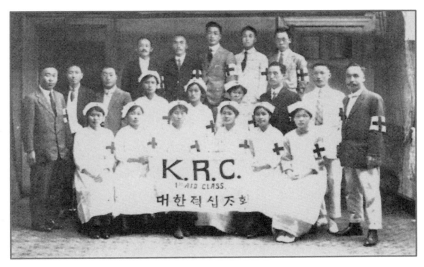

사진 41 대한적십자회 초기 임원들

산은 또한 임시정부가 세계 만국의 조직인 '적십자회' 한국지회를 창립
하여 국제사회에서 실제로 활동하면, 대한민국 임시정부가 침탈당한 대
한제국을 뒤이은 '한국민족'의 독립정부임을 대외적으로 인지시키면서
독립운동의 실제기관으로 활동하게 되므로 대한적십자회가 긴급히 필요
하다고 판단하였다.

대한적십자회는 1919년 10월 15일 총회에서 회장 이희경은 유임하고,
부회장에 안정근安定根, 이사에 서병호徐丙浩, 감사에 옥성빈玉成彬과 김
태연金泰淵을 선임하였다.[20]

대한적십자회는 창립 후 '회원대모집경쟁대회'를 개최하는 등 여러
가지 방법으로 노력하여 크게 발전하였다.[21] 대한적십자회는 1920년 1월

---

20 《독립신문》 1919년 11월 20일자, 〈적십자총회〉 참조.

21 ① 《독립신문》 1919년 11월 27일자, 〈대한적십자회 회원대모집 경쟁회〉
   ② 《독립신문》 1919년 12월 27일자, 〈대한적십자회제1회회원대모집경쟁회성적발표〉
   참조.

말까지 총회원이 1946명에 달했으며, 이 가운데에는 중국인, 영국인, 미국인 회원도 154명에 달하였다.

대한적십자회는 이러한 발전에 기초하여 1920년 1월 31일 상해 프랑스 조계에서 규모는 작지만 '간호원양성소'看護員養成所를 개학하였다. 이것은 독립전쟁에 대비하여 부상병 치료를 위한 준비였다. 개학식에서 도산은 다음과 같이 연설하였다.

> 금일 우리 국민은 만사가 다 창조의 시기에 있으니 금일의 '소小'는 '대大'하여질 소요, '불완전不完全'은 '완전完全'하여질 '불완전'이라. 소하고 불완전한 맹아를 보고 불만해 말며, 비관하지 말라. 전도前途의 무궁한 희망을 보고 충성의 노력으로 용왕매진勇往邁進할 것이라는 것을 전제로 적십자회의 전도를 축하한다.[22]

대한적십자회는 상해뿐만 아니라 한국인이 다수 거주하는 만주 각지, 미주와 러시아령에도 지회를 설치하였다. 대한적십자회는 '독립전쟁'에 대비한 조직이므로 비공개적으로 활동했으며,[23] 임시정부의 방침에 따라 독립운동 선전사업도 담당하였다.[24]

또한 대한적십자회는 1920년 이관용李灌鏞이 스위스에서 열린 세계적십자총회에 참석하여 대한적십자회를 독립국 단체로서 가입시켜 일본적십자회와는 분리해 줄 것을 제안하였고, 이를 반대 방해하는 일본적십자회 대표를 항의규탄하였다.[25]

---

22 《독립신문》 1920년 2월 7일자, 〈적십자간호원양성소의 개학〉 참조.
23 ① 《독립신문》 1919년 10월 25일자, 〈적십자회우부 000에 창립〉
    ② 《독립신문》 1919년 10월 28일자, 〈적십자우회 설립 진보〉 참조.
24 《독립신문》 1920년 5월 1일자, 〈대한적십자회의 현황 및 장래방책의 대략〉 참조.
25 《독립신문》 1921년 2월 17일자, 〈적십자회소문-만국적십자회총회에서 대왜항의서

일제는 대한적십자회를 독립운동단체로 간주하여 탄압하고 간부를 체포하여 투옥하였다. 그러나 대한적십자회는 일제의 온갖 방해를 물리치면서 크게 발전하여 1921년 11월 1일 정기총회에 보고된 회원은 전 세계에 걸쳐 무려 3,439명으로 증가하였다.[26]

뒤의 일이지만, 1921년 11월 25일 도산 안창호는 대한적십자회 회장으로 선출되자 직접 적십자회 독립운동을 지휘하기도 했다. 도산의 선구적 식견으로 매우 일찍 창립된 대한적십자회는 그 후 국제사회에서 매우 큰 성과를 내었다.

4) 《독립》《독립신문》의 발행

도산은 독립운동과 임시정부의 활동에서 신문의 중요성을 잘 알고 있었으므로 내무총장에 취임하자 즉각 《독립신문》을 발행하였다.

처음에는 《우리소식》이라는 제호로 긴급하게 등사판 부정기 신문을 내다가, 이광수가 흥사단에 입단하자 도산은 그의 능력과 문장을 높이 평가하여 이광수를 사장으로 임명하고, 1919년 8월 21일 상해 임시정부의 기관지로 《獨立(독립)》이라는 제호로서 독립신문을 창간하였다.

《독립신문》에서는 주로 이광수(사장), 조동호, 주요한(출판부장), 김여제, 옥관빈, 이영렬(영업부장), 김석황, 김홍서, 최근우 등이 활동했다.[27]

도산은 통합 대한민국 임시정부 수립 성공 후에는 《獨立》의 제호를 1919년 10월 25일 제22호부터 《獨立新聞(독립신문)》으로 바꾸어 통합 대한민국 임시정부의 기관지로 활동하게 하였다.

를 제출〉 참조.

26 《독립신문》 1921년 11월 26일자, 〈대한적십자총회〉 참조.

27 《독립신문》 1920년 5월 1일자, 〈社告〉 참조.

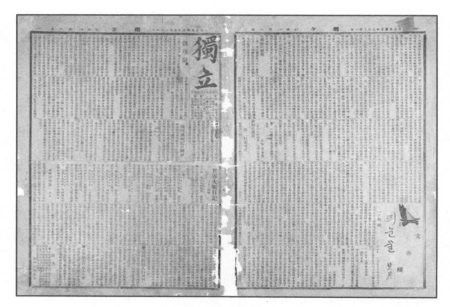

사진 42 《獨立》 창간호

또한 도산은 독립신문사에서 신문뿐만 아니라, 독립운동 관계 서적도 출판하여 언론, 출판의 일을 모두 담당하도록 하였다.

《獨立新聞》은 1924년 1월 1일(제169호)부터 제호를 한글로 《독립신문》이라고 바꾸고 임시정부 기관지의 역할을 충실하게 수행하였다.

상해 대한민국 임시정부의 매우 중요한 역사적 《독립신문》은 도산이 창간 발행한 것임을 주목할 필요가 있다.

5) 연통제聯通制와 교통국交通局 수립

상해 임시정부 시기 도산의 큰 업적의 하나는, 임시정부가 국내와 '연락'하고 '통치'하는 '연통제聯通制'를 긴급히 조직 실행한 것이었다. 연통제는 비밀결사 신민회를 창설 조직했던 도산이 아니면 수립 실행하기

어려운 놀라운 창안이었다.

임시정부는 1919년 7월 국무원령 제1호로 '임시연통제'를 공표해서 국내 행정을 시작하였다. 연통제의 담당 역할은 ① 정부가 발하는 법령과 기타 공문의 국내 전포, ② 독립시위운동 계속 진행, ③ 독립전쟁 개시 때의 군인·군속의 징모와 군수품 징발·보급·수송, ④ 구국금 100원 이상 각출할 구국 재정단원 모집, ⑤ 구국금과 정부에 납부할 기타 군자금의 수합, ⑥ 정부에서 발행할 공채의 발매, ⑦ 임시정부와 국내 각지의 통신, ⑧ 임시정부 명령의 조직적 전달 등을 담당하도록 하였다.

도산이 지휘하는 상해 임시정부는 이러한 역할을 수행하기 위한 연통제 조직으로 임시정부 산하에 연통부聯通府를 두었으며, 국내 각 도에는 감독부監督府를 두고, 감독(국무총리가 임명) 1인, 부감독(국무총리가 임명) 1인, 서기(감독이 임명) 3인, 재무(감독이 임명) 3인을 두도록 하였다.

각 군에는 총감부總監府를 두고, 총감(내무총장이 임명) 1인, 부감(내무총장이 임명) 1인, 서기(총감이 임명) 2인, 재무(총감이 임명) 1인을 두었다.

각 면에는 사감부司監府를 두고 모두 감독이 임명하는 사감 1인, 서기 1인, 재무 1인을 두도록 하였다.

도산이 지휘하는 상해 임시정부의 연통제는 1919년 7월부터 실시되어 그 후 1920년에는 각도의 다수 군면에 체계적으로 잘 조직되어서 임시정부의 통치가 한때 국내에도 잘 전달되어 실시되었다.

그러나 1921년부터는 군자금 모집과정에서 연통제 조직이 일제에게 발각되기 시작하여 연통제 국내 하부조직이 해체되기 시작하였다.

한편 도산이 지휘하는 상해 임시정부는 1919년 7월부터 교통부 안에 교통국交通局을 설치하여 압록강변 및 두만강변 각 군과 국내 각 도·군

면과의 연락망을 구축 강화하였다.[28] 임시정부와 국내 연통제를 연결하는 국경지방의 교통·연락 거점이 절대로 필요했기 때문이었다. 원래는 각 군에 1 교통국, 각 면에 1 교통소 설치를 원칙으로 하였다. 1922년 4월까지 설치된 교통국 조직은 다음과 같았다.[29]

1. 교통부 안동지부 사무국
(1) 귀성군 교통지국(통신원 배치 지역) : 안동(만주), 정주, 북하백, 안주, 신의주, 평양, 용천, 황해도, 철산, 서울.
2. 의주군 교통국
(1) 북구 교통국(의주) : 구의주 교통소, 수진 교통소, 고성 교통소, 신의주 교통소, 함북 교통소, 광성 교통소.
(2) 남구 교통국 : 고관 교통소, 고진 교통소, 비현 교통소, 고령삭 교통소, 옥상 교통소.
3. 강변 8군 임시 지방 교통국
삭주, 창성, 벽동, 초산, 위원, 강계, 자성, 후창.
4. 임시 함경남도 교통사무국
삼수 지국, 흥후 지국, 팔도구 지국, 함흥 지국, 사동 지국, 접후리 지국, 갑산 지국, 풍산 지국, 북청 지국, 단천 지국, 이천 지국, 홍원 지국, 서천 지국.
5. 간북
6. 경성(서울) 통신국
7. 관전 통신국

교통국의 역할은 ① 정부 지시에 따른 연통제와의 연락, ② 자금의

28 한시준, 〈대한민국 임시정부의 국내 정보활동〉, 《한국근현대사연구》 제5집, 2000 참조.
29 이연복, 《대한민국 임시정부 삼십년사》, 110~118쪽 참조.

모금과 전달, ③ 정보의 수집과 보고, ④ 정부의 명령 및 공문의 전달, ⑤ 독립운동가기관 사이의 연락과 통신 등을 담당 수행하는 것이었다.

임시정부는 초기에 연통제와 교통국의 비밀조직을 통하여 일정기간 국내의 내정을 실시하였다. 임시정부의 연통제와 교통국은 국내 비밀결사 독립운동과 직접 간접으로 연계되어 있었음은 물론이다.

여기서 주목할 것은, 임시정부의 '연통제' 및 '교통국'의 설치와 활동은 도산이 아니면 착안과 조직을 이루어 낼 수 없는 그만의 독특한 업적이었다는 사실이다. 이것은 도산이 구한말 국내에서 비밀결사 '신민회'를 창립하여 운영하면서 큰 성과를 낸 경험과 지식에 바탕을 두고 달성한 성과였다고 말할 수 있다.

제13장

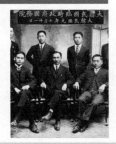

도산의 통합 임시정부
수립 활동과 성공

I. 3개 임시정부의 실상과 특징

도산은 전 민족의 3·1운동 혈투의 성과를 지키고 계승하기 위해서도 각처 임시정부들은 모두 '통합'하여 하나의 통일 임시정부를 수립해야 한다고 연설 때마다 임시정부 '통일'을 강조하고, 모든 자리에서 이를 설득하였다.

조선민국 임시정부(안), 신한민국 임시정부(안), 대한민간정부(안), 임시대한공화정부(안), 고려임시정부(안) 등 5개 임시정부안은 임시정부의 구체적 내용을 다 갖추지 못한 '안'(paper government)이었으니 별개의 문제로 볼 수도 있지만, 러시아령의 대한국민의회 임시정부, 상해 임시정부, 한성 임시정부 등 3개 임시정부는 국민대회 또는 각종 독립운동 대표자회의를 거쳐 내각조직과 각종 임시헌법을 제정하면서 구체적으로 수립된 실체가 있는 임시정부였다. 이제는 세 개의 임시정부를 한국민족이 '통합' '통일'할 수 있는가의 여부가 문제의 초점이 되었다. 하나의 민족국가에 세 개의 임시정부는 있을 수 없는 것이었기 때문이다.

만일 한국민족이 3·1운동의 성과로서 수립된 세 개의 임시정부를 하나로 '통합'시키지 못하는 경우에는 임시정부는 세 개로 분열되거나, 어느 임시정부가 정통성을 더 많이 갖는가 경쟁을 하거나, 세 개의 임시정부가 모두 세 개의 독립운동단체로 되고 마는 것이었다.

그러나 한국민족이 3·1운동을 직접 계승한 세 개의 임시정부를 '하나로 통합' '통일'하는 데 성공하기만 한다면, 그 임시정부는 3·1운동의

표 6 3대 임시정부 각료 명단

3정부(공표일자, 장소) 각료	대한국민의회 (1919.3.21·블라디보스토크)	대한민국임시정부 (1919.4.13·상해)	한성정부 (1919.4.23·서울)
대통령	손병희		이승만(집정관총재)
부통령	박영효		
국무총리	이승만	이승만	이동휘
외 무		김규식	박용만
내 무	안창호	안창호	이동녕
군 무	이동휘	이동휘	노백린
재 무		최재형	이시영
법 무		이시영	신규식
학 무			김규식
교 통		문창범(前日, 신석우)	문창범
산 업	남형우		
탁 지	윤현진		
노 동			안창호
참 모	유동열		유동열
평화대사	김규식 (윤해·고창일)	김규식	이승만·민찬호·안창호·박용만·이동휘·김규식·노백린

성과로서 3·1운동을 직접 계승하는 '대표성'과 '정통성'을 갖게 되며, 한 국민족을 대표하고 대리하는 명실상부한 임시정부가 되는 것이었다.[1]

도산은 이러한 3개 임시정부의 '통합' '통일'의 중요성을 특히 강조하여 독립운동가들을 설득하면서, 임시정부의 통합·통일을 위하여 진력하였다. 그는 한국민족의 독립을 쟁취하기 위하여 우선 임시정부의 통합·통일을 가장 중요한 우선적 당면과제로 판단하였다.

I 《독립신문》 1919년 10월 25일자, 〈임시정부와 국민〉 참조.

세 개 임시정부의 통합 문제를 이해하기 위해 그 각료 구성을 비교해보면 〈표 6〉과 같다.

도산은 3개 임시정부의 통합을 위해 먼저 각각의 장점과 특징을 추출하였다. 러시아령의 대한국민의회는 1919년 3월 17일 '독립선언서'를 반포하고, 3월 21일에는 한국의 독립, 정부승인의 요구, 이를 인정하지 않을 때의 일본과의 혈전을 포고할 것이라는 '결의문'과 함께 정부의 '각료명단'을 발표하였다. 이 대한국민의회 임시정부의 특징은 그것이 '의회체제'라는 점에 있었다. 이와 달리 '임시정부'의 '정부' 부분은 '의회'에 부속되거나 매몰되어 선명히 드러나지 않고 있었으며, 각료명단은 있었으나 정부가 활동했다는 자료는 발견되지 않았다. 또한 대한민국의회의 '결의문'도 상해 임시정부의 '임시헌장'이나 한성정부의 '약법'과도 다른 독립원칙과 일본에 대한 요구사항의 결의로 되어 있었다. 따라서 대한국민의회의 임시정부 통합문제는, 그 명칭에서도 볼 수 있는 바와 같이, 이를 '의회' 정부의 한 형태로 간주함이 타당했던 것이라고 볼 수 있었다.

한편 1919년 4월 11일 수립된 상해의 대한민국 임시정부는 국가기구에서 '의정원'과 '행정부'를 갖춘 임시정부였으며, '헌법'도 '임시헌장'의 형식으로 러시아령 대한국민의회의 '결의문'이나 한성정부의 '약법'보다는 상대적으로 잘 갖춘 것이었다. 이 임시헌장은 3·1운동을 전문前文에 넣은 모두 10개조의 '요약된 헌법'이었다.[2] 상해 임시정부의 체제는 의정원이 중심이 된 '의원내각제'로서 정부의 수반으로는 대통령을 두지 않고 국무총리를 두어 이승만을 국무총리로 선출했었다.

이에 비하여 1919년 4월 23일 선포된 한성 임시정부는 ① 전국 13도

---

2 국회도서관, 《대한민국임시정부 의정원문서》, 1974, 3쪽.

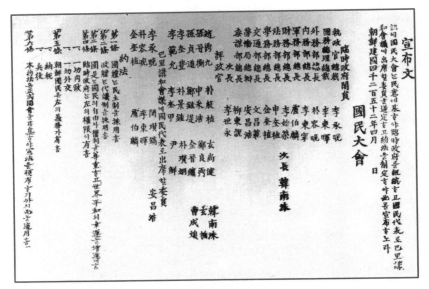

사진 43 한성 임시정부 수립 선포문

대표의 국민대회를 통하여 성립되어 3·1운동의 정통성이 가장 선명하고,
② 행정부 조직에서 '집정관총재'를 두고 부국을 세분한 특징을 갖고
있었다. 이와 달리 '약법'에서는 민주대의제의 임시정부를 헌장화하면서
도 '의회'를 제도화하지 않고 그 대신 '평정관'을 둔 한계가 있었으며,
'약헌'도 러시아령 대한민국의회의 '결의문'보다는 헌장화되어 있으나,
상해 임시정부의 '임시헌장'보다는 소략한 것이었다.

　도산의 생각과 판단으로는 따라서 위의 3개의 임시정부의 특징적 장
점을 취하여 통합하면 정통성을 갖춘 하나의 임시정부가 수립될 뿐만
아니라, 동시에 더 완전한 내용과 형태의 임시정부가 수립될 수 있는
것이었다.

　세 개의 임시정부의 통합은, 어차피 임시정부를 국외에 두려고 한 이
상, 러시아령의 대한민국의회나 상해의 대한민국 임시정부가 추진하지

I. 도산의 상해 도착과 3개 임시정부의 실상과 특징　221

않을 수 없었다. 러시아령 대한국민의회 임시정부는 상해 임시정부가 수립된 직후인 1919년 4월 15일 즉각 원세훈元世勳을 상해에 파견해서 국민의회 임시정부와 상해 임시정부와의 통합을 제의했으며, 임시정부의 위치는 러시아령에 두자고 제안하였다. 원세훈은 5월 1일 다시 외무부와 교통부만 상해에 두고 나머지 임시정부의 본부는 길림성이나 시베리아에 둘 것을 제의하였다.[3] 이에 대하여 상해의 대한민국 임시정부는 의정원회의에서 1919년 5월 13일 "각지에 산재散在한 각 의회를 통일할 것"을 결의했으나, 그 밖의 것은 방향을 잡지 못한 채 집무를 하지 못하고 있었다.

도산은 이러한 상태에서 1919년 6월 28일 내무총장 겸 국무총리 대리로 취임하여 3개 임시정부의 통일 문제를 담당한 것이었다.

2. 도산의 3개 임시정부 통합 활동

도산은 임시정부를 '상해'의 프랑스 조계 안에 두어야 한다고 판단하였다. 왜냐하면 당시 전 세계에서 프랑스 헌법만이 외국 '망명정부'나 '정치적 망명객'을 프랑스 정권이 보호하도록 규정하고 있었기 때문이다. 다른 나라들은 외국 '망명정부'와 '망명정치인'을 언제나 학대 추방할 수 있었지만, 프랑스만은 헌법에 따라 이를 보호할 의무가 있었다. 이 때문에 도산은 임시정부 내무총장 겸 국무총리 대리에 취임하자, 바

---

[3] 《조선독립운동》 제2권, 37쪽 참조.

로 정무처를 '프랑스 조계'(租界: 프랑스의 치외법권적 통치영토) 안의 '마랑로 보강리'에 셋집을 얻어 설치하였던 것이었다.

도산은 '3개 임시정부'를 '상해 임시정부'가 양보해서라도 반드시 '통일'해야 한다고 젊은 청년 차장들과 의원들을 설득하였다.

도산이 보기에는 3개 임시정부 통일에 가장 어려운 걸림돌은 크게 네 가지였다. 첫째는 다수 교민이 있는 러시아령 블라디보스토크에 임시정부를 두어야 한다고 주장하는 국민의회 대의원을 포섭하여 '이동휘'를 상해에 데려오는 문제였다. 둘째는 '한성정부안'의 '집정관총재'의 직책을 미국에서 명함에 '대통령'이라고 번역하여 박고 이미 대통령처럼 활동하고 있는 '이승만'을 어떻게 대우해야 할지의 문제였다. 이승만은 1919년 1월 외신기자에게 한국은 미국이 '위임통치'(mandatory)해야 한다고 발표하여 독립운동가들의 배척을 받고 있었다. 셋째는 러시아령 임시정부, 상해 임시정부, 한성 임시정부의 각료가 '이승만'과 '안창호'만 3정부 모두에 들어가 있고, 나머지는 모두 달라서 앞으로 각료를 선임해야 할 난문제였다. 넷째는 '한성정부안'에서 독립운동전선의 거인 지도자 도산 안창호를 '노동국 총판'(노동국장)으로 선임한 데 대하여 상해 임시정부 모든 차장들이 크게 분개하여 '한성정부안' 무시를 주장하는 것을 어떻게 무마하느냐의 문제였다.

도산은 블라디보스토크의 '국민의회'는 본질적으로 '의회'의 성격을 갖고 있으니, 국민의회 의원 다수를 통합 임시정부의 의정원 의원으로 하는 특별대우를 하고, 이동휘를 신민회 시기의 옛 동지애로 국민의회 의원들이 방해할 틈을 주지 않고 상해로 데려오도록 특사 파견을 계획하였다.

도산은 이승만의 '위임통치안'에 대해서는 이승만이 그것을 3·1운동 봉기 '이전에' 외신기자들에게 발표한 것이고, 3·1운동 '이후에'는 이승

만도 이를 후회하여 우리와 같이 '완전독립'을 주창하고 있으니 관대하게 보자고 정성껏 설득하였다.

도산은 임시정부 각료문제에 대해서는 3·1운동에서 '국민대회'를 거쳐 임시정부를 수립한다고 예고했으므로, 한성 임시정부안을 채택하여 해결할 수 있다고 설득하였다.

한성 임시정부안에서 도산 자신의 '노동국 총판'의 문제는, 상해 임시정부 차장들의 견해와 같이 부당한 것이지만, 세 개 임시정부의 '통일'을 위하여 '한성정부'안을 그대로 수용하여, 자신의 희생을 임시정부 통일의 추진력의 하나로 삼기로 도산은 결심하였다.

도산은 상해 임시정부와 의정원 의원들에게 미리 도산의 통일 방안을 충분히 설명하고 설득하여 의정원을 완전히 주도하면서, 1919년 7월 11일 제5회 의정원 회의에서 '의회통일' 문제에 대하여 다음과 같이 제의해서 의결을 얻어 내었다.

1. 임시정부의 위치는 상해에 둠. 단 정부의 의사 및 상해 거류민의 여론에 따라 수시 자유로 위치를 변경할 수 있음
2. 임시의정원과 러시아령 국민의회를 합병하여 의회를 조직할 것. 단 러시아령 측이 의회의 위치를 러시아령으로 할 것을 절대 주장할 때에는 이를 허함(단 의정원 조직에서 러시아령 몫으로 6인 이내의 의원을 선출할 것).[4]

임시의정원의 이 결의안은 국민의회 측의 제안에 대하여 '임시정부'의 위치는 상해를 선호하되 변경할 수 있으며, 의회의 위치는 러시아령에 둘 수 있으나 이 경우에는 러시아령 국민의회에서는 6인 이내의 의

---

4 《조선민족운동연감》 1919년 7월 11일조, 《조선민족운동》 제2권, 199쪽.

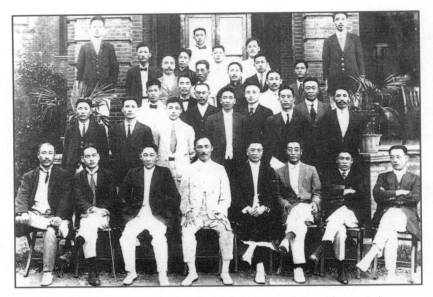

사진 44 제6회 임시의정원 회의 기념사진, 앞줄 중앙이 도산(1919. 9. 6)

원만 선출해야 한다는 타협안이었다.

도산은 상해 임시정부의 이 결의안을 가지고 내무차장 현순을 특사로 러시아령의 국민의회 실력자 이동휘에게 비밀리에 보내어 협의케 하였다. 그 결과, 이동휘는 정부와 의회의 위치를 멀리 분리하는 것은 불합리하므로 임시정부와 의회를 모두 상해에 두되, 국민의회 의원의 5분의 4가 상해 의정원 의원이 되는 것으로 합의가 이루어졌다. 이로써 우선 상해 임시의정원과 국민의회의 통합이 마침내 실현되었다.[5]

한편 도산은 상해 임시정부와 한성 임시정부의 통합문제에 대해서는 사전에 임시정부 의정원 의원들과 국무원 차장들을 면담하여 간곡하게 설득하였다. 또한 도산은 상해의 독립운동가들을 러시아령, 중국령, 미

---

5 신용하, 〈통합임시정부 수립과 연해주지역 한인민족운동〉, 《산운사학》 제9집, 2000 참조.

주 등 각지에 대표로 보내어 의견을 수렴해서, 국내 3·1운동 때의 알림과 같이 13도 대표 국민대회를 거친 한성 임시정부의 정통성을 존중하여 통합하는 것이 통일 성공의 방법임을 정성껏 설명하였다. 도산은 이러한 설득과 설명에 미리 대부분의 동의를 얻은 뒤에 다음과 같이 제안하였다.

1. 상해와 러시아령에 설립한 정부들은 일체 작소作消하고 오직 국내에서 13도 대표가 창설한 한성정부를 계승할 것이니, 국내의 13도 대표가 민족전체의 대표인 것을 인정함이다.
2. 정부의 위치를 아직 상해에 둘 것이니, 각지에 연락이 비교적 편리한 까닭이다.
3. 상해에서 설립한 정부의 제도와 인선人選을 작소作消한 후에 한성정부의 집정관총재제도와 그 인선을 채용하되, 상해에서 정부독립 이래 실시한 행정은 그대로 유효를 인정할 것이다.
4. 정부의 명칭은 대한민국 임시정부라 할 것이니, 독립선언 이후에 각지를 원만히 대표하여 설립된 정부의 역사적 사실을 살리기 위함이다.
5. 현임 정부각원現任政府閣員은 일제히 퇴직하고 한성정부가 선거한 각원들이 정부를 인계할 것이다.[6]

상해 임시정부의 국무총리 대리 겸 내무총장이었던 도산을 중심으로 한 통합 추진세력은 위의 5개 결의를 내용으로 한 임시정부개조안과 임시헌법개정안을 정부제안으로 1919년 8월 28일 임시의정원 회의에 제출해서 상정하였다.

이때 도산과 상해 임시정부가 의정원에 제출한 임시정부 통합안의 특징은 한성 임시정부안을 전적으로 수용한 것으로서, 정부의 부서도

---

6 김원용, 《재미한인 50년사》, 458쪽.

상해 임시정부 6부를 한성 임시정부의 7부1국으로 바꾸고, 정부각료도 상해 임시정부 각료는 일제히 퇴임하고 한성 임시정부의 명단에 따라 새로 임명하며, 오직 한성 임시정부의 '집정관총재' 명칭만 '대통령'으로 바꾼다는 것이었다. 다만 1919년 4월 11일 수립된 상해 대한민국 임시정부의 명칭과 행정 실적은 그대로 통합 임시정부의 것으로 수용 계승한다는 조건을 넣었다. 즉 각료구성은 한성 임시정부안을 전폭 수용하되, 정부 구성(의정원과 국무원) 체제, 국호, 행정 기타 모든 것은 상해 대한민국 임시정부를 전폭 수용하여 계승케 한다는 원칙이었다.

국무총리 대리 도산 안창호는 이러한 임시정부 통합안의 제안 연설에서 상해 임시정부를 한성 임시정부식으로 개조하되, 단 하나 다른 것은 '집정관총재'만 '대통령'으로 그 명칭을 바꾸는 것이라고 설명했으며, 그 근본 이유를 "전 민족의 정치적 통일을 내와 외에 보이고자 함"이라고 설명하였다.[7]

도산이 한성 임시정부안을 모두 수용하고 '집정관총재'의 명칭만 '대통령'으로 바꾸도록 제안한 것은, 오직 분열을 막고 통일·통합 임시정부를 성립시키기 위한 것이었다. 도산은 만일 '대통령' 명칭을 사용하지 못하게 하면 이승만이 반발하여 임시정부의 통일·통합에 또 분열이 일어날 것을 염려한 것이었다고 추정된다. 도산은 임시정부의 통일·통합의 성공을 위해 하와이국민회 때 경험한 이승만의 고집과 오만을 신채호 등의 격렬한 비판을 받아 가면서 모두 받아 주었다.

---

7 ① 이만열, 〈임시정부의 통합운동〉, 《한국독립운동사연구》 제12집, 1998 참조.
　② 반병률, 〈안창호와 '통합' 상해 임시정부의 수립〉, 《도산사상연구》 제5집, 1998 참조.
　③ 고정휴, 〈대한민국 임시정부의 성립과정에 대한 검토〉, 《한국근현대사연구》 제12집, 2000 및 〈대한민국 임시정부의 '통합정부' 수립운동에 대한 검토〉, 《한국근현대사연구》 제13집, 2000 참조.

3. 통합 대한민국 임시정부 수립의 성공

도산이 마련한 통합·임시정부 수립을 위한 임시정부 개정안이 제6회 의정원 회의에서 신중한 토의 끝에 1919년 9월 6일 만장일치로 통과되어 마침내 '대한민국 임시정부'는 러시아령 국민의회 임시정부, 한성 임시정부, 상해 임시정부를 하나로 통합하여 하나의 '통합 임시정부'를 수립하게 되었다. '통합 대한민국 임시정부'는 이제 유일한 임시정부로서 3·1운동을 직접 계승하고 민족사에 '대표성'과 '정통성'을 갖춘 임시정부가 된 것이었다.[8]

여기서 특별히 기록해야 할 것은 도산이 단행한 '임시헌법'의 개정이다. 상해 임시정부의 10개조 '임시헌장'은 일종의 극히 요약된 헌법으로서 기본원칙은 명확히 정립되어 있었으나, 소략한 것이었다. 도산은 임시정부를 한성 임시정부 중심으로 통합함과 동시에 '임시헌법개정안'을 의정원에 제출하였다. 새 헌법의 특징은 상해 임시정부의 10개조 '임시헌장'을 기초로 해서 이를 전면적으로 보완하고, 전문 다음에 8장 57개조의 정밀하고 상세한 기본조항을 두어, 임시정부 헌법으로서는 거의 완벽한 내용을 갖춘 헌법이었다. 골격은 대통령중심제와 의원내각제를 절충한 것으로서 민주공화국 헌법으로 어디에 내어놓아도 손색이 없는 훌륭한 헌법이었다. 의정원은 신중한 토의 끝에 역시 1919년 9월 6일 '임시헌법개정안'을 통과시켜 마침내 통합 임시정부의 헌법이 탄생하게 되었다.[9]

이에 1919년 9월 11일 임시정부는 신헌법과 통합된 대한민국 임시정

---

8 신용하, 《3·1운동과 독립운동의 사회사》, 서울대학교 출판부, 2001 참조.
9 김영수, 《대한민국임시정부헌법론》, 삼영사, 1980, 95~114쪽 참조.

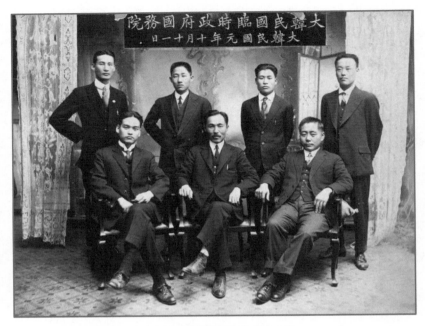

사진 45 대한민국 임시정부 국무원 성립기념(1919.10.11.)

부의 성공적 수립을 공포하였다. '통합 대한민국 임시정부'의 수립에는 상해 임시정부의 국무총리 대리 겸 내무총장 도산 안창호가 강력하게 '통합' '통일'을 주창하면서 스스로 말석의 노동국 총판을 맡겠다고 희생적으로 나섬으로써 그 성공을 튼튼히 보장하였다.

도산은 자신이 '노동국 총판'을 감수하면서 통합·통일을 강력히 추진하여 '한성정부안 의거 통합'에 대한 반대론을 잠재웠다. 도산이 한성 임시정부 안에서 바꾼 것은 오직 한성정부의 '집정관총재' 호칭을 '대통령'으로 바꾼 것뿐이라고 하였다. 한성 임시정부안에서 '집정관총재'로 추대된 이승만이 이미 영문 공문서에서 '대통령'을 의미하는 '프레지던트'(President)라는 직명을 미국에서 사용하면서 상해 임시정부에서 선출된 '국무총리' 직명을 무시하고 있었으므로, 국제 외교상 이 혼란을 수

습하기 위해 한성 임시정부의 '집정관총재'의 직명을 통합 임시정부에서는 '대통령'으로 변경한 것뿐이라고 도산은 설명하였다.[10]

도산이 상해 임시정부 의정원 회의에서 1919년 8월 28일 '한성정부안'에 대한 반대의견을 잠재울 때, 의정원 의사록은 도산의 발언을 다음과 같이 기록하였다.

> 본안의 주지는 현재 상해에 있는 정부를 개조하되 한성에서 발표된 각원을 표준으로 하자, 다만 집정관총재를 대통령으로 개정하자 함이니, 임시 헌법의 개정도 실로 이를 위함이라. 이는 정부가 즐겨서 함이 아니요, 부득이하여 함이니, 대개 실제 아닌 일에 시간을 허비함이라. …… 상해의 임시정부와 동시에 한성의 임시정부가 발표되어 이승만 박사는 전자의 국무총리인 동시에 후자의 대통령을 겸하여 세상으로 하여금 우리 민족에게 두 정부가 존재함을 의심하게 한다. …… 혁명시대를 제하여는 피차의 교통과 의사의 소통이 불편하므로 각기 필요에 의하여 일시에 2, 3의 정부가 출현됨이 또한 면치 못할 사세니, 이는 오직 애국심에서 나옴이요, 결코 사욕이 있음이 아니다. 둘 중에 하나를 취한다면 국토의 수부에서 조직된 정부를 승인함이 또한 의미 있는 일이다. 혹자는 둘을 다 버리고 통일된 새 정부를 조직함을 말하나, 이는 다만 또 하나의 정부를 만들어 세 개의 정부가 존재하는가 의심케 하는 결과를 낳음에 불과할 것이다. 그러므로 집정관총재를 대통령으로 하는 외에 한성에서 조직된 정부에 일점일획도 변함이 불가하다. …… 결코 한성정부를 고집할 이유는 통일하여야 할 것, 통일되었음을 역설하여야 할 것, 그리함에는 현존한 것을 합하고 결코 제3자를 다시 만들지 많이 필요하다.[11]

도산이 한성 임시정부안을 중심으로 통합 임시정부를 성립시킨 것은

---

10 김원용, 《재미한인 50년사》, 459~460쪽 참조.
11 《도산안창호전집》 제12권, 697~698쪽.

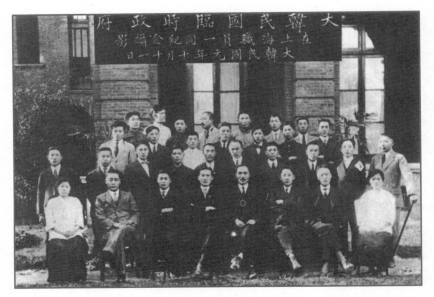

사진 46 통합 대한민국 임시정부 수립 1개월 후의 임시정부 직원들(1919.10.11.)
(중앙 ○ 도산, 2열 우측 끝 △ 백범)

오직 분열을 방지하고 '통일'을 목적으로 한 것이었음을 여기서도 확인할 수 있다.

한성정부의 도산 안창호 직책 '노동국 총판'(노동국 국장)을 통합 임시정부에서는 '농무총장'(농무부 장관)으로 개정하자는 의안이 1919년 9월 3일 의정원에 제출되었다. 이때 도산은 의정원 회의에서 이것이 수정 분열의 단서가 되어 '통일'을 방해할 수 있다고 다음과 같이 단호히 반대하였다.

   ...... 노동국 총판을 개정하면 결코 나는 이 정부에서 시무할 수 없노라. 이번 개조안에 대하여 대개 내외에 통일의 신용이 있고 또는 내가 이미 이 뜻을 각처에 성명하였은즉, 이에 다시 노동국을 농무부로 개정함은 신용상 내가 승인하지 못할 바라. 신용 없는 사람으로 정부에서 시무하기

불능하다. 또 노동국을 개정하면 다른 부를 또 개정하자는 논자가 나와 또다시 정부를 뜯어고친다는 비평이 있으리라. 이 안이 개정되면 나는 도저히 정부에서 시무하기 어려우니 여러분은 깊이 생각하라. 이 안의 통과 여부는 여러분의 자유요, 나의 시무 여부도 또한 나의 자유니, 후일 정부에서 나가게 되어도 나는 여러분께 책임을 지지 못하겠노라.[12]

이처럼 도산은 임시정부의 '통일' '통합' 성취를 위하여 자기의 자리인 '노동국 총판'(노동국국장)을 '농무총장'(농무부장관)으로 고쳐 격상시키자는 수정안에 대해서조차 매우 단호하게 반대하였다.

의정원에서 1919년 9월 5일 안창호의 직책 '노동국 총판'의 '국'을 '부'로 개정하자는 제안에 대해서조차도 도산은 오직 '통일' 임시정부 수립을 위하여 다음과 같이 반대하였다.

> 나의 말을 불가해라 하여 국자를 부자로, 판자를 장자로 고치는 두어 글자의 관계에 불과하거늘, 어찌 진퇴를 운운하느냐 하나, 여러분에게는 심상히 보이나 나에게는 큰 관계가 있으니 …… 정부 개조의 주의는 ① 정부를 개조하여 한성 발표의 정부와 같게 할 것, ② 집정관총재를 고쳐 대통령으로 할 것이니, 상해 정부가 불완전하다 하여 개량·개선함도 아니요, 오직 통일을 절대로 요구하는 사세의 소치라. …… 나는 상해에 온 이래로 통일을 위하여 무엇이나 희생할 결심임을 누차 성명하였노라. …… 일찍 삼두 정치를 주장함도 통일을 위함이요, 이번의 개조를 주장함도 또한 통일을 위함이라. …… 한성의 정부는 이미 한성 국민대회의 승인한 바요, 또 아령俄領 국민의회도 이를 승인하기를 약속하니, 이제 상해의 의정원이 이를 승인하면 다시 딴 말이 없으리라. …… 그러므로 한성의 정부는 일점 일획이라도 개조치 말자 함이라. 오직 대통령 문제에 이르러서는 이미 이 박사를 대통령으로 열국이 널리 앎을 인함이요, 집정관

---

12 《도산안창호전집》 제12권, 698쪽.

총재를 대통령으로 고치는 외에 다시 노동국을 고치면 머리와 끝을 다 고치게 됨이니, 이는 극히 불가할지라. 나는 이미 누차 의회에서와 기타 각지 인사에게 나의 주장을 성명한 바니, 나는 결코 주장을 변하는 무신한 사람이 되지 아니하리라.[13]

의정원은 1919년 9월 5일 도산의 제안에 따라 이승만을 '대통령'으로 선출하였다.

4. 도산의 대통령 대리 피선과 취임 거부

그러나 이승만은 미주에 있어 언제 부임할지 모르고, 국무총리 이동휘의 승낙 취임 여부도 아직 확실하지 않기 때문에, 의정원은 이튿날인 1919년 9월 6일 '헌법 제16조' "대통령이 유고有故할 시는 국무총리가 차此를 대리하고, 국무총리가 유고할 시는 임시의정원에서 대리를 선정함이라"는 조문에 의거하여 '안창호'를 이승만 대통령이 상해에 부임할 때까지 '대통령 대리'로 선출하였다. 《독립신문》의 권두논설은 도산 안창호의 '대통령 대리' 선출을 다음과 같이 합당하다고 지지하였다.[14]

---

13 《도산안창호전집》 제12권, 698∼699쪽.
14 의정원이 도산 안창호를 '대통령 대리'로 선출한 배경에는, 당시 다수 의석을 차지한 젊은 의원들이 ① 도산이 임시정부를 이끌어 가야 임시정부가 성공할 수 있다는 합의된 의견과 ② 한성정부안에서 도산을 말미의 '노동국 총판'에 매우 격하시켜 선정한 데 대한 부당성과 분노가 잠재되어 있었다고 볼 수 있다.

만일 차此 해석이 정당하다 하여 임시대통령 대리의 필요가 유有하다 하면 안창호安昌浩씨를 선정한 의정원의 행동은 극히 정당한 일이다.

　　차此에 삼종의 이유가 유하니, 즉 비록 헌법에 대통령 대리의 자격을 국무원國務員에만 한限하지 아니하였다 하더라도 가급케는 국무원임이 편便할지니 차가 이유의 일一이오.

　　안창호씨는 종래로 국무총리 대리의 직에 재在하여 사실상 원수元首의 직을 행하였으니 차가 이유의 이二요.

　　최후에 인물로 보더라도 씨를 제除하고는 적임자를 구하기 난難할지니, 의정원이 이二표를 제除한 외에 거의 전원일치全員一致로 씨에게 투표함은 실로 진정한 애국의 성의에서 출出하고 호말毫末도 타의가 무하며, 일반의 여론이 또한 의정원의 의향에 찬동하는지라.**15**

　　그러나 도산은 의정원이 자신을 '대통령 대리'로 선출한 일에 대해서도 다음과 같이 단호하게 반대하였다.

　　나는 후보자에서 사퇴함을 선언하였으나 여러분이 나를 선임하였으니 이는 개인의 의사를 무시함이라. 내가 노동국 총판을 고집할 때에 이미 내 의사를 알았으리니 나는 잠시라도 대통령 대리의 명목을 띠고는 몸이 떨려서 시무할 수 없노라. 여러분이 나를 향하여 어떠한 비평을 가하더라도 결코 이 자리에 취임하지 않겠노라. …… 일을 위하는 충성으로 이 자리를 받을 수 없나니, 내 말을 족히 이해할 이는 이해할 것이다.**16**

　　도산은 의정원이 이승만 대통령의 현지 취임때까지만이라도 임시정부를 지휘해 달라고 '대통령 대리'로 1919년 9월 6일 선출했음에도 '통일'을 위하여 이를 단호하게 거절한 것이었다.

---

15 《독립》 1919년 9월 9일자, 〈안총장의 대리대통령 사퇴〉
16 《도산안창호전집》 제12권, 699쪽.

도산의 헌신적 활동에 의거해 통합 대한민국 임시정부 성립에 성공한 뒤, 1919년 11월 3일 국무총리 이동휘, 내무총장 이동녕, 재무총장 이시영, 법무총장 신규식의 취임식을 거행하게 되었을 때, 도산은 다음과 같이 축하연설을 하였다.

　　오늘 나의 기쁨은 극도에 달하여 마치 미칠 것 같다. (일찍 정부를 조직할 때) 각지에 흩어져 있는 두령인을 망라하였음은 그들이 모이기를 원하였음으니, 일찍 그 실지가 없다가 오늘에 이 총리 이하 3총장이 이곳으로 모여 취임케 되었다. 이후로 우리 민족의 통일이 더욱 공고케 되고 우리의 사업은 더욱 속성하리라. 내가 비재로 여기 와서 고독하게 책임을 전담할 때 스스로 송구함을 금치 못하다가 오늘을 당하니 나 개인의 기쁨도 극하다 하겠다.[17]

　통합 대한민국 임시정부를 성립시킬 때의 도산의 희생적 활동의 원자료들을 읽어 보면, 조국 광복의 대의를 위해 필요할 때는 자기를 아낌없이 희생시키는 도산 안창호 선생이야 말로 참으로 '위인'만이 할 수 있는 거대한 일을 해내는 '위대한 거인'이라고 말하지 않을 수 없게 된다.[18] 1919년 9월 11일 통합 상해 대한민국 임시정부는 도산 안창호의 참으로 위대한 희생과 고결한 헌신에 의해 비로소 성립된 것이었다.
　이러한 과정으로 1919년 9월 11일 공표된 통합 대한민국 임시정부의 각료는 다음의 〈표 7〉과 같다.
　그러나 러시아령 국민의회 측 문창범은 임시의정원 의석을 6석만 국민의회에 배정한 사실에 불만을 표시했으므로, 국무총리 이동휘는 9월 18일

---

17 《도산안창호전집》 제12권, 700쪽.
18 《독립신문》 1919년 11월 11일자, 〈안총판사표〉 참조.

표 7 1919년 공표된 통합 대한민국 대한민국 임시정부 각료 명단

대통령	이 승 만
국무총리	이 동 휘
내무총장	이 동 녕
외무총장	박 용 만
군무총장	노 백 린
재무총장	이 시 영
법무총장	신 규 식
학무총장	김 규 식
교통총장	문 창 범
노동국 총판	안 창 호

상해에 도착하고서도 한때 출석을 유보하였다.[19] 도산의 설득으로 결국 이동휘도 도산의 개정안에 따르기로 결정하였다. 내무총장 이동녕, 재무총장 이시영, 법무총장 신규식도 통합 임시정부안에 찬성하여 취임하였다. 이에 1919년 11월 3일 임시정부 국무총리 및 각료 취임식 거행과 함께 통합 임시정부는 본격적 활동을 시작하였다.[20]

통합 대한민국 임시정부 수립의 이러한 성취는 도산의 치밀한 조직력 및 헌신적 활동과 '통일'을 위한 희생적 양보에 의거하여 이루어진 것이었다. 당시 독립운동가들이 거의 이루어질 수 없다고 염려하며 전망했던 난제를 도산이 자기를 희생함으로써 해결해 놓은 것이었다.

도산 안창호가 자기희생으로 통합 대한민국 임시정부를 수립·성취하지 않고 3곳에 한국인의 임시정부가 3개나 수립되어 서로 다투었다면, 전 세계 사람들이 한국민족을 독립 자격이 없는 민족이라고 얼마나 웃

---

19 김방, 〈이동휘의 상해 임시정부 참여와 사회주의 활동〉, 《도산사상연구》 제4집, 1997 참조.

20 《독립신문》, 1919년 11월 4일자 〈總理及三總長就任〉 참조.

었을 것인가. 3개 임시정부가 3개 독립운동 소단체로 전락하여 다투다
가 동포들의 지탄을 받고 소멸되었을 것이다. 이것을 상상하면 도산
안창호의 자기 희생에 따른 1919년 9월 11일 통합 대한민국 임시정부
의 수립이 한국민족 독립운동에서 얼마나 위대한 공헌을 했는가를 알
수 있다.

5. 통합 대한민국 임시정부 수립의 역사적 의의

민주공화제에 의한 통합 임시정부의 수립은 독립운동 단체들과 한국
민족의 광범위한 지지를 받았다. 1919년 말까지 통합 대한민국 임시정
부를 지지 봉대하고 그 명령에 따르겠다고 알려온 대표적 큰 독립운동
단체들은 중국령과 러시아령에 걸쳐 모두 45개 단체에 달하였다.[21] 이러
한 통보가 없어도 성립 당시 한국의 모든 단체와 국민들은 감격하여
도산이 주도해서 성립시킨 통합 대한민국 임시정부를 지지하고 봉대하
였다.

도산이 주도하여 성취한 1919년 9월 11일 통합 임시정부의 수립은 다
음과 같은 특징과 역사적 의의를 가진 것이었다.

첫째, 대한민국 임시정부는 일본 제국주의를 타도하고 대한의 '완전독
립' '절대독립' 쟁취를 목표로 전 민족적 3·1독립운동을 계승해서 성립
되어,[22] 일본 제국주의 침략자들에 의하여 9년간 단절되었던 민족정권을

---

[21] 《조선독립운동》 제2권, 213~223쪽 참조.

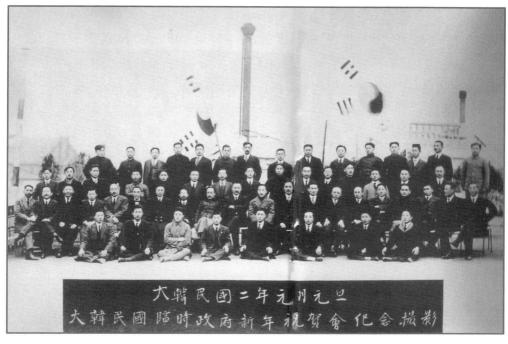

사진 47 통합 대한민국 임시정부 1920년 1월 1일 신년축하 기념

잇게 되었다.

둘째, 대한민국 임시정부는 정치체제에서 종래의 군주제를 폐지하고 한국 역사상 최초로 헌법에 바탕을 둔 민주공화제 정부를 수립함으로써 한국민족사에서 신기원을 열었다.

셋째, 대한민국 임시정부는 여러 계보와 각 파의 독립운동단체들(사회주의 계열인 한인사회당 포함)이 거의 모두 참가한 통일 연합적 임시정부로 수립되었다. 대한민국 임시정부 수립 당시에는 이에 참가하지 못한 독립운동단체들까지도 이를 한국민족의 임시정부로 봉대하였다.

22《독립신문》1919년 12월 2일자, 〈絕對獨立〉참조.

넷째, 대한민국 임시정부는 한국민족의 독립운동에 대한 상징성만 가진 것이 아니라 중요한 독립운동을 실질적으로 지휘했으며, 매우 중요한 독자적 독립운동을 전개하였다.

다섯째, 대한민국 임시정부는 국외의 독립운동뿐만 아니라 초기에는 도산이 만든 연통제와 교통국을 통하여 국내통치의 일부를 실행하였다.

여섯째, 대한민국 임시정부는 성립 직후 국제적으로 중국의 손문孫文 호법정부와 소비에트 레닌정부의 승인을 받았다. 뒤에는 드골의 프랑스 망명정부와 폴란드 망명정부의 국제적 승인도 받았다.

일곱째, 대한민국 임시정부는 일제가 패망한 최후까지 독립운동을 전개하면서 대일본 선전포고와 대독일 선전포고를 행하고 광복군을 창설하여 국내진입을 준비했다.

여덟째, 대한민국 임시정부는 그것이 임시 '정부'였기 때문에 국권을 잃고 신음하던 모든 한국민족의 정신적 대표기관이었으며, 정신적 지주였다. 한국민족은 국내에 있든지 국외에 있든지 일제침략기에 국권을 빼앗기고서도 나라 밖이긴 하지만 우리 임시정부가 존재한다는 사실만으로도 매우 큰 정신적 고취와 고무를 받았다.

아홉째, 대한민국 임시정부는 1919년 수립 후 일제가 패망한 1945년까지 영고성쇠를 겪으면서 놀랍게도 27년간이라는 최장기간 존속하여 독립운동을 전개한 망명 임시정부였다. 이것은 국제적으로 제1차 세계대전 후 여러 약소민족들이 수립한 임시정부 및 망명정부들과 비교해 보아도 최장기간 존속하였으며, 한국민족의 국내외 독립운동기관들과 비교해 보아도 최장기간 존속했던 독립운동의 임시정부였다.

도산이 주도하여 성취한 통합 대한민국 임시정부의 수립 성공은 한국독립운동사와 한국근대사에서 참으로 획기적인 위대한 성과였다.

제14장

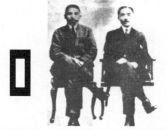

도산의 민주주의사상과
독립운동 6대 사업 및 방략

I. 민주주의사상과 독립운동 6대 사업 및 방략 발표의 동기

　도산은 1919년 9월 11일 상해에서 통합 대한민국 임시정부 성립에 성공하자, 그간 경험과 연구 관찰에 바탕을 두고 임시정부와 한국독립운동의 지도이념, 혁명사업, 운동방략에 대한 기본 원칙을 정립하여 제시하고자 하였다. 통합 임시정부 수립 과정에서 수많은 교훈을 얻은 바가 있었기 때문이었다.[1]

　도산은 1919년 연말에 과로상태로 매우 지쳐 있었다. 그러나 그 강인한 의지력으로 상당한 준비를 하여 우선 임시정부의 명의로 1920년을 '독립전쟁의 해'로 선언하였다. 그리고 앞으로 임시정부와 독립운동이 나아가 실행해야 할 6대 사업과 6대 방략을 합해서 정리하였다. 도산은 이것을 상해의 모든 독립운동가들과 동포들에게 주지시키기 위해 임시정부 각료와 거류민이 모두 모이는 상해 한인거류민단 주최 1920년 1월 3일 신년 모임에서 '신년 경축사'로 연설을 하고, 문자화하여 《독립신문》에 실어서 전 세계 모든 독립운동가들로 하여금 읽게 하였다.[2]

　도산의 이 연설과 문건에서 지도한 6대 사업 및 방략은 그 뒤 임시정부가 온갖 부침 속에서도 1945년 8·15까지 수정 발전시켜 가면서 부

---

1 《독립신문》 1920년 1월 13일자, 〈육대사에 관하야, 안창호씨담〉 참조.

2 신용하, 〈도산 안창호의 사회사상과 대공주의〉, 《학술원논문집》(인문사회과학편), 제59집 1호, 2020 및 《독립신문》 1920년 1월 1일자, 〈신년은 전쟁의 년, 노동국 총판 안창호〉 참조.

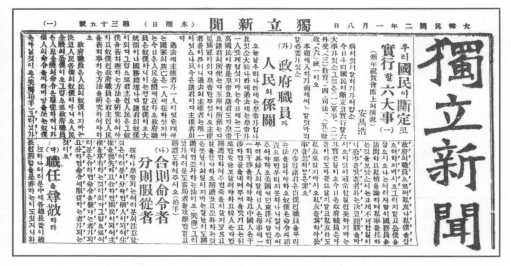

사진 48 《독립신문》 1920년(대한민국 2년) 1월 8일자에 실린 도산의 신년 경축사 전문

지불식간에 실행한 사업과 방략이었다. 따라서 도산의 이 연설과 문건
은 한국독립운동사에서 가장 중요한 지침의 하나이다.

도산은 이 연설의 본론에 앞서서 임시정부와 독립운동과 한국 국민
의 관계에 대해 그의 사상을 다음과 같이 설명하였다.

(1) 우리 국민이 반드시 실행할 6대 사업이 있는데 ① 군사 ② 외교
③ 교육 ④ 사법 ⑤ 재정 ⑥ 통일이다.

(2) 우리 국민이 특히 주의해야 할 것은, 국가와 정부와 국민의 관계
에서 국민이 주인이고 주권자라는 사실이다. 과거에는 황제 1인이 주권
자이고 주인이었지만, 민주공화제인 대한민국에서는 2천만이 모두 황제
이고 주인이고 주권자이다. 임시정부의 각료와 직원은 이 황제인 국민
의 공복公僕이다. 사복私僕이 아닌 '공복'이다. 주인이고 황제인 국민은
공복인 임시정부 각료와 직원을 잘한 것은 칭찬을 하고 잘못한 것은
깨닫게 해서 잘 부려야 하지, 서로 명령하거나 비난 험담만 하는 것은

옳지 않다. 도산이 나라 주인으로서 각 개인 국민을 '황제'에 비유한 것은 그의 국민주권사상과 민주주의사상이 얼마나 강력했는가를 알려 주는 것이기도 하다.

오늘날 우리나라에는 황제가 없나요? 있소. 대한 나라에 과거에는 황제가 1인밖에 없었지만은 금일에는 2천만 국민이 모두 황제요, 제군도 다 황제요, 제군이 앉은 자리는 모두 옥좌며 머리에 쓴 것은 모두 면류관이외다. 황제란 무엇이오? 주권자를 이름이니, 과거의 주권자는 오직 1인[唯一人]이었으나, 지금은 제군이 다 주권자외다.

과거에 주권자가 1인이었을 때에는 국가의 흥망은 1인에 재하였지만, 금일은 인민 전체에 재하오. 정부 직원은 노복奴僕이니, 이는 정말 노복이오. 대통령이나 국무총리나 다 제군의 노복이외다. 그러므로 군주인 인민은 그 노복을 선善히 부리[禦]는 방법을 연구하여야 하고 노복인 정부 직원은 군주인 인민을 선善히 섬기[事]는 방법을 연구하여야 하오.

정부 직원은 인민의 노복이지마는 결코 인민 각개의 노복이 아니오 인민 전체의 노복이오. 그러므로 정부 직원은 인민 전체의 명령은 복종하려니와 개인의 명령을 따라 마당을 쓰는 노복은 아닐 것이오(웃음소리 박수). 그러니까 정부의 직원으로써 사우私友나 사복私僕을 삼으려 하지 마시오. 그러지 말고 공복公僕을 삼으시오. 나는 여러 사람이 국무원國務員을 방문하고 사정私情을 논하며 사사私事를 부탁하는 것을 보았소. 이는 크게 불가한 일이니, 공사公事를 맡은 자와는 결코 한담閑談을 마시오. 이것이 심상한 일인 듯 하지마는 실로 큰일이오, 금일은 정부 직원은 아들이라도 아들로 알지 말고 사우私友라도 사우로 알지 마시오. 사우를 위하여 공사公事를 홀忽함은 죄오."[3]

(3) 나라의 주인이며 황제인 국민이 주의해야 할 것은, 국민이 나누

---

3 《독립신문》 1920년 1월 8일자, 〈우리 국민이 단정코 실행할 육대사(1)〉

어져[分] 분열하면 고립된 개인이 되어 주권을 상실하고, 합슴하면 국민이 되어 주권을 향유하는 것이다. 그러므로 국민 여러분은 합슴하면 명령을 발하는 자가 되고 분分하면 명령에 복종하게 되는 것이다. 우리 국민들은 '단합'해야 한다.

(4) 국민들 가운데는 임시정부 각 총장(장관)이 총장인 체하는 것을 시비하는 분도 있는데, 국민이 위탁한 영광스러운 직책을 영광으로 알고 자중자애하는 것은 당연한 일이라고 보아야 할 것이다. 만일 총장이나 정부 직원이 자기의 직임을 경시하고 자중자애함이 없다면 이는 국가를 무시하는 오만한 사람이라 할 것이다. 국가와 임시정부의 직임을 존경해야 한다.

(5) 지금 임시정부 국무원에는 전국 각곳 출신의 여러 성격의 인재들이 모여 있는 것이니, 주인인 국민은 이 '공복'을 부족하나마 격려해주면서 부렸으면 한다. 단언컨대 장래에는 모르지만 현재는 이 이상의 내각은 얻기 어렵다.

2. 군사와 '독립전쟁' 전략

독립운동의 첫째 중요한 사업과 방략은 '군사'이다.

(1) 독립운동은 강포한 일본 제국주의를 타도하고 국가독립을 회복하는 사업이니, 최후에는 '전쟁'을 할 수밖에 없다. '독립전쟁'이 최고·최후의 사업이오 전략이다. 강포한 일본 제국주의가 온갖 간악한 방법으로 침탈한 '한국'을 평화적으로 돌려줄 이가 없다. 최후에는 '독립전쟁'으로

회복해야 할 것이다. "진실로 우리는 시기로 보든지 의리로 보든지 아니 싸우지 못할 때라고 단정하시라."[4]

(2) 독립전쟁에는 반드시 '준비'가 필요하다. 도산은 다음과 같이 설명하였다.

> 혹 말하기를 혁명사업은 타산적으로 할 수 없나니 준비를 기다릴 수 없다 하오. 그러나 준비는 필요하오. 나의 '준비'라 함은 결코 적의 역량에 비할 만한 준비를 칭함이 아니나, 그래도 절대로 준비는 필요하오. 편싸움에도 노랑이 빨강이 모여서 작전계획에 부심하나니, 무준비하게 나가려 함은 독립전쟁을 너무 경시함이라 하오. 군사 1명에 1일 20전이 든다 하여도 만 명을 먹이려면 1개월에 6만원이나 되오. 그러므로 만일 전쟁을 찬성하거든 절대로 '준비'가 필요한 줄을 자각하시오. 혹 말하기를 준비를 말하지 말라, 과거 10년간에 준비하노라 아무 것도 못하지 아니 하였느냐 하지만은, 과거 10년간에 못 나간 것은 준비한다 하여 못 나간 것이 아니오, 나간다 나간다 하면서 준비 아니하기 때문에 못 나간 것이오. 나간다 하는 대신에 준비한다 준비한다 했던들 벌써 나가게 되었을 줄 믿소.[5]

도산이 '독립전쟁전략'을 얼마나 중시했는가는 그가 주도하여 통합임시정부 수립에 성공한 직후, 신년 1920년을 '독립전쟁의 해'[6]로 1920년 1월 1일에 선언한 데서도 알 수 있다.

도산이 국권회복운동에서 '독립전쟁전략'을 채택한 것은 국내에서 이미 1910년 이른 봄 망명 직전의 '신민회' 간부회의에서의 일이었다.[7] 그

---

4 《독립신문》 1920년 1월 8일자, 〈우리 국민이 단정코 실행할 육대사(1)〉
5 《독립신문》 1920년 1월 8일자, 〈우리 국민이 단정코 실행할 육대사(1)〉
6 《독립신문》 1920년 1월 1일자, 〈신년은 전쟁의 년, 노동국 총판안창호〉 참조.
7 신용하, 〈신민회의 창건과 국권회복운동(상·하)〉, 《한국학보》 제 8~9집, 1977 참조.

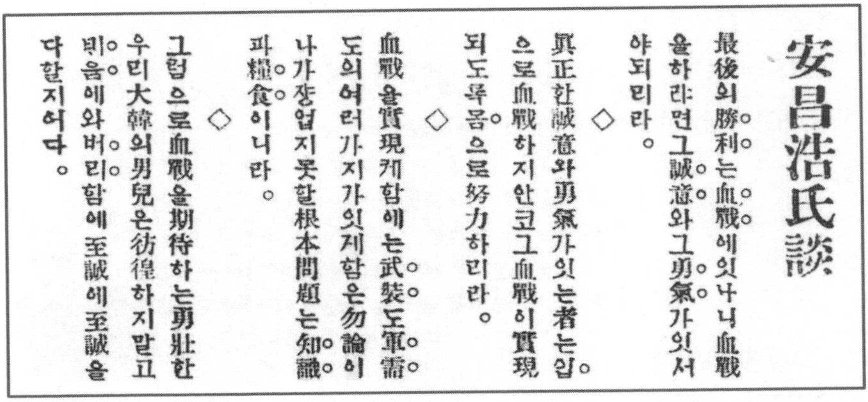
安昌浩氏談

最後의勝利는血戰에잇나니血戰을하랴면그誠意와그勇氣가잇서야되리라。

◇ 眞正한誠意와勇氣가잇는者는입으로血戰하지안코그血戰이實現되도록몸으로努力하리라。

◇ 血戰을實現케함에는武裝도軍需도의여러가지가잇제함은勿論이나가장업지못할根本問題는知識파糧食이니라。

◇ 그럼으로血戰을期待하는勇壯한우리大韓의男兒은彷徨하지말고빈음에와버리함에至誠에至誠을다할지어다。

사진 49 일제와의 혈전을 벌일 마음가짐에 대한 도산의 담화(《독립신문》 1921.4.2.)

러므로 도산은 상해 임시정부 국무총리 대리로 취임하자 바로 임시정부의 독립전쟁전략을 준비하였다.

도산은 통합 임시정부 성립 직후에는, 아직 대통령·국무총리·각부 총장이 다 취임하지 않은 시기임에도, 준비했던 계획에 따라 1919년 10월 상해에 임시정부 산하의 육군무관학교陸軍武官學校를 비밀리에 설립했었다. 이 '육군무관학교'는 6개월 속성과정으로 1920년 5월 8일 제1회 졸업식을 거행하고 초급장교 19명을 배출하였다.[8] 이 임시정부 산하 육군무관학교는 통합 임시정부 수립 후에는 김희선金羲善을 초빙하여 교장으로 선임했으며, 2대 교장 겸 생도대장은 도인권都寅權, 교관 겸 생도중대장은 김철金澈이 맡았다. 이 무관학교는 제2회 졸업생 22명을 배출하였다.[9] 1920년 12월 24일 상해 하비로 강녕리康寧里 2호에서 거행된

8 《독립신문》 1920년 6월 10일자, 〈의의 깊은 0000 제1회 졸업식〉 및 국사편찬위원회 편, 《한국독립운동사》 자료2, 임정편2, 〈졸업증명수여〉, 140쪽 참조.

9 金正明 編, 《朝鮮獨立運動》 제2권, 〈高警 第2305號, 國外情報, 上海居住排日鮮人の書信〉, 408쪽 참조. 이 무관학교는 임시정부가 분열 약화된 1921년부터는 휴교상태에 들어간 것으로 일제는 정보를 입수하였다.

육군무관학교의 제2회 졸업식에는 마침 상해에 온 이승만 대통령과 이동휘 국무총리, 손정도 의정원 의장이 참석하여 축사를 하고, 300여 명의 회중이 참석하여 독립군 장교의 출범을 축하하였다.[10]

(3) 도산은 독립전쟁의 준비로 다음을 특히 강조하였다.

① 독립군 편성을 위한 통일행동

도산은 대한제국 시대 구군인, 의병, 군사지식과 경험이 있는 자를 조사해서 통일하여 '독립군'으로 새로 편성해야 한다고 주창하였다. 도산은 독립군 부대는 통일하여 작전계획을 수립해야 한다, 그러므로 서북간도의 장사들이 독립전쟁을 주창할진대 반드시 통일하여 이동휘 총리의 명령에 복종해야 할 것이라고 강조하였다.

> 대포·소총·비행기 여러 가지로 준비할 것 많거니와 먼저 준비할 것은 제국시대의 군인이나 의병이나 기타 군사의 지식 경험 있는 자를 조사 통일하여야 할 것이오(박수). 없던 군대를 신조新造하여 싸우려 하니 군사에 관계있는 자들이 다 모여서 작전을 계획할 필요가 있소. 나는 서북간도의 장사壯士들에게 문間하노니, 네가 능히 독력獨力으로 일본을 당하겠느냐. 진실로 네가 일본과 싸우려거든 합습하여라.
> 혹 정부의 무력無力함을 비웃거니와, 합습하면 너희 정부는 유력有力하리라. 우리민족 전체가 합하고 나서도 오히려 외국의 힘까지 끌어와야 하겠거든 하물며 대한인끼리도 합하지 아니하고 무슨 일이 되리요. 만일 그대가 진실로 '독립전쟁'을 주창할진대 반드시 일제히 이동휘의 명령을 복종하여야 하오(박수갈채).[11]

10 《독립신문》 1921년 1월 1일자, 〈무관학교 제2회 졸업식〉 참조.
11 《독립신문》 1920년 1월 8일자, 〈우리 국민이 단정코 실행할 육대사(1)〉

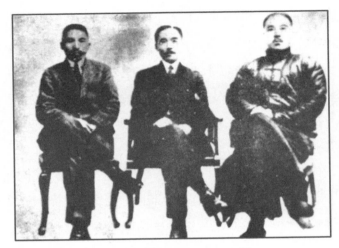

사진 50 김구와 도산, 그리고 이탁

　도산은 독립전쟁의 준비로 국내의 무장투쟁·의열투쟁과 만주·노령지역의 모든 독립군부대를 체계적으로 통합하여 임시정부가 중심이 된 하나의 통일적 지휘체계를 갖춘 군사체제를 만들려 한 것이었다.[12]

　② 군사훈련의 절대 필요

　도산은 독립군은 용기만으로 싸워서는 안 된다, 용기 있는 병사들이 철저한 훈련을 받고, 전술을 배우고, 정신무장과 정신적 단결을 하고, 우수한 무기를 갖고, 적과 싸워서 승리하는 독립군이 되어야 한다고 거듭거듭 강조하였다.

　③ 국민개병주의國民皆兵主義 실시

　도산은 독립전쟁을 실행하여 조국독립을 성취하려면 반드시 '국민개병주의國民皆兵主義'를 실시해야 한다고 역설하였다. 용기 있는 젊은 장

---

12 《독립》 1919년 9월 30일자, 〈전쟁의 시기〉 참조.

사(士)로 '독립군'을 편성해야 할 뿐 아니라, 남녀노소 모든 동포가 하루 1시간 또는 30분이라도 군사교련을 받고 군사학을 배워야 한다. 여기에는 남녀노소가 따로 없다. 체력이 가능한 이는 남녀노소 모두 군사교련을 받아야 독립전쟁에서 승리할 수 있는 국민체제가 형성된다. 노인들도 각지에 다니면서 '국민개병주의'를 잘 선전해야 한다고 도산은 강조하였다.

모든 국민이 '국민개병주의'로 통일 분발하면 건장한 장사들이 자원하여 '독립군'에 들어와 거대한 '독립군단'이 편성되어 죽기를 각오하고 더 잘 싸울 것이라고 도산은 역설하였다.

> 만일 노예의 수치를 절실히 깨달을진대 죽음을 두려워하지 않을 것이오. 살아서 독립의 영광을 보려하지 말고 죽어서 독립의 거름이 되자, 입으로 독립군이 되지 말고 몸으로 독립군이 되어라. 그리하여 아무리 해서라도 '독립전쟁'을 기성(期成)하기를 결심해야 하오.[13]

④ 평화적 전쟁과 전투적 전쟁

도산은 독립군의 독립전쟁을 '전투적 전쟁'이라 하고, 국민 일상의 국민개병주의를 '평화적 전쟁'이라 이름 붙이면서, '전투적 독립전쟁'을 오게 하기 위해서는 '평화적 전쟁'을 계속해야 한다고 다음의 요지로 강조하였다.

> '평화적 전쟁'이란 무엇인가? 만세운동도 그 하나이다. 물론 독립만세로만 독립이 되는 것은 아니지만, 그 '만세'의 힘은 매우 위대하니 안으로 전 국민을 움직였고 밖으로도 전 세계를 움직였다. 예컨대 과거에는 미국인이 우리를 돕고자 할 경우에도 정부를 격려하더니, 이제는 도리어 미국

---

13 《독립신문》 1920년 1월 8일자, 〈우리 국민이 단정코 실행할 육대사(1)〉

의회와 정부가 우리 국민을 격려하게 되었다. 나는 미국 상원에서 우리를 위하여 소책자를 돌리는 것도 보았다. 이것 역시 '평화적 전쟁'의 효과가 아닌가.

대한동포로서 적의 관리된 자가 퇴직하는 것도 평화적 전쟁이오, 일반 국민으로 적의 납세를 거부하고 대한민국 정부에 납세하는 것, 일본의 깃발을 사용하지 않고 대한민국의 깃발을 사용하는 것, 가급적 일본화폐를 배척하는 것, 일본 관청에 송사 기타 교섭을 단절하는 것, 이것들이 모두 '평화적 전쟁'이다. 이것도 힘있는 전쟁이 아닌가. 국민 전부가 아니라 일부만 '평화적 전쟁'을 전개해도 그 효력은 매우 클 것이다.

그러므로 우리는 '독립전쟁'의 대전大戰을 개전하기 전까지는 '평화적 전쟁'에도 수십만의 생명을 희생해야 될 것이오, 이것도 '독립전쟁'이 될 것이다."14

도산은 대한민국의 '독립' 대업은 우리 모두가 '혈전血戰'을 결심하여 대대적 '독립전쟁'을 단행해야 쟁취될 수 있다고 강조하였다.15

3. '외교'와 '교육'

도산은 독립전쟁 다음으로 둘째 중요한 사업과 방략이 '외교'임을 강조하였다. 일부 독립운동에서 외교를 불필요하다고 하는 것은 외교를 '외교'로 알지 아니하고 '외국에의 의뢰'로 아는 까닭이다. 대한제국 시

---

14 《독립신문》 1920년 1월 10일자, 〈우리 국민이 단정코 실행할 육대사(2)〉
15 《독립신문》 1920년 1월 13일자, 〈대한민국이년 신원의 나의 빌음, 안창호〉 참조.

대의 외교는 그러하였다고 도산은 지적 비판하였다.

그러나 임시정부의 외교는 다르다. 도산은 '외교'를 중시하는 이유가 "독립전쟁 준비를 위한 것"이라고 다음과 같이 강조하였다.

> 내가 외교를 중시하는 이유는 독립전쟁의 준비를 위함이오. 평시에도 그러하지만 전시戰時에는 비록 1국이라도 내편에다 더하려 하오. 이번 대전에 영국과 프랑스 양국이 미국의 각계에 향하여 거의 애걸복걸로 외교하던 모양을 보시오. 독일이 터키같은 나라라도 애써 끌어넣은 것을 보시오. 그러므로 진정한 '독립전쟁'의 의사가 있거든 '외교'는 중시해야 할지니, '군사'에 대하여 지성을 다함과 같이 '외교'에 대해서도 지성을 다해야 하오.[16]

도산은 영국·미국·프랑스·이태리 제국이 비록 일본과 같은 제국주의 정책의 국가라 할지라도, 대한민국 임시정부의 외교는 "평등외교平等外交"이며, 평등외교로 열국의 동정을 끌 수 있다고 지적하였다. 외교는 '선전'宣傳을 위해서도 가장 필요한 것이라고 그는 강조하였다.[17]

도산은 우리 외교와 세계의 형세 관련을 다음과 같이 간단히 요약하였다.

즉 과거 영·일동맹은 러시아의 위협에 대항하기 위한 것이었는데, 영국은 지금 일본이 영국 식민지 호주와 인도를 위협하고 있기 때문에 일본과 동맹하지 않는다. 그러므로 대한이 영국과 평등외교를 할 수 있다. 영국·미국·프랑스는 동맹관계처럼 친밀하니 우리는 그들과 평등외교를 할 필요가 있다. 소련은 일본을 그들의 국가건설을 가장 방해하는

16 《독립신문》 1920년 1월 10일자, 〈우리 국민이 단정코 실행할 육대사(2)
17 《독립》 1919년 10월 11일자, 〈외교와 군사〉 참조.

국가로 보고 있으므로, 우리는 소련을 우리 편에 끌 수 있다. 미국은 3·1운동 후에는 의회에서 동정이 우리에게 기울고 있다.

가장 중요한 것은 중국·소련·몽골에 대한 외교이다. 현재 중국과 몽골은 일본과 적대관계에 있기 때문에, 우리가 '독립전쟁'의 선봉에 서서 이 두 나라를 우리 편으로 끌어 들여야 한다. 소련에 대한 외교는 지금은 긴밀하지 않지만 우리가 힘만 쓰면 비교적 용이하게 우리 편으로 끌 수 있을 것이다.

우리는 세계 각국에게 "대한민족의 독립을 요구하는 의사와 독립국민이 될 만한 자격과 대한독립이 열국의 이익 및 세계평화에 도움됨을 선전하여야 한다. 지금 각국은 여론정치이니까 민중의 여론만 얻으면 정부를 움직일 수 있다."[18]고 도산은 지적하였다.

도산은 "일반국민이 주의할 것은 '외교'는 정부만 하는 것이 아니오 전 국민이 다 해야 함이오, 각각 자기를 만나는 외국인으로 하여금 대한인을 애경愛敬할 사람이라 하게 하시오, 비록 인력거 끄는 쿠리苦力에게까지라도."[19]라고 강조하였다.

도산은 또한 다음 중요한 사업과 방략은 '교육'이라고 역설하였다.

도산은 독립운동 기간에도 청년의 '교육'에 지극히 힘써야 하며, 특히 '애국정신 교육'에 진력해야 한다고 다음과 같이 강조하였다.

나는 단언하오 독립운동 기간일수록 더 교육에 힘써야 한다고. 죽고 살고, 노예되고 독립됨이 지력知力과 금력金力으로이요. …… 우리 청년이 하루동안 학업을 폐하면 그만큼 국가에 해가 되는 것이오. 본국에는 아직 우리의 힘으로 교육을 실시하지 못하지만 기회 있는 대로 공부를 해야 되

---

18 《독립신문》 1920년 1월 10일자, 〈우리 국민이 단정코 실행할 육대사(2)〉
19 《독립신문》 1920년 1월 10일자, 〈우리 국민이 단정코 실행할 육대사(二)〉

고 시켜야 되오. 독립을 위하여 공부를 게을리 아니하는 이야말로 독립정신을 잃지 아니하오. 국가를 위하여 독립을 위하여 시간 있는 대로 힘써 공부하시오.

　또 국민에게 좋은 지식과 사상을 주고 애국정신을 격발하기 위하여 좋은 서적을 많이 간행하여, 이 시기에 적합한 교육도 해야 하고, 학교도 세우고, 교과서도 편찬하여 해외에 재한 아동에게도 가급적 교육을 실시해야 하오.[20]

　도산은 이러한 사상으로 남경에 대한국민의 학교가 없자 1924년 스스로 동명학원東明學院을 설립하여 원장이 되어서 애국교육을 실시하였다.

4. '사법'과 '재정'

　도산은 또한 다음 넷째로 중요한 사업과 방략은 '사법'이라고 역설하였다.

　도산은 독립운동 시기에 법률을 복잡하게 만드는 것은 반대하지만, 독립운동 기간에도 의정원에서 제정한 헌법과 법률, 임시정부가 제정한 규칙은 잘 준수해야 한다고 강조하였다.

　도산은 독립운동 기간에도 국가에 대한 의무를 다하는 사람에게는 상을 주고, 국가에 해를 주는 자에게는 벌을 주어야 하며, 친일파, 자치론자, 참정권론자들은 역적이니 처단해야 한다고 다음과 같이 지적했다.

---

20 《독립신문》 1920년 1월 10일자, 〈우리 국민이 단정코 실행할 육대사(二)〉

민원식閔元植 같은 자와 적의 응견鷹犬이 된 자를 그저 두랴. 독립운동에 참가하기를 싫어하여 가구를 끌고 적국으로 피란가는 자를 그냥 두랴. 자치自治나 참정권參政權을 운동하는 자도 역적이니 다 죽여야 하오. 우리 민국 헌법에 사형死刑이 없지만은 무슨 법을 임시로 정하여서라도 죽일 자는 죽여야 하오. 이리하여 신성한 기강을 입立하여야 하오.[21]

법률은 악인에게만 적용하는 것이 아니니, 정부 직원이나 국민이나 무릇 대한민국의 국민된 자는 대한민국의 법률에 복종해야 한다고 도산은 지적하였다. 그러므로 그는 독립운동에도 반드시 사법제도의 확립이 필요하다고 강조하였다.

도산은 또한 다음 중요한 사업과 방략은 특히 '재정'이라고 역설하였다.

도산에 따르면 우리 독립운동은 죽을 각오를 다짐하면서도 자금에 대한 고려는 약한 것이 특징이다. 그러나 '독립전쟁'을 수행하려면 참으로 큰 '재정'이 필요하다. 이번 세계대전에서 첫째 공로를 세운 것도 재정을 많이 댄 나라이다. 재정이 대포와 전차와 우수한 무기를 조달하며 군사도 조달하는 것이다. 우리는 '재정'의 결정적 중요성을 인식하여 그 준비를 잘해야 한다고 도산은 지적하였다. 도산은 재정 조달의 방법으로 특히 다음을 강조하였다.

(1) 국민개납주의國民皆納主義

도산에 따르면 독립전쟁에 필요한 자금을 준비하는 방법으로는 ㉠ 정부발행 공채 ㉡ 인구세 ㉢ 소득세 ㉣ 동포의 애국성금 ㉤ 외국 차관 등 여러 가지가 있다. 그러나 독립전쟁 기간 동안에는 어느 부자를 끌어 보

---

21 《독립신문》 1920년 1월 10일자, 〈우리 국민이 단정코 실행할 육대사(二)〉

자 하지 말고 '국민개납주의'를 실행하는 것이 가장 근본적 방법이라고 그는 역설하였다.

대한국민은 하루에 밥 한술을 아껴서라도 남녀를 물론하고 1전, 2전씩이라도 내고, 부자는 수백만 원도 내어, 형편에 따라 전 국민이 독립운동 자금을 내는 것이 '국민개납주의'이다. 육혈포로 재산가를 위협하여 자금을 내게 하는 것은 좋은 방법이 아니라고 그는 설명하였다.

도산은 군사의 '국민개병주의'와 함께 재정의 '국민개납주의'를 임시정부의 재정정책으로 제도화해야 한다고 강조하였다. 대한의 독립군은 먼저 돈을 많이 모으는 사업에 힘쓰고 모든 국민이 독립자금을 형편에 따라 '개납'하도록 해야 한다고 그는 역설하였다.[22]

(2) 국민개업주의國民皆業主義

도산은 독립운동과 관련하여 또한 '국민개업주의'를 강조하였다. 대한 남녀는 모두 무슨 일이든지 직업을 갖는 데 힘써야 한다. 직업에는 귀천이 없다. 부강한 서양 각국에서도 세계대전 중에는 부인들까지 온갖 일을 다하였다. 독립전쟁을 하려면 모든 국민이 귀천을 가리지 말고 직업을 가져서 일을 하고, 매일 2, 3전씩이라도 검약해서 모아 독립자금을 내야 한다. 독립운동을 한다고 놀거나 좋은 직업이 없다고 노는 것은, 독립운동이 아니라 독립운동의 적이라고 그는 지적하였다.

특히 임시정부가 있는 상해의 거류민 동포들은 개병皆兵, 개납皆納, 개업皆業의 모범이 되어야 한다고 그는 역설하였다.

도산에 따르면 대한의 독립운동·독립전쟁은 시간이 오래 걸리는 장기

---

22 《독립신문》 1920년 2월 7일자, 〈독립전쟁과 재정, 국민개납주의의 실행〉 참조.

전 사업이다. 이 장기전에서 대한국민이 모두 배우면서 일해야만 독립운동이 오래 계속되어 최후의 승리를 쟁취할 수 있다고 그는 강조했다.

5. '통일'과 대동단결

도산은 여섯째로 그리고 결론적으로 중요한 사업은 독립운동의 '통일'이라고 역설하였다. 즉 대한 전 국민과 독립운동 단체들의 대동단결이다. 대한의 독립운동 역량이 통일되고 단결해야 적 일본 제국주의를 타도하고 독립전쟁에서 승리할 수 있다. 개병·개납·개업이 이루어지더라도 '통일'이 이루어지지 않으면 독립전쟁을 수행하기 어려우며 승리하기 어렵다. 대한 국민과 독립운동 단체는 반드시 '통일'하고 뭉쳐야 한다.

혹자는 우리민족은 단결심이 약하고 지방열이 강하여 '통일'하지 못한다고 하는데, 사실이 아니라고 도산은 지적하였다. 도산에 따르면 우리민족은 통일된 단일민족이고, 지방열도 다른 열강에 견주어 훨씬 약하다. 이런 요소로 통일이 안 되는 것이 아니다. 대한민족은 이런 요소로는 이미 통일된 민족이다. 지금 외국 상해에 대한민국 임시정부가 수립되어 활동하는 것도 통일의 성취 아닌가.

도산에 따르면, 통일에는 '공적公的 통일'과 '사적私的 통일'이 있다. 사적 통일은 정서적 감정적 통일이기 때문에 각각 다를 수밖에 없다. '공적 통일'은 조국독립을 위하여 대의에 따라 대동단결하는 것이다. 공적 통일과 사적 통일을 혼동하지 말고 명확히 구분하여, 공적 통일을 하면 우리 독립전선은 반드시 통일될 수 있고, 반드시 통일되어야 한다

고 그는 역설하였다.

도산에 따르면, 통일에 방해가 되는 것은 일부 인사가 '내가 왜 저 사람의 하풍下風에 있어야 하나'하는 오만과 불복종의 심성 때문이다. 그러나 우리가 복종하는 것은 그 사람 때문이 아니라 그 직책에 복종하는 것이다. 독립전쟁 수행과 대한독립의 성취를 위하여 국민들은 그 기관에 복종하는 것이다. 임시정부는 주권자인 국민의 주권행사 기관이다. 국민이 주인인 민주국가와 민주정부의 명령에 국민 각 개인은 복종하는 것이 당연한 것이다. 개인의 호·불호와 관계없이 대한국민은 임시정부 대통령(당시 이승만)과 국무총리(당시 이동휘)의 지휘에 따라 대동단결해야 한다. 우리 독립운동전선은 반드시 '통일'해서 '대한독립'을 쟁취해야 한다고 도산은 강조하였다.[23]

도산이 상해 통합 대한민국 임시정부 수립 직후인 1920년 1월 1일부터 지쳐서 쉬어가며 이틀에 걸쳐 임시정부 요인과 상해 재류 동포들의 신년축하회에서 발표한 '독립운동 6대 사업과 방략'은 《독립신문》에도 게재되어, 그 후 임시정부와 모든 독립운동 단체들에게 열렬히 환영을 받았다.

또한 도산의 이 독립운동 6대 사업과 방략은 대한민국 임시정부 의정원에서도 공식 채택되어, 대한민국 임시정부와 한국민족 독립운동의 지도이념과 방략이 되었다. 이때 도산이 '독립운동 6대사업과 방략'으로써 한국민족 광복 때까지의 대한민국 임시정부와 한국민족독립운동의 지도이념과 방략을 확고하게 정립한 것이었다.

---

23 《독립신문》 1920년 1월 13일자 〈대한민국이년 신원의 나의 빌음, 안창호〉 참조.

6. 흥사단 원동위원부의 설치

도산은 1919년 9월 통합 임시정부의 수립에 성공하고, 이어서 1920년 1월 임시정부와 한국 독립운동의 사업과 방략으로서 '6대 사업과 방략'을 발표해서 1920년 3월에는 임시의정원에서 통과까지 되었으니 이제는 이를 밑바닥에서 실천할 민간사회단체가 필요하다고 생각하였다.

도산에게는 특히 이때 '흥사단' 원동위원부 설치가 절실히 필요하였다. 왜냐하면 도산이 임시정부에서 내무총장 겸 국무총리 대리였을 시기에는 임시정부를 총지휘하면서 임시정부 전체를 일사불란하게 단결시켜 독립투쟁에 진력하게 할 수 있었다. 그러나 '한성정부안'을 채택하여 '통일'을 달성한 결과 도산의 지위와 역할은 '노동국 총판'으로 격하되었다. 도산의 공식적 지위와 역할이 시간이 갈수록 노동국 '국장'급으로 제한받고서는 그의 독립운동 지도와 전개가 점차 어렵게 된 것이었다.

또한 전 세계 모든 정부가 그러하듯이 대한민국 임시정부도 공식적 조직으로 업적과 권위와 명망이 높은 독립운동가들로 구성되었으므로, 노년의 총장들 아래서 일하는 차장, 국장들과는 세대 격차가 있었고 그 안에서 갈등이 조성될 소지가 있었다. 뿐만 아니라, 1919년의 통합 임시정부는 민족주의 계통과 한인사회당의 사회주의 계통이 함께한 '연합정부'의 성격을 갖고 있었고, 대통령 이승만의 외교독립노선과 국무총리 이동휘의 독립전쟁노선이 대립하여 언제 갈등이 표면화될지 모르는 형편이었다.

이에 도산은 상해 등 중국지역에서도 차장급 청년독립운동가들 가운데 가장 유능한 청년들을 선발하여 '흥사단'에 가입시켜서 독립운동전선을 기층에서부터 확고하게 통일할 필요를 절감했던 것으로 보인다.

도산은 흥사단 원동위원부를 조직하고자 1920년 1월 미주 단원인 박

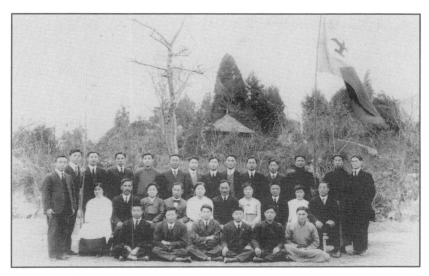

사진 51 흥사단 원동위원부의 초창기 멤버들(2열 가운데가 도산)

선제朴善濟와 김항작金恒作을 상해로 불러서, '사무'는 박선제, '조직'은
김항작에게 담당케 하였다.[24]

도산은 내무총장 겸 국무총리 대리 시절에 발탁해서 요직을 맡겼던
주로 '신한청년당新韓靑年黨' 당원들과 독립신문사 직원들을 먼저 입단시
켰다. 1920년 2월 전후에 이광수李光洙·안정근安定根·이유필李裕弼·선우혁
鮮于爀·송병조宋秉祚·조상섭趙尙燮·양헌梁憲·이규서李奎瑞·유일劉逸·주요한
朱耀翰·박현환朴賢煥·김홍서金弘敍·김여제金興濟 등이 입단하였다.

도산은 이어서 상해의 '대한야소교진정회大韓耶蘇敎陳情會' 회원들인 손
정도孫貞道·장덕로張德櫓·주현칙朱賢則·백영엽白永燁·김태연金泰淵 등을 입
단시켰다.

도산은 독립전쟁의 준비와 관련하여 김구와 손두환孫斗煥의 입단을

---

24 이명화, 〈흥사단원동위원회의 성립과 활동〉, 《도산 안창호의 독립운동과 통일조선》,
경인문화사, 2002, 309~438쪽 참조.

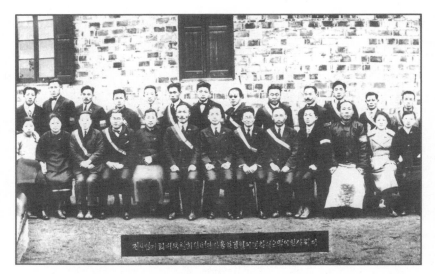

사진 52 흥사단 원동대회를 마치고(1열 왼쪽에서 여섯 번째가 도산)

적극 권고하였다. 김구는 처음 사양하다가 결국 특별단원으로 입단했으나,[25] 손두환은 공산주의에 관심이 있다고 끝까지 입단하지 않았다.[26]

도산은 1920년 2월 김항작을 일본에 보내어 재일본 유학생들에게도 단원을 모집하게 하였다.[27]

도산은 1920년 9월 20일 미주 흥사단본부의 승인을 얻어서 '흥사단 원동위원부'를 정식 설치하였다. 원동위원부의 지부는 상해(후에 남경)에 설치하였다. 원동위원부 사무소(단소)는 안전을 위하여 상해 프랑스 조계 안의 무맹로(Moulmein Road) 빈흥리 301호의 상당히 큰 집을 빌려 설치하였다.

---

25 〈제8회 원동대회 경과 상황〉, 《도산안창호전집》 제8권, 73 및 439쪽.
26 〈안창호일기〉, 1920년 1월 29·30·31일자, 《도산안창호전집》 제4권, 102~118쪽 참조.
27 김항작은 일본 동경에서 김도연·김준연·유억겸·백관수 등을 입단시켰다고 보고했으나, 정작 이들은 귀국 후에 흥사단 활동에 참여하지 않았다.

도산은 이어서 1920년 12월 29일 흥사단 제9차 대회를 '상해' 원동위원부에서 개최하고, '흥사단' 지부를 상해에도 설치했음을 세상에 알렸다.

도산은 흥사단 원동위원부를 계속 비밀결사로 둘 수는 없었다. 왜냐하면 언젠가 동지들이 뒤늦게 알게 되면 독립운동계에 비밀 종파조직을 만드는 것으로 오해받을 소인이 크기 때문이었다. 도산은 1921년부터 독립운동전선에는 공개적으로, 일제에게는 비밀리에 흥사단 활동을 전개하였다.

도산에 따르면, 1920년~1922년의 3년간 흥사단 사업은 1개 불행한 사건을 제외하고는 순조롭게 진전되었다. 단원도 1백 명이 넘게 되었다.

여기서 1개 불행한 사건이란 도산이 그 재주를 총애하여 독립신문사 사장을 맡겼던 '이광수'가 도산의 적극 만류에도 불구하고 본국에서 일제 조종을 받으며 찾아온 애인 허영숙을 따라 서울로 떠나 버린 것이었다. 도산이 총애하여 중책인 임시정부 기관지 독립신문사 사장의 직책을 특별히 맡겼던 이광수가 통보도 없이 귀국해 버린 것은 독립운동에 대한 큰 배신이었고, 흥사단의 규율과 서약을 완전히 위반한 것이었다. 이광수의 배반으로 도산과 임시정부의 독립운동은 상당히 큰 타격을 입었다.

도산은 이때 이광수를 '출단'시켜 영구히 떼어내지 않고, 그의 성품대로 온정을 베풀어 회원(단위) 자격을 무기한 정지시키는 '무기정권'無期停權의 처벌을 내려 정리하였다.

（이광수가) 본단 원동단우의 수석반장으로 있다가 직職을 기棄하고 불고이거不告而去하야 단우의 신의를 위배했고, 또한 독립운동의 주요한 인물로서 처연히 입국하야 우리 독립운동에 적지 않은 악영향을 줬으므로 그의 처벌에 대한 각 반장의 의견을 들어본 결과 무기 정권에 처함이 가하

다는 의견이 일치되었삽기 자에 보고하오니 검사부에 넘겨 심사처단하시 기를 바라나이다.[28]

그러나 도산이 이때 춘원을 '출단'시켜 버리지 않고 '무기정권'으로 단원자격만은 남겨 둔 것이 뒤에 한국민족이 도산을 오해하게 만든 요인이 되었다. 춘원은 독립신문사 사장을 지낸 도산의 제자로서 계속 홍사단 단원으로 행세하면서 도산과 홍사단의 이념을 춘원 자기의 변절 및 자기의 '민족개조론'과 연계된 것으로 자기합리화에 오용해 버렸기 때문이었다. 도산은 당시에는 춘원의 뛰어난 재주만 보았지 그의 다른 측면을 간과했던 것으로 보인다.

도산은 홍사단 원동위원부의 지부를 북경, 천진, 남경, 광주, 길림 등에 계속 설치하고 단원들을 확보해 나갔다. 도산은 각 지부의 단원들의 특성에 따라 민족혁명의 준비사업도 특성을 달리하면서 추진하도록 격려하였다. 예컨대 임시정부의 '독립전쟁' 준비에 일치하여 독립전쟁에 열의를 보인 특별회원 김구에게 '노병회勞兵會' 조직을 권고했고, 독립전쟁 전투에 열의를 보인 북경 지부의 유기석柳基石과 이용설李容卨에게는 '유격대' 조직을 권고하였다.

도산이 홍사단 북경 지부에서 이때 '암살단조직'을 5대 사업목표의 하나로 권고했다고 전해진 것은 잘못된 표현이다. 도산은 '암살단'을 말한 적이 없고 '유격대'의 '유격전'을 말한 적이 있다. 이것은 도산이 '독립전쟁'의 일환에 '유격대'가 반드시 필요하다고 보았기 때문이었다. 이용설이 기록한 원자료에 해당하는 도산과의 면담 기록에도 '암살단'은 없고, 다음과 같이 '유격대'가 기록되어 있다.

---

28 《도산 안창호전집》 제8권(원동발 제6호, 1922. 7.11. 〈단우 처벌에 관한 의견서, 제103단우 李光洙〉) 266~267쪽.

(도산에게) 나는 독립운동의 방략에 대하여 물었다. 북경에 있던 지도자급 인물에게서 아무런 계획과 방안을 들을 수 없었던 실정이라 도산에게서까지 그럴듯한 책략이 발견되지 않는다면, 독립운동은 방법 없는 무모한 운동이니 그만두는 것이 결론이라 하여 이것을 물은 것이다. 선생의 장시간 설명을 듣고 새로운 희망이 생겨 나도 선생의 운동에 참가하기를 청했다. 선생은 기꺼이 승낙하시고 그 후 약 1주일 동안 저녁마다 흥사단 운동에 대해 설명을 해 주셨다. 나는 선생을 따라 상해로 가고 싶은 마음이 간절했으나, 선생은 이미 과학을 전공할 기회를 가졌으니 그것을 이용하여 최고 학술을 배우도록 힘쓰는 것이 바로 애국 심정이라고 훈계했다.

도산이 북경을 떠나기 전 유격전술에 관한 것을 말했다. 그 내용은 정식 전쟁보다도 비밀 파괴단을 조직하여 유격전을 하되, 만주와 기타 지방에서 폭탄 제조 및 사용법, 변장, 피신하는 법을 가르치고, 2~3인씩 국내에 들어가 일본 관공서를 파괴함으로써 ① 일인의 행정을 교란하고, ② 동포들에게 신념과 협조심을 갖게 하고, ③세계에 선전하자는 것이었다. 그리고 세계 대전쟁이 다시 한 번 나는 때에 일본에 선전포고함으로써 독립의 기회를 얻을 수 있다고 했다. ……

도산은 허둥지둥하던 청년의 심정에 한 줄기 밝은 빛을 주었다. 참 훌륭하신 지도자이시다. 스스로 감탄하기를 마지않았으며 기쁨을 금할 길이 없었다.[29]

도산은 독립전쟁을 시작하게 되면 투입할 '유격대' 양성을 흥사단 원동위원부 북경지부에 부탁한 것이었다.

도산이 북경에서 국민대표회의 준비로 독립운동 지도자들을 만나고 있던 시기(1922년경)에 이광수가 서울로부터 북경으로 찾아와서, 도산의 용서를 받고 흥사단의 국내지부로 '수양동맹회' '동우구락부' 또는 '수양동우회'의 설치 활동을 지시받은 것이라는 일부의 설명은 신빙성이 없

---

29 주요한 편, 《안도산전서》, 330~331쪽.

다. 도산과 이광수 사이의 당시의 밀담을 오늘날 정확히 아는 것은 불가능하다. 그러나 도산은 정직하고 매우 치밀한 조직의 대가이다. 춘원은 지조가 없고 재승덕박才勝德薄한 재사이다. 필자는 도산이 1922년경 북경에 찾아온 이광수가 용서를 빌자 도산의 성품에서 볼 때 용서는 해 주었을 것이라고 본다. 여기까지이다.

도산이 변절한 이광수에게 도산의 아끼고 아끼는 민족혁명사업단체 흥사단의 국내지부 활동을 지시하거나 승낙할 까닭이 없는 것이다. 도산은 이미 구한말에 국내 비밀결사로 '신민회'를 조직하여 활동한 비밀결사 전문가이다. 일제 고등경찰의 감시와 정보망이 구한말보다 훨씬 엄혹해진 식민지 상태의 국내에서 일본제국주의 타도와 독립쟁취의 민족혁명을 궁극적 목적으로 한 귀중하고 또 귀중한 흥사단의 국내지부 조직을 이광수에게 맡겼다는 주장은 전혀 있을 수 없는 가정이다. 이광수는 이미 일제 고등경찰의 마수를 달고 다니는 변절자 아닌가.

도산이 이러한 상태의 이광수에게 비밀결사나 다름없는 흥사단 조직을 맡길 이유가 전혀 없었다. 북경을 다녀온 뒤 춘원이 수양동우회를 때때로 합법적 국내 흥사단이라는 식으로 설명한 것은, 춘원 이광수가 도산의 권위를 오용하여 자신의 친일행위를 애국적 행위로 분장하려 한 자기합리화에 불과한 것이라고 필자는 본다.

도산이 만일 흥사단 지부를 국내에 설치하려 했다면, 일제 고등경찰이 찾을 수 없는 철저하게 잘 훈련된 흥사단 청년단원을 국내에 밀파했을 것이다. 도산에게는 그러한 청년들이 이미 다수 있었다. 국내 '수양동맹회'(1922), '동우구락부'(1922), 또는 '수양동우회'(1926)는 흥사단 국내지부와 성격이 다른 별개의 단체라고 본다.[30]

---

30 춘원 이광수는 독립신문사 사장 직무를 버리고 독립운동과 흥사단을 배신하여 상

해를 떠나서 서울로 와 동아일보사에 들어간 직후 1922년에 이미 '수양동맹회'를 조직했었다. 그 후에 북경으로 도산을 찾아가 용서를 빌었는데, 이 북경행에도 일제 고등경찰의 조종이 있었을 가능성이 매우 높다. 비밀결사 전문 독립운동가 도산은 춘원의 방문 뒤에 일제경찰의 끈이 닿아 있었음을 이미 알고 있었을 것이다. 춘원의 '수양동맹회'와 '수양동우회'는 직접적으로 계승 관련이 있다. 그러므로 일부 '흥사단' 연구가들이 '수양동맹회'와 '수양동우회'를 도산이 지시·승낙 또는 권고한 국내 흥사 단과 같은 것으로 설명하는 것은 정확한 것이 아니며, 춘원이 자신의 친일변절을 합리화하기 위한 자기변명을 따르는 것이므로 재고할 필요가 있다고 본다.

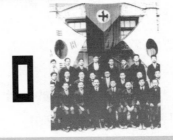

도산의 임시정부 개조활동과
국민대표회의

I. 임시정부의 활동과 어려움

　도산의 강력하고 조직적인 리더십으로 통합 대한민국 임시정부 수립은 성공하여 1920년까지는 참으로 많은 업적을 내었다. 그러나 1921부터 임시정부 운영과 활동에는 많은 문제가 발생하였다.

　또한 통합 임시정부 성공 때까지는 임시정부 내에서 도산의 위치와 리더십은 매우 강력하였다. 그러나 일단 통합 임시정부가 성립하여 대통령·국무총리와 각 부 총장(장관)이 취임한 이후에는, 도산의 리더십이 아무리 강력하고 우수하다 할지라도, 총장(장관)도 아닌 '노동국 총판'(노동국장)의 지위로서는 임시정부 안에서 그의 지도력은 급속히 감소하였다. 임시정부의 행정에 끊임없이 문제가 발생해도, 도산이 바로 문제를 해결했을 때와는 달리, 문제가 해결되지 않은 채 누적되어 갔다.

　물론 통합 임시정부 안에서 도산의 직위는 '노동국장'에 불과했다 할지라도 비공식적으로 총장 이상의 실제 영향력은 있었다. 그러나 그 영향력은 집무시간 뒤 각부 차장들이 도산을 방문하여 지도(또는 지시)를 받고 가는 방식이어서 이전 내무총장 겸 국무총리 대리 시절과는 매우 큰 차이가 있었다.

　통합 임시정부에서 노동국 총판이라는 직위의 제약 속에서도, 도산은 1920년에 몇 가지 일을 하였다. 하나는 임시정부의 선전위원장 책임을 맡은 일이다. 통합 임시정부는 1920년 1월 19일 국무회의에서 독립운동 홍보를 위해 선전위원회를 설치하고 위원장에 도산을 선임하였다. 도산

은 국무총리 직속기관으로 '지방선전부'를 두도록 1920년 3월 10일 규정을 제정하고, 총판에 안창호, 부총판에 김철, 이사에 김병조·차리석을 지명하였다. 이것은 도산이 창립한 연통제가 교통부총장의 지휘 아래 귀속되어 1919년 말에 활동이 쇠약해 감을 염려해서, 도산의 '지방선전부'가 다시 '연통제'를 보완하도록 시행한 조치였다고 볼 수 있다. 그러나 제한된 자원을 갖고 동일 목적의 두 개의 기관을 설치한 것이었으므로 도산의 활동에는 큰 제약이 있었다.

다음은 1920년 6월 대한광복군총영大韓光復軍總營 창설을 지도한 일이다. 도산의 평양 대성학교 제자 이탁(李鐸, 1889~1930)이 서간도 신흥무관학교를 졸업한 후 대한청년단을 조직하자, 1920년 3월 이를 독립군단체로서 대한광복단大韓光復團으로 바꾸도록 지도하였다. 도산은 이어서 대한광복단을 대한독립단과 통합하여 1920년 6월 '대한광복군총영'이라는 독립군을 창설하도록 지도하여 임시정부 군무부 산하에 두었다. 사령장은 대한독립단 단장이었던 조맹선趙孟善을 추대하도록 하고, 실제 군무는 참모장 겸 사령장 대리로 이탁이 지휘하도록 해서 임시정부를 봉대하는 독립군을 편성하였다.

다음은 미국 의원단을 만나 외교 활동을 한 일이다. 미국 상·하 양원 의원 9명과 부인들·수행원 등 50명 일단이 중국·한국·일본을 방문한다는 소식에 접하고 임시정부는 1920년 7월 선전위원장 도산을 이들과 접촉할 준비위원장으로 선임하였다. 도산은 미국 의원들에게 전달할 홍보책자들을 준비하여 황진남과 백영엽을 대동하고 그들이 경유한다는 홍콩으로 갔다. 그러나 미국 의원단은 일정을 변경하여 바로 상해를 거쳐서 북경에 도착하였다. 도산 등은 급히 1920년 8월 14일 북경으로 가서 여운형·황진남과 장덕준(동아일보 기자) 등을 대동하고 8월 16일에 미국 상원의원 포터(S.G. Porter), 8월 17일에 방문단 단장 스몰(J.H. Small), 8

월 18일에는 하원의원 베어(W.S. Vare), 디어(I.C. Dyer), 주중국 전 미국 대사 라인취(P. Reinch) 등을 만났다. 도산 등은 그들에게 홍보책자를 전달하고 한국독립의 필요와 한국인의 독립결의를 역설하였다. 라인취가 '조선의 자치'를 권고하자, 도산은 '한국의 완전 독립'이 절대 필요함을 설명하고 강조하였다.

도산은 이때 북경대학 학장 채원배蔡元培와 남개南開대학 학장 장백령張伯岺을 만나서 한국독립운동과 한국 학생 유학에 협조를 당부하였다.

도산은 이어서 북경에 체류하고 있던 박용만·신채호·문창범·신숙 등 임시정부 대통령 이승만의 위임통치 청원과 외교독립노선을 비판하면서 현 임시정부에 반대하고 있던 독립운동가들을 만나 보았다. 도산의 간곡한 대동단결의 설득에도 그들은 이승만이 임시 대통령에 있는 한 독립운동이 되지 않는다고 임시정부에 대한 반대 입장을 굽히지 않았다.

도산의 역할의 한계 속에서 통합 임시정부에는 새로운 문제가 누적되고 있었는데, 도산은 직책의 활동 범위 제한 때문에 이를 적극적으로 해결할 수가 없었던 것이다.

1921년 연초 무렵의 임시정부의 문제점은 우선 다음과 같은 것이었다.

첫째, 통합 임시정부의 대통령 이승만李承晩이 상해에 부임하지 않은 채 미국에 머물면서 국무회의나 의정원의 심의 의결을 거치지 않고 독단적으로 '대통령령'을 남발하여 비민주적으로 정부를 운영하는 것이었다. 이에 분개한 임시정부 소장파들이 1920년 5월 14일 '이승만 대통령 불신임안'을 차장회의에 제출하였다.[1] 이 제안은 임시정부 분열을 가져온다는 도산의 설득으로 차장회의에서 부결은 되었으나, 임시정부와 의정원 안에서는 대통령 이승만에 대한 불신임 여론이 팽배하였다.

---

[1] 《조선민족운동연감》, 1921년 1월 24일조 참조.

둘째, 1920년 9월 북경에서 결성된 군사통일촉성회軍事統一促成會가 임시정부 대통령 이승만의 독립운동노선을 무장투쟁을 포기한 '외교노선'이라고 통렬히 비판 공격한 것이다. 이것은 임시정부의 권위와 지지도에 일정한 타격을 주었다.

셋째, 1920년 후반부터 임시정부의 재정조달이 미주 대한인국민회로부터의 송금 중단으로 급속히 악화되었다. 임시정부의 재정문제는 우선 미주 대한인국민회의 의무금 제도를 국민공채제도로 개정하면서 관리권을 직접 구미위원부에 넘겨주었기 때문에 바로 발생하였다. 미주 동포들이 모두 일정 '의무금'을 국민회에 납부하면 국민회가 임시정부에 송금하여 안정적으로 재정자금이 임시정부에 조달되도록 도산이 제도화해 두었었다. 통합 임시정부 수립 후에 대통령 이승만은 미주에서 더 많은 기부금을 걷기 위하여 '공채'를 발행해서 애국성금을 조달하도록 하고, 미주의 애국공채는 이승만이 직접 지휘하는 구미위원부가 전관하도록 제도를 개정한 것이었다. 구미위원부는 대통령 이승만이 책임자였으므로 미주의 애국성금은 모두 대통령 이승만이 미주에서 사용하게 된 것이었다. 재무총장 이시영은 이승만 대통령의 요구를 승인하여 결재해 버렸다. 그 결과 미주의 애국성금은 미주에서 대통령 이승만이 전관해서 모두 사용하고, 미주로부터 임시정부로의 고정액 송금이 중단되어 버린 것이다.

넷째, 1920년 12월 5일 상해에 부임한 대통령 이승만은 임시의정원 연설에서 상해 임시정부에 대한 비판여론에 대응하여 여전히 비폭력 '외교노선'을 계속 집행할 것이라고 천명하면서 군사무장투쟁도 지지한다고 연설하지 않고 군사무장투쟁노선은 반대한다는 입장을 명백히 한 사실이다.[2] 이것은 임시정부의 독립전쟁노선과 대통령 이승만의 외교독립운동노선이 매우 다른 것이었기 때문에 심각한 문제를 야기하였다.

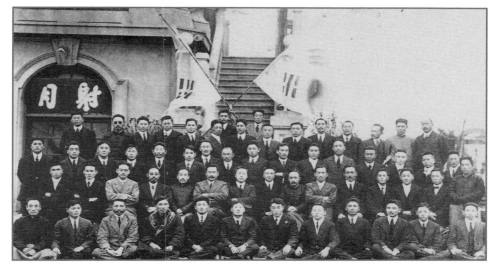

사진 53 대한민국 임시정부 및 임시의정원 신년 축하기념(1921.1.1.)

또한 이승만은 임시정부가 재정난에 허덕이고 있음을 알면서도 미국에서 대통령으로서 수령한 애국공채의 성금을 한 푼도 임시정부에 가져오지 않았다.

다섯째, 국무총리 이동휘가 이승만의 독재와 반反무장투쟁노선을 비판하면서 대통령 권한을 축소하고 대통령 중심제와 국무총리제도를 국무위원제도로 개정하자는 제안을 의정원에 제출하였다. 이 제안이 부결되자 이동휘가 국무총리직을 사임하고 임시정부에서 탈퇴하여 임시정부에 큰 타격을 주었다.

이에 이 문제들을 해결하고 임시정부와 독립운동을 단결 강화시키기 위한 대책이 필요하게 되었다. 그 가운데서도 대통령 이승만의 비타협적 외교 중심 노선 고집과 다른 총장들의 독립전쟁 중심 노선의 갈등,

---

2 《독립신문》 1921년 3월 5일자 참조.

그리고 재정궁핍 문제는 매우 심각하였다.

특히 대통령 이승만이 앞서 지적한 바와 같이 대환영을 받은 뒤 행한 의정원 연설에서 '외교노선'을 고수하면서 '무장투쟁노선'을 비판한 것은 임시정부의 독립운동가들 사이에 폭풍 같은 논쟁을 불러일으켰다. 국무총리 이동휘는 이승만을 '위임통치' 제안자라고 대통령 자격을 문제 삼다가 도산의 설득으로 침묵하고 있었는데, 대통령 이승만이 부임해 와서 의정원 첫 연설에서 독립전쟁론을 비판해 놓았으니, 불씨에 기름을 부은 격이 되었다. 국무총리 이동휘는 대통령 이승만을 "썩은 대가리"[3]라고 공격하였다.

임시정부 대통령과 국무총리의 노선 갈등은 매우 심각한 양상으로 전개되었다. 도산의 이승만 변명도 더 이상 통하지 않게 되었다. 1920년 12월 말 대통령 권한을 축소하고 행정처리를 국무위원의 다수 결정으로 집행하자는 국무총리 이동휘의 의안도 이승만 동조세력의 반대로 부결되었다. 이에 이동휘는 1921년 1월 24일 국무총리 사퇴를 발표한 것이었다.

또한 임시정부의 재정난의 해결도 전망이 어둡게 되었다. 미주에서 애국공채를 발행하여 거둔 미주 동포들의 성금은 대통령 이승만의 고집과 독단으로 상해 임시정부에는 송금될 전망은 없었다. 도산이 조직한 '연통제'와 '교통국'의 국내로부터의 독립자금 조달도 1920년 후반부터는 현저히 축소되었다. 무엇보다도 일제 헌병대와 고등경찰이 임시정부 연통제와 교통국 조직을 철저히 내탐하여 독립자금을 낸 애국자들을 체포 고문 탄압했기 때문에 국내 독립운동 자금 조달이 어려워졌다. 임시정부는 재정난으로 독립운동에 매우 큰 지장을 받게 되었다.

---

3 《도산 안창호 전서》, 215~216쪽 참조.

도산은 이 시기에 만주에 북미실업주식회사의 한인 모범촌 건설을 위한 자금 1만 달러를 미주 '흥사단'으로부터 송금받아 은행에 유치해 두었었다. 임시정부는 이를 알고 임시정부 청사 내 폭탄 폭발사고로 부상당한 임검 프랑스 경찰관 치료비를 긴급 '차용'해 달라고 수차례 간청하였다. 프랑스 조계에서 철수당할 수 있는 위험한 임시정부의 재정 상태를 잘 아는 도산은 이를 '상환'받지 못할 것을 잘 알면서도 '대출'해 주었다. 이것은 일시적 해결책이었을 뿐이었다. 임시정부의 도산(흥사단) 부채는 상환받지 못해서, 도산과 흥사단만 북미 실업주식회사의 한인 모범 농촌 건설을 수행하지 못하고 말았다. 도산은 별세할 때까지 '흥사단 동지들'에게 사과했고, 훗날 송종익이 대신 변상했다고 한다.

2. 독립운동가들의 '국민대표회의' 제안과 도산의 동의 결정

상해의 임시정부가 1921년 1월 24일 국무총리 이동휘의 탈퇴 발표를 전환점으로 하여 분열상을 밖으로 내보이게 되자, 독립운동을 지도하는 최고기관의 개편 필요성을 절감한 박은식朴殷植·원세훈元世勳·김창숙金昌淑·왕삼덕王三德·유예균劉禮均 등 14명은 1921년 2월 초에 북경에서 〈우리 동포에게 고함〉이라는 성명서를 발표하고 국민대표회의의 소집을 요구하였다.

박은식·원세훈 등 14명이 국민대표회의 소집을 요구한 동기는 ① 통일적인 강고한 정부의 조직과 ② 중지와 중력을 모은 독립운동의 최량 방침의 수립을 위한 것이라고 성명되었다.[4]

이것은 박은식, 원세훈, 김창숙 등이 실제로는 당시의 상해 임시정부의 역량을 불신하고 이것을 명실상부하게 독립운동의 최고기관으로 개편하기 위한 것이었으며, 또한 독립전쟁을 효과적으로 수행하기 위한 독립군 단체들의 통합과 군사적 지휘계통의 통일을 확립하기 위한 것이었다.

신채호 등 북경군사통일회는 1921년 4월 20일 군사통일주비회軍事統一籌備會를 개최하여 박은식, 원세훈 등의 국민대표회의의 소집 제안을 지지하기로 결정하고, 국민대표회의 주비위원으로 박용만朴容萬·신숙申肅 등 5명을 임명하였으며, 신채호로 하여금 국민대표회의의 홍보기관지로 《대동大同》이라는 잡지를 간행하도록 결의하였다.

도산은 임시정부의 약화에 대해 그 '토대'의 취약성을 절감하고, 처음에는 임시정부를 떠받치는 '대독립당'의 창당을 구상했었다. 그러나 대통령 이승만이 상해에 와서도 임시정부 동지들과 의정원 의원들의 '위임통치론'에 품고 있는 의혹에 대해 명료한 사과도 하지 않고 도리어 임시정부의 독립운동 최고전략인 독립군의 독립전쟁전략을 비판하면서 '외교독립운동'만 고집하는 것을 보고 크게 실망하였다. 이승만 대통령이 임시정부 각료들에게 대통령 사임을 약속해 놓은 다음 이튿날 이를 번복하고서 태평양 군축회의 지원을 구실로 급히 미국 하와이로 떠나버리려고 하는 것을 보고, 도산은 종래 변호해 주었던 임시대통령 이승만에 대한 희망과 기대를 접게 되었다.

도산은 이때 절대 다수의 국민대표회의 제안자들의 제의와 주장이 정당하다고 판단하였다. 그러나 전 세계 각처에 산재한 독립운동단체

---

4 〈반임시정부측의 국민대표회의개최에 관해 1921년 2월 18일자로 조선총독부 경무국장이 외무차관에게 통보한 요지, 반임시정부측의 국민대표회의개최에 관한 건〉, 별지 및 〈우리 동포에게 고함〉, 《한국민족운동사료》(국회도서관), 중국편, 276~277 참조.

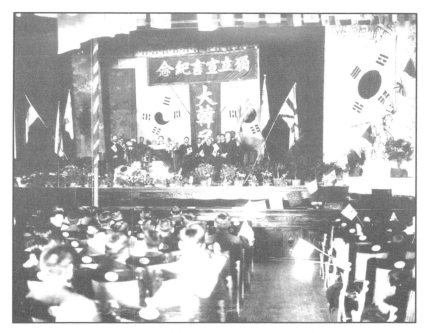

사진 54 상해에서 개최된 3·1절 2주년 기념식 행사(1921.3.1.)

대표들을 한자리에 모아 국민대표대회를 개최할 능력을 가진 단체는 실제로 하나도 없었다.

도산은 1921년 3월 1일 3·1절 경축식에 참석한 임시정부 요인들과 함께 경축식과 기념사진 촬영 후에 '국민대표회의'에 대한 여론을 경청하였다. 도산은 바로 북경으로 가서 박은식, 원세훈 등 국민회의 개최 제안자들을 만나서 의견을 나누었다.

도산은 상해의 동지들과 협의한 뒤, 해외 독립운동 단체 대표들의 '국민대표회의'를 개최하여 '상해 대한민국 임시정부'를 세계 모든 한국 독립운동세력이 참가하도록 대폭 개조 강화해서 항일독립투쟁을 더욱 강력히 전개하기로 결심하였다.

3. 도산의 임시정부 개조 강화를 위한 국민대표회의 개최 활동

도산은 1921년 5월 10일 '국민대표회의 주비위원회 선언'을 발표하였다. 도산은 동시에 임시정부를 확대 개편하려는 '국민대표회의' 추진이 자기의 임시정부 '노동국 총판' 직책과 모순되므로, 1921년 5월 10일 노동국 총판을 사임하였다.

도산은 이어서 여운형과 함께 1921년 5월 12일부터 제1회 대강연회를 열어 정열적 연설로 국민대표회의의 소집을 적극 지지하였다.[5] 5월 19일에는 다시 제2회 대강연회를 열어 대연설을 한 뒤에 청중 3백여 명의 찬동을 얻어 상해국민대표회기성회上海國民代表會期成會를 조직하고, 여운형 등 20명을 위원으로 선정하여 이 운동에 박차를 가하였다.[6]

도산의 국민대표회의 개최 지지는 기존 대한민국 임시정부를 확대 개조하여 전 세계 모든 독립운동단체들이 참가하고 지지하는 한국민족의 강력한 임시정부를 만들어서 독립운동을 비약적으로 강화하기 위한 것이었다. 도산 안창호 등의 국민대표회의 소집 지지는 국민대표회의 개최가 세계 각지 한국민족 독립운동의 대세가 되는 데 결정적인 전기가 되었다.

사태가 불리하게 전개되고 있음을 본 이승만은 임시의정원에 "외교상의 긴급과 재정상의 절박으로 인해 상해를 떠난다"는 글을 남기고 1921년 5월 29일 상해를 떠나 샌프란시스코로 가 버렸다.[7]

---

5 〈여운형, 안창호의 국민대표회촉진을 위한 연설〉, 《한국독립운동사자료》 제2권, 548~576쪽 및 《獨立新聞》 1921년 5월 21일자, 〈안창호씨의 연설〉 참조.
6 《독립신문》, 1921년 5월 21일자, 〈국민대표회촉진의 제2회 대연설회〉 및 〈국민대표회기성회 조직위원 이십인 선출〉, 《한국독립운동사자료》 제2권, 577~578쪽 참조.
7 《朝鮮獨立運動》 II, 〈不逞鮮人幹部等の擧事〉, 455쪽 참조.

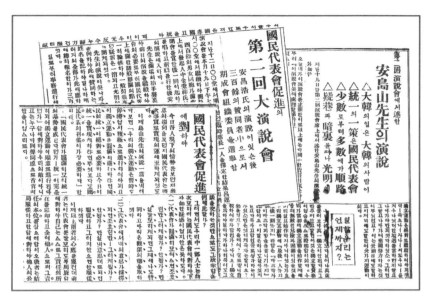

사진 55 국민대회 개최를 촉구하는 도산의 연설을 실은 《독립신문》(1921.5.21. 및 5.25.)

도산은 북간도, 서간도, 연해주, 미주, 하와이 등의 독립운동단체, 교민단체들에게 각종 방법으로 연락하여 '국민대표회의' 개최의 중요성과 참가를 요청하고, 북경과 천진에는 직접 찾아가서 지지와 지원을 약속받았다.

전 세계 한국인 독립운동단체들이 상해에 모여 '국민대표회의'를 개최함에는 큰 경비가 소요되었다. 도산은 경비 조달을 겸하여 미주에 건너가려고 1921년 9월 14일 미국정부에 비자를 신청하였다. 그러나 이승만이 미국정부에 방해하는 편지를 내어 도산의 미주행은 중지당하였다.

도산과 독립운동계가 국민대표회의를 준비하고 있을 때 두 개의 국제회의가 개최 예정이어서 한국 독립운동가들의 기대와 희망을 모았다. 하나는 1921년 11월 12일 미국 워싱턴에서 개최되는 '태평양 군축회의'였다. 다른 하나는 1922년 1월 21일 소련 모스크바에서 개최되는 '극동

인민대표회의'(극동 피압박민족대표회의)였다.

임시정부는 9개 강대국이 모여 군축 규모를 정하고 식민지 문제를 다루는 태평양 군축회의에 큰 기대와 희망을 걸고 이 회의에 출석할 '대한민국대표단'을 임명 파견하기로 결정해서, 대표에 이승만, 부대표에 서재필, 서기에 정한경, 고문에 돌프(Dolph)를 임명하였다. 임시정부에서는 의정원 의장 홍진을 대표로 한 '태평양외교 후원회'와 도산이 대표가 된 '외교연구회'를 조직하여 대표단의 외교활동을 적극 후원하였다. 본국에서도 이승만의 요청에 응하여 전국 13도 대표와 51개 사회단체 대표 등 372명이 서명 날인한 '한국인민이 태평양회의에 보내는 서한'(韓國人民致太平洋會議書; 한국인민치태평양회의서)을 작성하여 보내었다.

그러나 태평양 군축회의는 이듬해 1922년 2월 6일까지 계속되었지만, 한국독립문제는 아예 상정조차 하지 않았다. 임시정부와 독립운동계·한국민족의 실망은 매우 컸다. 이승만의 위신도 크게 추락하였다. 도산도 크게 실망하였음은 물론이다.

한편 임시정부는 '극동인민대표회의'에 공식대표를 파견을 하지 않았으나, 도산은 여운형과 밀접한 통신을 하면서 귀추를 관찰하였다. 이 대회에는 국외 독립운동계는 물론 국내 노동공제회를 비롯하여 전 세계 한국인 사회단체 대표들 52명이 참가하였다. 2월 2일까지 계속된 이 대회에서 한국인 대표로는 김규식과 여운형이 공동의장으로 선출되어 한국민족의 자유해방·독립을 역설하였다. 또한 레닌도 한국독립운동과 임시정부를 지지하여 200만 루블의 독립운동 자금지원도 약속하였다.

도산은 이때 상해로 돌아온 여운형으로부터 상세한 정보를 듣고, 이후부터는 독립운동에 진실로 도움만 준다면 중국의 손문孫文처럼 방법으로서의 연공聯共(공산주의와의 연합전선)도 거부할 필요가 없다고 생각하게 된 것으로 보인다.

상해 임시정부는 처음에는 국민대표회의 소집에 반대했으나, 대세가 개최로 기울자 소수의 현 임시정부 고수파를 제외하고는 다수가 국민대표회의 소집에 찬동하게 되었다. 그리하여 1922년 4월 14일에는 임시정부 의정원에서도 국민대표회의 개최를 요구하는 '102인 인민청원안'이 가결되기에 이르렀다.[8]

이에 상해에서 1922년 5월 10일에 국민대표회의 준비위원회가 조직되어 선언서를 발표하고, 위원장에 남형우南亨祐, 회계에 김철金澈·원세훈, 서기에 나용균羅容均·서병호徐丙浩가 선임되어 국민대표회의를 개최하기 위한 본격적인 사무가 진행되었다.[9]

원래 '국민대표회의 준비위원회'는 국민대표회의를 1922년 9월에 개최할 예정이었으나, 준비 부족으로 연기되었다. 우선 전 세계에 흩어져 있는 독립운동단체들의 대표를 중국 상해에 집합시키는 데 상당한 기간이 필요했고, 다음에는 대회 경비의 보충이 필요하였다. 경비는 각 단체 대표가 지참하는 것을 원칙으로 했으나, 독립운동단체들은 가난했고 대표들이 상해에 장기 체류하는 경우에는 경비가 크게 부족했기 때문이었다. 마침 한형권과 윤해尹海가 1922년 11월 레닌의 지원금 26만 루불을 가져왔으므로 재정 부족 부분을 충당하게 되었다.

'국민대표회의 준비위원회'는 1922년 연말까지 전 세계 각지 독립운동단체 대표들을 상해에 도착하도록 하고, 1923년 1월 3일을 '국민대표회의' 개최일자로 결정하였다.

도산은 이 국민대표회의 준비과정을 선두에 서서 총지휘하였다. 도산

---

8 《독립신문》, 1922년 6월 24일자, 〈인민의 청원안통과〉, 《한국독립운동사자료》 제2권, 525쪽 참조.
9 〈국민대표회의 경과 및 국민대표회 주비위원회 선언서〉, 《한국독립운동사자료》 제2권, 585~587쪽 참조.

은 침식을 잊다시피 하면서 한국 독립운동단체들의 '대동단결'과 임시정부의 개조 확대 강화를 위해 참으로 헌신적 노력을 집중하였다. 여운형이 누구보다도 도산의 노선을 지지하여 적극 협조하였다.

도산이 국민대표대회 준비활동을 하는 도중에 그가 창설을 지도한 만주의 독립군인 광복군총영光復軍總營이 무장독립단체들을 더욱 통일하여 통군부統軍府로 확대 개편되면서 1922년 11월 도산을 총장(총사령관)으로 추대하였다. 도산은 기꺼이 이를 수락하고 강력한 독립군부대의 최고지도자가 되었다. 도산이 통군부의 총장을 맡은 것은 이 통합 독립군 단체가 다시 '통의부'로 명칭을 바꾼 수개월 동안이었지만, 도산이 통일 독립군 부대의 총장으로 추대되었다는 사실 자체가 도산과 독립군 무장 독립운동 사이의 친화력을 알려 주는 것이며, 독립군단체들의 통일운동에서도 도산의 지도력이 높이 존중되었음을 보여 주는 것이다.

중국 상해에서 1923년 1월 3일부터 개최된 '국민대표회의'에는 전 세계로부터 70여 독립운동단체의 124명의 대표들이 참가하였다.[10] 국민대표회의의 원래 양대 목적은 ① 독립운동 노선의 통일, ② 임시정부의 개조 강화였다.

국민대표회의는 1923년 1월 3일 임시 의장 도산 안창호의 사회로 지휘부 선출에 들어가서 의장에 김동삼金東三, 부의장에 안창호·윤해, 비서장에 배천택裵天澤, 비서에 김〇〇·오창환吳昌煥·박완朴完 등을 뽑았다.[11]

도산은 부의장의 직책에 선임되었으나, 개최지가 상해인 점도 맞물려 실제로는 도산이 국민대표대회의 실무를 대표하다시피 되었다.

국민대표회의는 ① 보고(주비회籌備會의 경과보고와 각 지방 각 단체의

10 김희곤, 《중국관내 한국독립운동단체연구》, 지식산업사, 1995, 139~192쪽 참조.
11 〈국민대표회의기사〉, 《한국독립운동사자료》 제2권, 614~623쪽 참조.

사정보고), ② 시국문제, ③ 선서 및 선언, ④ 독립운동의 대방침(㉠ 군사, ㉡ 재정, ㉢ 외교), ⑤ 생계, ⑥ 교육, ⑦ 노동, ⑧ 국호 및 연호, ⑨ 헌법, ⑩ 과거 문제의 해결(㉠ 위임통치 사건, ㉡ 자유시 사건, ㉢ 40만원 사건, ㉣ 호림밀산虎林密山 사건, ㉤ 통의부 사변, ㉥ 기타 사건), ⑪ 기관조직, ⑫ 신사건, ⑬ 실포實佈의 순으로 토의하기로 결의하였다.[12]

국민대표회의는 또 재정·군사·외교 분과위원회의 결의안까지 토의하여 통과시키고, 대통령불신임안을 가결시켰다. 그러나 그다음 상해 임시정부를 어떻게 강화시킬 것인가의 문제에 부딪혔다. 원칙적으로 기존 임시정부를 인정하고 이를 '개조 강화'할 것인가에 그치지 않고, 상해 임시정부를 완전히 부정하면서 노령 등지에 새로운 임시정부를 '창조'하자는 주장이 대두하여, 이 문제를 놓고 은근히 대립되던 견해들이 1923년 3월부터 표면화되었다.

윤자영尹滋英 등 19명은 1923년 3월 8일 연서로 임시정부 '개조改造' 3항을 다음과 같이 대회에 제출하였다.

1. 본 국민대표회의는 우리들의 운동으로써 세계의 피압박민족의 해방운동과 통일전선이 되도록 결정.
2. 본 국민대표회의는 우리들의 운동으로써 혈전血戰에 중점을 두고 조직적으로 추진해 가기로 결정.
3. 본 국민대표회의는 대한민국 임시정부의 조직, 헌법, 제도, 정책 및 기타 일체를 실제운동에 적합하도록 개선할 것.

이 임시정부 '개조안'은 1923년 3월 12일 국민대표회의에서 가결되었다.

---

12 《독립신문》 1923년 3월 1일자, 〈회의 제16일〉, 《한국독립운동사자료》 제2권, 626~627쪽 참조.

그러나 이튿날인 3월 13일 김우희 등은 상해 임시정부를 부정하고 새 임시정부를 새로 '창조'하자는 다음과 같은 '신조직 제의안'을 대회에 제출하였다.

1. 앞으로의 우리 독립운동은 전민족의 유일한 철혈주의로써 적극적으로 추진할 것.
2. 과거 5년 동안에 조직된 각 기관 및 단체는 그 명칭의 높고 낮음과 시설의 넓고 좁음을 논하지 말고 일체 이를 폐지하고, 본 회의에서 우리들의 운동에 적합한 헌법으로 통일된 깃발 아래 새롭게 조직할 것.

이 새 임시정부 '창조안'은 3월 16일까지 토론했으나 결론을 얻지 못하고 휴회하여 조정하기로 했다. 그러나 토론과 조정과정에서 참가대표들은 '개조파'와 '창조파'로 분열되어 합의에 도달하지 못하였다.

개조파는 ① 안창호 등 초기 상해 임시정부의 수립인사들, ② 여운형 등 신한청년당新韓靑年黨과 상해교민회의 인사들, ③ 고려공산당의 상해파, ④ 김동삼·배천택·이진산李震山 등 서간도의 독립군 단체 대표들이 중심이 되었다.

창조파는 ① 윤해 등 고려공산당 이르쿠츠크파, ② 원세훈 등 북경의 독립운동자들, ③ 박용만·신숙·신채호 등 북경군사통일회, ④ 김규식 등 상해 임시정부의 일부 인사들이 중심이 되었다.

도산은 분열된 창조파와 타협하여 국민대표회의를 성공시켜서 다시 거대한 통일 임시정부를 탄생시키고자 노력하였다.

그러나 '개조파'만 도산의 '대통일' 정책을 따르겠다고 약속했지, 창조파는 주도권을 잡기 위하여 양보하지 않았다. 창조파는 국호, 연호, 헌법을 모두 새로 정하여 새로운 임시정부를 탄생시키자고 주장하였다.

이 위에 기존 임시정부 임시 대통령 이승만은 미국에서 국민대표회의에 참가한 하와이 대표단과 임시의정원 의원들에게 현 정부를 그대로 유지해야 하며, 개조파와 창조파를 막론하고 국민대표회의 자체를 거부하라고 전보로 종용하였다.[13] 이에 임시정부의 확대 강화를 위한 국민대표회의를 지지했던 임시정부 의정원과 임시정부 각료들 가운데 현 임시정부 고수파가 나와서 이전의 국민대표회의 지지가 '위헌'이라고 주장하고, 1923년 5월 4일 윤기섭 의정원 의장이 제출한 임시헌법개정안을 무효화시켰다.

국민대표회의가 임시정부의 개편문제를 놓고 개조파·창조파·현 임시정부 고수파로 분열되어 난항에 빠지자, 서간도의 독립군 단체들은 분개하여 국민대표회의 의장 김동삼과 비서장 배천택, 헌법기초위원 이진산 등 그들의 대표를 소환해 버렸다.

개조파의 중추세력이 소환되어 떠나가 버리자, 이에 창조파가 회의의 헤게모니를 장악하고 의장에 윤해, 부의장에 신숙, 비서장에 오창환 등을 선출한 다음, 회의를 창조파 중심으로 이끌어 나갔다. 개조파는 5월 23일부터는 회의에 출석하지 않았으므로, 이에 국민대표회의는 분열에 직면하게 되었다.[14]

도산은 분열을 막으려고 최후로 개조파·창조파·현 임정 고수파의 대표자들을 비공식적으로 초청하여 회의를 열었다. 도산의 한 걸음씩 양보의 요청으로 개조파는 창조파와 현 임정 고수파의 합의만 이루어지면 무조건 따르겠다고 하였다. 창조파는 국민대표회의가 제정한 새 헌법을 모두가 수용할 것을 요구하였다. 현 임정 고수파는 어떠한 새 헌법이든

---

13 《도산안창호자료》Ⅰ, 〈국민대표회의 경과에 관한 건〉, 58쪽.
14 《독립신문》 1923년 6월 13일자, 〈회의 제63일〉, 《한국독립운동사자료》 제2권, 648~649
    쪽 참조.

지 현 임시의정원에서 최후로 통과되어야 수용할 수 있다고 주장하였다. 창조파와 현 임정 고수파의 의견이 조정되지 않았다.

창조파는 더 이상 타협하지 않고 단독으로 1923년 6월 7일 회의를 열어 새로운 헌법을 제정하고, 새로운 국호(韓, 일설 조선공화국朝鮮共和國)와 연호를 결정하였다. 창조파는 입법부인 국민위원회를 조직하여 윤해 등 33명을 위원으로 선출하고, 행정부인 국무위원회를 조직하여 김규식金奎植을 정부수반으로 선출했으며, 박은식, 신채호, 이동휘, 문창범文昌範 등 31명을 고문으로 추대하였다.[15]

이에 분개한 현 임정 고수파는 상해 임시정부 내무총장 김구가 내무부령 제1호로, 이어서 국무원포고 제3호로 이 창조파의 새 임시정부를 격렬하게 규탄하였다. 결국 국민대표회의는 완전히 분열되어 실패로 끝나고 말았다.[16]

도산은 대한민국 임시정부를 국민대표회의를 통하여 크게 확대 강화해서 '개조'하기 위해 선두에서 활동했으나, 결국 '창조파'의 출현 및 독단적 행동과 현 임시정부 고수파의 반전으로 국민대표회의 자체가 실패로 돌아가게 된 것이다.

당시의 독립운동 사정을 객관적으로 볼 때 도산 안창호의 임시정부 '개조'에 의한 확대 개편 강화의 정책과 노선이 정당하고 정확했다고 판단된다. 소위 '창조'파가 큰 오류에 빠진 것이었다. 이 사실은 그 후의 창조파의 해체 과정에서 명료하게 증명된다.

김규식을 국무위원회 위원장(행정수반)으로 하는 창조파의 새 임시정부는 1923년 8월 30일 새 임시정부의 설치 예정지인 러시아령 블라디보

---

15 《독립신문》 1923년 6월 13일자, 〈대표회의파열진상〉 참조.
16 〈국민대표회의결렬〉, 《한국독립운동사자료》 제2권, 651~654쪽 참조.

스토크에 도착하였다. 그들은 이동휘의 영접을 받고 창조파의 새 임시정부를 지탱해 줄 '독립당'을 조직하기로 합의하였다.

그러나 코민테른과 소련 공산당 정권은 1923년 12월 말경 한국인의 새 임시정부를 인정하지 않았다. 바로 이해 여름에 소련과 일본이 어업협정을 표면에 내세워 비밀회담을 하면서 소비에트 러시아가 한국독립운동을 소비에트 영토 내에서 금지해 주면 시베리아에 출병한 3개 사단의 일본군을 무혈 철수시킬 것을 비밀리에 약속 합의했기 때문이었다.

결국 창조파의 새 임시정부는 1924년 2월 15일 블라디보스토크에서 추방당하여 해체되었다. 이어서 일본군의 시베리아로부터의 철수가 있었고, 소비에트 러시아는 1924년 12월 블라디보스토크까지 '소비에트 사회주의공화국연방'을 선포하였다. 창조파는 국민대표회의만 분열시키고 소련과 코민테른에게 버림받아 해체된 것이었다.

또한 현 임시정부 고수파의 독선과 고집도 비판되었어야 할 것이었다. 전 세계에 분산된 독립운동세력과 지도자들을 모두 개방적으로 통합해야지 당시의 간부 구성을 마치 기득권처럼 고수하려는 고집은 임시정부의 약화를 결과하지 않을 수 없는 것이었다.

도산은 국민대표회의 개최과정의 경험에서 정부를 '개조' '강화'하기 위해서는 그 저변에 있는 독립운동 정당과 단체들을 먼저 '통일'하여 '통일대당統一大黨'을 결성하고, 그 통일대당이 주도하여 임시정부를 확대강화시킬 필요가 있음을 절감하였다. 도산은 낙망하지 않고 독립운동을 다시 강화시킬 구상을 하면서 그 준비를 위하여 1924년 도미를 준비하였다.

4. 동명학원東明學院의 설립

도산은 국민대표회의 실패로 임시정부가 극도로 약화되고 중국 관내 독립운동이 침체된 시기에, 독립운동의 기반을 강화하기 위해 흥사단 원동위원부의 사업으로 중국 남경南京에 중국인 건물을 세내어 1924년 3월 3일 '동명학원東明學院'을 설립하였다.

당시 일제의 식민지정책이 한국 내의 대학설립과 대학교육을 금지하고 있었기 때문에 다수의 한국인 학생들이 일본에 유학하거나, 일본이 싫은 경우에는 중국 관내의 남경이나 상해에 들어와서 중국대학이나 미국과 유럽에 유학가려고 준비하고 있었다. 남경은 금릉대학金陵大學이 있는 교육도시였을 뿐 아니라, 미국·유럽으로 유학 가는 통로가 되어 있었기 때문에 대학교육을 받고자 하는 향학열 높은 한국 학생들이 상해보다도 더 다수였다. 그러나 중국어와 영어 등 어학문제로 어려움을 겪고 있었다. 도산은 이 한국 청년학도들을 모아 영어와 중국어 교육을 시켜주면서 애국교육을 실시하고 동의하면 흥사단에 가입시켜서 한국독립의 간부 인재를 양성하려고 동명학원을 설립한 것이었다.

도산은 "우리 민족으로 말하면 아름다운 기질로, 아름다운 산천에 생장하여, 아름다운 역사의 교화로 살아온 민족이므로 근본이 우수한 민족이다."[17] 그런데 오늘날 같이 한때 불행한 처지에 놓인 것은 선진한 구미의 문화를 늦게 수입하여 힘을 양성하지 못한 까닭도 있으니, 청년들이 구미유학을 하는 것은 매우 바람직한 일이고, 여기에 애국교육을 첨가하면 민족의 인재가 양성되는 것이라고 도산은 생각하였다.

---

[17] 安昌浩, 〈國內同抱에게 드림(三)〉, 《동아일보》 1925. 1. 25.; 《도산안창호전집》 제11권, 170쪽.

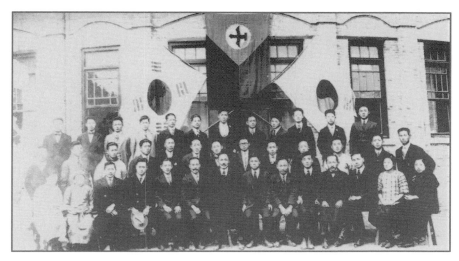

사진 56 동명학원 창립기념(1열 가운데가 도산)

동명학원의 원장은 도산 안창호 자신이 맡았다. 부원장은 선우혁鮮于
爀, 명예원장에는 서울 YMCA 간사였다가 일제에게 추방당한 한국 독립
운동에 협조적인 미국인 질레트(Philip H. Gillet 吉禮泰)를 추대하였다.
학원 총무는 차리석車利錫이 담당하였다. 교사는 한국인 5명, 서양인 1
명, 중국인 1명이었다.

여름방학에는 하기강습회를 열었는데, 영어 교사에는 밀러(Miller), 이
일림李逸林, 주요섭朱耀燮 등이 맡았고, 국어와 국사는 김두봉金枓奉이 특
별히 와서 강의하였다.

학제는 3년제로 하되, 입학은 봄·가을에 두 차례 선발하고, 실력에
따라 1학년과 2학년에는 시험을 보이어 취학시키는 편입제도를 두었다.
편입시험은 초등 또는 중등 영어독본, 문법, 회화 등의 시험을 보이어 2
학년까지만 허락하고, 3학년은 편입을 허락하지 않았다.

동명학원이 《동아일보》 1925년 2월 20일자에 낸 학생모집 광고를 통
해 입학자격과 교육과목을 보면 다음과 같다.

표 **8** 동명학원 1925년 춘기 입학자격과 학년별 과목표

학년	1학년 을반	1학년 갑반	2학년	3학년
입학자격	보통 1개년 이상 영문 수학자	보통 2개년 이상 영문 수학자	보통 3개년 이상 영문 수학자	
과목	模範讀本〔모범독본〕2	天方夜談 〔천일야화〕	魯濱遜飄流記 〔로빈슨표류기〕	莎氏樂府 〔셰익스피어 희극〕
	伊索萬言 〔이솝우화〕	三十軼事 〔30 유명한 이야기〕[18]	公民學〔공민학〕	拾聞記〔습문기〕
	五十軼事 〔50 유명한 이야기〕	亞細亞地理 〔아시아지리〕	歐羅巴地理 〔유럽지리〕	修辭學〔수사학〕
	文法〔문법〕	文法〔문법〕	世界史〔세계사〕	文學史〔문학사〕
	會話〔회화〕	會話〔회화〕	文法〔문법〕	科學通論〔과학통론〕
	綴字〔철자〕	作文〔작문〕	會話〔회화〕	作文〔작문〕
			作文〔작문〕	

* 자료:《동아일보》1925년 2월 20일자 광고.

동명학원은 위의 교과목 이외에도 학생들의 의사에 따라 과외과목으로 중국어, 대수, 기하, 타자 등의 과목을 설치해서 교육하였다.

동명학원은 설립 직후 1924년과 1925년에는 번창하였다. 1926년에는

---

18 James Baldwin. *Thirty More Famous Stories Retold*, American Book Company, New York, 1905를 중국어로 번역한 영어 교재이다. 이 책의 편찬자 James Baldwin (1841~1925)은 미국 인디아나주 출신 교육자, 작가 겸 영어 교과서 편찬자였다. 그는 초등학교 1학년부터 8학년까지의 학년별 영어 교과서 *School Reading By Grades* (학년별 학교 영어독본)를 학습하기 쉽고 재미있게 편찬하여 당시 세계적으로 명성이 있었다. 그는 영어교재로서 서양의 고전과 명작들도 흥미롭게 정확한 영어로 요약하여 교과서로 편찬·보급하였다. 그 가운데 *The Story of Roland*(로랑 이야기) 1883; *Fifty Famous Stories Retold*(다시 쓴 50 유명한 이야기), 1896; *Robinson Crusoe Written Anew for Children*(어린이를 위해 새로 쓴 로빈슨 크루소), 1905; *Thirty more Famous Stories Retold*(다시 쓴 30 더 유명한 이야기), 1905; *Stories of Don Quixote Written Anew for Children*(어린이를 위해 새로 쓴 돈키호테 이야기), 1910; *The Stories of Liberty*(자유의 이야기), 1919 등이 특히 유명하다. 도산이 설립한 동명학원 영어 교과서는 이들 가운데 제임스 볼드윈이 편찬한 《로빈슨 표류기》, 《三十軼事(30 유명한 이야기)》, 《五十軼事(50 유명한 이야기)》(*Fifty Famous Stories Retold*) 영어교재가 채택된 것으로 보인다.

신축교사도 완공하였다. 그러나 1926년에 알 수 없는 화재가 발생하여 신축교사가 소실되었다. 1927년에는 국민당군이 북벌을 시작하여 중국이 내전 상태가 되었으므로, 동명학원 학생들이 대부분 피신차 등록을 하지 않았다. 이 때문에 동명학원은 더 이상 지속하지 못하고 할 수 없이 4년 만에 문을 닫게 되었다.

그러나 동명학원은 존속기간까지에는 큰 성과를 내었으며, 그사이 배출한 학도들의 일부가 흥사단에 가입하여 흥사단 강화에 일정한 공헌을 하였다.

제16장

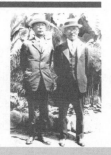

도산의 임시정부 국무령 사양과
민족혁명론

I. 도미와 상해 임시정부의 상태

1) 도산의 도미와 도산에 대한 모함

도산은 1921~23년까지 심혈을 기울여 노력한 국민대표회의가 개조파와 창조파와 현 임정 고수파 독립운동 지도자들의 주도권 다툼으로 실패한 것을 경험하고 심리적으로 상당한 충격을 받았던 것 같다.

그러나 도산은 낙담하지 않고 다시 독립운동전선을 통일 강화할 대책을 구상하였다. 도산은 임시정부의 약화나 독립운동 단체들의 통합은 지도자들의 아래에 있는 더 젊은 세대의 정치적 동맹결사에 의해 극복될 수 있다고 보았다. 도산은 '흥사단'을 더욱 강화하고, 각파의 대의를 중시하는 중견들을 동맹케 하여 대독립당, 민족유일독립당을 먼저 창당해야 한다고 생각하였다.

도산은 미주에서도 대한인국민회와 흥사단 단원들이 상해 사태를 염려하고 있음을 알고 급히 도미를 결심하였다.

도산은 미국 정부 당국에 도미 비자를 신청했으나 이승만파가 도산을 소련정부와 관련을 가진 공산당이라고 미국 측에 음해하여 미국정부 당국이 비자 발급을 거부하였다. 도산은 국적 신분을 바꾸어서 중국인 안창호安彰昊(Chang-Ho Ahn)로 비자를 신청하여 8개월 미국 체류 비자를 받고 중국인으로서 1924년 11월 24일 상해를 출발하여,[1] 호놀룰루를 거쳐 1924년 12월 16일 샌프란시스코에 도착하였다.

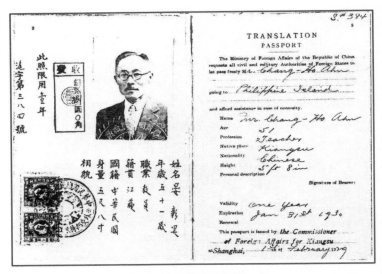

사진 57 도산의 중화민국 여권

　도산이 샌프란시스코 항에 상륙하기 하루 전에, 그는 미국에서 볼셰비키 공산주의자이므로 추방을 요구한다는 투서 모함을 당하였다.

　1924년 12월 15일 샌프란시스코 이민국에 콩 왕(Kong Wong)과 찰스 홍 리(Charles Hong Lee) 두 사람의 명의로 된 영어 문장과 문법이 매우 난삽한 다음과 같은 요지의 투서 한 장이 배달되었다.

　　나는 여기 귀 당국이 조사해야 할 볼셰비키 지도자의 사진을 동봉한다. 볼셰비키 리더 조사는 중요한 제의이다. 그의 이름은 안창호(C.H. Ahn or Chang Ho Ahn)이고, 상해를 출발하여 호놀룰루를 거쳐서 며칠 안에 샌프란시스코에 도착할 것이다. 그는 수년간 미국에 살았고, 그의 가족은 로스앤젤레스에 있다. 그러나 그는 6년간 중국에 가 있으면서 내내 볼셰비키 정부와 연결되어 있다가 지금 미국에 오고 있는 것이다. 그는 볼셰

ㅣ《독립신문》 1924년 12월 13일자, 〈안창호씨 도미〉 참조.

비키 정책을 광범위하게 잘 읽어 알고 있으며, 미국 샌프란시스코에 본부가 있는 대한인국민회(Korean National Assciation)와 로스앤젤레스에 본부가 있는 흥사단(Young Korean Academy) 그리고 멕시코에 있는 동양인 사이에 활동할 것이다. 그는 두 단체의 리더이다. 샌프란시스코와 미국 전역의 다른 도시와 멕시코와 하와이에 그의 단체들이 있다.

그러므로 나는 '대한인국민회'를 특별조사하고 그(안창호)를 가능한 한 즉각 중국으로 추방할 것을 희망한다. 아마 대한인국민회는 그를 보호하려 할 것이다. 그가 이 단체의 지도자이고 책임자이기 때문이다. 그를 조사하고 추방하지 않으면 그는 소속 단체 회원들에게 볼셰비키 정책을 더욱 전파할 것이다.[2]

투서의 요지는 안창호는 중국에서 6년간 볼셰비키 정부와 연계하여 활동한 공산주의자(볼셰비키)이며, 대한인국민회와 흥사단도 그의 조직으로 볼셰비키 활동을 더욱 전파할 것이므로 안창호를 미국에서 즉각 추방하도록 희망한다는 것이었다.

이것은 완전히 모함이었다. 안창호는 소련 볼셰비키 정부와 연계된 일도 없었고, 볼셰비키 공산당 활동도 한 일이 없었다. 대한인국민회나 흥사단도 공산주의 조직이 전혀 아니었다.

당시 미주의 한국인들은 안창호 지지세력인 대한인국민회와 이승만 추종세력인 대한인동지회와 박용만 무장독립운동노선 지지세력으로 3분되어 있었다. 이 사건을 검토한 연구자들은 도산뿐만 아니라 대한인국

2 ① U.S. Department of Labor, Immigration Service, Office of the Commissioner Angel Island Station Via Ferry Post Office, December 24, 1924. Document No. 238880/1-6. Investigation Arrival Case Files, San francisco, Records of U.S. Immigration and Naturalization Service, RG 85, National Archives, Pacific Region, San Bruno, Ca.
② 장태한, 《파차파캠프, 미국 최초의 한인타운》, 267~268쪽.

민회와 흥사단을 모함한 것으로 미루어 이승만 또는 이승만 계열 추종 세력이 자행한 투서라고 보았다.[3]

도산을 모함한 투서는 1924년 12월 15일 샌프란시스코 이민국에 접수되었으나, 이를 이민국 실무 담당자에게 전달되기 바로 전인 12월 16일 도산은 간단한 사증 검사의 입국 검열을 거친 뒤 입국해 버렸다.

뒤늦게 투서 내용을 전달받은 이민국 직원은 조사차 먼저 투서자를 찾았으나 가명이었는지 그러한 인물을 찾지 못하였다. 이민국 직원은 다음에 1925년 4월 28일 로스앤젤레스 피규어로아 스트리트 106번지 도산의 집과 흥사단을 조사차 찾아갔다. 그러나 이미 도산은 미국 동부 여행에 출발한 뒤여서 만나지 못하였다.

도산은 1924년 연말과 1925년 연초 약 1달 동안 가족과 로스앤젤레스 대한인국민회 및 흥사단 동지들과 지낸 다음 1925년 2월 초부터 캘리포니아주 중부 스탁턴과 북부 새크라멘토의 동포들을 방문하는 여행길에 올랐다. 1925년 4월에는 미국 동부 거주 동포 방문 여행을 시작하여, 5월 22일 필라델피아에서 서재필을 방문하여 독립운동방략을 토의하였다. 이어서 뉴욕-워싱턴-보스턴-뉴헤이븐-폴 리버를 거쳐서 6월에는 시카고에 도착하였다. 각지 방문은 동포들의 강연 요청과 대한인국민회 및 흥사단 단우들의 초청에 응한 것이었다.

도산이 시카고에 도착했을 때, 1925년 6월 3일 시카고 이민국 검사관 브레케(J. B. Brekke)가 호텔로 방문하여 도산이 볼셰비키인지 여부에 대한 대면 심문을 하였다. 검사관은 미국에 입국한 목적을 캐물었다. 도산은 ① 가족 상봉 ② 가난한 한국인 학생의 원조 방법 ③ 옛 친구 방문

---

3 ① Hyung-Chan Kim, Tosan Ahn Chang-Ho; A Profile of a Prophetic Patriot, Tosan Memorial Foundation, 1996.

  ② 장태한, 《파차파캠프, 미국 최초의 한인타운》, 245~271쪽 참조.

이라고 응답하였다. 상해로 돌아갈 예정일자의 질문에는 8개월 체류 예정이었고 6개월 비자 연장을 신청했으니 허가해 주면 1926년 1월 말까지 체류할 예정이라고 하였다.

시카고 이민국 검사관은 한국 독립운동가 안창호가 볼셰비키사상과 정책을 가진 인물인가 여부 판단은 공식적으로 보류하였다. 그러나 그 후 도산의 6개월 비자연장이 승인된 것으로 보아 볼셰비키가 아니라고 판단했던 것으로 추정된다. 그러나 도산을 '요주의 인물'로 분류하여 끝까지 감시하였다.

도산은 그 뒤 디트로이트-클리블랜드를 방문했다가, 비자 만기가 가까워 오고 여비가 부족하여 미국 중부와 서부의 방문은 단념하고 1925년 7월 로스앤젤레스 집으로 돌아왔다.

도산은 비자 6개월 연장이 승인되어 1926년 2월 16일까지 미국에 체류할 수 있음을 알고, 1925년 11월과 1926년 2월 초순에는 캘리포니아주 북부 다뉴바와 태몬트와 스탁턴의 동포들을 방문하였다. 도산은 연장된 비자의 만기로 1926년 2월 16일에는 샌프란시스코를 출항하여 상해로 돌아갈 계획이었다.

도산은 이번 도미 기간에 미주 각지 동포 방문 여행 기간을 제외하고, 일생에 딱 한 번 온 가족과 함께 마지막 단란한 몇 달을 보내었다.

도산은 그러나 가족과 함께 지낸 기간에나, 미주 동부와 캘리포니아주 북부 동포들을 방문한 이 기간에도, 국민대표회의 실패 후의 민족독립운동의 난국 타개와 독립 투쟁 강화 방법을 쉬지 않고 깊이 검토하고 연구하였다. 그 이후 나타난 것을 보면 도산은 이때 노장년 중심으로 구성되어 있고 대외적 지위와 명예에 결부된 '임시정부'의 대확대 강화보다는 청장년 중심으로 좌·우 각파를 통합한 '유일한 민족 대독립당'을 결성하여, 이를 중심으로 독립운동을 대폭 강화할 계획이었던 것

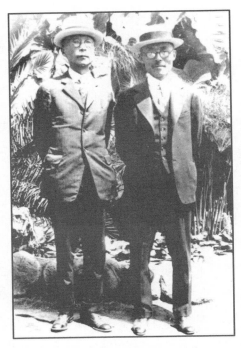

사진 58 서재필(좌)과 도산(1925)

으로 보인다. 임시정부에 대해서는 다른 나라의 '이당치국以黨治國'의 사
례들도 참작하여, 임시정부는 대외적 대표기관으로 두려고 구상한 것으
로 보인다. 그리고 '유일 대독립당'의 국민적 근저에는 만주 등을 비롯
하여 세계 각지에 독립운동근거지로서 한국인 모범촌을 조성하여 발전
시켜서 독립운동의 장기간 지속을 튼튼히 보장하려고 구상하였다.

  도산은 1925년 4월~7월 4개월간 미국 동부지방 각지에서 활동하고
있는 흥사단 동지들을 일일이 방문하여 새 방략을 토의하고 격려하면서
청년들의 새로운 힘과 애국열을 더욱 감지하였다. 그는 이 순방 중에 5
월 22일 필라델피아의 서재필을 방문하여 독립운동의 새 방략을 토론했
을 때에도 독립혁명운동 통일 추진의 큰 결심을 하였다.

또한 도산은 이때 흥사단에 입단한 장리욱을 대동하고 유타주 솔트레이크 시티에 있는 모르몬 교도들의 자치공동체에도 찾아가 관찰하고 '모범촌' 조성 관련 자료도 수집하였다.

도산은 다시 11월에 캘리포니아주에 산재한 흥사단 동지들과 대한인국민회 회원들을 방문했을 때도 새 독립운동 방략을 토론하고 격려하였다.

2) 상해 임시정부의 상태

도산은 1926년 3월 23일 샌프란시스코에서 출항하여 하와이 호놀룰루 –오스트레일리아–상해로 가는 소노마호(S. S. Sonoma)에 승선하여 샌프란시스코를 출발하였다. 그러나 이 여객선은 출항 직후 고장이 나서 다시 샌프란시스코에 귀항하여 수리 후 3월 2일에야 출항했기 때문에 약 10일간의 미국 체류 시간을 더 갖게 되었다. 이때 1926년 3월 25일 샌프란시스코 동포들이 한인 예배당 안에서 '안도산 송별회'를 열었는데, 다음과 같은 도산의 답사 요지에는 미주 체류에서 다진 그의 '민족혁명'에 대한 의지가 표명되어 있었다.

> 사회자의 소개로 정빈 안도산 선생이 등단하여 40분 동안 도도 수천언의 간곡한 연설을 하야, 청중 중에 감정이 연약한 남녀의 눈물을 쏟아 내었다. ……
> 안도산의 연설 대지는 당신 스스로가 무슨 영웅이 되어서 우리 광복 사업을 하루 이틀에 성취하겠다고 담보는 할 수 없으나, 우리 대한 혁명가 중의 한 분자의 자격을 가지고 우리 광복 사업을 위하야 최후의 일각까지 노력할 결심을 가지고 떠나시노라 하며, 우리 일반에게 권고하신 말씀은 누구나 자포자기하지 말고 모두 철저한 대한민국의 혁명가가 되자 하였다.[4]

도산은 이 고별강연에서 미주 체류 기간에 구상한 좌·우 각파를 연합한 대독립당의 '민족혁명' 광복사업을 최후의 일각까지 수행할 결심을 밝히고, 도산 자신도 스스로 '대한 혁명가'임을 명료하게 동포들에게 밝힌 것이었다.

도산은 1926년 3월 8일 하와이 호놀룰루항에 도착하였다. 도산은 원래 호놀룰루에 2주일 체류하여 각계 친구들과 동포들을 방문할 계획이었으나, 미국 이민국은 도산을 아직도 '추방' 중의 '요주의 인물'로 간주하여 허락해 주지 않았다. 도산은 호놀룰루 항구에 6시간 동안 하륙 도중에 감리교 예배당에 급히 모인 동포들에게 '강연'을 하고 그날 저녁 동포들과 작별하였다.

도산은 3월 23일 오스트레일리아 시드니에 이르렀고, 4월 22일 홍콩을 거쳐 5월 16일 상해에 도착하였다.

도산이 중국에서 한민족 독립운동을 '민족 유일 대독립당' 결성에 의한 민족혁명으로 크게 일으키려고 상해로 향했을 때, 상해에서는 임시정부 의정원이 도산을 '국무령'으로 선출해 놓고 도산의 상해 도착을 기다리고 있었다.

상해 대한민국 임시정부는 국민대표회 시기부터 도산이 미국에 체류한 1925년~1926년의 기간에 극도로 약화되어 정부의 유지 존속에도 허덕이고 있었다. 잦은 총리 및 각료 교체에서도 볼 수 있는 바와 같이 임시정부가 매우 불안정하게 되자, 이를 보완하는 조직 결성이 요구되었다. 이동녕과 노백린은 시사책진회를 조직하여 임시정부 옹호의 외곽 단체로 발전시키려고 하였다. 도산의 권고를 받은 흥사단 특별단우 김

---

4 ① 《신한민보》 1926년 2월 25일자, 〈안도산송별회〉.
② 장태한, 《파차파 캠프, 미국 최초의 한인타운》, 259~260쪽 참조.

구 등은 1922년 10월 조직한 한국노병회韓國勞兵會를 강화하여 임시정부
를 지원하면서 조국해방을 위한 '독립전쟁'을 준비하려고 하였다.[5]

임시정부는 국민대표회의가 1923년 1월 3일부터 개최되자, 노백린盧伯
麟을 국무총리로 선임하여 사태 변동에 대비케 했다. 이에 6월 '창조
파'가 상해 임시정부를 부정하고 새 임시정부 수립을 발표하자 내무총
장 김구가 내무령으로 창조파 정부의 즉각 해산을 명한 것은 앞서 쓴
바와 같다.

국민대표회의가 실패로 귀결된 후에도 상해 임시정부의 위기는 가시
지 않았다. 1924년 4월 9일 국무총리 노백린이 해임되고 내무총장 김구
가 국무총리 직무대리를 맡았다.

이어서 1924년 4월 23일에는 이동녕李東寧이 국무총리에 선임되었다.
이어 김구金九가 내무총장 겸 노동국 총판, 조소앙趙素昂이 외무총장, 김
갑金甲이 법무총장 대리, 김승학金承學이 학무총장 대리, 이시영李始榮이
재무총장, 김규면金圭冕이 교통총장 대리에 임명되었다.

초대 대통령 이승만의 의정원을 무시한 '독재'에 불만이 폭발한 의정
원 의원들은 1924년 9월에 '대통령 유고안有故案'을 통과시키고, 국무총
리 이동녕을 대통령 대리로 선출하였다. 이승만 대통령에 대한 탄핵이
사실상 시작된 것이었다.

이어서 이동녕이 사임하자 의정원에서 1924년 12월 16일 국무총리 겸
대통령 대리에 박은식이 선임되었고, 내무총장에 이유필李裕弼, 외무총장
겸 재무총장에 이규홍李圭洪, 군무총장 겸 교통총장에 노백린, 법무총장
에 오영선吳永善, 학무총장에 조상섭趙尙燮, 노동국 총판에 김갑金甲 등

---

5 ① 신용하, 〈백범 김구와 한국노병회〉, 《백범연구》 제4집, 1989
  ② 김희곤, 〈한국노병회의 결성과 독립전쟁준비방략〉, 《중국관내한국독립운동단체연
     구》, 1995 참조.

이 임명되었다.[6] 박은식 국무총리 겸 대통령 대리는 의정원에서 헌법개
정, 내정정돈, 외교실효화 등의 정책을 발표하였다.

의정원에서는 드디어 1925년 3월 11일 임시 대통령 이승만에 대한 심
판서를 발의했고, 3월 13일에는 이승만 심판을 결의했으며, 18일에는 의
정원회의에서 '임시 대통령 이승만 탄핵안'을 의결하였다. 5년간 상해
임시정부 초대 대통령으로 재임하면서 '위임통치안'과 '독재'로 많은 문
제를 일으켜 왔던 이승만이 대통령직에서 탄핵을 받고 해임된 것이었다.

이어서 의정원은 1925년 3월 23일 제2대 대통령에 국무총리 박은식朴
殷植을 선출하여 3월 24일 취임하였다. 제2대 대통령 박은식은 취임 즉
시 국무총리 취임 때 약속한 헌법 개정을 추진하였다. 대통령책임제가
대통령의 권력을 지나치게 강화하여 대통령 '독재'를 수반함을 경험한
독립운동가들은 더 민주적인 내각책임제를 추구한 것이었다.

2. 도산의 임시정부 국무령 사양

임시정부 제2대 대통령 박은식은 '헌법개정안'을 작성하여 임시의정원
에 제출한바, 1925년 3월 30일 이 '헌법개정안'이 의정원에서 통과되었
다. 상해 임시정부 수립 후 제2차 개헌에 해당되는 것이었다.[7]

전문 없이 6장 35개조로 현실화된 새 헌법의 특징은 ① 구헌법 '대통

---

6 《독립신문》 1925년 1월 1일자, 〈신내각조직〉 참조.
7 《독립신문》 1925년 3월 23일자, 〈대한민국임시헌법개정안〉 및 3월 31일자, 〈개정헌
   법안통과〉 참조.

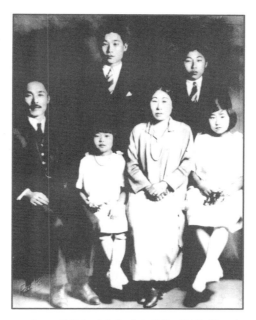

사진 59 상해로 떠나기 전 도산의 가족사진(1926)

령중심제'를 '국무령國務領'을 행정수반으로 한 '의원내각제'의 방향으로
개정한 것 ② 국무령의 임기를 3년으로 규정한 것 ③ 임시헌법의 적용
범위를 구헌법의 '인민'에서 새 헌법에서는 '광복운동자'로 한정한 것 ④
의정원 의원을 '간접선거'로 선출하도록 개정한 것 ⑤ 구황실 우대조항
을 삭제한 것 등이었다.[8]

임시의정원은 1925년 7월 7일부터 발효한 개정헌법에 의거해서 종래
임시정부를 지지하면서도 적극 참여하지 못했던 만주의 독립군세력으로
행정부를 구성하고자 하여 서로군정서西路軍政署 총재였던 이상룡李相龍
을 초대 국무령에 선출하였다. 이상룡은 1925년 9월 24일 국무령에 취
임하고, 10월 10일~12일에 내각명단을 의정원에 제출하였다. 그 각료명

---

8 김영수, 《대한민국임시정부헌법론》, 삼영사, 1980, 124~127쪽 참조.

단을 보면, 참의부參議府에서 이유필李裕弼, 정의부正義府에서 이탁李沰, 오동진吳東振, 김동삼金東三, 신민부新民府에서 김좌진金佐鎭, 현천묵玄天黙, 조성환曺成煥, 남만주에서 윤세화尹世華, 이병용李秉庸 등을 뽑은 것이었다. 그러나 이들 각료후보들은 자기 독립군단체를 떠나서 상해로 오려고 하지 않고 모두 각료 취임을 고사하였다. 결국 조각에 실패한 이상룡은 1926년 2월 18일 국무령을 사임하고 서간도로 돌아갔다.

의정원에서는 제2대 국무령으로 정의부 계통의 양기탁梁起鐸을 선출하였다. 그러나 양기탁도 만주 독립군지도자들로 된 조각의 어려움을 들어 자퇴하였다.

의정원에서는 도산이 마침 미국으로부터 상해로 돌아오고 있음을 듣고 제3대 국무령으로 도산 안창호를 선출하였다.

그러나 안창호는 이 무렵 한국민족 독립운동의 비약적 강화를 위해 '민족유일독립당' '대독립혁명당' 창립을 구상하고 있었으므로 임시정부 '국무령'직을 수락하지 않고 고사하였다. 도산은 그 대신 홍진洪震을 국무령으로 추천하였다. 도산은 이때의 그의 입장과 생각을 흥사단 단우에게 다음과 같이 편지로 써 보내었다.

아우는 상해에 5월 17일경에 도착하여 당시 상해형편을 본즉, 그간 서로 공격하는 속사물은 분분히 날았고 권투, 봉투에 총질까지 수차 발생되어 인심의 약화가 심했고, 사회는 사분오열에 극히 혼란하여졌으니, 옛날에 보던 상해와는 딴판이 되었읍데다. 동시에 임시정부는 명의의 존속도 어려운 문제가 되었는데, 의정원에서는 최후 방침으로 아우를 국무령으로 선거했더이다.

아우는 이미 정한 주지대로 국무령의 일을 사절했고, 정국이 그와 같이 된 것을 차마 도외시할 수 없으므로 각방으로 접합하여 상해 일부라도 공동협의로 내각을 서로 조성하여 정부를 존속케 하려고 어디든지 통신 한

장을 못하고 수개월간 이에만 전문 노력했으나, 이동녕씨 파가 끝까지 불응하고 기타 인사들은 어지러운 국면을 기피하므로 여의치 못했고, 매우 곤란에 처했다가 홍진 씨를 국무령으로 선거하여 몇몇 사람을 모와 겨우 내각을 조직했으니, 정부 명의는 존속케 되었습니다. 이것이 불원만하나마 현지 처지로서는 도리어 다행하겠습니다.[9]

이에 의정원은 1926년 7월 7일 도산의 추천을 받은 홍진을 제4대 국무령으로 선출하였다.

도산은 홍진의 국무령 취임과 조각이 시작되자, 임시정부의 최악의 재정난 타개를 위하여 새 국무령 취임 당일인 1926년 7월 8일 밤 상해 3·1당에서 홍진 국무령 축하회의 대연설 후에 '임시정부 경제후원회臨時政府經濟後援會'를 조직하고 위원장을 맡았다. 당시 임시정부는 최악의 재정난에 처하여 고군분투하고 있었다. '임시정부 경제후원회'의 임원은 다음과 같았다.[10]

위원장	안창호安昌浩
서무위원	조상섭趙尙燮
재무위원	진희창秦熙昌
위원	趙 마리아, 최승봉崔昇鳳, 김보연金甫淵, 하상린河相麟, 정광호鄭光好, 김순애金淳愛
회계검사	이유필李裕弼, 임필은任弼殷, 염온동廉溫東

도산의 강연을 들은 140여 명의 청중 가운데 108명이 즉석에서 '임시

---

9 〈도산의 한승고·장리욱에 보낸 편지(1926.8.24.)〉,《도산안창호전집》 12, 872~873쪽.
10 《독립신문》 1919년 9월 3일자, 〈상해재유동포 정부경제후원회를 조직하였다〉 참조.

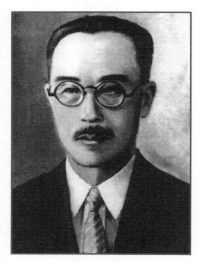

사진 60 도산이 추천한 홍진 국무령

정부 경제후원회' 결성에 찬성하여 간단한 회칙과 임원을 선정하고 헌금을 했으며, 임시정부를 위한 계속적인 경제적 후원을 결의하였다.

상해에서 '임시정부 경제후원회'가 결성되었다는 소식을 들은 남경 재류 동포들도 도산 안창호를 초청하여 8월 18일 경과보고를 들은 후에 즉석에서 '남경재류동포 임시정부 경제후원회南京在留同胞臨時政府經濟後援會'를 조직하고, 위원장에 장성산張聖山, 위원에 선우훈鮮于薰, 최창문崔昌文, 유재성劉在成, 오능조吳能祚 등 5인을 선출해서 후원활동에 들어갔다.[11]

도산의 이러한 임시정부 후원활동이 임시정부에 큰 활력을 불어넣은 것은 더 설명할 필요가 없다.

임시정부 국무령 홍진은 외무장을 겸직하고, 조상섭(趙尚燮, 법무장), 이유필(李裕弼, 재무장), 최창호(崔昌浩, 내무장), 조소앙趙素昻, 김응섭金應燮 등으로 1926년 8월 18일 조각에 성공하였다.[12] 홍진 내각은 1926년 9

---

11 《독립신문》 1926년 9월 3일자, 〈남경에도 후원회〉 참조.

월 27일에는 다음과 같이 정부 시정방침의 3대 강령을 발표하였다.[13]

    1. 비타협적 자유독립운동을 진작함.
    2. 전민족대당체全民族大党體를 건립함.
    3. 각 피압박민족과 대연맹을 체결하여 기타 우의의 국교를 증진함.

    홍진 내각은 반년간 활동하다가, 국무령 홍진이 도산이 주창하는 민족유일독립당 운동을 만주에 돌아가서 추진하고자 하여 사임함에 따라, 1926년 12월 10일 총사직하였다.

    의정원은 제5대 국무령으로 1926년 12월 14일 김구를 선출하였다. 국무령 김구는 국무원으로 윤기섭尹琦燮, 이규홍李圭洪, 김철金澈, 오영선吳永善, 김갑金甲을 추천하여 내각을 조직하였다.

    김구는 국무령제가 조각에 어려움을 수반한다고 보고, '국무위원제'에 의한 '집단지도체제'를 도입하는 헌법개정을 추진하였다. 국무령 김구는 정부 측 3인과 의정원 측 2인 등 5인으로 헌법개정기초위원을 임명하고 제3차 개헌을 추진하였다.

    국무위원의 '집단지도제'를 골간으로 한 임시약헌은 의정원에서 1927년 2월 15일에 통과되어 3월 5일에 공포되고 4월 11일부터 발효되었다. 이 약헌에 의거하여 1927년 8월 이동녕(李東寧, 조석 겸 법무장), 김구(金九, 내무장), 오영선(吳永善, 외무장), 김철(金澈, 군무장), 김갑(金甲, 재무장)의 제1차 내각이 조각되었다.[14]

---

12 《조선민족운동연감》, 1926년 8월 18일조 및 8월 30일조 참조.
13 《조선민족운동연감》, 1926년 9월 27일조 참조.
14 《고등경찰요사》, 95쪽 참조. 국무위원은 후에 의석을 늘리어 이동녕·김구·이시영·조소앙·홍진·송병조·유동열·조완구·조성환·차이석·이청천 등 11명이 되었다. 그 후 국무위원제는 1940년까지 14년간이나 유지되었다.

3. 도산의 민족혁명론

도산은 1926년 7월 8일 밤 상해 3·1당에서 행한 홍진 임시정부 국무령 취임 축하 연설에서 〈우리의 혁명운동과 임시정부 문제〉라는 제목으로 '민족혁명론'을 강력히 주창하고, 전 민족과 독립운동가들이 대공주의大公主義의 원칙에 입각해서 대동단결하여 하나의 '대혁명당' '전민족유일독립당'을 결성해서 임시정부를 지원하자고 정식으로 제안하였다.

첫째, 도산이 이 자리에서 '대혁명당'(민족유일독립당)을 제안했을 때의 '혁명'은 초점을 일본 제국주의 타도와 '독립' 쟁취 목적에만 총집중한 '민족혁명'을 가리킨 것이었다.

  …… 그러면 오늘의 우리 혁명은 무엇을 하랴 하는 것인고, 정치혁명인가? 아니오. 우리에게는 아무 혁명할 만한 정치가 업소. 군주정치도 민주정치도 업소. …… 그러면 경제혁명인가? 쏘한 아니오. 그러면 오늘날 우리의 '혁명'이란 무엇인고? 나는 말하기를 '민족혁명民族革命'이라 하오. 그러면 민족혁명이란 무엇인가? 비민족주의자를 민족주의자 되도록 하자는 것인가? 아니오. 위에 말한바 '혁명'은 곧 재래의 구현상을 없이하고 새로운 타현상으로 바꾸어 놓는 것인즉, '민족혁명'이란 것은 우리 민족의 현상태를 없이하고 새로운 다른 상태로 바꾸어 놓는 것이오. 다시 말하면 우리 민족의 일본에게 압박받는 상태로 있는 현재 현상을 없이하고 한인韓人으로 자유스럽게 살 수 있는 다른 현상現狀으로 바꾸어 세우자는 것이오. 그러므로 이것은 당연히 '민족혁명'이라 이름할 것이오.
  이것은 곧 우리 민족이 자기의 민족감정과 이해타산과 사활문제 등을 포함하여 일어나는 전 민족의 운동이오, 결코 한 부분의 운동으로 되는 것이 아니오. 우리의 혁명의 뜻이 …… 제일로 일본의 압박받는 상태를 없앤다 함에는 조금도 문제됨이 없는 것이오.[15]

둘째, 도산은 독립한 다음의 국가정체 논의는 부차적인 것으로 보았다. 독립한 후의 국가체제, 정치제도에 대해서는 지금 민주주의니 공산주의니 하고 미리 정하여 다투어서 힘을 분열시킬 때가 아니다. 그것은 독립한 후에 국민·민중 다수가 원하는 체제와 제도를 채택하는 원칙만 미리 약속하면 되는 것이다.[16] 도산 안창호는 지금은 거국일치로 대혁명당을 만들어서 오직 대적 일본 제국주의를 타도하는 민족혁명에만 전력 집중할 때라고 천명하였다.

> 우리가 일본을 물리치고 독립하여 세울 국체정제國體政制는 무엇으로 할까? 공산주의로 할까? 민주제를 쓸까? 복벽復辟하는 군주국으로 할까? … 그러나 나는 말하기를 지금은 그것을 문제삼아 쟁론爭論할 시기가 아니오. … 왜냐하면 지금은 오직 거국일치로 전력釜力을 적을 물리치는 데 모아 쓸 때요, 장래 일을 미리 말하여 의견을 다투고 힘을 나눌 때가 아닌 까닭이오. 장래 일은 … 그때 무엇이나 민중 다수가 원하거든 그렇게 합시다. … 그러면 우리는 누구의 주의도 묻지 말고, 종교도 묻지 말고, 다만 그 사람이 우리 '민족혁명'에 대하여 동일한 보조步調만 되거든 다 같이 합하여 오직 우리의 공동대적共同大敵을 물리치기에만 전력釜力을 다 합시다.
>
> 외국사람이라도 우리 운동에 도움될 사람이면 그를 제휴할 수 있거든, 하물며 내 민족 내 동포로서 같이 일본을 공적公敵으로 하여 민족혁명을 노력하는 자로 장래문제, 건설문제 등에 다소 차위差違가 있다고 지금부터 무용한 분쟁을 하고 합하지 못할 일이 어디 있겠소.
>
> 그러면 지금은 오직 '민족혁명' 일목표만 바라보고 전국 민족이 다 같이 합하여 한낱 대혁명당大革命黨을 이루어 가지고 다만 일본 하나에만 대對하여 싸움을 다 합시다. 그런고로 내가 말하는 우리의 혁명은 어제날의

15 《독립신문》 1926년 9월 2일자, 〈오늘의 우리 혁명, 도산안창호〉 참조.
16 신용하, 〈도산 안창호의 사회사상과 대공주의〉, 《학술원논문집》 제59집 2호, 2020.

혁명도 아니오, 내일날의 혁명도 아니오, 곧 오늘의 혁명을 말함이오.[17]

셋째, 도산의 '민족혁명'은 직접 '완전독립' '절대독립' 쟁취의 민족혁명이었다. 그것은 일제에 조금이라도 타협한 또는 '참정'의 과정을 거친 독립을 추구하는 것이 전혀 아니었다.

도산은 3·1운동 직후 민원식 등의 자치·참정권 운동은 물론이오, 국내에서 1926년경부터 다시 대두한 자치운동에 대해서도, 일제가 독립운동 전선을 내부에서 분열 교란시켜 한국민족을 영구히 소멸시키려는 일제의 한민족 멸종주의 정책이라고 단호하게 다음과 같이 비판하였다.

우리 독립운동에 대하여 '자치'나 '참정'을 순서로 함이 가하다고 하는 사람이 있소. 이것은 자래로 자치파나 참정운동자로 지목을 받아오는 무리들만이 아니오. 다시 말하면 저들의 사욕만을 위하여 제동포 제나라를 버리고 왜놈에게 붙어 아첨하며 그 떨어지는 밥풀 같은 것을 주워먹는 비루한 무리들만이 아니고, 실로 민족을 사랑하고 국가를 사모하여 독립운동의 성공이 하루빨리 되어지기를 바란다는 사람 중에 있게 되었다는 말이오. 나는 이것을 그저 타매唾罵하여 버리지만 아니하고 문제를 삼아 여기에 그에 대한 해결하는 말씀을 하고 가려 하오.[18]

이른바 '자치론'이 현재는 강한 일본을 도저히 당할 수 없으니 순서로 '자치'운동을 하다가 실력이 상당한 정도에 이르면 독립운동을 하자는 것인데, 도산은 이것이 독립운동을 분열시키고 소멸시켜 한국민족을 멸종시키려는 일제의 간교한 이른바 '동화同化정책'의 일부에 불과하다고 신랄하게 비판하였다.

---

17 《독립》 1926년 9월 2일자, 〈오늘의 우리革命, 島山安昌浩〉 참조.
18 《독립》 1926년 10월 3일자, 〈우리 運動界의 現狀과 組織問題, 島山安昌浩〉

'자치론'의 주장은 이러하오. 우리의 현상現狀은 지극히 약하여 도저히 강한 일본을 당할 수 없은즉, 순서적으로 촌득촌진寸得寸進하며 실력을 길러가지고 상당한 정도에 이른 후에 독립을 운동함이 가하다 함이오.

이것은 지극히 어리석은 소리요. 얼른 들으면 필성必成될 것 같으나, 그 실은 결코 되지 못할 망녕된 생각을 가짐이오. 우리가 만일 왜놈의 주권 밑에서 장래에 독립할 실력까지 기를 수 있는 자치를 얻을 수 있다 하면, 지금에 곧 독립獨立도 얻을 수 있을 것이오. 다시 말하면 일본은 결코 한인韓人에게 '독립'까지 준비할 만한 '자치'를 주지 아니할 것이란 말이오. 그뿐 아니오. 만일 우리민족이 왜놈의 보호 밑에서 '자치'나 얻어가지고 독립을 얻게 된다 하면 그러한 누陋한 독립이나 얻는 정도의 민족은 기리 독립할 만한 자격까지 있다고 보기 어려운 것이오.[19]

주목할 것은 도산은 여기서 점진적 실력양성론을 본질적으로 자치론이라 보고 단호하게 비판하고 있다는 사실이다. 그러므로 종래 도산을 점진적 실력양성론자로 보아온 것은 틀렸음을 명확히 알 수 있다.

도산은 일본이 미끼를 던지는 '자치'는 소위 '동화'정책이라는 이름으로 실행하는 한국민족 영구소멸·멸망 계책이며, 한국을 일본의 영구한 식민지로 만들려는 계책이라고 단호하게 비판하고 거부한 것이었다.

넷째 도산의 '민족혁명'은 즉각의 '독립혁명'이지, '문화·산업의 실력준비설'이 전혀 아닌 특징이 있다. 도산에 따르면 일제의 식민지통치 아래서는 한국민족의 문화·산업 진흥은 근본적으로 불가능한 것이다. 먼저 민족독립혁명을 쟁취해야 비로소 한국민족의 문화·산업 진흥도 성취할 수 있다고 도산은 다음과 같이 역설하였다.

한 가지 더 해결하고 갈 것은 문화식산文化殖産의 실력준비설이오. 그의

19 《독립》 1926년 10월 3일자, 〈우리 운동계의 현장과 조직문제〉(도산 안창호).

주장은 이렇소. 만사는 다 실력문제다. 실력없는 독립은 되어도 헛것이다. 우리는 그저 문화와 산업진흥으로 상당한 실력만 준비되면 그때는 실로 병불혈인(兵不血刃: 군사전쟁으로 피흘리지 않고)하고 저절로 독립이 될 것이다. ……

왜놈의 강포한 압박 아래에서 우리가 능히 우리를 위한 문화운동을 할 수 있으며 우리를 위한 산업을 진흥하여 볼 수 있겠소? 문화운동을 하려면 조금씩 왜놈의 뜻을 맞추어 가며 틈을 타서 내 일을 할 것인데, 왜놈의 까다로운 뜻을 맞출 것은 많고 내 일을 하기 위하여 탄 틈은 적은즉, 힘써 하는 문화운동이 도리어 왜놈의 총독정치를 위하여 그 동화정책을 돕는 것이 되고 말 염려가 없지 아니하오. 산업진흥은 절대한 정권의 후원을 가진 대자본의 일본산업가와 경쟁하여여 될 것이니, 그중에도 기술경험까지도 없는 우리로서는 도리어 움직이는 것이 패멸의 장본이 되기 쉬운 처지라. 그런즉 그렇다고 하여 가만히 앉아 죽기를 기다리라는 것이 아니오, 가급한 대로 노력분투할 것이오마는 이것만으로써 실력을 길러 자연히 독립이 되게 하자는 것은 망상이라는 말이오.[20]

그러면 어찌할 것인가? 도산은 먼저 '민족혁명'을 수행하여 '완전독립'을 쟁취한 후에야 진정한 문화융성과 산업진흥이 가능할 것이라고 강조하였다. 일제하의 자치운동, 참정권운동, 문화산업 실력양성운동은 망상일 뿐이라고 도산은 명확히 지적하고 강조한 것이었다. 일부에서 도산의 '흥사단'운동을 '문화운동', '실력준비운동'이라고 오해하는데, 흥사단운동은 '독립운동'(민족혁명운동)을 '위한' 일부분의 독립운동으로서 독립운동자(민족혁명운동자)를 교양하는 교육운동이고, 독립운동 자금을 준비하는 경제운동이라고 도산은 역설하였다.

---

20 《독립》 1926년 10월 3일자, 〈우리 운동계의 현장과 조직문제〉(도산 안창호).

그러면 어찌하여야 될 것인가? 오직 한 가지 혁명革命의 길로 나아가야만 될 것이라 함이오. 혁명의 길을 떠나 가지고는 자치·참정 등 순서운동이니 실력양성운동이니는 다 망상妄想일 뿐이오.

들리는 말에는 안창호는 흥사단을 가지고 문화운동, 실력준비운동 등을 한다는데, 지금 이 말은 무슨 말인고 하는 이가 있기 쉽겠소. 그렇소, 우리의 흥사단 주의가 실로 교육·식산 등 준비운동을 주중注重하지 아니하는 것이 아니오. 그러나 이것은 위에 말한 것과 같은 독립운동을 대代신하려 하는 것이 아니오, 독립운동을 위爲하여 하는 것이오. 다시 말하면 독립운동의 일부분 운동으로 독립운동자를 교양하는 교육운동이오, 독립운동자금을 판비辦備하는 경제운동이오.[21]

다섯째, 도산의 민족혁명론의 또 하나의 특징은 혁명을 '조직적 운동'으로 수행하여야 하고, 조직적 운동의 최선의 것은 분산된 혁명운동을 모아 '대혁명당' '전민족적 대혁명당' '민족유일독립당'을 조직하여 혁명을 수행하는 것이다.

이제부터 하여갈 혁명운동의 방략은 무엇인가. 제일 주요건이 재래의 비조직적 운동을 버리고 '조직적 운동'을 하려 함이오. 3·1운동 이래로 해내해외에서 희생된 생명과 비용된 재물이 얼마나 많았는가. 그러나 운동의 현상은 이와 같이 위미부진萎靡不振함은 무슨 이유인가. 다름 아니라 비조직적으로 불경제적 남비濫費 남용濫用을 한 까닭이오.

그러므로 지금에 있어서 우리의 운동의 실제적 유일 급무는 곧 자체조직을 완전케 함이오. 이 조직체를 완성함은 곧 일대혁명당一大革命黨을 조직함이오.

다 각각 제 주견 제 주장을 가지고 저대로 운동하던 각지 각단의 각 분자를 다 한데 모아 일정한 주의 종지宗旨하에서 일치한 계획, 일치한 책략

21 《독립》 1926년 10월 3일자, 〈우리 운동계의 현장과 조직문제〉(도산 안창호).

으로 완급 진퇴를 유기 조직적으로 하려 함에는 오직 당적 조직黨的組織의
엄밀긴절한 조직이 아니면 될 수 없소. 남도 이것으로 성공을 하였고 성
공하여 가기도 하거니와, 우리의 형세와 사정으로는 더욱이 이것을 실행
하고서야 비로소 독립운동에 가망이 있는 것이오.**22**

여섯째, 도산의 민족혁명론의 또 하나의 특징은 전 민족적 혁명당의
인적 구성을 (1) 대표적 인물 (2) 중견분자 (3) 군중으로 3분하여, 각각
선발요건을 제시한 점이다.**23**

(1) 대표적 인물은 혁명운동에 철저히 헌신한 혁명 본의에 합한 정
신을 가진 사람으로, ㉠ 안과 밖, 말과 행동이 다름이 없고 ㉡ 누구나
포용하여 거느리고 ㉢ 바른 준적(準的, 기준·중심)을 굳게 잡고 옳은 방
향으로 나아가는 사람을 요구한다.

(2) 중견분자는 ㉠ 대표자를 경중(敬重, 존경과 존중)할 줄 알고, ㉡
동지에 대하여 사랑과 의리와 신조를 지키며, ㉢ 비밀과 규율을 엄히
지켜서 부모나 처자에게도 누설치 아니하고, ㉣ 상당한 인격수양과 아
울러 반드시 일종 이상의 전문 학술이 있어서 무슨 일이나 한 가지를
분담할 수 있는 사람을 요구한다.

(3) 군중은 ㉠ 민족혁명의 뜻을 알고 ㉡ 사물을 분별할 줄 아는 상
식을 가진 사람을 요구한다. 적의 선전방법과 모해某害가 심해지고 있기
때문에, 적의 사이비 선전물을 판별할 줄 알고 정확한 언론을 따를 만
한 '상식'이 있어야 한다.

도산은 이 기준에 완벽히 일치하는 인물은 구하지 못할 수도 있지만,
원래 인간은 불완전한 것이므로, 이에 가까운 인물을 고르고, 고르지 못

---

22 《독립》 1926년 10월 3일자, 〈우리 운동계의 현장과 조직문제〉(도산 안창호)
23 위의 글 참조.

하면 꾸어올 수도 없으니, 양성하면서 인물을 모아 대혁명당을 조직해야 한다고 강조하였다.

일곱째, 도산의 민족혁명론의 또 하나의 특징은 혁명당만 대동단결大同團結하여 단일대당單一大黨을 조직하고, 그 구성인물들에 대해서는 우리의 흉도(胸度, 포섭 범위)를 넓히어 '차이'를 존중해서 작은 차이로 분열하지 말고, 오직 대공大公에 의거하여 대동단결만을 강조하자는 주장이었다.

> 지금 내가 일반대중으로 더불어 다 같이 노력하자는 것은 곧 우리의 협애狹隘한 흉도胸度를 넓히어 다만 '대동大同'한 목적으로 뭉치고, 작은 차별로 다투고 나누이지 말자하는 것이오.
> 우리에게 가장 큰 병은 그 소견所見이 너무 단일單一함이오. 하나를 알면 다시 둘째 것은 모르는 것이오. 그리하여 내가 한 조건을 가진 것이 있으면 다른 사람의 조건은 그 내용 성질 이해관계 여하를 전연 불문하고 그저 그것을 일언에 불가라 하여 버리고 마오. … 이것은 심리가 너무 단일한 까닭이오. 이러한 단일한 심리를 바로 잡아 쓰지 아니하면 우리는 대단결大團結을 이룰 수 없소.**24**

여덟째, 도산의 민족혁명론의 또 하나의 특징은 민족혁명사업을 대동목적大同目的을 위한 대단결 안에서 '분업적分業的'으로 수행하자는 것이었다.

> 혁명사업은 심히 복잡하오. 1·2인으로만 감당할 수 없는 것과 같이 1·2종의 사업만으로는 또한 이루어지지 아니하오. 다시 말하면 대동목적大同目的을 위한 대단결大團結 안에서 각종운동各種運動을 분업적分業的으로 나누어 해야만 이루어지는 것이오. 그러므로 남이 비록 나와 다른 일을 할

---

24 《독립》 1926년 10월 13일자, 〈대혁명당의 흉도(胸度)〉(도산 안창호).

지라도 그것이 우리 혁명운동에 이익만 있는 것이면 나는 기뻐해야 할 것이오, 내가 하지 못하여 결함되는 것을 그 사람으로 하여 보구補救됨이 기쁜 것이오.[25]

아홉째, 도산의 민족혁명론의 특징은 전 민족 혁명당 조직을 완전한 인격자들의 '성현당聖賢黨'으로 만들려 하지 말고, 하자瑕疵 있는 일반 범부로서 '독립'에 헌신할 인물들이 대동단결한 '범부의 혁명당'으로 조직하자는 주장이었다. 무엇보다도 독립정신과 혁명성, 조국과 민족에 대한 헌신성을 강조한 것이다.

> 우리 사람들은 혁명당革命黨을 조직함에 성현당聖賢黨을 만들려 하오. 조금만 잘못된 것이 있어도 곧 목을 베자고 하오. 세상 사람들이 누가 작은 하자瑕疵가 없겠소. 사소한 하자도 없는 지극히 결백한 사람들만을 모으려 하는 것은 '혁명당'을 만들려는 것이 아니오, '성현당'을 만들려는 것이오.
> ......
> 국민대표회 시기에 어느 모임에서 청년 한 사람이 우리들에게 "당신네 소위 선도자들이라는 사람들이 왜 지금까지 죽지 아니하고 살아 있느냐"고 질문하였소. 그때에 재석하였던 김동삼金東三씨가 이렇게 대답하였소. "그대는 어찌하여 죽지 아니하고 살아 있느냐"고. 그리고 다시 말을 이어 말하기를 "만일 죽은 열사들의 혼이 와서 우리를 책할 수는 있으나, 그대 같은 산 사람은 와서 그런 말할 자격이 없다"하였소이다. 김동삼씨의 말이 매우 잘된 말이오. ......
> 누구누구 특수한 열사烈士가 있소. 일반은 그들을 모범하기에 노력함은 가하오. 그러나 일반이 그와 같이 못하다 하여 다 때려죽일 수는 없는 것이오. 그러한 특수한 인물은 정도에 비례하여 우리가 특수히 대우하고 모범하고 배우도록 노력할 것뿐이오.[26]

---

25 《독립》 1926년 10월 13일자, 〈대혁명당의 흉도(胸度)〉(도산 안창호).

3. 도산의 민족혁명론 315

도산은 1926년 상해에 돌아온 후에는 한국민족 독립운동의 최후의 승리를 위해 위와 같은 내용과 특징의 '민족혁명론'에 입각하여 본격적으로 '민족대혁명당民族大革命黨'·'대독립당大獨立黨'·'민족유일독립당民族唯一獨立黨' 조직을 적극 추진하게 되었다.

---

26 《독립》 1926년 10월 13일자, 〈대혁명당의 흉도(胸度), 도산안창호〉

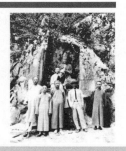

대공주의大公主義와
'민족유일독립당' 운동

I. 도산의 대공주의大公主義

도산은 1926~1927년 민족혁명 대독립당으로서의 '민족유일독립당' 운동을 전개할 때 그 이념으로서 '대공주의大公主義'를 주창하였다.

도산의 대공주의는 이미 1920년 새해 '독립운동 6대 방략'에서부터 발표되기 시작하다가, 미국을 다녀온 후 1926년 7월 8일 밤 상해 삼일당 연설에서 그 내용을 더욱 구체적으로 강조하여 발표하였다. 이어서 대공주의는 1927년 대독립당으로서 '민족유일독립당' 운동 때 더욱 구체화되었고, 민족주의 독립운동노선 대독립당인 '상해 한국독립당' 결성 때 당의黨義로서 채택되었다. 그러나 도산은 이 시기 글 쓸 틈이 없이 분망하여 '대공주의' 주창의 강연만 했지 문장을 남기지 못하였다. 이에 간단히 요지를 문장으로서 정리해 보기로 한다.[1]

1 ① 반만규, 〈도산 안창호의 大公主義에 대한 일고찰〉, 《한국사론》 제26집, 1991
② 유병용, 〈대공주의 정치사상 연구〉, 《한국근현대사연구》 제2집, 1995
③ 박의수, 〈도산 안창호의 '통일' 사상이 통일교육에 주는 시사점〉, 《한국교육학연구》 제11권 제1호, 2005
④ 장석흥, 〈차리석의 '한국독립당 당의의 이론체계 초안(1942)'과 안창호의 대공주의〉, 《한국독립운동사연구》 제49집, 2014
⑤ 박상유, 〈도산 안창호의 민족운동과 대공주의〉, 《민족사상》 제9집 제2호, 2015
⑥ 장석흥, 《한국 독립운동의 혁명영수 안창호》, 역사공간, 2016, 137~151쪽
⑦ 신용하, 〈도산 안창호의 사회사상과 대공주의〉, 《학술원논문집》 제59집 2호, 2020 참조.

도산의 대공주의는 우선 독립운동 시기를 두 단계로 나눌 것을 강조하였다. 즉 ① 일제에 항쟁하는 독립운동 단계와 ② 승리하여 광복한 후의 신민주국가 건설 단계이다. 도산은 독립운동 단계에서는 정치체제 등으로 쟁론하지 말고 먼저 단합하였다가, 제2단계에서 국민의 의사에 따라 체제문제를 결정하자고 주창하였다.

도산의 대공주의는 제1단계(독립운동 단계)의 한국민족독립운동의 이념이다. 그 내용은 다음과 같이 정리할 수 있다.

1) 대공大公에 의한 독립운동 통일론

도산에 따르면 한국민족 독립운동이 최후의 승리를 쟁취하려면 모든 독립운동의 역량과 노선이 일단 하나로 통일되어 일본 제국주의를 강타해야 한다.

혹자는 한국민족을 단결심이 약하고 지방열이 강하여 '통일'하지 못한다고 하는데, 도산에 따르면 이것은 사실이 아니다. 도산은 한국민족은 이미 통일된 단일민족이고, 지방열도 다른 열강에 견주어 훨씬 약하다고 본다. 이런 요소로 통일이 안 되는 것이 아니다. 대한민족은 이런 요소로는 이미 통일된 민족이다. 도산에 따르면, '공적公的' 통일과 '사적私的' 통일을 독립운동가들이 명료하게 구별하지 않고, '사적 통일'도 '민족 통일'이라고 생각하기 때문에 통일이 안 되는 것이다.

도산에 따르면 통일에는 '공적 통일公的 統一'과 '사적 통일私的 統一'이 있다.

'공적 통일'은 '조국 독립'의 대의에 이성적으로 따라서 대동단결하는 것이다. 이와 달리 '사적 통일'은 개인의 정서적 감정적 합치로 통일하는 것이다. 개인의 사사로운 정서와 감정은 각각 다른 것이기 때문에

'사적 통일'은 작은 일에만 이루어지고 큰일에는 분열이 수반된다.

도산에 따르면, '공적 통일'과 '사적 통일'을 혼동하지 말고 명확히 구분하여 '공적 통일'만 추구하면, 민족독립전선은 대동단결하여 독립을 쟁취할 수 있다. 내가 왜 저 사람 밑에 있어야 하나, 내가 왜 타지방 출신 아래서 일해야 하나 하는 오만과 불복종의 심성은 감정적인 것이고 '조국독립'의 대의를 망각한 것이다.[2]

즉 도산의 대공大公주의는 '조국독립'=대공大公이라는 목표 달성의 대의大義만을 주축으로 하고 개인적인 사사로운 정서와 감정은 초월하여 '조국독립=대공'에 모든 민족 독립운동가들이 대동단결하여 통일하는 주의를 가리키는 것이라고 말할 수 있다.

2) 민족 완전독립론完全獨立論

도산에 따르면 조국 독립의 목표와 대의는 민족 완전독립·절대독립에 의한 신민주국가의 건설이다. 이를 훼손하는 어떠한 타협적 자치론, 참정권론도 완전독립을 방해하여 한국민족을 영구히 소멸·말살시키려는 유해한 것이므로 단호히 타도해야 한다고 도산은 강조하였다.

지금 일본은 도리어 저들이 우리에게 '자치'를 주라 하오. 이것은 곧 한국민족을 영멸永滅하려는 계책에서 나온 것이오. 왜? 첫째는 '자치'를 미끼 삼아 일부 사려思慮가 천박한 무리들을 낚아 우리 독립운동의 전선을 스스로 안에서 효란淆亂케 하려 함이오, 둘째는 한인韓人 자치의 미명을 빌려 가지고 한국 내에서 경제실력을 가지고 있는 일본인 식민의 자치를 실행하여 한국을 완전영구完全永久한 식민지로 삼아 보려 함이오.

---

2 《독립신문》 1920년 1월 13일자, 〈대한민국 2년 新元의 나의 빌음〉(안창호) 참조.

보시오. 우리에게는 공업도 없고 상업도 없소. 그뿐 아니라 우리 산업의 유일 근본되는 농업까지 그 실권을 왜놈이 손에 넣었소. 남북도를 물론하고 번번한 들이라고는 왜놈의 땅이 아니된 곳이 없소. …

그러한즉 이러한 현상태에 있어서는 설사 완전한 자치를 준다 하더라도 소용이 없을 것인데, 그중에 일본인이 소위 동화정책을 근거로 한 한인멸종주의韓人滅種主義의 자치를 실행하려는 것을 속아서 따르려 하는 것은 지극히 어리석은 소견이오. 그러한즉 '자치' ㅇ운운은 몽상夢寐에서도 문제삼을 것이 아닌 것이오.3

도산은 일제가 공업·상업·농업을 모두 장악하여 지배하는 상태에서 먼저 '자치'를 얻어 '경제 실력양성'을 하면서 '독립'으로 나아가자는 모든 주장은, 한국을 영구식민지로 만들려는 일제 정책에 내응하는 것에 불과한 것이라고 단호하게 거부하고 격렬하게 비판하였다.4

3) 민족 대동단결론大同團結論

도산에 따르면, 우리는 한국민족 '완전독립'의 목적이 동일하게 정해지면 이것을 바로 대공大公으로 삼아서 작은 문제로 분열하지 말고 '대동단결'해야 한다. 우리는 가슴을 넓게 벌리어 큰 목적만 동일하면 여러가지 작은 다른 생각을 가진 민족 구성원들을 모두 품어 안아서 '단결'해야만 독립운동에 성공할 수 있다고 도산은 강조하였다.

---

3 《독립》 1926년 10월 3일자, 〈우리 운동계의 現狀과 조직문제〉(도산 안창호).
4 춘원 등이 도산 평전을 쓰면서 도산의 민족혁명론·대공주의·민족유일독립운동·독립전쟁 주창 등을 아예 빼어 버린 것은, 도산이 바로 춘원·주요한 등의 국내 '민족개조론', '실력양성론' 등을 혹독하게 비판하고 있었기 때문임을 알 수 있다.

우리의 혁명당을 성자의 이름을 듣는 인도 간디 같은 사람만을 모아 하려 하면 결코 될 수 없는 것이오. 다시 말하면 우리는 그저 넓은 흉회(胸懷: 가슴과 마음의 품)를 가지고 대동목적大同目的만 같은 사람이면 다 받아 각종각인各種各人이 다 있게 크게 단결團結되어야만 우리 운동은 성공될 수 있단 말이오.[5]

도산에 따르면, 독립운동 혁명당은 완전독립 쟁취를 대의로 하는 평범한 사람들이 모인 투쟁 조직이므로 각양각색의 성품과 개성을 가진 사람들의 조직이지 성인들만의 조직이 아니다. 그러므로 마음을 열고 도량을 넓히어 다른 의견도 경청하면서 '대동단결'해야 완전독립 쟁취에 성공할 수 있다고 도산은 강조하였다.

4) 민족혁명 수행론

도산에 따르면 독립운동은 그 자체가 민족혁명운동이다. 그것은 일제의 통치를 완전히 타도하고 새로운 한국민족의 완전독립한 신민주국가를 건설하려는 운동이기 때문에 바로 혁명운동인 것이다. 도산은 "그러면 어찌하여야 될 것인가? 오직 한 가지 (민족 완전독립을 위하여) 혁명革命의 길로 나아가야만 될 것이오"[6]라고 역설하였다.

도산은 독립운동을 함은 바로 민족혁명을 수행하는 것이므로 독립운동가는 모두 혁명가임을 언제나 강조하였다. 혁명가는 밥을 먹을 때나 잠자리에서도 언제나 민족혁명으로서의 '독립'을 생각해야 한다고 강조한 것이었다.

---

5 《독립》 1926년 10월 13일자, 〈대혁명당의 흉도(胸度)〉(도산 안창호).
6 위의 글.

5) 모든 당파의 민족독립대공民族獨立大公 복속론

도산에 따르면 독립운동가와 동포들이 미래의 정치체제에 대해 각각 자기 주견과 주장을 갖고 당파를 만들어 운동하는 것은 당연하다. 그러나 '광복 후'의 정치체제는 광복 후에 주장해도 늦지 않다. 우선 '민족독립'이 여러 당파들의 '대공大公'이다. 독립운동 단계에는 당파·당리를 민족의 완전독립이라는 '대공大公'에 복속시키어 "대동大同한 목적으로 작은 차별로 다투고 나누이지 말자"7고 도산은 역설하였다.

도산은 민주주의에서 광복 후 건설할 새 국가의 체제에 대한 정치적 견해에 따라 당파가 형성되는 것은 당연하다고 보았다. 그러나 먼저 '민족독립' '광복'을 쟁취해야 하므로, 독립운동 단계에서는 모든 당파들이 '민족독립'의 대공大公에 정치적 견해와 활동을 복속시켜 하나로 대동단결해야 한다고 강조하였다.

6) 개인의 민족독립대공에의 복속론

도산에 따르면, 개인이 자기의 주견을 갖고 사리私利를 생각하는 것은 당연하다. 그러나 일제의 압박 아래 있는 한국민족을 구성하는 개인은 민족이 완전독립되어야 자기의 이익도 제대로 실현할 수 있다. 그러므로 한국민족의 개인은 민족의 완전독립이라는 '대공大公'을 실현해야 자기 개인 이익도 실현된다. 따라서 한국민족의 개인은 독립운동 과정에서는 민족의 대공에 복속하여 민족 독립혁명에 헌신하고 진력해야 한다.

도산은 일본 제국주의에게 나라를 침탈당한 한 한국민족에게는 가장

---

7 《독립》 1926년 10월 13일자, 〈대혁명당의 흉도(胸度)〉(도산 안창호).

큰 상위의 대동大同 목적인 '조국의 완전독립·광복을 위한 혁명사업'이 '대공'이다. 이 '대공'을 실현하기 위해서는 당파적 이해와 개인적 이해 는 오히려 사적인 것이니, 오직 대공의 실현을 위해 대동단결할 것을 주창한 것이라고 볼 수 있다.

도산은 이와 함께 독립운동 과정에서도 미래 독립국가 건설의 기본 방향과 기본원칙만은 미리 천명해야 대동단결에 도움을 준다고 보아 '대공주의'의 광복 후 독립국가 건설의 방향을 다음의 요지로 언급하였 다. 이것은 도산이 추진하여 뒤에 결성된 상해의 한국독립당의 당의黨義 와 당강黨綱에 잘 표현되어 있다.

(1) 신민주新民主국가 건설론

도산이 광복 후 세우려는 한국민족의 독립국가는 '신민주新民主'국가 이다. 그가 '민주'라고만 말하지 않고 '신민주'를 말한 사실에 주목할 필 요가 있다.

도산이 말한 '신민주국가'의 '신민주'는 다만 '구군주국'에 대한 '민주 공화국'만을 의미한 것이 아니었다.

도산의 대공주의는 한 걸음 더 나아가서 '자유민주'와 함께 '평등' '복 지'를 강조하는 당시 최신 민주주의사상의 발전 추세인 사회민주주의적 경제평등 요소 일부까지도 적극 수용한다는 뜻이 포함된 것이라고 해석 된다.

(2) 민족 평등론

도산의 대공주의는 광복 후의 신민주국가는 강대국 등 세계 다른 나라 와 평등한 민족평등과 국가평등이 실현되어야 한다고 주창한 것이었다.

또한 도산은 이러한 평등한 민족과 국가들이 세계평화에도 평등하게 기여하는 나라가 되어야 한다고 강조하였다.

도산의 대공주의는 세계 모든 민족과 국가가 주민의 자유의사에 따라 독립국가를 세우고 발전하면서 전 세계 모든 나라들이 평등하게 상호 협동하여 공존공영共存共榮하고 세계평화에 모든 민족과 국가들이 함께 기여하는 사상을 내용으로 하였다.

민족평등을 '평등'의 맨 처음에 강조한 곳에서 대공주의의 열린 민족주의적 특징을 볼 수 있다.

(3) 정치의 평등론

도산의 대공주의는 광복 후 신민주국가가 '정치 평등'이 실현된 국가체제여야 한다고 강조하였다. 이것은 광복 후의 신민주국가가 모든 국민의 차별 없는 생명·신체·재산·언론·집회·출판·결사의 자유권, 국민주권, 국민참정권, 국민저항권을 보장한 철저한 보편적 '민주주의' 국가여야 함을 강조한 것이었다.

도산의 대공주의에서 '정치적 평등'은 전 국민이 신분과 계급, 남녀, 종교와 신앙, 지방 차별 없이 평등한 정치적 자유와 권리를 갖고 정치활동에 참여함을 의미한 것이었다. 곧 시민권을 가진 전 국민의 평등한 자유민주주의와 평등한 정치참여의 권리, 일반 보통선거제도와 보편적 민주주의를 강조한 것이었다고 볼 수 있다.

(4) 경제의 평등론

도산의 대공주의는 광복 후의 신민주국가가 경제의 평등이 실현되는 나라로 건설되어야 한다고 강조하였다. 이것은 도산이 당시 사회민

주주의 경제사상을 일부 수용하여 토지개혁, 중소기업 보호, 복지제
도 도입을 구상한 것이었다.

도산의 대공주의는 당시 신사상으로 전 세계에 보급된 사회민주
주의사상의 경제정책을 일부 수용하였다. 당시 도산의 '민족유일독
립당' 운동이 좌파 사회주의 독립운동도 포용해서 전 민족적 대동단
결의 '대독립당'을 결성하도록 추진한 것이었으므로 이것은 당연한
것으로 볼 수 있다.

(5) 교육의 평등론

도산은 대공주의에서 광복 후 신민주국가가 교육의 평등이 실현되는
나라로 건설되어야 한다고 강조하였다. 이것은 도산이 광복 후 새 독립
국가의 교육은 국민이 합의하는 교육등급까지 '의무교육제도'를 보편화
하여 전 국민을 무상으로 교육시키려는 구상을 갖고 있었음을 나타낸
것이었다.

도산은 독립국가의 미래 체제는 국민이 소망하는 대로 국민이 선택
해야 한다고 보았다. 그는 더 이상 세밀한 구상 발표는 다른 견해와 충
돌할 수 있어서 단결에 방해가 될 수 있다고 보아 공개적으로 피력하
는 일은 삼갔다.

도산의 '대공주의'는 1926년 좌·우 통합에 의한 '민족유일독립당' '대
독립당' 결성의 이념으로 강연을 통해 발표된 것이며, 그 후 바로 1930
년 상해 한국독립당의 당의 당강으로 채택된 이념이었다.

또한 도산의 대공주의의 '평등사상'은 조소앙의 '삼균주의'와 그 후
임시정부의 정책 노선 정립에 매우 큰 영향을 주었다.

2. 중국 관내에서 민족유일독립당 결성 활동

도산은 '민족혁명'과 대공주의를 주창하면서 1926년 7월 8일 상해 3·1
당에서 한국독립운동 역사에서 처음으로 '민족유일독립당' 결성을 정식
으로 제안하였다. 민족유일독립당의 제안자가 도산 안창호였음을 기억
할 필요가 있다. 도산은 이때 임시정부의 기초에 좌·우를 모두 포용한
'민족유일독립당'을 결성하여 이 거대한 '대독립당'이 임시정부를 배후에
서 지휘하는 '이당치국以黨治國'체제를 구상했었다. 임시정부는 명분상의
고위 직책 때문에 분열이 발생하므로, 강력한 민족 대통합정당으로 근
저에서 독립운동세력의 총단결을 추구한 것이었다.

도산의 '대독립당'으로서의 민족유일독립당 결성 제안은 광범위한 지
지를 받기 시작하였다.

도산 안창호의 지원을 받아 내각을 조직했던 국무령 홍진은 1926년 9
월 임시정부 시정방침의 3대강령 가운데 하나에 '전민족대당체全民族大黨
體'의 건립을 설정하여 공표하였다. 이제 '민족유일독립당民族唯一獨立黨'
결성이 상해 임시정부의 3대 시정방침의 하나가 된 것이다.[8]

도산은 1926년 8월과 9월 북경 독립운동 세력의 유력자이며 좌파를
대변하고 있던 원세훈元世勳을 만나 대동단결에 따른 '대독립당'으로서
의 '민족유일독립당'의 결성을 촉구했다. 두 사람은 각지에서 먼저 단위
별 촉성회를 결성한 다음 이를 연합하여 민족유일독립당으로서의 '대독
립당'을 결성하기로 합의하고, 1926년 10월 10일부터 3차에 걸친 회의
끝에 1926년 10월 16일 북경에서 '대독립당조직 북경촉성회大獨立黨組織

---

8 김영범, 〈대한민국임시정부와 민족유일당운동〉, 《대한민국 임시정부 수립 80주년 기
  념논문집》(하권), 1999, 484~508쪽 참조.

北京促成會'를 결성하였다.

이 북경촉성회에는 집행위원 원세훈元世勳 조성환曹成煥 박건병朴健秉 배천택裵天澤을 비롯하여 40여 명의 독립전쟁론을 주장하는 독립운동가들이 참가하였다.[9]

국내에서는 조선청년총동맹 및 조선신흥회 등과 1926년 11월 15일 정우회正友會가 '방향전환론'(이른바 '정우회선언')을 선언하여 비타협적 민족주의 단체들과의 협동전선 형성을 촉구하였다. 상해에 이 소식이 전해지자 상해 '사회주의자동맹'은 유일독립당조직에 찬성키로 결의하였다.

이러한 '유일독립당' 결성 운동에 고무되어 상해 임시정부의 국무령 홍진이 만주 독립운동단체들의 유일독립당 결성을 위해 국무령직을 사임하고 만주로 떠났다. 그 후 신임 국무령 김구의 내각도 '민족유일독립당' 운동을 지지하였다. 김구 내각의 제3차 개헌인 '대한민국 임시약헌大韓民國 臨時約憲'의 제2조는 단서但書에서 〈광복운동자가 대단결大團結한 정당政黨이 완성될 때는 최고권력은 그 당黨에 있는 것으로 한다〉고 규정했고, 제49조에서는 〈본 약헌은 … 광복운동의 대단결한 당黨이 완성된 경우에는 그 당에서 개정하는 것으로 한다〉고 규정하여 '민족유일독립당'을 최고 지도기관으로 인정하였다.

이것은 상해 임시정부도 전 민족적 '민족유일독립당'이 결성될 경우에는 그 당이 최고 권력기관으로서 정부와 국가를 통치한다고 하는 '이당치국以黨治國' 수용을 헌법에서 명문으로 규정한 것이었다. 상해 대한민국 임시정부도 헌법에까지 넣으며 도산이 제안하고 추진한 '민족유일독립당'의 결성에 적극 참가한 것이다. 상해 임시정부의 이러한 헌법 개정은 '민족유일독립당' 결성운동을 더욱 촉진시키는 작용을 하였다.

---

[9] 김희곤, 〈한국유일독립당촉성회에 대한 일고찰〉, 《한국학보》 제33집, 1983 참조.

또한 1927년 2월 15일 국내에서는 국내 유일 민족협동전선으로서 '신간회新幹會'가 결성되었다.

도산이 추진한 민족유일당 운동에 대하여, 1927년 3월 21일에는 북경에 이어서 상해에서도 '한국유일독립당 상해촉성회韓國唯一獨立黨 上海促成會'가 창립되었다. 상해 임시정부 요인들이 모두 이에 참가했을 뿐 아니라, 상해의 사회주의 독립운동자들도 거의 모두 이에 참가하였다. 이에 상해촉성회는 그 자체 좌우합작의 민족협동전선체가 되었다. 상해촉성회의 대표는 좌파인 홍남표洪南杓가 맡았다. 상해촉성회에는 무려 150명의 독립운동가들이 참가하였다.

이어서 1927년 5월 8일에는 '대한독립당 광동촉성회大韓獨立黨 廣東促成會'가 결성되었다. 김성숙金星淑 등이 북경촉성회의 장건상張健相의 설명에 고취되어 대한독립당 광동촉성회를 조직했는데, 무려 170명의 독립운동가들이 참가하였다.

남경에서는 1927년 9월 17일 김일주金一柱 등이 중심이 되어 '한국유일독립당 남경촉성회韓國唯一獨立黨 南京促成會'가 결성되었다. 남경촉성회에는 약 30명의 독립운동가들이 참가하였다.

무한에서도 1927년에 박건웅朴健雄 등이 중심이 되어 '한국유일독립당 무한촉성회韓國唯一獨立黨 武漢促成會'를 결성하였다. 무한촉성회에는 약 150명의 독립운동가들이 참가하였다.

중국 관내에서 이와 같이 '민족유일독립당'을 결성하기 위한 촉성회들이 대도시들에서 일어났을 뿐 아니라, 만주의 독립군단체들에서도 민족유일당 운동이 일어나게 되었다.

중국 5대 도시의 한국독립운동가들의 민족유일독립당 촉성회가 결성되자, 다음 단계로 이들을 모으는 연합회 결성이 긴급히 요청되었다.

북경촉성회가 1927년 9월 상해촉성회에 촉성회연합회 결성을 교섭해

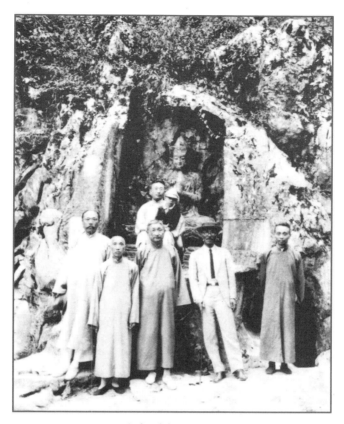

사진 61 유일독립당운동 동지들과 함께

오자, 상해촉성회가 중심이 되어 1927년 11월 9일 상해에서 '한국독립당
관내촉성회연합회韓國獨立黨 關內促成聯合會'를 개최하였다. 여기에 참가한
각 도시별 촉성회는 북경촉성회, 상해촉성회, 광동촉성회, 무한촉성회,
남경촉성회 등이었다.10

　촉성회연합회는 '민족유일독립당' 조직을 목적으로 각지촉성회조직준
비회各地促成會組織準備會를 조직할 것이라는 강령과,11 또한 '민족유일독

---

10 국회도서관, 《한국민족운동사료》 중국편, 620~621쪽 참조.

립당'의 촉성을 위하여 만주·러시아령·미주 기타 지역에 대표를 파견하거나 공한을 발송한다는 규약을 제정하였다.[12]

촉성회연합회의 결성에 호응하여 상해의 애국청년들이 촉성회연합회의 전위 청년단체로서 자발적으로 '중국본부 한인청년동맹中國本部韓人靑年同盟'을 결성하였다.

촉성회연합회는 만주지역에서의 '민족유일독립당' 결성을 촉성하기 위한 촉성회연합회 대표로서 홍진洪震, 중국본부한인청년동맹 대표로서 정원鄭遠을 1928년 1월 길림성 반석현磐石縣에 파견하였다. 홍진 등은 만주 각 지역 무장독립운동단체를 순방하면서 만주에서도 '민족유일독립당'을 결성하도록 종용하였다.

그러나 촉성회연합회의 '민족유일독립당' 결성 운동은 1929년부터 암초에 부딪히게 되었다. 1928년 코민테른의 소위 '12월 테제'가 사회주의자들에게 통보되었는데, 민족주의자들과의 통일전선을 중단하고 순수한 혁명적 프롤레타리아의 결사체 조직을 종용(사실상 지시)했기 때문이었다. 도산의 해외 '민족유일독립당' 결성 실패에는 몇 가지 요인들이 있었으나, 코민테른 '12월 테제' 지시가 가장 큰 요인이었다.

이에 상해의 사회주의 독립운동자들은 코민테른 12월 테제의 지시에 응하여 1929년 10월 26일 사회주의자들만의 동맹체인 '유호한국독립운동자동맹留滬韓國獨立運動者同盟'을 결성하였다. 그들은 이어서 1929년 11월 '한국유일독립당 상해촉성회'를 해체한다는 선언서를 발표해 버렸다.

그 결과 사회주의 독립운동 단체들이 이탈함으로써 상해촉성회는 물론 '한국독립당 관내촉성회연합회'도 해체되고, '민족유일독립당' 결성

---

11 《고등경찰요사》, 106쪽 참조.
12 《한국민족운동사료》 중국편, 618쪽 참조.

운동도 실패로 돌아가게 되었다. 사회주의 독립운동가들에 대한 코민테른의 막강한 영향력과 당시 한국 사회주의 독립운동단체들의 코민테른에 대한 맹목적 추종이 이때 안창호와 한국독립운동가들이 진력하며 추진한 중국 관내 한국민족 유일당운동 실패의 가장 큰 요인이 된 것이었다.

3. 만주에서의 민족유일독립당 결성 활동

1) 도산의 만주에서의 강연 및 활동과 길림 사건

도산은 1927년 1월에 중국 군벌 염석산閻錫山의 군대에서 일하고 있던 흥사단원 유기석柳基石을 대동하고 만주 길림성 길림吉林으로 가서 독립군단체 통일과 민족유일독립당으로서의 대독립당 결성을 동지들에게 촉구하였다.

도산은 1927년 1월 27일 길림시에서 대동공사(大東公司, 최명식이 경영하는 정미소)의 창고를 빌려서 〈한국독립운동의 과거와 현재, 미래〉라는 제목으로 강연을 하게 되었다. 유명한 도산 안창호의 강연을 들으려고 약 500명의 동포들이 운집하였다. 강연은 먼저 나석주 의사 추모식을 가진 다음 시작되었다.

도산은 이 자리의 강연에서 과거 한국독립운동이 이룬 성과와 문제점을 설명하고, 이제는 작은 차이를 초월하여 모든 독립운동단체들과 전 민족이 대동단결해서 '대독립당'으로서의 '민족유일독립당'을 결성하

여 더욱 조직적으로 전략전술을 높이어 완강한 독립투쟁을 전개할 것을 역설하였다. 또한 만주 이주 동포들은 독립운동 근거지를 만들어 굳게 단결하고 서로 협동하여 경제적 자립과 실력을 양성하자고 역설하였다. 당시 일제와 만주 군벌이 야합하여 소위 '미쓰야三矢 협정'을 체결하여 만주에서 활동하는 한국 무장독립군을 즉각 만주경찰이 검거하고 있었으므로, 도산은 공개강연에서 독립전쟁 방략은 언급하지 않고 자제하였다. 도산의 강연을 들은 동포들은 크게 감동하였다.

도산의 강연이 약 30여 분 진행되는 도중에 갑자기 무장한 중국 관헌 400여 명이 강연장을 급습하여 포위하였다. 그중 20여 명이 강연장 안에 들어와서 강연을 중단시키고, 연사인 도산 안창호를 체포하려고 포승줄을 내밀었다. 청중이 저항하였다. 특히 청중에서 남자현南慈賢 여사는 도산을 지키려고 막아서면서 포승은 안 된다고 소리지르며 만주경찰에 저항하였다. 저항이 고조되자 만주경찰도 현장 군중의 폭동화가 염려되어 포승으로 묶지 않고 도산을 포함해서 청중까지 약 200여 명을 만주 경찰서로 연행 구금하였다.

이것은 일제 조선총독부 고등경찰의 공작에 의한 것이었다. 1926년 7월 일제 조선총독부와 만주 군벌이 소위 '미쓰야협정三矢協定'이라 하여 만주에서 한국인의 무장독립투쟁은 만주경찰이 단속해서 금지하고 일제에게 인계하도록 협정했는데, 일제 고등경찰이 만주경찰에 도산의 연설집회를 공산당 계통 등의 무장투쟁 집회라고 허위정보를 제공하여 일어난 일이었다.

일제 조선총독부에서는 1911년 신민회 회원 검거를 지휘한 총독부 고등경찰과장 쿠니토모國友와 평안북도 고등경찰과장 등 4~5명의 간부들이 급히 길림에 와서 이 공작을 하게 하였다. 일제 고등경찰은 연행된 200명의 심문에 관여하여 도산을 비롯한 42명의 중요 독립운동자들을

가려내서 조선총독부 경찰에 인계할 것을 만주경찰에 요구하였다.

이에 도산 등 42명의 독립운동가들을 석방시키려는 한국인들과 이들을 조선으로 이송하려는 일제 측 사이에 선전전이 치열하게 전개되었다.

현지뿐만 아니라 상해에서 한국노병회韓國勞兵會 회원과 흥사단이 총동원되어, 일제에게 굴종하려는 만주 군벌의 자존심을 중국 언론을 빌려 건드리면서, 연설회를 무장투쟁이라고 왜곡하는 일제와 만주 군벌을 규탄하였다. 흥사단의 요청을 받고 중국 군벌 염석산도 자기 군대에 속했다가 구금된 흥사단 단원 유기석의 석방을 요청하는 편지를 만주 군벌 장작림의 부하 장작상張作相에게 보내 주었다. 중국 신문들은 이 사건에 대해 연설회는 무장투쟁이 아니라고 만주경찰을 비판하는 보도를 계속 내보내었다. 길림시의 뜻있는 애국적 한인동포들은 만주 군벌의 도산 등 구금을 비판하는 벽보와 전단을 붙이고 시위까지 하면서 항의하였다.

장작림 만주 군벌정권은 도산 등 한국 독립운동가들을 21일간 구류했다가 여론이 극히 악화되자 일제 측의 요구를 듣지 않고 결국 도산 등을 모두 석방하였다. 이것이 통칭 '길림 사건'이라고 하는 것이다.

도산은 석방 직후 모든 동포들에게 감사하였다. 예컨대 도산은 한국노병회에 다음과 같은 감사 편지를 보내었다.

> 본월(3월) 22일부 노병회勞兵會로 보낸 안창호의 서한이 여좌하다.
> 금반 길림에서 40여 명 형제가 의외의 변을 만나 적의 손에 체포되었으나, 21일간의 구류로서 석방된 것은 다행이요 제형의 운동해 주신 덕택입니다. … 국내외에 혁명의식을 가진 일반동포와 연락하여 강하고 유력한 혁명결사革命結社를 결성하여 우리 운동을 실질적으로 조직적으로 진전케 하기를 바랍니다. 이 땅에 재류하는 동지들과 전도의 방침을 토의하고 수행할 일을 결정한 후 귀지로 돌아갈 예정입니다. … 4260년 제 안창호 배상[13]

도산은 석방되자 길림 사건 후에도 민족유일독립당 결성을 위한 만주일대 순행활동을 계속하였다. 도산은 1927년 4월 15일 길림 이탁李鐸의 집에서 정의부와 남만청년총동맹과 한족노동당 등 독립운동단체 대표들이 모여 회의할 때 상해 대표로 참가하여 사실상 이들을 격려하고 지도하였다.

도산이 정의부를 통하여 추진한 이 회의는 1927년 4월 15일 길림시 근처에 있는 영길현永吉縣 은가촌殷家村에서 민족유일당 조직을 위한 제1차 대표자회의로 개최되었다. 이 회의에는 도산 안창호를 비롯하여 정의부正義府에서 중앙위원인 김동삼金東三, 오동진吳東振, 이광민李光民, 김원식金元植, 고할신高轄信, 현정경玄正卿, 군사부 위원 이웅李雄 등이 참가하였다. 좌파 단체로는 남만청년총동맹南滿靑年總同盟에서 박병희朴秉熙 등 10명과 한족노동당(韓族勞動黨, 재만농민동맹의 전신)에서 김응섭金應燮, 북경에서 이일세李一世 등이 참가하였다.[14]

도산의 제의에 호응한 독립운동단체들은 이어서 1928년 5월 12일부터 5월 26일까지 15일간에 걸쳐 길림성 화전樺甸과 반석磐石에서 18개 단체 대표 39명이 모여 전민족유일당조직촉성회全民族唯一党促成會를 개최하였다.

2) 국민부·조선혁명당·조선혁명군의 성립

도산의 직접 방문과 제의에 호응하여 3부통합을 추진하고 있던 정의부는 신민부의 민정위원회 측과 참의부의 심용준 계열과 함께 1929년 3월 길림시에서 제2차 3부통합회의를 열고, 4월에 통합체로서 '국민부國民府'를 창립하였다.[15]

---

13 《조선민족운동 연감》 1927년 4월 1일 기사; 《안도산전서》 상편, 397~398쪽.
14 김용달, 〈한족노동당의 조직과 활동〉, 《한국독립운동사 연구》 제17집, 2001 참조.

국민부는 1929년 5월 28일 현익철玄益哲을 위원장으로 하는 23명으로 중앙집행위원회를 구성하고, 6월에 본거지를 길림에서 봉천성 신빈현新賓縣 홍경興京으로 옮겼다.

국민부는 1929년 4월 성립 때에는 동포 '자치' 행정과 '민족독립혁명' 사업을 모두 담당했다가 1929년 9월에는 '자치'와 '혁명' 사업을 분리하여, 국민부는 '자치' 행정을 담당하고, '혁명' 사업은 '민족유일당조직동맹'이 담당하도록 분화시켰다.

그들은 이어서 1929년 12월 20일 '민족유일당조직동맹'을 확대 발전시켜 '조선혁명당朝鮮革命黨'을 창당하였다. 조선혁명당은 민족유일당으로서는 미흡했지만, 정의부 대부분과 신민부참의부의 일부가 통합된 '대大독립당'으로서 민족유일독립당을 지향한 정당이었다.

조선혁명당은 창당 직후 본래 국민부 산하의 '혁명군'을 당군인 '조선혁명군'으로 개편 강화하였다. 조선혁명군은 국민부에서 일단 분리하여 '조선혁명당' 산하의 독립군으로 10개 중대를 편성하였다.[16]

3) 한족총연합회·만주 한국독립당·한국독립군의 성립

도산은 북만주의 한국인 동포들에 대해서도 민족유일독립당의 창립을 호소하였다. 북만주에서는 도산과 긴밀하게 연락하는 동지 홍진이 임시정부 국무령을 사임하고 북만주에 상주하면서 도산의 노선에 따라 독립운동 단체들의 통일과 민족유일당운동을 추진하였다.

3부통합운동이 '혁신의회'와 '국민부'의 두 계열로 통합된 후, 혁신의회는 1년간 존속의 한시적 통합이었기 때문에 1929년에 해체되었다. 이

---

15 장세윤, 〈국민부연구〉, 《한국독립운동사연구》 제12집, 1988 참조.
16 《한국독립운동사》 제5권, 790~791쪽 참조.

에 혁신의회를 주도한 김좌진金佐鎭 등 신민부 군정파는 북만주로 돌아가서 '재만조선무정부주의자연맹在滿朝鮮無政府主義者聯盟'과 연합하여 1929년 7월 '한족총연합회'를 조직하였다.

한편 신민부의 군사위원장을 역임하고 '혁신의회'에 참여했던 황학수黃學秀는 상해 임시정부에서 온 홍진 및 정의부의 이청천李青天 등과 함께 1929년 오상현五常縣 충하沖河에서 '생육사生育社'를 창립하였다. 이것은 독립운동가들의 생계와 독립운동자금을 조달하기 위한 농업주식회사 형식을 취했으나, 실제는 독립운동단체의 성격을 가진 것이었다. 생육사는 후에 만주 한국독립당의 주류가 된 중요한 조직이었다.

북만주에서 한족총연합회 주석 김좌진이 공산주의 청년에게 암살당한 후, 생육사·한족총연합회·동빈현 주민회同賓縣住民會와 독립운동가들이 연합하여 북만주 지역의 민족주의독립당으로서 1930년 7월 홍진을 위원장으로 하는 만주 '한국독립당韓國獨立黨'을 창당하였다.[17]

한국독립당은 1931년 11월 아성현阿城縣 대길하大吉河에서 한국독립당의 당군으로서 이청천을 사령관으로 한 '한국독립군'을 창설하였다. 한국독립군의 공식적 창설은 일제의 만주침략 직후였기 때문에 중국의용군과의 연대를 위해 예컨대 '구국군후원회救國軍後援會' 같은 기구를 사령관 휘하에 설치하였다.[18]

한국독립당은 1931년 11월 2일 길림성 오상현五常縣 대석하자大石河子에서 중앙위원회를 개최하여 만주 36개 군구軍區의 한민족에게 총동원령을 내려서 한국독립군에 입대할 한국청년 징집을 추진하였다.

---

17 황민호, 〈재만한국독립당의 성립과정과 활동에 관한 연구〉, 《숭실사학》 제12집, 1998 참조.

18 《在支滿本邦警察統計及管內狀況報告雜纂》, 1931. 9. 40; 박환, 《만주한인민족운동사연구》, 243쪽 참조.

도산의 '민족유일대독립당' 제안은 각지의 한국민족 독립운동전선에서 광범위한 지지를 받고 각지 '민족유일독립당' 운동으로 전개되었다. 그것은 코민테른 12월 테제의 영향으로 완전 성공을 거두지는 못했지만, 만주에서는 남만주의 '국민부'와 북만주의 '한국독립당'의 형태로 '대독립당'이 형성되어 일단 절반의 성공은 거두었다고 볼 수 있었다.

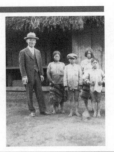

상해 한국독립당 창당 및
'한인 모범촌' 건설계획과
항일 '한·중동맹군' 제의

I. 상해 한국독립당의 결성

중국 관내에서 사회주의자들의 이탈 때문에 '민족유일독립당' 결성이 실패로 돌아가자, 도산은 상해 임시정부를 지지하는 민족주의 독립운동가들과 함께 1929년 연말에 민족주의자들만이라도 '한국독립당'을 결성하여 임시정부의 지지 정당이 되게 하자고 합의하였다.[1]

이때 도산이 '민족혁명'의 수행을 위하여 강조한 것이 앞에서 본 '대공주의大公主義'였다. 도산의 '대공주의'의 요점은 개인보다 공공公共을 우선하고 사익私益보다 공익公益을 우선하여 단결해서 '민족혁명'을 수행하되, 민족혁명은 ① 민족평등 ② 정치평등 ③ 경제평등 ④ 교육평등의 4대 평등을 내용으로 한다는 것이었다. 도산의 대공주의는 그의 평소의 철학과 민주주의 사상을 요약 정리한 것이며, '흥사단'의 창립 이념과도 동일한 궤도의 것이었다.

이에 상해 임시정부를 지지 성원하는 민족주의 독립운동가 28명은 1930년 1월 25일 상해의 프랑스 조계 마랑로馬浪路 보경리普慶里 제4호의 임시정부 판공처에 모여서 정식으로 '한국독립당韓國獨立黨'을 창당하였다. 상해 한국독립당은 이사장제로 조직했는바, 그 간부조직은 다음과 같았다.[2]

---

1 조범래, 〈상해 한국독립당의 조직변천과 활동에 대하여〉, 《한국독립운동사연구》 제3집, 1989 참조.

2 《朝鮮獨立運動》 第2卷, 〈1932年の在上海朝鮮人の不穩狀況〉, 494쪽 참조.

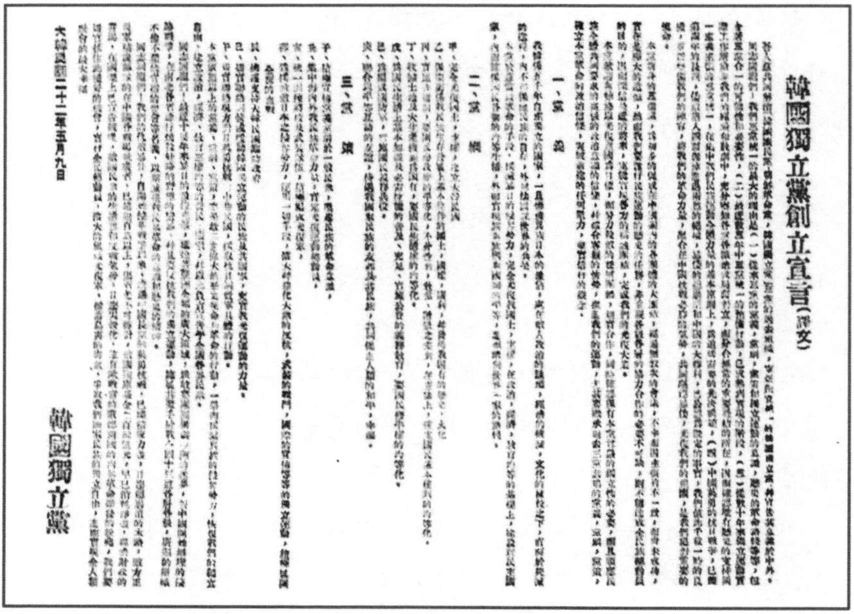

사진 62 상해 한국독립당 창립선언서(1940.5.)

초대 이사장: 이동녕李東寧

이사: 안창호安昌浩 김구金九 조완구趙琬九 김철金澈 조소앙趙素昻 이시영李始榮

비서: 엄항섭嚴恒燮

당의·당강 기초위원: 이동녕·안창호·조소앙·조완구·이유필李裕弼·김두봉金枓奉·
안공근安恭根

상해 한국독립당은 창당 후 임시정부를 지지 지원하기 위한 자매단
체로서, '상해한인청년당上海韓人靑年黨', '상해한인애국부인회上海韓人愛國婦
人會', '상해한인여자청년동맹上海韓人女子靑年同盟', '상해한인소년동맹上海
韓人少年同盟' 등을 조직하여 상해 임시정부를 옹호 지원하도록 하였다.[3]

---

3 김희곤, 〈중국관내한국독립운동단체연구〉, 305~349쪽 참조.

상해 임시정부는 1923년 여름 국민대표회의가 실패한 뒤 현저하게 약화되었고, 1925년 국무령제 채택 후에는 조각하기도 어려울 만큼 지지세력과 재정지원이 약화되었다.

도산이 1924년 일시 미주에 건너간 시기에 안창호·이동녕·김구·조완구 등이 핵심이 되어 임시정부를 고수 유지하려고 '국무위원제'에 의한 집단지도체제를 수립하고 노력했으나 임시정부는 조각도 어려운 형편에 있었다. 도산 안창호는 1926년 상해로 돌아와서 '민족유일독립당'을 결성하여 다시 '비약'하려고 시도했으나, 민족유일독립당 운동도 코민테른의 1928년 12월 테제의 지시로 사회주의단체들이 이탈하여 성공하지 못하였다.

이에 상해 민족주의 독립운동세력은 1930년 '한국독립당'과 그 자매단체들을 결성하여 필사적으로 임시정부를 유지하면서 후일의 '비약'을 준비한 것이었다.

2. 독립운동 근거지 '한인 모범촌' 건설계획

도산은 국민대표회의가 실패로 끝난 뒤 임시정부가 극도로 약화되고 독립운동이 침체될 위험을 보이자, 이를 타개하기 위하여 한편으로는 전 민족적 '대독립당'으로서의 '민족유일독립당' 결성 운동을 추진함과 동시에 해외 독립운동 근거지로서의 한인 모범촌韓人模範村 건설계획을 추진하였다.

이 계획은 원래 신민회 시기에 도산이 만주 밀산密山에 동지 이갑李
甲을 책임자로 지명하여 설립하려던 것이었다. 이때는 밀산에 태동실업
회사의 자금으로 일정한 미간지를 구입하여 본국 등에서 애국적 국민을
단체이주시켜서 신한민촌을 건설하고, 여기에 밀산 무관학교를 설립하
여 독립군 장교와 사병을 훈련 육성해서 독립군을 편성함으로써 독립전
쟁의 근거지를 건설하려고 한 것이었다.

도산은 1919년 4월 미주에서 상해로 출발할 때에도 만주에 독립운동
근거지 한인 모범촌 설치 계획과 이 사업 실천을 위한 별도의 흥사단
자금 1만 원을 갖고 왔었다. 만일 불행한 사건으로 이 1만 원의 자금을
임시정부에 대부하지 않았으면, 독립운동 근거지 설치의 제1차 사업으
로 약 30가구(100명~150명)의 한인 모범촌 건설을 위한 토지구입이 이
루어졌을 것이다. 그러나 불행히 프랑스 조계에서 임시정부 직원들이
폭탄 제조를 하다가 폭발하여 프랑스 조계 경찰이 부상을 입고 병원에
서 다리를 절단하게 되어, 임시정부가 이 비용과 위자료를 부담하지 않
을 수 없는 사건이 발생하였다. 임시정부는 재정고갈 상태였으므로 도
산에게 이 흥사단 자금 1만 원의 대부를 간청하였다. 도산은 이 비용을
지불하지 않으면 임시정부가 프랑스 조계 안에 체류할 수 없음을 알고,
임시정부가 상환불능임을 알면서도 이 자금 1만 원을 임시정부에 대출
해 주어 위기를 벗어나게 하였다. 그러나 만주 등 각지에 토지를 구입
해서 한국인 이주 동포의 '모범촌' 건설에 의한 독립운동 근거지 설치
계획은 도산의 '1만 원' 임시정부 지원 대출로 매우 어렵게 되었다. 미
주 흥사단에서 소액의 독립운동 지원금은 왔지만 더 이상 이 명목의
거금 송달이 중단되었기 때문이다. 미주에서는 누구도 이 거금을 변상
할 능력이 없어서, 송종익이 사비로 도산을 대신하여 흥사단에 이 비용
을 할부 변상했다고 한다. 그러나 도산은 독립운동의 장기전에서 독립

운동 근거지 설치는 필수불가결이라 보고, 끝까지 독립운동 근거지로서의 한인 모범촌 건설계획을 추진하였다.

도산은 국민대표회의 실패 뒤에는 한인 모범촌 건설계획을 더욱 발전시켜서 일제가 탄압할 수 없는 해외에 독립운동 근거지로서의 한인 모범촌을 건설하려고 다시 부지를 물색하기 시작하였다.[4]

당시 본국에서는 일제의 잔혹한 농민수탈로 말미암아 자작농은 소작농으로 몰락하고, 소작농들은 다시 소작지마저 빼앗기어 남부여대하고 만주 등지로 유이민해 들어가는 조선농민들이 날로 늘어가고 있었다. 만주에서 조선농민들은 중국인 지주의 소작농이 되어 약 60퍼센트의 소작료를 착취당할 뿐 아니라, 온갖 박해로 기한에 떨며 유랑상태에 있었다. 도산은 이 유이주해 오는 한국인 소작농민들을 '한인 모범촌'에 모아 개간해서 자작농이 되도록 구제하고 '한인 모범촌'을 독립운동 근거지의 기반으로 만들고자 하였다.

도산의 '한인 모범촌' 건설계획의 요점을 정리하면 다음과 같다.

(1) 흥사단이 주도하여 운영하는 주식회사로서 실업회사를 설립하여 그 자금으로 만주 등 일제가 금압할 수 없는 해외에 100~200호가 거주하며 농경할 수 있는 단위 면적의 토지(미간지)를 구입한다.
(2) 국내의 이민 희망자 또는 해외의 희망자를 모집하여 구입한 미간지를 개간시키고 새 한인 모범촌을 건설한다.
(3) 개간지는 매년 총생산물의 10퍼센트씩 토지대금을 실업회사에 분할 상환하고 10년 후에는 개간농민의 사유토지로 공인하여 완전 자작농이 되게 한다.
(4) 마을 안에는 학교, 사범강습소, 병원, 공회당, 우체국, 발전시설, 수도

---

4 이명화, 〈이상촌 운동과 만주농촌개발운동의 전개〉, 《도산 안창호의 독립운동과 통일조선》, 경인문화사, 2002, 189~253쪽 참조.

시설, 운동장, 출판소, 도서실, 여관, 협동조합, 기타 현대적 시설을 갖춘 '모범촌'을 건설한다.

(5) 주민은 주민 스스로 제정한 규정을 준수하고 주민이 선출한 모범촌 지도자의 지도를 받으면서 민주적 자치마을 공동체를 운영한다.

(6) 학교에서는 현대 세계 각국 학교의 교과목과 동일한 교육을 실시하되, 반드시 한국어, 한국역사, 한국지리, 한국문화 등 민족교육을 철저히 실시한다.

(7) 체육은 학도와 주민에게 모두 장려하고, 특히 학교 체육에서는 병식兵式 훈련을 실시하여 독립군이 될 수 있는 예비군 청년을 양성한다.

(8) 주민은 대한민국 임시정부의 국민개병·국민개업·국민개납의 원칙에 의거하여 임시정부에 일정한 조세를 납부한다.

(9) 주민은 현지의 국가정책에 적응하면서도 모국의 문화를 잘 보존하고 준수하면서 새로운 한국인으로서 당당하게 생활하도록 격려한다.

도산은 한국인이 해외에 나와 분산하면 아무런 민족적 '힘'도 없게 된다고 지적하였다. 그러나 한국인 이주민이 흩어지지 않고 일제의 힘이 미치지 않는 세계 여러 지역에 한인 모범촌들을 건설하면 이주한인에게도 '힘'이 형성되기 시작하며, 이 한인 모범촌이 '독립운동 근거지'가 되어 지속적으로 독립운동의 인적 재정적 자원이 형성 공급될 것이라고 확신하고 강조하였다.

즉 도산은 해외의 한인 이주민을 외국인의 흩어진 수탈대상인 소작농으로 방랑하지 않게 하고, 한 지역에 집단적으로 정착시켜서 철저한 민족교육을 실시하여 한국민의 생활도 향상시키면서 독립운동과 독립군의 근거지를 건설하려고 '한인 모범촌' 건설을 계획한 것이었다.

그러므로 춘원의 《도산 안창호》와 요한의 《안도산전서》에서 이것을 '이상촌理想村' 건설계획으로 이름 붙여 마치 도산이 농촌개량의 이상주의 운동을 하려던 것으로 설명한 것은 부족한 것이다. 또한 그 뒤 일부

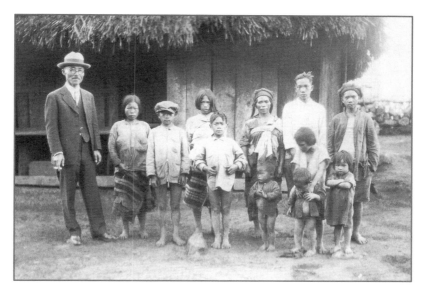

사진 63 필리핀에서 모범촌 기지 후보 탐색 중 필리핀 산악 부족과 함께(1929.4.29.)

연구자들이 춘원과 요한의 설명에 따라 이것을 '이상촌' 설치계획이라고 보면서 도산을 관념적 개량주의자로 해석한 것은 오해인 것이다. 도산은 '이상촌'이라는 용어보다도 주로 '모범촌'이란 용어를 사용했었다.

도산의 '한인 모범촌' 건설계획은 악조건 속에서도 불우한 한인 이주민을 지원함과 동시에 독립운동의 장기전에서 한국민족 독립운동이 단절되거나 약화되지 않도록 해외에 확고한 지속적 '독립운동의 근거지'를 건설하려던 것이었다.

도산의 국민대표회의 이후 한인모범촌 건설 후보지 답사 탐색활동을 간단히 정리해 보면 다음과 같다.

(1) 1924년 박일병朴一秉을 데리고 만리장성 부근 산해관山海關·금주錦洲·호로도葫蘆島 일대를 답사하였다.

(2) 1926년 미국을 다녀온 후에는 동명학원을 설치한 남경으로 흥사단

원동위원부 본부도 옮기고 남경에 가까운 양자강 연안 진강鎭江 일대를 후보지로 답사하였다.

(3) 1927년 1월에는 '민족유일독립당' 결성을 촉구하려고 방문한 길에 만주 길림吉林 지역에 겸하여 한인 모범촌을 건설하려고 동지 이탁李鐸 등과 함께 후보지 물색을 계획하였다. '길림 사건'으로 도산이 연설 도중 만주 경찰에게 구금되었다가 석방된 직후인 1927년 4월에는 길림 거주 한인 이주농민들을 모아 농민호조사農民互助社라는 협동조합을 조직해 주면서, 도산은 농민호조사에 길림지역 한인 모범촌 건설을 위촉하고 돌아왔다.

(4) 1928년 봄 다시 길림성 일대를 답사하여 송화강 연안 경박호鏡泊湖 일대에 후보지를 선정하였다.

(5) 1929년 2월 김창세金昌世와 함께 필리핀의 파인즈 마을 일대를 답사하고 돌아왔다.[5]

(6) 1929년 임득산林得山을 현 인도네시아의 자바섬에 파견하여 후보지를 물색케 하였다.

(7) 1930년 흥사단원을 내몽고 포두진包頭鎭 지역에 파견하여 후보지를 답사케 하였다.

(8) 1930년 북경 부근 해전海甸 지역을 후보지로 답사하였다.

그러나 도산의 '한인 모범촌' 건설계획에는 불운이 이어졌다. 이 사업은 거액의 자금 조달이 열쇠였는데, 미주에서 흥사단계의 북미실업주식회사는 구입한 토지의 경영이 한발로 연속 흉작이 되어 잉여자금을 조달할 능력을 상실하였다. 도산의 한인 모범촌 사업은 자금 조달이 뜻대로 되지 않아서 무위로 돌아가고 말았다.

그러나 도산의 '한인 모범촌' 건설계획은 그가 아니면 구상하기 어려

---

5 安昌浩, 〈比律賓視察記〉, 《三千里》 1933년 3월호, 《도산안창호전집》 제1권, 222~223 쪽 참조.

운 매우 훌륭하고 원대한 독립운동의 계획이었다. 만일 애국적 부호들이 있어서 도산의 이 계획을 지원했더라면 해외 동포들의 생활과 해외 독립운동은 매우 크게 강화되고 더욱 활발하게 전개되었을 것이다.

3. 도산의 항일 '한·중동맹군' 창설 제의

도산은 한국민족 독립운동 단체들에 대해서는 민족유일독립당 운동을 강력히 추진하고, 흥사단을 주축으로 하여 독립운동 근거지로서의 '한인 모범촌' 건설 지역을 탐색하면서, 동시에 중국민족 정부와 단체들에 대해서는 한·중韓·中 연대와 연합전선 형성을 열심히 요청하였다. 당시 중국은 장개석蔣介石의 남경南京 국민당 정부와 왕정위汪精衛의 광동廣東 정부가 대립하고 있었다.

도산은 1929년 3월 중국 국민당 제3차 전국대표대회가 남경에서 열리게 되자 한국대표단을 조직하여 참석해서 한국민족과 중국의 양국 '항일 동맹군抗日同盟軍' 조직을 제안하였다.[6]

도산은 일본 제국주의가 만주 침략과 중국 관내 침략을 준비하는 추세이므로 한국민족 독립운동은 반드시 중국민족과 군사동맹 또는 군사적 연합전선을 형성해야 한다고 역설하였다. 이것은 명석한 전략전술가 도산의 탁견이었다. 동지들 가운데는 홍진, 손정도孫貞道, 이탁李鐸 등이

---

6 ① 朝鮮總督府警務局, 《在支朝鮮人卜支那官軍》, 1930年 1月, 36쪽
　② 이태복, 《도산안창호평전》, 2006, 386~390쪽 참조.

가장 선발적으로 도산의 이 제안에 호응하여 함께 이를 적극 추진하였다. 그러나, 이탁(1930년 별세)과 손정도(1931년 별세)가 사업 도중에 목숨을 거두어 상당한 난관을 겪었다.

일제가 만주 침략의 준비로 1931년 7월 2일 소위 '만보산萬寶山 사건'을 조작하여 한국민족과 중국민족을 이간시키려 획책하자, 도산은 1931년 7월 10일 한국민족은 냉철하게 사태를 조사하고 일제의 선동에 넘어가지 말도록 성명하였다.

도산은 1931년 7월 18일 흥사단원 중심으로 한국인단체연합회를 결성하여 중국 국민당 남경정부에 파견해서 일제의 조작에 따른 오해를 해소하고 한·중연대를 강화하자고 교섭하도록 임시정부에 강력히 요청하였다.

일제는 마침내 1931년 9월 18일 만주사변을 일으켜, 1개월 만에 거의 전 만주를 침략 지배하게 되었다. 도산은 민족유일당 운동을 하던 모든 동지들에게 낙망하지 말고 중국인과 연대하여 항쟁하도록 호소하였다.

일제는 여기에 그치지 않고 1932년 1월에는 상해사변을 일으켜 1개월간의 전투 끝에 중국 상해를 일본군이 점령하여 버렸다.

도산과 동지들은 대한민국 임시정부와 함께 프랑스 조계에 있었지만, 외국인 조계를 제외한 상해는 일본군에게 점령당해 외국인 조계도 일본군에 포위당한 처지에 놓이게 되었다.

그러나 만주에서는 동지 홍진의 만주 한국독립당 당군인 '한국독립군'(사령관 이청천)이 중국 항일군인 정초丁超의 호로군護路軍과 연합동맹하여 '한중항일연합군韓中抗日聯合軍'을 편성해서 한·중동맹의 항일 군사활동을 시작하였다.

국민부 조선혁명당의 조선혁명군(사령관 양세봉)도 중국 이춘륜李春潤의 의용군과 연합하여 '한중연합군韓中聯合軍'을 조직해서 항일 군사작전

을 시작하였다.

　도산의 항일 한·중동맹군 제안이 중국 국민당과는 별도로 만주에서 도산을 지지하고 따르는 동지들에 의해서 일제 침략에 대항하여 본격적으로 실천되기 시작한 것이다.

제19장

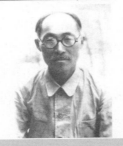

체포·투옥·순국

I. 도산의 피체

도산은 1932년 4월 29일 윤봉길 의사의 상해 홍구공원 의거 날 한국인 거류민 단장이며 도산의 흥사단 동지인 이유필의 집을 찾아갔다가, 그 집을 가택수색하고 이유필 체포를 목적으로 기다리고 있던 프랑스 조계 경찰(일본인 형사 합동)에 연행당하였다.

상해 임시정부 국무위원 백범 김구는 임시정부 특공대로 '한인애국단'을 조직하여 일제를 공격하는 '의열투쟁'을 하고 있다는 사실은 도산에게 알렸지만, 홍구공원에서 상해 점령 일본군 사령부의 이른바 '천장절' 경축식과 군대사열에 대한 윤봉길 의사의 폭탄공격 작전의 4월 29일 일정은 알리지 않았다. 철저한 보안을 요하는 극비작전이었기 때문에, 백범은 자기와 윤 의사 이외에는 임시정부 각료를 포함하여 누구에도 알리지 않았다고 《백범일지》에서 다음과 같이 기록하였다.

> "김구 이외에는 이동녕·이시영·조완구 등 몇 사람이 짐작할 수 있었을 뿐이다. 그러나 바로 이날 거사한다는 것은 오로지 나 하나만 알고 있었던 까닭에 석오 선생께 가서 보고하고 정확한 소식을 기다린 것이다."[1]

백범은 사흘 전인 1932년 4월 26일 임시정부 국무회의에서 윤봉길 의거 작전을 보고하여 승인을 받았다. 임시정부는 정부 요인들의 피신연

---

[1] 김구, 《백범일지》, 백범학술원판, 2002, 341쪽.

락을 엄항섭·조소앙·김철 등이 분담하도록 결정한 것으로 보인다. 백범은 당시 각료가 아닌 도산을 의식하여 거사 당일 흥사단 단원 조상섭의 집에 가서 점원을 시켜 "오늘 오전 10시경부터 집에 계시지 마시오. 무슨 큰 일이 일어날 듯합니다."라는 쪽지를 써 보냈다고 기록하였다.[2]

도산이 이 연락을 받았는지의 여부는 분명치 않다. 그러나 당일 도산과 함께 있었던 흥사단 단원 구익균은 도산이 윤봉길 의사 의거 당일 "밖에 무슨 소식이 없는가"고 몇 차례 물어보았다고 증언하였다.

도산은 이 엄청난 유격작전의 경과와 성패를 좀 더 상세히 알고 싶었을 것이다. 도산은 4월 29일 "10시 이후 집에 계시지 말라"는 연락을 해 준 조상섭의 집에 가서 질문하여 설명을 얻지 못하자, 혹시 일제 밀정의 미행이 있을까 염려하여 뒷문으로 나와서, 무슨 일인지 알고자 거류민단장 이유필의 집으로 갔다. 윤봉길 의사의 홍구공원 투탄 의거 직후 그 배후를 추적하여 거류민단장 이유필의 가택을 수색한 다음 그의 귀가를 기다리던 프랑스 조계 프랑스경찰(일본인 형사 포함)은 마침 찾아온 도산을 이유필은 아니지만 한국 독립운동 지도자의 하나임이 틀림없으므로 일단 연행하여 프랑스 조계 경찰서에 유치하였다.

도산은 당시 미국 갈 때 발급받은 중국 국적과 중국 여권을 갖고 있었고, 이유필 집이 프랑스 조계 안에 있었기 때문에, 프랑스 경찰의 중립적 직무수행에 약간의 신뢰를 가졌던 것으로 보인다.

윤봉길 의거의 배후 혐의로 도산이 프랑스 조계 프랑스 경찰서에 체포되었다는 소식은 이튿날 상해 《시사신보時事新報》와 《대만보大晩報》 4월 30일자에 보도되었다.

한국 독립운동계는 즉각 구조활동을 시작하였다. 당황한 백범은 로이

---

2 《백범일지》, 백범학술원판, 340~341쪽.

터 통신사에 윤봉길 상해 홍구공원 의거의 배후는 자기뿐임을 자기 본명으로 공개 성명하였다. 의거의 책임자는 백범 김구 자기뿐이고 다른 독립운동가(도산 등)는 배후가 아님을 천명한 것이었다.[3]

임시정부는 상해 프랑스 공무국에 도산의 석방을 요구하고, 또 파리의 서영해徐嶺海에게 전보를 보내어 프랑스 외무장관에게 도산의 체포에 항의하고 석방을 요구하게 하였다.

상해 한인거류민단장 이유필도 상해 프랑스 총영사에게 도산의 체포에 항의하고 석방을 요구하였다.

흥사단 본부에서는 원동사변임시위원회를 설치하고 미국인 변호사 올몬(Allmon)을 선임하여 활동케 하였다. 올몬은 도산이 중국 국적이므로 도산을 중국 사법당국에 인도하라고 요구하였다.

미주의 대한인국민회 중앙총본부는 미국 국무부에 도산의 석방 탄원서를 제출하여 미국의 도움을 요청하였다.

중국의 신문과 언론들은 도산의 체포 사실을 보도하면서, 도산은 윤봉길 의거의 직접 배후가 아니므로 프랑스 경찰이 석방하거나 중국 사법당국에 넘기는 것이 법리상 순서라고 한국 독립운동에 동정적 보도를 하였다.

도산도 프랑스 조계 경찰서 유치장 안에서 3일간 굶어 '헝거 스트라이크'를 하면서 일제경찰에 넘기지 않도록 항의하였다.[4]

그러나 일본은 윤봉길 의거로 상해점령 일본군 사령부의 군정수뇌 7명이 일거에 살상·섬멸당한 큰 참패를 겪었으므로, 프랑스 조계 경찰이 요행으로 연행한 도산을 인도받아 조선에서 투옥하려고 하였다. 일본

---

3 《백범일지》, 백범학술원판, 342~343쪽 참조.
4 《大晚報》 1932년 5월 2일자, 〈韓革命領袖 安昌浩 絕食三天〉, 《도산 안창호 자료집》 6, 862 및 903쪽 참조.

측은 외교역량을 모두 기울여 도산을 그들에게 인도하라고 강력하게 요구하였다. 이미 일제 고등경찰이 파견되어 프랑스 조계 경찰서 안에서도 활동하고 있었다.

프랑스 조계 경찰은 윤봉길 의거가 원체 큰 국제적 사건이므로, 매우 당황하여 갈팡질팡하다가, 결국 일본의 압력에 굴복하고 타협하여 1932년 5월 1일 도산을 일제 헌병대에 넘기고 말았다.

이것은 공식적으로 중국 국적을 가진 한국인 정치망명객을 프랑스 조계 안에서 프랑스 경찰이 보호해 주지 않은 결정이었고, 정치적 망명객을 보호해야 한다는 프랑스 헌법을 위반한 잘못된 결정이었다. 프랑스 조계 경찰도 프랑스 헌법과는 달리 제국주의 국가들 사이의 타협에 따라 약소민족 정치망명객을 끝까지 보호하지 않은 것이었다.

2. 도산의 투옥

도산은 일제 경찰에 압송되어 1932년 6월 7일 인천항에 도착해서, 당일 서울의 일제 경기도 경찰부에 수감되었다.

도산에 대한 일제의 첫 정책은 도산을 윤치호처럼 회유하여 변절시켜서 친일인사로 만들어 이광수와 함께 묶어 두려는 것이었다.

일제 특별고등경찰(CIA에 해당)은 도산을 경찰서에 구속 유치해 두고 정중하게 정보 채취의 집요한 심문을 하였다. 조사심문 책임자는 고문수사로 악명 높은 일제 특별고등경찰의 최고 두뇌라는 미와三輪이었다. 도산은 두뇌가 매우 명석한 독립운동 지도자였다. 그러므로 미와는

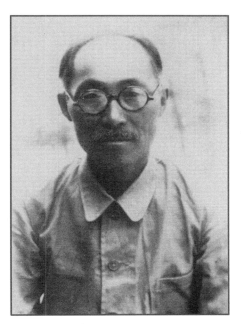

사진 64 취조받을 당시 도산의 모습

도산을 고문하지 않는 한 처음부터 도산의 상대가 되지 못하였다. 일제는 도산으로부터 한국독립운동에 대한 심문에서 일제가 이미 알고 있는 정보의 확인 이외에는 아무것도 얻지 못하였다.

39일 동안의 심문의 말미에 미와는 도산을 신민회 때의 선배 동지 윤치호尹致昊에게 데리고 가서 매우 긴 시간의 우정 교환 자리를 마련하였다. 윤치호처럼 변절하여 일제에게 협력하라는 뜻이었다.

도산은 체포당한 후 윤치호를 만나서 처음 큰 충격을 받았던 것으로 보인다. 옛 선배 동지를 만나 반가웠지만, 67세의 윤치호는 육체뿐만 아니라 정신도 생각도 노쇠하여 퇴화되어 있었다. 신민회 시절의 당당하고 영민한 윤치호의 모습은 간데없고, 대화 가운데 나온 그의 생각은 패배주의 절망에 빠져서 한국민족에 대한 '낙심' '낙담'으로 가득 차 있

었다. 윤치호는 한국인들이 이렇게 무지몽매한데 일본은 날로 흥성 부강해 가고 있으니 한국독립은 전혀 불가능하다고 보고 있었다. 한국인들은 '독립'의 환상을 갖기보다는 일본과 잘 조화하여 민족의 소멸이라도 막고 교육이나 힘쓰기를 바라고 있었다.

도산은 30년 전에 윤치호의 높은 지식에 탄복하여 신민회의 공식상 명예회장으로, 대성학교의 명예교장으로 추대하고 존경했었다. 아마 1932년의 도산은 윤치호와 작별하면서 마음으로 통탄했을 것이다. 왜 한말 지도자의 하나로 영민했던 윤치호가 이렇게 패배주의에 떨어지고 변절 퇴화되었을까. 도산은 윤치호가 일제의 융성과 한국민족의 처지를 비교하여, 무엇보다도 민족 장래와 민족 독립에 '낙심' '낙담'했기 때문이라고 분석했던 것으로 보인다.

도산은 1932년 7월 15일 일제 검사국으로 송치되어 15일간 또 다시 장시간의 심문을 받았다. 담당 검사의 '조선독립'이 가능하다고 생각하느냐는 심문에 "조선독립은 반드시 성취되고, 감옥에서 나가면 독립운동을 계속하겠다"고 당당하게 응답하였다.

도산은 검사국에 있는 동안에는 '독방'에 수감되어 있었으므로 건강은 더 나빠졌지만 치유 불가능 정도는 아니었다. 소화불량과 설사가 계속되었고, 이빨이 아프고 빠졌다. 밖에서 동지들이 도와 '틀니'를 만들어 끼워서 음식을 들 수 있게 하였다.

일제 검사는 회유정책 때문인지 또는 도산의 의연한 애국심에 경복했는지, 윤치호의 수형기간과 동일한 최소한의 형량인 4년을 구형하였다. 일제 판사는 1932년 12월 19일 검사의 구형대로 '4년 징역형'을 언도하였다.[5]

---

[5] 《도산안창호전집》 제9권, 85~104쪽.

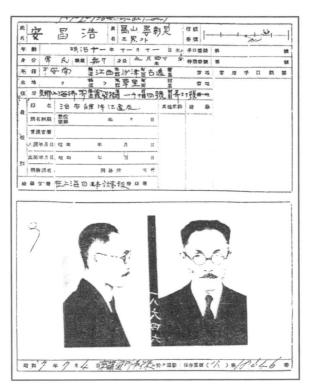

사진 65 서대문형무소에서 작성한 도산의 수형자 카드

    도산은 서대문형무소에 투옥되었다. 이번에는 독방이 아니라 잡범 5, 6명과 한 방을 쓰도록 하였다. 변기통이 방구석에 함께 있는 시설이 매우 열악한 감방이어서 악취와 소화불량으로 고통을 더 받았다. 그러나 당시 일제에게 학대 수탈당하고 있는 한국인과 한국사회의 실상을 일반 죄수들로부터 자세히 듣고 알게 되었다.

    일제는 감옥에서 독립운동가들의 교화를 받아 일반 죄수들이 조선독립 사상을 갖게 된다고 하여, 대전형무소를 신축해서 1933년 3월 28일

도산을 대전으로 이감시켰다. 이감 초기에 도산은 '독방'에 수감되어 격리되었다.

그러나 도산은 대전형무소의 작업장과 운동장에서 역시 수감당해 있는 여운형·김철수·안상훈·구연흠·최익한 등 독립운동가들과 공산당 사건 또는 노농운동 사건으로 투옥되어 있는 다수의 청년들을 만날 수 있었다.

도산은 대전형무소 감옥 안에서 아내와 아이들, 가족을 생각하였다. "나의 사랑하는 안해 혜련"으로 시작하는 옥중 편지들에서는 부인을 비롯한 가족에 대한 도산의 깊은 사랑과 염려가 울려 나오고 있다.

> 나의 사랑하는 안해 혜련
>
> 당신이 경성 서대문형무소로 보낸 편지를 다 반가이 받아보았나이다. 이 형무소의 법규가 두 달에 한 번씩 편지하는 법인데, 다른 곳에 편지하는 때에는 당신한테는 편지를 보내지 못하게 됩니다. 이왕에도 말하였거니와 내가 평생에 당신에게 기쁨과 위안을 줌이 없었고 이제 느즈막에 와서 근심과 슬픔을 주게 되오니 불안한 마음을 측량할 수 없습니다. 더욱이 가사와 아이들에 대한 모든 시름을 늘 혼자 맡게 하니 미안하고 미안합니다. 내가 종종 한곳에 홀로 있어 평소에 그릇한 여러 가지 허물을 생각하고 한탄하는 중에 남편의 직분과 아비의 직분을 다하지 못한 것이 또한 스스로 책망하는 조건입니다. …
>
> 내 친구 중 나보다 먼저 세상을 작별하고 간 사람이 얼마입니까? 나의 남아 있는 운명은 알 수 없으나, 설혹 옥에서 목숨을 마친다 하여도 한할 것이 없습니다. 나는 나의 장래는 자연에 맡기고 다만 평소에 지은 죄과를 참회하고 심신을 단련하여서 옥에 있거나 밖에 있거나 어디서든지 남아 있는 짧은 시간을 오직 화평한 마음으로 지내려고 스스로 준비하고 힘씁니다.

당신께 몇 가지 말씀할 것은 아이들 혼인에 대하여는 필선은 아직 문제가 안 될 것이고, 수산과 수라의 혼인이 염려입니다. …**6**

장년의 민족 혁명가 도산은 아내에게 진심으로 미안한 마음을 바치며 아내와 자녀에 대한 사랑을 따님들의 장래 '혼인'에 대한 염려로 표시하였다. 혁명가의 아내 이혜련 여사는 이국땅에서 4남매를 홀로 길러 모두 고등교육까지 학교에 보내느라고 아침새벽부터 인간이 할 수 있는 온갖 노동일을 다 해내면서 도산을 기다리고 있었다.

도산은 아내에게 보낸 옥중 편지에서 일생 조국독립의 혁명운동을 하다가 옥중에서 깨달은 진리는 한마디로 '사랑'이라고 써 보내었다.

당신께 다시 하옵는 말씀은 … 새로 밟아갈 것이 무엇일가 함이외다. 아무 별 것이 없고 오직 사랑뿐입니다. 사랑 이것이 인생의 밟아 나아갈 최고 진리입니다. 인생의 모든 행복은 인류 간 화평에서 나오고 화평은 사랑에서 나는 때문입니다. 우리가 실지로 경험하여 본 바 어떤 가정이나 그 가족들이 서로 사랑하면 화목하고 화목한 가정은 행복의 가정입니다. …

그런즉 내나 당신이 앞에 남아 있는 시간에 우리 몸이 어떤 곳에 어떤 경우에 있든지 우리의 마음이 완전히 화평에 이르도록 〈사랑〉을 믿고 행하옵시다. 내가 이처럼 고요한 곳에 있어서 여러 가지로 생각하던 결과 오직 〈사랑〉을 공부할 생각이 많아지는 동시에 이것을 당신에게 선물로 줄 마음이 있어서 〈사랑〉 두 글자를 보내오니 당신은 당신의 사랑하는 남편이 옥중에서 보내는 선물을 받으소서. 이것을 받아가지고 우선 집안 자녀들을 평일보다 특별히 사랑하는 화평의 기분으로 대하며, 삼촌댁과 사촌집 친족들이며, 그 밖에 친구들한테 평시 감정을 쓸어 버리고 오직 사랑으로 대하기를 시험하소서. 효과가 곧 날 것입니다. …

---

6 《도산안창호전집》 제1권, 653~659쪽.

아이들한테도 자주 편지하고자 하나 형편이 허락지 아니합니다. 아이들 보고싶은 마음은 평시보다 더욱 간절합니다. 그중에 필영이 생각이 더 많습니다.

1933년 6월 1일. 당신의 남편.[7]

도산은 감옥 안에서도 출옥하면 다시 활동하기 위하여 건강 회복에 노력했고, '독서'를 많이 하였다. 도산이 1934년 4월에 가족에 보낸 간단한 편지에도 《조선 상세지도》, 《금강산 유기》, 《백두산 유기》 등 도서 차입을 요청하였다.

1934년 2월 일제는 다수의 수감자들에게 1년 감형조치를 하였다. 도산도 이에 포함되어 1년 감형되어서 1935년 2월 10일 약 3년간의 감옥생활을 끝내고 가출옥으로 석방되었다. '가출옥'이었기 때문에 잔여형기 1년간은 일제 경찰의 직접 감찰 아래 있어야 하므로, 도산의 주거지는 '서울'이 아니라 '평양' 부근으로 한정되었다.[8] 일제가 도산의 중앙 서울지역에 미칠 영향력을 염려했기 때문이었다.

도산은 1935년 2월 10일 대전형무소에서 출옥하여, 기차로 서울에 도착해서 삼각지의 '중앙호텔'에서 하루 묵고, 2월 12일 평양역에 도착하였다. 도산 안창호 선생이 도착한다는 소식을 듣고 평양역에는 무려 4천여 명의 군중이 운집하여 도산을 기다렸다.

도산은 마중 나온 인사들과 악수를 한 다음 도저히 이 군중들을 다 만날 수 없으므로 자동차에 올라서서 다음과 같이 간단한 인사를 하고 숙소로 출발하였다.

---

7 《도산안창호전집》 제1권, 665~668쪽.
8 《도산안창호전집》 제9권, 108~114쪽 참조.

26년 만에 고향땅을 밟고 여러분을 대하니 감개가 무량합니다. 이룬 일이 없고 보잘것없는 이 사람을 보아 주시려 이처럼 여러분이 나와 주셨으니 황공할 뿐입니다. 바라건대 여러분은 무슨 일이든 낙심하지 말고 후일의 성공과 행복을 얻으시길 바랍니다.[9]

이때 도산이 군중들에게 보낸 부탁은 "무슨 일이든지 낙심하지 말고 후일의 성공과 행복을 얻으시라"는 것이었다.

도산은 일제의 철저한 감시 속에서일지라도 가출옥 1년간 휴양을 하여 건강을 회복해서 활동 준비를 하려고, 1935년 여름 평양 부근 대보산 기슭의 옛 고구려시대 송태사松台寺 절터에 간이가옥으로 '송태산장'이라고 후에 호칭되는 간단한 한옥을 지어 은둔하였다. 그러나 도산이 송태산장에 은거하고 있다는 소문이 퍼져서 끊임없이 사람들이 방문했

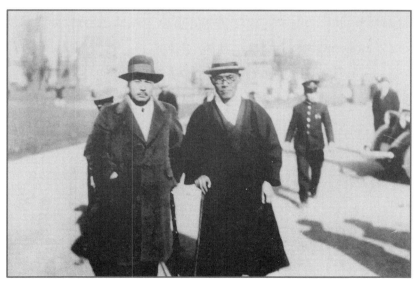

사진 66 가출옥하는 도산을 마중 나온 여운형(왼쪽)과 함께(1935.2.10.)

9 《동아일보》 1935.2.13. 《도산 안창호 전집》 9, 115쪽.

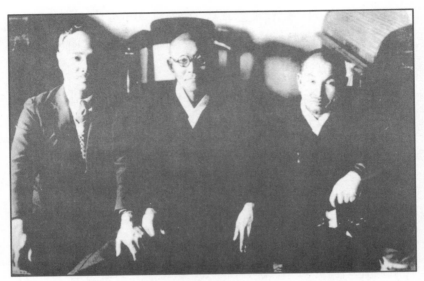

사진 67 석방된 후 동지들과 함께. 여운형(좌)·도산(중앙)·조만식(우)

으므로 은거가 되지 않았다.

도산은 이곳에 1년간 휴양하고 나무 심고 일하면서 건강을 많이 회복하였다. 전국 각처에서 강연 요청이 왔으나, 일제 총독부가 허가하지 않아 실현되지 않았다.

그러나 도산은 1936년 2월에는 '가출옥' 기간이 끝났으므로 그가 잘다니지 못했던 충청도·전라도·경상도 일대를 순회하면서 조국강산을 두루 둘러보았다. 그 사이 서울에서 조선어학회의 축사 요청이 있어서 참석하여 '축사'를 시작했는데, 임석한 일제 경관이 축사 도중에 불온한어휘가 있다고 도산의 축사를 중단시켰다. 도산은 국내에서 '축사'도 할수 없을 정도로 통제 구속받고 있음을 절감하였다.

일제는 도산 가출옥 후에 춘원 이광수로 하여금 도산을 자치운동파로 변절시켜서 한국 독립운동 세력으로부터 분리시켜 일제에 간접 협력시키려고 획책하였다. 이광수는 '수양동우회'를 마치 도산이 지도하는

'국내' 흥사단인 것처럼 때때로 분식 설명하여 자기의 자치론과 민족개
조론·민족개량주의를 합리화하고 있었다. 이때 도산은 국내에는 흥사단
을 조직하지 않았었다.

도산의 '흥사단'은 조선독립 목적의 민족혁명 단체이고 민족혁명전사
양성기관인 데 견주어, 춘원 이광수의 '수양동우회'는 '민족혁명'은 버리
고 '수양단체' 측면만 택한 모임이었다. 이광수의 '수양동우회'는 일제
타도가 아니라 오히려 조선민족성이 열악하여 식민지가 되었으므로 일
본 제국의 품 안에서 민족성 개조와 인격수양을 하자고 주장하는 단체
였다. 그러므로 양자는 전혀 다른 단체였다.

도산은 출옥하여 국내에 있는 동안 춘원·요한 등 과거 흥사단 단원
들이 찾아오면 옛정으로 만나기는 했으나 단 한 번도 부르거나 일을
시킨 적이 없었다. 도산은 춘원과 요한의 비상한 재주를 아까워하면서
도 변절한 그들을 독립운동에서는 불신하여 민족혁명전선의 동지에서
이미 제외시키고 있었다.

일제는 이 무렵 조선총독을 1936년 8월 5일 미나미 지로南次郎로 교
체하여 이른바 '황민화皇民化'정책, '동화'정책이라는 호칭의 '한국민족
말살정책' '한국민족문화 말살정책'을 더욱 강화 강행시켰다.

도산은 1936년 가을 국외 탈출을 결심하고 비밀리에 경로를 탐색하였
다. 그러나 감시가 심하여 성공하지 못하였다.

일제는 1937년 7월 7일 중일전쟁 도발에 앞서서 식민지 조선 안의
이른바 '황민화' 체제를 더욱 강화하고 도산의 세력과 영향력까지도 완
전 제거하면서 도산을 죽이고 수양동우회 회원들을 친일분자로 변절시
키기 위하여 1937년 6월 6일 이른바 '수양동우회 사건'을 꾸며냈었다.
수양동우회가 인격 수양단체가 아니라 조선독립을 획책하는 '흥사단'과
같은 불령단체라는 것이었다. 일제는 수양동우회 회원이 아닌 도산과

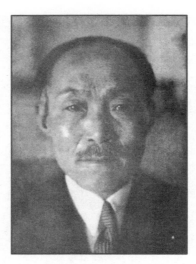

사진 68 제2차 투옥 직전의 도산(1937)

수양동우회의 회장 이광수 등 회원 150여 명을 '치안유지법' 위반으로 검거 투옥하였다. 도산은 1937년 6월 28일 송태산장에서 일제에게 체포되어 서울 종로경찰서에 수감되었다. 도산의 제2차 투옥이었다.

일제는 이때에는 본성을 드러내어 수감자 취조에서부터 도산을 잔혹하게 학대하였다. 검거된 회원들 가운데 고문으로 불구자와 사망자가 속출하였다. 도산은 노인이고 병약했지만 아무리 포섭하려 해도 굴복하거나 변절 전향하지 않으므로, 일제는 도산을 학대하여 폐인으로 만들어 죽여도 개의치 않으려고 작정하였다.

도산은 이 제2차 투옥에서 일제경찰의 학대를 받던 도중에 거의 회복되었던 건강을 다시 잃고 완전히 병자가 되어 버렸다. 감옥의 조악한 음식이 전혀 소화되지 않았고, 치아도 다 빠졌으며, 찬물 호스 목욕도 건강을 더 악화시키는 고문에 지나지 않았다. 그러나 도산은 몸을 가누기 어려운 피골이 상접한 병자 상태에서도 일제 검사의 심문에 '조선독

립'은 반드시 실현된다고 당당하게 다음과 같이 응답하였다.

> (문, 검사) 조선의 독립이 가능하다고 생각하는가.
> (답, 도산) 대한의 독립은 반드시 된다고 믿는다.
> (문) 무엇으로 그것을 믿는가.
> (답) 대한 민족 전체가 대한의 독립을 믿으니 대한이 독립될 것이오, 하늘이 대한의 독립을 명하니 대한은 반드시 독립할 것이다.
> (문) 일본의 실력을 모르는가.
> (답) 나는 일본의 실력을 잘 안다. 지금 아시아에서 가장 강한 무력을 가진 나라다. 나는 일본이 무력만 한 도덕력을 겸하여 갖기를 동양인의 명예를 위하여 원한다. 나는 진정으로 일본이 망하기를 원치 않고 좋은 나라가 되기를 원한다. 이웃인 대한을 유린하는 것은 결코 일본의 이익이 아니 될 것이다. 원한 품은 2천만을 억지로 국민 중에 포함시키는 것보다 우정 있는 2천만을 이웃국민으로 두는 것이 일본의 득일 것이다. 대한의 독립을 주장하는 것은 동양의 평화와 일본의 복리까지도 위하는 것이다.[10]

도산은 서대문형무소에서 일제가 1937년 7월 7일 중일전쟁을 도발했다는 소실을 듣고, 도산의 제2차 투옥과 수양동우회 사건의 조작이 이 전쟁 수행을 위한 일제의 최후 발악의 하나임을 간파하였다.

---

10 주요한 편, 《안도산 전서》, 479쪽.

3. 도산의 순국殉國

도산이 서대문형무소 감방에서 중환으로 옥사할 것이 명료하게 되자, 일제는 도산의 '옥사'가 조선인들을 자극할까 두려워 뒤늦게 1937년 12월 24일 긴급히 '병보석'의 이름으로 담가에 실어 경성제국대학 의학부 부속병원에 보냈다.

도산은 중일전쟁의 끝에 결국은 일본 제국주의가 패전 패망하고, 그가 평생을 바쳐 쟁취하려고 진력해 온 '조국광복' '조선독립'이 반드시 실현된다는 것을 예견하고 확신하였다. 이 참담한 학대를 낙담하지 않고 이겨 내면 기다리고 기다리던 조국해방 광복독립의 날이 이 전쟁의

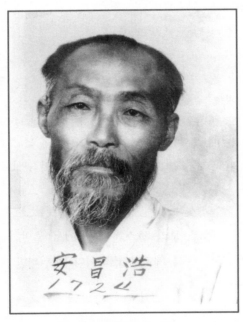

사진 69 병원 이송 직전의 도산(1937. 12.)

끝에 반드시 찾아올 것이다. 어찌 이 '광복'의 날을 보지 못하고 갈 수 있겠는가.

도산은 경성제국대학 병원에서 다시 생존 회복해 보려고 스스로 분투한 흔적이 보인다. 주변의 한국인 의사들도 도산을 살려내 보려고 전공을 넘어서 들락거렸다. 그러나 너무 늦어 버린 것이다. 일제는 도산을 감옥에서 중환자로 만들어 너무 학대하고, 중환자를 너무 늦게 옥사 직전에 병원에 실어 보낸 것이었다.

도산은 그러나 80여 일을 병원 침대에서 정신적으로 사투하였다. 생질 김순원이 간호 시중을 담당하였다. 도산의 강인한 정신력이 시간을 연장해 주었다. 병원비는 미주에서 흥사단 단원들이 성금을 보내온 것으로 충당했다. 때때로 말을 할 수 있을 때 위문객이 오면 간단한 대화를 나누기도 하였다. 신민회 때의 회원 선우훈이 문병을 하자 다음과 같이 말하였다.

> 나는 죽음의 공포가 없소. … 나는 죽으려니와 내 사랑하는 동포들이 그렇게 많은 괴로움을 당하니 미안하고 마음이 아프오. … 우리 동지들이 지금 정치적으로 아무 것도 할 수 없으나 누구누구를 중심해서 경제적 합작으로 실력 준비를 바라오. … 일본은 자기 힘에 지나치는 전쟁을 시작했으니 필경 이 전쟁으로 인하여 패망하오. 아무런 곤란이 있더라도 인내하시오.‖

도산의 가족이 임종을 보러 로스앤젤레스에서 출발하려 한다는 전보가 오자, 부산에 상륙 즉시 체포당할 터이니, 병원비만 보내고 오지 않게 하라고 부탁하였다.

‖ 《도산 안창호 전집》 12, 927~928쪽.

임종의 날이 가까워 오자 환청·환상이 보이는지 가끔 "목인(睦仁: 일본왕 메이지明治의 이름)아! 목인아! 네가 큰 죄를 지었구나!"하고 소리치기도 하였다.

도산이 임종을 며칠 앞두고 '조선김치'가 먹고 싶다고 하였다. S씨가 김치를 갖고 문병하여 도산의 최후를 본 사실이 다음과 같이 기록되어 있다.

선생이 돌아가시기 2, 3일 전이었다. 선생이 조선 김치가 생각난다 하시어, S씨가 겨울난 호배추에 배와 사과를 넣어 겨우 맛이 들기 시작한 김치를 한 그릇을 들고 선생의 병실을 찾았다. 선생은 잠이 드셨는지, 기운을 못 차리심인지 눈확은 꺼지고 볼은 홉들어가 그 얼굴이 말이 아니었다. 간호부에게 물으니 중태임을 암시하여 주었다. 몸이 동함을 기다려 김치국이 있으니 한 모금 마셔 보시라 하려고 곁에서 이윽히 기다렸다. 그런 지 약 20분 후에 선생은 얼굴을 조금 돌리면서 긴 숨을 휴— 내쉬고 눈을 번쩍 뜨셨다.

S씨는 곁에 가까이 가서, "선생님 김치를 가져왔으니, 국물이라도 한 모금 마셔 보셔요"하였다. 선생은 눈을 감으시면서 머리를 끄덕이고 입을 벌리셨다. 김치국을 숟가락에 떠서 입에 넣었으나, 그러나 물고만 계시고 삼키지를 않아 삼켜 보려고 애를 오래 쓰신 것이었다. S씨는 보기에 딱하여 비감을 느꼈다. "한 모금만 더 잡숴 보셔요" 하니 선생은 눈을 또 한 번 떠보시고 S씨의 손을 꽉 잡으면서 머리를 돌리셨다.

선생의 몸은 수척하실 대로 수척하시어 뼈와 가죽만 남으셨다. 그러나 눈을 뜨실 때면 그 안광만은 번개 같았다. 얼마 후에 다시 눈을 번쩍 뜨시면서 간신히 혀를 돌려서, "낙…심…마오."

한 마디를 하시고 후— 긴 숨을 쉬고는 다시 눈을 감으셨다. 손을 잡으시고 오래 계셨음은 부탁의 말씀을 하시렴이요, 또 돌지 않는 혀를 돌려보려고 애를 쓰심이었다.

"낙심 마오" 한마디를 전하려고 얼마나 애를 쓰셨던가, 선생의 입에서는

뿌우연 물이 흘렀다. 기운이 빠지심인지 선생은 S씨의 손을 놓으셨다. 간호부는 약솜을 들고 와서 피를 닦고 S씨의 퇴거를 요하였다. S씨는 눈 감은 선생에게 목례를 드리고 물러 나왔다.[12]

도산이 동포들에게 마지막 남긴 "낙·심·마·오"는 무엇을 부탁한 '유언'이었는가?

도산은 그가 일생을 바쳐 헌신해 온 한민족 동포들에게, 일제가 지금 치성하여 중일전쟁까지 일으켰으나, "이 전쟁의 끝에는 반드시 일제가 패망하고 반드시 조선이 '자유' '해방' '독립'될 터이니, 동포들이여, 절대로 '낙심 말고', 절대로 일제에게 굴복하지 말고, 곧 광복의 그날까지 인내하며 분투하라"는 뜻이라고 필자는 해석한다.

도산은 대동강 하류 '도롱섬'이라는 작은 섬마을에서 가난한 농민의 아들로 태어나 교육학 박사가 되어 새 교육으로 나라와 백성을 깨우치려던 개인의 꿈을 갖고 미주에 건너갔다가, 일본 제국주의가 조국을 강탈하고 동포를 노예로 만들기 시작함을 보고 꿈을 접은 채 빼앗긴 나라의 독립과 압박받는 동포의 자유 해방을 찾으려고 백절불굴의 투지로 온 생애에 몸과 마음을 다 바쳐 투쟁하였다. 이 위대한 애국자 민족혁명가 도산은 다가오는 조국 해방을 몇 해 앞두고 일제에 갇혔다가 그 해방을 보지 못한 채 1938년 3월 10일 오후 12시 5분 그 장엄하고 파란만장한 애국애족의 일생을 마치었다.

일제는 도산의 장례식을 엄격히 금지하였다. 삼엄한 통제와 감시로 병원 영결식에는 도산이 그처럼 사랑한 동포들은 한 사람도 참석치 못

---

12 蘿井, 〈낙심마오〉, 《개정판 안도산 전서》, 880~881쪽.

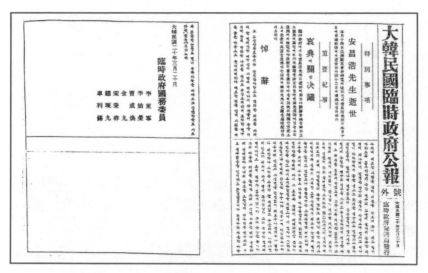

사진 70 도산의 서거소식을 보도한 《대한민국임시정부공보》 호외(1938.3.20.)

하였다. 도산의 친형 안치호, 누이 동생 안신호, 조카딸 안맥결, 오윤선, 조만식, 김지간 등 6명만이 허가받고 참석하였다. 한국민족의 위대한 애국자, 위대한 민족독립혁명가 장례식에 대한 일제의 최대의 무례였다. 일제는 별세한 도산도 두려웠던 것인가.

일제 경찰이 망우리 공동묘지 장지까지 따라와 감시하는 가운데, 이 6명이 심장에서 울려 나오는 오열로 엎드려 절하면서 이 위대한 민족독립혁명 지도자를 보내고, 그가 온 생애를 다 바쳐 사랑한 그와 동포들의 어머니땅 '한반도'에 그를 묻어 간직하였다.

부기附記

　도산의 서거가 알려지자 조국과 민족에 바친 그의 위대한 공헌을 기리고 민족의 독립을 다짐하는 도산 선생 추도식이 국내에서는 열리지 못했으나 해외 각처에서 거행되었다.

　먼저 1938년 3월 13일 하와이 대한인국민회가 도산 선생 추도식을 거행하였다.

　이어서 미주에서 《신한민보》가 1938년 3월 17일자 신문을 〈도산 안창호선생 특별호〉로 발행하여, 그의 흥사단 동지들이 다수 추도사를 싣고, 3월 20일에는 샌프란시스코에서 추도식을 거행하였다.

　또한 1938년 3월 22일에는 로스엔젤레스 등 미주 각지의 대한인국민회·흥사단·각계 동포들이 모여 도산 안창호 선생 추도식을 거행하고, 그의 위대한 업적을 기리며 조국독립을 다짐하였다. 멕시코와 쿠바에서도 동포들의 도산 선생 추도식이 거행되었다.

　중국에서는 중일전쟁 도중에 한구漢口에서 1938년 3월 23일 조선민족전선연맹(조선민족혁명당·조선민족해방동맹·조선무정부주의자연맹·조선청년전위동맹 4단체 좌파연합체)이 도산 안창호선생 추도식을 거행하고, 도산 선생이 좌·우 모두의 통합을 지도한 진정한 민족혁명가임을 추존하면서, 민족해방 독립투쟁을 다짐하였다.

　중국 장사長沙에 있던 대한민국 임시정부는 1938년 3월 20일자의 특

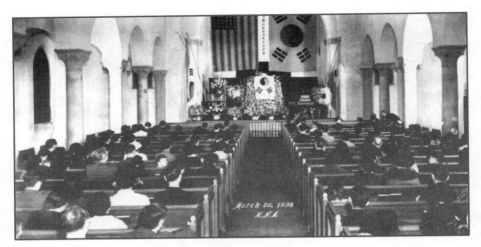

사진 71 미주 한인들의 도산 추모예배(1938.3.20.)

별호외로서 《대한민국 임시정부공보》를 발행하여 안창호 선생 서거를
알리고, 임시정부 국무위원의 추도사를 헌정하였다.

　이어서 대한민국 임시정부는 1938년 4월 15일 '대한민국임시정부장大
韓民國臨時政府葬'으로 공식적 '도산 서거 추도식'을 거행하였다. 이 추도
식에 헌정한 국무위원들의 추도사 가운데서, 국무위원 차리석車利錫은
독립운동가들을 대변하여 도산 안창호 선생이야말로 우리 한국 민족혁
명의 진정한 영수領袖였다고 공헌을 낱낱이 들어 밝혔다. 그의 추도문은
《한국혁명영수 안창호 선생 40년 혁명분투사략韓國革命領袖安昌鎬先生四十
年革命奮鬪史略》의 소책자로 발간되었다.

도산 안창호 선생 연보

연도	도산 안창호	한국	세계
1878년	○11월 9일(음력 10월 6일) 대동강 하류에 있는 평안남도 강서군 초리면草里面 칠리七里 도봉섬(한자명, 鳳翔島)에서 출생. 뒤에 고향마을 '도봉섬'에서 따서 아호를 '도산島山'으로 함. ○본관은 순흥順興. 아버지 안흥국(安興國, 1852~1889)과 어머니 황몽은(黃夢恩, 1847~1930)의 셋째 아들임. 큰형은 치호致浩, 둘째 형은 유아 때 사망. 5년 후 누이동생 신호信浩 출생.	○4월~9월: 한국 개항(1876)에 이어 일본군함 천성환天城丸이 부산·원산·동서해안을 측량 ○9월~11월: 부산 두모진세관 설치했다가 일본상인의 항의시 위로 세관 폐쇄	○6월: 영국·터키 비밀협정(영국이 키프러스 획득) ○11월: 영국군 아프가니스탄 침입(제2차 아프간전쟁, 1878~1881) ○12월: 일본, 육군참모본부 설치
1884년 (만 6세)	○아버지 슬하에서 한문(천자문 등)을 배우기 시작함.	○12월: 갑신정변 ○12월: 청국군 상륙 서울 주둔	○6월: 청국·프랑스군 북월남에서 충돌, 청불전쟁 발발
1885년 (7세)	○평양군 대동강면 국수당國樹塘으로 이사함.	○4월: 영국 극동함대 거문도 불법 점거	○4월: 청국·일본 천진조약 체결
1886년 (8세)	○서당에 입학하여 한문漢文을 배움. 동시에 소기르고 꼴베는 일을 시작하여 15세까지 목동생활을 겸함.	○6월: 조선·프랑스 수호통상조약 체결	○1월: 영국군 제3차 버마전쟁 종료(버마 전국 점령)
1888년 (10세)	○부친 안흥국 별세. 부친은 빈농의 선비였음.	○8월: 조선·러시아 육로 통상장정 조인	○12월: 청국 북양해군北洋海軍 설립
1889년 (11세)	○대동군 남관면南串面 노남리魯南里로 이사함. ○할아버지 슬하에서 서당에 출석하여 한문을 계속 수학함	○11월: 조선·일본 통어通漁장정 조인	○11월: 브라질 공화제 국가 수립
1892년 (14세)	○강서군 심정리心貞里로 이사함. 심정리 김현진金鉉鎭의 서당에서 한문 수학. 안악 출신 선배 청년 필대은畢大殷과 친밀히 교유함.	○6월: 조선·오스트리아 수호통상조약 체결	○8월: 러시아·프랑스 군사협정 조인

374

1894년 (16세)	o 청일전쟁의 평양성 전투를 목격하고 분개하여 민족문제에 눈뜸. o 상경하여 서부 대정동大貞洞에 있는 야소교학교(구세학당, 언더우드 학교)에 입학해서 수학. 기독교 신교(장로교) 입교	o4월: 동학농민혁명운동 봉기 o7월: 온건개화파정부 수립 o7월: 갑오개혁 실시	o6월: 국제 올림픽위원회 창립 o7월: 청·일 전쟁
1895년 (17세)	o 친우 필대은이 동학농민혁명에 참가했다가 실패하여 찾아오자 야소교학교에 입학시킴	o4월: 을미개혁 실시 o10월: 일본 명성황후 시해	o4월: 청국·일본 강화조약(하관下關조약) o4월: 러시아·프랑스·독일 3국간섭(일본이 청국에 요동반도 반환)
1896년 (18세)	o 야소교학교 보통과(2년) 졸업 후 조교가 됨 o 서재필의 강연회에 빠짐없이 참석. o 유길준의 《서유견문西遊見聞》 정독.	o2월: 국왕이 러시아 공사관에 피신, 아관파천 o3월: 미국에 경인철도 부설권 허가 o4월: 서재필 《독립신문》 창간 o4월: 러시아에 경원·경선 광산채굴권 허가 o7월: 독립협회 창립	o1월: 영국·프랑스 타이 영토보전 공동 선언 o4월: 제1회 세계올림픽 개최
1897년 (19세)	o 독립협회 가입. o 할아버지가 정해 준 고향 서당훈장 이석관李錫寬의 딸 이혜련李惠鍊과 약혼. o 동생 신호와 약혼녀 이혜련을 상경시켜 정신여학교貞信女學校에 입학시킴.	o2월: 국왕 경운궁으로 환궁 o10월: 대한제국 선포 o11월: 독립문 건립	o4월: 그리스·터키 전쟁 발발 o11월: 선교사 살해사건으로 독일이 청국 산동성 교주만 점령
1898년 (20세)	o 독립협회 관서지회 설립을 주도 o 평양 쾌재정快哉亭에서 명연설을 하여 평양의 명사가 됨 o 상경하여 만민공동회에 적극 참가. 정치개혁 운동에 적극 동참. 독립협회·만민공동회 해체로 피신	o3월: 독립협회·만민공동회 자주민권자강운동 시작 o1월: 《매일신문》, 3월: 《대한황성신문》, 8월: 《제국신문》 창간 o12월: 독립협회 강제 해산	o3월: 독일 청국으로부터 교주만 조차 o3월: 러시아 청국으로부터 요동반도 조차 o9월: 청국 무술戊戌정변 실패
1899년 (21세)	o 귀향하여 강서군 동진면 암화리岩花里에 점진학교漸進學校를 설립하	o8월: 〈대한국국제〉 반포 o9월: 한·청 통상조약체결(대등	o7월: 러시아 관동주關東州 창설

	여 신교육운동 실행. ○경제자립운동으로 대동강변의 하천 매축개간埋築開墾 사업 실행	한 조약) ○12월: 《독립신문》 폐간	○10월: 인도 보어전쟁 발발(~1902)
1900년 (22세)	○친우 필대은 별세. ○점진학교와 하천매축개간사업이 수구파의 탄압으로 재정조달이 막혀 중단	○3월: 러시아 마산 율구미 조차 ○9월: 경인철도 개통	○7월: 의화단 사건으로 열강 북경점령
1901년 (23세)	○진로를 탐색하다가 미국에 유학하여 교육학 박사학위를 취득하고 귀국해서 국민의 신교육 실시에 종사하기로 결심	○3월: 한·벨기에 수호통상조약 체결 ○6월: 프랑스에 평북 창성 광산채굴권 허가 ○8월: 일본에 직산 금강채굴권 허가	○2월: 러시아에서 학생·군대 폭동 ○7월: 노벨상 창설
1902년 (24세)	○미국 선교사들의 도움으로 여권을 내고, 지인 김용팔의 도움으로 여비가 준비되어 도미 준비 완료 ○유학을 마치고 귀국한 후 결혼할 예정이었으나, 약혼자가 동행을 소원하여 김윤오金允五의 주선과 밀러 목사의 주례로 제중원에서 약혼자 이혜련李惠鍊과 결혼식 거행 후 도미 ○9월 인천에서 출항하여 요코하마→하와이→밴쿠버→시애틀을 거쳐서 10월 14일 샌프란시스코에 도착 ○샌프란시스코 부근 이스트 오클랜드의 의사 드루의 집에서 가사 고용인으로 종사 ○그람머스쿨에 입학하여 영어 공부. 연령 초과로 퇴학 ○샌프란시스코 재류 동포들의 생활 실태를 목격하고 먼저 동포의 생활 개선 사업 수행 후 대학입학을 결심	○5월: 일본 제일은행권 한국에서 통용 허가 ○5월: 마산에 일본 조계 허가 ○6월: 개혁당 사건으로 이상재 등 구속 ○6월: 러시아·프랑스·독일 3국 공사 러시아 공사관에 모여 철도·광산 등의 이권탈취를 모의 ○7월: 한·덴마크 수호통상조약 조인 ○8월: 에케르트 작곡 대한제국 국가 제정 ○12월: 제1차 하와이 이민 시작	○1월: 영·일 동맹 체결 ○1월: 시베리아 철도 완성 ○4월: 청국·러시아 군사조약·만주반환조약 체결 ○5월: 쿠바 공화국 성립 ○5월: 인도 보어전쟁 종결 ○7월: 미국 의회, 필리핀 법 의결(필리핀의 양원제 의회를 의결) ○8월: 청국과 열강 관세협정 체결 ○12월: 영국 보통교육령 발표(의무교육 실시)
1903년	○샌프란시스코 거류 동포들의 생활	○4월: 러시아군 압록강변 용암	○7월: 샌프란시스코·필

(25세)	개선을 지도하다가 9월 23일 이대위 김성무 박선겸 박영순 10여 명과 함께 상항한인친목회桑港韓人親睦會를 조직하고 회장으로 피선 ○연말에 로스앤젤레스 동남쪽 리버사이드에 한국인 노동자들이 유랑해 온 소식 들어옴.	포 침입 점령 ○8월: 이범윤 북간도관리사에 임명 ○10월: 황성기독교청년회(YMCA) 창립 ○10월: 러시아 측에 용천포대 철거를 요구	리핀 간 해저전선 완공 ○8월: 영국 노동당 결성 ○11월: 파나마 콜럼비아로부터 독립 선언 ○11월: 미국 파나마운하 일대 영구조차권 획득
1904년 (26세)	○3월 23일 리버사이드로 이사 ○리버사이드 시 파차파Pachappa 에비뉴 1532번지에 한국인 노동자캠프인 '파차파 캠프' 설치 ○9월: 리버사이드 공립협회 설립. 한인 노동자들의 조직화와 생활개선 지도.	○2월: 한·일 의정서 조인 ○7월: 일본, 전국황무지개간권 요구함 ○7월: 보안회의 민족운동 ○7월: 베텔·양기탁 《대한매일신보》 창간	○2월: 일본 러·일전쟁 도발 ○5월: 파나마 운하 공사 시작
1905년 (27세)	○파차파 캠프를 '한인 노동국'(Korean Labor Bureau)으로 개칭. ○샌프란시스코에 가서, 4월 5일 한인친목회를 샌프란시스코 공립협회共立協會로 확대개편하고 회장 피선 ○11월 14일 공립회관共立會館 건립. 한인교회와 영어학교 운영 ○11월 20일 순국문판 《공립신보共立新報》를 발행 ○장남 필립必立 출생	○1월: 일본 한국의 독도 비밀리에 침탈 시도 ○1월: 화폐조례(한국내 일본화폐유통 공인) 공표 ○5월: 경부철도 개통 ○11월: 일본 을사5조약 강요. 외교권 박탈 ○11월: 을사5조약 항의운동 확산 ○12월: 손병희 천도교 개칭 포교	○1월: 러시아 1905년 혁명 발발 ○5월: 일본함대 동해에서 러시아 발틱함대 격파 ○7월: 동경에서 타프트-가즈라 비밀 협약 성립 ○8월: 제2차 영·일동맹 조약 조인 ○9월: 러·일 강화조약(포츠머스 조약) 체결
1906년 (28세)	○공립협회 총회장으로서 하와이 에와친목회와 함께 일제의 '을사조약' 강요를 규탄하는 '배일선언문' 발표 ○4월 18일 대지진으로 퍼시픽가의 '공립협회 회관'이 불탔으므로 오클랜드에 임시본부를 설치했다가 이듬해 귀환	○2월: 일제 통감부 및 이사청 개청, 초대총감 이등박문 취임 ○2월: 일본헌병사령부 한국 경찰권 장악 ○3월: 전국에서 항일의병무장투쟁 봉기확산 ○3월: 대한자강회 결성 ○4월: 통감부 보안규칙 공포	○4월: 샌프란시스코 대지진 ○6월: 일본, 러시아로부터 북위 50도 이하 사할린 수령 ○8월: 쿠바에서 반란 봉기 ○11월: 일본 남만주철

	○ 리버사이드에서 이강, 임준기 등 동지들과 국권회복운동 실행을 의논 결정하고, 단체를 '신민회'(신고려회, New Korea Society)로 이름하여 국내에서 이를 실행하기로 결의하여, 도산을 공립협회 대표로 조국에 파견하기로 결정	(언론 검열제) ○ 10월: 서우학회 설립 ○ 10월: 한북흥학회 설립 ○ 10월: 천주교 《경향신문》 창간	도회사 설립 ○ 12월: 인도국민회의 4결의(국산품 애용·외국품 배척·민족 교육·독립) 채택
1907년 (29세)	○ 1월 초 본국에서 '신민회'를 창립하여 국권회복을 전개하기 위하여 샌프란시스코 출항 ○ 1월 20일 일본 요코하마에 기항하자 동경에 들러서 재동경 한인 유학생단체 태극학회太極學會에서 애국연설로 유학생 청중을 감동시킴. 동경 체류 중인 유길준과 박영효 방문 상담 ○ 2월 20일 인천항에 도착. 서울에서 양기탁과 대한매일신보사 및 황성신문사 방문. 한양학교 등 10여 곳에서 귀국 연설 ○ 3월 상순 평양 지방으로 내려가서 이승훈, 안태국 등 애국지사들과 상면하여 국권회복 방안 토론, 신민회 회원 물색. ○ 4월 초순 서울에서 양기탁, 전덕기 등과 국권회복운동 비밀결사로 '대한신민회'(大韓新民會, New Korea Society) 창립 ○ 전국 여러 곳에 순회하면서 애국계몽 강연	○ 1월: 국채보상운동 시작 ○ 5월: 이완용내각 성립 ○ 6월: 고종황제 헤이그 만국평화회의에 이준·이상설·이위종 등 3특사 밀파 ○ 7월: 고종 양위·(8월) 순종 즉위 ○ 7월: 호남학회 설립 ○ 7월: 정미7조약 조인(일제 차관통치 시작) ○ 8월: 대한제국 군대 강제해산 ○ 11월: 대한협회 설립 ○ 12월: 전국 13도 창의대진소 의병연합부대 창설	○ 2월: 루마니아에서 농민봉기 ○ 5월: 스웨덴 보통선거제 실시 ○ 6월: 노르웨이 여성참정권 승인 ○ 6월: 헤이그 제2회 세계평의회 개최 ○ 7월: 러시아·일본 비밀협약 조인(일본의 한국에 대한 특권을 러시아가 인정) ○ 9월: 뉴질랜드 대영제국 내의 자치령 선언 ○ 11월: 중국혁명동맹회 광서성에서 봉기, 실패
1908년	○ 1월에 '서우학회西友學會'와 '한북흥	○ 1월: 전국 13도 의병 연합부대	○ 4월: 손문의 중국혁명

(30세)	학회漢北興學會'를 통합하여 '서북학회西北學會'를 설립 ○9월 26일 평양 설암리에 대성학교大成學校 설립. 교장에 윤치호를 초빙하고, 도산은 대판代辦 교장 취임 ○전국의 신민회 활동을 지도 ○"동해물과 백두산이"로 시작되는 '애국가'를 작사하여 대성학교 개교식에서 올드 랭 사인의 곡으로 부르게 하여 '애국가' 보급 시작. '학도가' '야구단가' '격검가' '항해가' '한반도' '대황조의 높은 덕' '혈성대' '한양가' 기타 다수의 애국계몽 창가를 지어 보급 ○서울과 각 지방을 순행하면서 애국계몽연설 실행 ○전국의 사립학교 설립운동과 신교육 구국운동 지도	서울탈환작전 공세 ○1월: 기호흥학회 설립 ○4월: 13도 연합의병 제2차 서울탈환 공격 ○9월: 사립학교령 공포, 교육구국운동 탄압 ○10월: 학회령 공포, 애국계몽학회 탄압 ○12월: 동양척식주식회사 설립	동맹회 봉기, 청군에 패배 ○7월: 청년 터키당 전제군주제 타도, 헌법 부활 ○10월: 불가리아 터키로부터 독립 선언
1909년 (31세)	○2월 평양 마산동에 실업구국운동의 모범회사로 '평양자기제조주식회사平壤磁器製造株式會社' 설립 ○7월 평양에 '태극서관太極書館' 설립. 책임자로 이승훈李承薰·안태국安泰國 취임 ○8월 청년단체로 '청년학우회靑年學友會' 설립 ○10월 31일 안중근 의사의 이토 처단(10월 26일) 배후 혐의로 서울 용산 일본군 헌병사령부에 피체 구금. 12월 22일 일단 석방	○1월 나철 등 단군교(대종교) 창립 ○9월 일본군 '남한대토벌작전', 호남의병 공격 ○9월 청·일간 간도협약 조인 ○10월 통감부, 범죄즉결령 재판소·감옥 설치 공포 ○10월 안중근 하얼빈역에서 이토 히로부미 총살	○1월: 미국·캐나다 국경 결정 ○7월: 일본 각의, 한국병합 실행 의결 ○8월: 터키 불가리아 독립 승인 ○9월: 남아프리카 연방 성립 ○11월: 미국 하와이 진주만을 해군기지로 지정
1910년 (32세)	○1월 9일 다시 일제 헌병대에 구금되었다가 40여 일 뒤 석방	○1월: 대한협회 등 국민대회 연설회를 개최하여 일제합방	○2월: 중국혁명동맹회 광동에서 봉기, 실패

	○3월 신민회 긴급 간부회의를 열고 '독립정쟁론'을 국권회복운동 최고 전략으로 채택 ○4월 독립전쟁전략 실행의 일환으로 북만주 밀산현에 독립군 근거지와 무관학교 설립을 계획하여 이갑李甲·유동열柳東說·신채호申采浩·김희선金羲善·이종호李鍾浩·이종만李鍾萬·김지간金志侃·정영도鄭英道 등 동지들과 함께 해외 망명 ○4월 기항지 중국 청도에서 망명간부들과 '청도회의靑島會議'를 연 결과 다수가 먼저 청도에서 '신문·잡지 발행' 등의 언론 투쟁 사업을 희망하여, 독일총독 측에게 허가 여부를 문의한 결과 '불가'로 회신되어 원래의 계획대로 독립군 근거지와 무관학교 설립을 위해 블라디보스토크로 향함. ○9월 블라디보스토크 도착. 일제의 한국 '병탄' 소식을 들음. ○북만주 밀산현으로 출발하기 전에 자금을 가진 이종호(이용익의 손자)가 밀산의 독립군 근거지·무관학교 건립에 자금을 내놓지 않고 블라디보스토크에서 사업하겠다고 하여 계획 차질 ○12월 25일 블라디보스토크 신한민촌에서 이재명 의사 추도회 개최	반대 선언 ○1월: 연기우 의병대 경기북부에서 일본 헌병대 습격 활동 ○3월: 안중근의사 순국 ○3월: 총독부 조선토지조사사업 실시(~1918) ○4월: 채응언 의병대 이천 등지에서 활동 ○4월: 이진룡 의병대 황해도 평산에서 활동 ○6월: 통감부 헌병경찰제 실시 공포 ○6월: 이완용 총리대신 복직 ○8월: 일제 대한제국 완전 병탄 ○8월: 일제 조선총독부 설치 ○10월: 일제 조선주차 헌병대 관구배치 결정 ○12월: 총독부 범죄즉결령 공포 (헌병 경찰에게 즉결권 부여) ○12월: 회사령(회사 설립 허가제) 공포 시행	○4월: 알바니아 자치 요구 폭동 ○5월: 남아프리카연방 대영제국 자치령으로 발족 ○6월: 일본 각의 병합 후의 한국에 대한 시정방침 결정 ○7월: 제2차 러·일협약 조인(만주의 현상 유지 합의) ○10월: 포르투갈 공화국 선언 ○10월: 멕시코에서 농민봉기(~1917) ○11월: 영국·미국·프랑스·독일 4개국 차관단, 청국의 철도투자에 평등참가 협정
1911년 (33세)	○1월: 한인야학교에서 역사교육 강의, 계몽연설 ○2월: 안정 등과 함께 밀산지역을 답사함.《대동공보》재간행을 지지 성	○1월: 일제 안악 사건으로 황해도 지역 애국자 총 검거 시작 ○8월: 총독부 조선교육령 공포 ○9월: 일제 105인 사건으로 신	○2월: 멕시코 사바타 혁명군, 수도 공격 ○9월: 이태리·터키 전쟁(트리폴리 전쟁) 발

	원함 ○5월: 이강·정재관과 함께 국민회 시베리아 총회 설치. 미주를 향해 육로로 출발. 생 페테르부르크에서 병중의 이갑을 상면 ○9월: 베를린→런던을 거쳐 글래스고에서 8월 하순 출항하여 9월 2일 뉴욕항 도착. ○기차로 시카고를 거쳐 9월 28일 샌프란시스코에 도착. ○10월: 로스엔젤레스에서 이갑의 치료비와 미주 도항 경비를 벌기 위해 공사장에 노동자로 취업. (임금을 모아 보냈으나 이갑은 뉴욕 상륙 입국 심사에서 환자로 판정되어 상륙 거부 당해 시베리아로 돌아감)	민회 회원 총검거 심문 시작 ○6월: 성균관이 폐지되고 경학원 설치됨 ○6월: 일제 사찰령 공포하여 불교사찰 통제 ○대종교 북간도에서 독립운동단체 중광단 조직	발(~1912) ○10월: 중국혁명동맹회 무창에서 봉기 '신해혁명', 중화민국 임시정부 조직(11월), 손문 중화민국 임시대통령으로 선출(12월) ○11월: 외몽고 왕공회의, 청국으로부터 독립선언 '대몽고국' 호칭
1912년 (34세)	○1월: '북미실업주식회사' 설립 활동 시작 ○7월 5일 차남 필선必鮮 출생 ○11월 8일 샌프란시스코에서 대한인국민회 북미지방총회, 하와이 지방총회, 시베리아 지방총회, 만주리아 지방총회의 4개 지방총회 대표가 모여 '대한인국민회 중앙총회'를 조직하고, 중앙총회장으로 피선	○3월: 조선태형령 공포, 경찰범 처벌 규칙 공포 ○5월: 총독부 소속 모든 문관에게 군복·대검 착용 명령 ○6월: 105인 사건(신민회 사건) 재공판 시작 ○8월: 총포화약류취체령 공포	○1월: 중화민국 정부 수립, 공화제 선언, 손문 대통령에 취임 ○2월: 청국 선통제 퇴위, 청국 멸망 ○10월: 제1차 발칸전쟁 발발
1913년 (35세)	○대한인국민회 중앙총회를 재미 한국민족 자치기관으로 정립 강화 ○이전 《공립신보》를 《신한민보新韓民報》로 제호를 바꾸어 발전시킴 ○5월 13일 흥사단興士團을 샌프란시스코에서 국권회복을 위한 민족혁명의 인재훈련기관으로 도산 등 6인이 발기하고 8도 대표를 선발하여 12월 20일 로스앤젤레스에서	○2월: 임병찬 등의 독립의군부 활동 시작 ○7월: 105인 사건 판결 공판 ○10월: 역둔토특별처분령 공포 (일본 이민의 토지 대여에 우선권 줌) ○채기중 등 대한광복단 조직	○1월: 티베트 몽고와 동맹조약 체결하고 독립 선언 ○5월: 이태리 3국동맹 탈퇴선언 ○5월: 중국 일본의 21개조 요구를 전부 승인 ○6월: 제2차 발칸전쟁 발발

	'흥사단'을 창단함. 흥사단 본부를 로스앤젤레스로 옮김 ○7월 2일 미 국무장관이 대한인국민회 북미지방총회의 요청에 응하여 대한인국민회를 재미 한국인의 자치단체로 인정		○10월: 원세개 남경점령후 중화민국 대통령 취임 ○11월: 외몽고에 관한 러·중선언(중국 외몽고의 자치를 승인)
1914년 (36세)	○4월 6일 대한인국민회 중앙총회가 캘리포니아 주지사로부터 사단법인으로 인가받음 ○7월 대한인국민회 만주리아 지방총회 해체	○3월: 전국 지방행정구역 개편 (317군 4,351면을 12부 218군 2517면으로 개편) ○4월: 주시경의 《말의소리》 간행, 주시경 별세(7월)	○7월: 제1차 세계대전 발발 ○8월: 일본 대對독일 선전포고
1915년 (37세)	○1월 16일 장녀 수산繡山 출생 ○2월 대한인국민회 중앙총회 회장으로 다시 피선 ○5월 제정 러시아가 전시계엄령으로 대한인국민회 시베리아 지방총회를 폐지 ○5월 도산은 하와이를 방문하여 7개월 체류하면서 하와이 지방 박용만과 이승만의 갈등을 화해시키려고 진력하여 교민들은 승복했으나 박용만과 이승만이 불복하여 실패	○1월: 비밀결사 조선국권회복단 조직 ○4월: 경신학교에 대학부 설치 (1923년에 연희전문으로 개칭) ○12월: 총독부 조선광업령 공포 ○12월: 일본군 신설한 제19사단 (나남) 제20사단(용산) 배치표 발표	○1월: 일본 중국에 21개조 요구 제출 ○3월: 원세개, 배일운동 취체령 발표 ○4월: 영국·프랑스·러시아·이태리 비밀조약 조인(5월). 이태리 3국 동맹 탈퇴하고 오스트리아에 선전포고 ○5월: 중국, 일본의 21개조 요구 수락 ○12월: 원세개 황제 참칭
1917년 (39세)	○1월 10일 송종익, 임준기 등과 함께 '북미실업주식회사' 설립 ○5월 27일 차녀 수라秀羅 출생 ○10월 멕시코의 한국인 동포를 방문하여 약 10개월간 체류하면서 대한인국민회 멕시코지방회의 조직과 활동을 강화하고 동포들을 지도한 후, 이듬해 1918년 8월에 샌프란시스코로 돌아옴	○7월: 간도지방 한국인에 대한 경찰권이 중국관헌으로부터 일본관헌으로 이관 ○10월: 광복단 각지 부호들에게 독립운동 자금 요구 통고문을 보냈다가 발각	○2월: 러시아 2월 혁명 (케렌스키 정부 수립) ○4월: 미국 대對독일 선전포고 ○10월: 러시아 10월 혁명(소비에트 정권 수립)
1918년 (40세)	○10월 제1차 대전이 종결되자 도산은 〈전쟁 종결과 우리의 할 일〉	○4월: 이동휘 등 하바로프스크에서 한인사회당 창립	○1월: 미국 대통령 윌슨 교서에서 14개조

	담화문 발표. 강대국의 도움에 기대하지 말고 우리의 실력을 양성해야 한다고 강조 ○파리평화회의에 대한인국민회 중앙총회 대표로 가라는 권고를 사양. 민찬호·이승만·정한경을 국민회 대표로 승인. 도산은 파리평화회의에 큰 기대를 걸지 않음	○5월: 총독부 임야조사 시작 ○8월: 여운형 등 상해 신한청년당 창당	강령 발표(민족자결 원칙 포함) ○11월: 제1차세계대전 종결(독일, 연합군과 휴전협정 조인)
1919년 (41세)	○3월 상해 현순玄楯으로부터 본국의 3·1독립만세운동 소식 전보를 받고 감동 ○3월 13일 대한인국민회 중앙총회를 긴급 소집하여 한국독립을 선언하고 3·1운동을 지지 성원하는 결의문과 포고령 채택 ○4월 1일 황진남·정인과를 대동하고 상해를 향하여 샌프란시스코 출발. 상해에서는 안창호를 4월 11일 상해 임시정부 내무총장으로 선정해 놓고 기다림 ○5월 28일 상해 도착. 도산은 일본의 위해를 피하여 요코하마 경유가 아니라 하와이·호주·마닐라·홍콩을 경유하는 항로로 상해 도착 ○6월 28일 상해 임시정부 내무총장 겸 국무총리서리에 취임. 상해 임시정부와 러시아령 국민의회 임시정부와 한성정부의 3개 임시정부의 통합 작업 착수 ○7월 사료편찬회 설치, 총재로 취임하여 《한일관계사료집》 편찬 시작 ○7월 13일 '대한적십자회' 설립 ○7월 연통제와 교통국 설치	○1월: 고종 덕수궁에서 승하 ○2월: 상해 신한청년당에서 김규식을 대표로 파리평화회의 파견, 각지에 당원 분담 파견하여 독립운동 호소 ○2월: 동경유학생, 2·8 독립선언 ○3월: 민족대표와 학생단 3·1 독립선언, 전국에서 3·1운동 봉기 시작 ○3월 17일, 러시아령 국민의회 독립선언 공표하고, 21일 임시정부 수립 발표 ○4월 11일 상해에서 대한민국 임시정부 수립 발표 ○8월: 임시정부 기관지 《독립》 창간 ○8월: 홍범도의 대한독립군 갑산·혜산진 등에 국내진입 작전 시작 ○9월: 신임 조선총독 사이토에게 강우규 폭탄 투척 ○9월: 통합 대한민국 임시정부 수립 ○11월: 김원봉 등 의열단 창단 ○11월: 임시정부 외무차장 여운	○1월: 파리 평화회의 열림 ○1월: 독일공산당 창당 ○1월: 독일나치당(독일 노동자당) 결성 ○3월: 모스크바에서 제3차 코민테른 창립대회 ○3월: 헝가리공산당, 소비에트 정부 수립 ○3월: 이집트에서 학생·농민 등 완전독립요구 시위 ○3월: 무솔리니 이태리 파시스트당(전투적 파쇼) 결성 ○4월: 간디 지도의 인도 국민회의파 제1차 비폭력저항운동 시작 ○5월: 중국 5·4운동 일어남 ○6월: 베르사이유 평화조약, 국제연맹 규약 조인 ○7월: 독일 국민회의 바이마르 공화국 헌법

	○8월 임시정부 기관지《독립》발간 ○9월초 내무총장 직속 '선전위원회' 설치 ○9월 11일 '통합 대한민국 임시정부' 성립 선포 성공. 한성정부안을 골간으로, 대통령에 이승만, 국무총리 이동휘, 내무총장 이동녕, 재무총장 이시영, 법무총장 신규식, 노동국 총판에 안창호의 내각 구성. 도산은 내무총장에서 스스로 노동국 총판(노동국장)으로 자기를 낮추어 희생해 가면서 온갖 반대 이의를 물리치며 통합임시정부 수립에 성공함 ○9월《한일관계사료집》(4책) 등사판으로 발간 ○11월 임시정부 산하에 육군무관학교陸軍武官學校 설립	형 일본 초청으로 동경에서 한국독립 역설하고 귀환	채택 ○8월: 산동반도 조차지 중국에 반환 ○9월: 합스부르크제국 해체 ○10월: 미국 금주법 의결 ○12월: 영국 인도통치개혁법 성립(각주의 자치권 확대)
1920년 (42세)	○1월 1일 신년 담화에서 1920년을 '독립전쟁의 해'로 선언 ○1월 3일 상해 거류민단 신년 축하회에서 '독립운동 6대 방략' 발표 ○1월 19일 (내무부 소속) '선전위원회' 위원장 선임 ○1월 '선전위원회' 산하에 '의용단義勇團' 창설하여 국내에 단원 밀파. '독립'선전 활동 ○3월 의정원에서 도산의 '독립운동 6대 방략'을 심의 통과시켜 대한민국 임시정부의 독립운동 방략으로 채택 ○6월 서간도에서 도산의 지도를 받은 독립군 단체들이 통일하여 '광	○3월: 서울·평양·선천·황주·만주·흑룡강성·상해.블라디보스토크 등 국내외에서 3·1운동 1주년 기념독립만세 시위운동 ○3월:《조선일보》창간 ○3월: 태형령 폐지 ○4월: 회사령 개정(회사설립허가제를 신고제로) ○4월:《동아일보》창간 ○4월: 시베리아 주둔 일본군 블라디보스토크 신한촌 습격, 한민학교 소각, 교도 70여 명 체포 ○4월: 조선노동공제회 창립 ○6월: 독립군 봉오동전투에서 일본군 격파	○1월: 국제연맹 발족 ○4월: 시베리아 치타에서 극동공화국 수립 선언 ○5월: 터키 케말 혁명정부 수립 ○6월: 그리스·터키 전쟁 터키 세브르 강화조약 조인(8월) ○8월: 미국 여성참정권 실현

복군총영光復軍總營' 결성 ○7월 광복군 사령부光復軍司令部 조직안 국무원에 제출 ○8월 14일 미국 국회의원 동양시찰단을 북경에서 만나 한국독립운동에의 협력 요청 ○9월 상해에 흥사단 원동위원부를 설치 ○12월 8일 이승만 임시대통령의 상해 도착 환영 ○12월 29~30일 상해에서 흥사단 제7회 대회 개최	○6월: 천도교 종합잡지 《개벽》 창간 ○10월: 독립군 화룡현 청산리전투에서 일본군 격파	○8월: 진독수 등 중국사회주의 청년동맹 결성 ○9월: 인도 국민회의파 대회, 비협력제안 가결 ○11월: 국제연맹 제1회 총회 ○12월: 독일 통일사회당 결성
1921년 **(43세)** ○3월 1일 도산 3·1절 기념식에서 2월의 박은식·원세훈 등 북경 독립운동가들의 국민대표회의 개최 제의를 지지 수용하여 국민대표회의 소집 제안 ○5월 10일 '국민대표회의 주비위원회 선언' 발표. 임시정부 노동국 총판 사임 ○5월 12일 국민대표회의 소집 지지 강연 ○5월 19일 '상해국민대표회上海國民代表會期成會' 조직 ○9월 도미를 위해 미국정부에 비자를 신청했으나 이승만파의 방해로 거절당함 ○11월 25일 대한적십자사 회장 피선	○6월: 이만 시에 집결한 한국독립군단을 러시아 적군이 공격, 2백여 명 전사한 흑하사변 발생 ○9월: 독립군 압록강·두만강 건너 국내진입작전 계속 ○8월: 방정환 천도교소년회 창립 ○12월: 김윤경 등 조선어연구회 (후의 조선어학회) 창립	○1월: 이태리 공산당 결성함 ○3월: 소련공산당 레닌의 신경제정책 채택 ○5월: 중국 광동신정부 수립, 손문 비상대통령 취임 ○7월: 상해에서 중국공산당 창립 ○7월: 독일 히틀러 나치스당 당수 취임 ○11월: 워싱턴 군국회의 개최
1922년 **(44세)** ○1월 북경에서 안창호·이동휘·박용만·노백린 등이 모여 국민대표회의 개최에 합의 ○1월 23일 북경에 흥사단 원동위원회 북경지부 설치	○2월: 이광수 등 수양동맹회(후에 수양동우회, 동우회로 개칭) 조직 ○6월: 천도교 여성월간지 《부인》 창간	○1월: 모스크바에서 극동인민 대표자 대회 개최 ○7월: 국제연맹 아프리카 식민지 분할을

	○5월 10일 도산의 주도 아래 국민대표회 주비위원회 결성 ○9월 국민대표회의 개최 예정이었으나 경비 부족과 원거리 지역 대표 도착 지연으로 대회 연기 ○11월 '광복군총영'이 더욱 통일하여 '통군부統軍府'로 확대 개편되면서 도산을 총장(총사령장)으로 추대	○9월: (진주에서) 소작노동대회 개최 ○11월: 조선민립대학 기성회 발기	결정 ○10월: 이태리 파시스트 당 로마진군 점령. 무솔리니 내각 수립 ○11월: 터키 무스타파 케말 술탄제 폐지 선언, 오스만 터키제국 멸망
1923년 (45세)	○1월 3일 전 세계 70여 한국독립운동단체의 124명의 대표들이 상해에 모여 '국민대표회'의 개최. 의장에 김동삼, 부의장에 안창호·윤해, 비서실장에 배천택, 비서에 김○·오창완·박완 등을 선출. 독립운동 전반을 재점검하여 독립운동 강화와 임시정부 개조를 토론하며 6월 7일까지 계속 ○3월 12일, 국민대표회의에서 도산 등이 추진하는 '임시정부 개조안' 통과 ○3월 13일 창조파가 상해 임시정부를 부정하고 완전히 새로운 임시정부를 수립하자는 '신조직 제의안'을 국민대표회의에 제출했으나 합의 안 됨 ○5월 서간도 독립군단체들이 국민대표회의 창조파 활동과 분열을 보고 김동삼·배천택 등 소환. 개조파의 급속한 약화. 창조파가 국민대표회의 주도 ○5월 23일 국민대표회의에 도산 등 개조파 불출석 ○6월 7일 국민대표회의에서 창조파	○1월: 조선물산장려회 창립 ○1월: 의열단 김상옥 종로경찰서에 폭탄 투척 ○3월: 방정환 등 소년잡지 《어린이》 창간 ○3월: 전조선청년대회 개최 ○4월: (진주에서) 형평사 창립, 백정민권운동 시작 ○5월: 김규식 등 연길현에서 고려혁명군 조직 ○5월: 조선독립단원 문흥·창성·강계 등지에 진입하여 일본경찰과 교전 ○8월: 서울·평양 고무공장·양말공장 정미소 노동자 파업 ○7월: 홍명희·윤덕병 등 신사상연구회 조직(후에 화요회 개칭) ○8월: 만주 통화현에서 백광운 등 육군주만참의부 조직, 임시정부 산하로 들어감 ○11월: 대전에서 전국 형평사 대표자 대회 개최	○1월: 프랑스·벨기에군, 독일의 배상 미지불을 이유로 루루지방 점령 ○1월: 손문·요페 공동선언(소련의 중국혁명 지원 약속) ○3월: 중국, 일본에 21개조 폐기를 통고 ○6월: 일본해군, 장사長沙에 상륙하여 배일운동 탄압(장사 사건) ○6월: 중국공산당 광주의 제3회 대회에서 국민당과의 통일전선 결정 ○8월: 독일 전쟁배상금 지불 중지를 선언 ○9월: 일본 관동대지진, 무고한 한국인 6천여 명 학살 ○10월: 터키, 정식으로 공화국 선언 ○10월: 손문 국민당으

	단독으로 위원회 체제의 새 임시 정부를 구성. 국호를 조선공화국朝鮮共和國, 새 헌법 제정, 입법부인 국민위원회를 조직하여 윤해 등 33명 선출. 행정부인 국무위원회를 조직하여 행정수반으로 김규식을 선출. 창조파 새 임시정부는 블라디보스토크로 갔다가 코민테른의 부정으로 12월 말 블라디보스토크에서 추방당해 해체 ○10월 도산 국민대표회의 분열에 실망하고 김구 등과 한국노병회韓國勞兵會 조직		개조, 공산주의자 입당 요인 연공聯共 정책 채택 1925년 (47세)
1924년 (46세)	○1월: 서간도와 북간도 일대를 답사하면서 독립운동 근거지 설치 지역을 조사하고, 독립군단체 대표들과 회동하며 한국 동포들에게 독립운동 고취 연설 ○2월: 중국 남양 광동 지역의 독립운동 근거지 설치 목적 답사 ○3월 3일 남경에 동명학원東明學院 설립하여 원장에 취임 ○4월 '상해청년동맹' 조직 ○5월 미국에 가기 위해 미국정부에 비자를 신청했으나 이승만파의 공산주의자라는 모략으로 미국 당국에게 거절당함 ○11월 24일 중국인으로 등록하여 중국인 룡彰昊(안창호) 이름의 중국 여권으로 상해를 출항하여 12월 16일 샌프란시스코에 도착 ○12월: 미국 이민국에 안창호는 볼셰비키라는 모함 투서 도착 접수	○3월: 만주에서 김좌진 등 신민부 조직 ○4월: 조선청년총동맹 결성 ○5월: 경성제국대학 예과 개설 ○7월: 암태도 소작쟁의 ○6월: 천도교당에서 언론집회 압박 탄핵 민중대회 개최 ○10월: 조선학생총연합회 창립	○1월: 광주에서 국민당 제1회 전국대표자대회 제1차 국공합작 채용 결정 ○1월: 영국 최초의 노동당 내각 성립 ○4월: 이태리 총선거, 파시스트 65퍼센트 획득 ○5월: 그리스 공화국을 선언 ○6월: 손문 황포군관학교 개교(교장 장개석) ○10월: 영국총선거 보수당 대승리 ○11월: 이디오피아 공식으로 노예제 폐지 ○11월: 몽골인민공화국 성립

1925년 (47세)	○1월 23일 《동아일보》에 '동포에게 고하는 글' 기고 연재 시작했다가 1월 26일 중단 ○2월 미국 서부지역 순방 시작, 흥사단 운동 점검 강화 ○4월 미국 동부지역 순방 시작, 한국인 생활상태 관찰, 강연 ○5월 22일 필라델피아에서 서재필을 방문하여 독립운동 방략 협의 ○6월 3일 시카고에서 미국 이민국 검사관에게 대질심문 받음 ○11월 24일 샌프란시스코에 도착하여 동지들과 독립운동 자금 조달 문제 등 협의	○1월: 길림성 화천현에서 정의부 결성 ○3월: 임시정부 이승만 임시대통령 탄핵, 2대 박은식 임시대통령 ○4월: 조선공산당·고려공산청년회 창립 ○5월: 일제 치안유지법 공포 ○6월: 총독부 경무부장과 봉천성 경찰청장 삼시三矢 협정 체결	○1월: 알바니아 국민회의 공화국을 선언 ○1월: 이태리 파시스트 정권 수립 ○3월: 중국국민당 손문 북경에서 별세 ○8월: 터키 일부다처제 폐지 ○12월: 소련공산당, 스탈린의 1국사회주의 채택
1926년 (48세)	○3월 2일 중국으로 돌아가서 독립운동을 하기 위해 샌프란시스코 출발 ○3월 8일 하와이 호놀룰루에 도착하여 한인예배당에서 연설 ○3월 23일 호주 시드니에 도착하여 시가지 조성사업 견학 ○4월 22일 홍콩에 도착 ○5월 16일 상해 도착 ○5월 임시정부 국무령으로 추대되어 있었으나 고사하고, 홍진을 추천 ○7월 8일 상해 삼일당에서 한국독립을 위한 전민족 대동단결 '대혁명당'으로서 '민족유일독립당' 조직 제안 강연. 그 이념으로 대공주의 大公主義 원칙 연설 ○9월 8일 북경에서 원세훈·장건상 등과 만나 대동단결에 의거한 민족유일독립당 추진에 합의 ○9월 24일 3남 필영必英 출생	○1월: 조선총독부 청사 완공 ○4월: 경성제국대학 법문학부·의학부 개설 ○5월: 신민부 김좌진독립군 만주로 보내는 총독부공금 6천원 탈취 ○6월: 6·10 만세운동 ○9월: 나운규의 영화 '아리랑' 상영 ○11월: 조선어연구회 '한글날(가갸날)' 제정 ○11월: 《중외일보》 창간 ○12월: 의열단 나석주, 식산은행·동양척식회사에 투탄	○1월: 중국국민당 장개석을 중앙집행위원장에 선출 ○3월: 북경에서 학생·시민 국민대회 열고 군벌정부 반대, 군경 발포로 50여 명 사망 ○4월: 독일·소련 우호중립조약 체결 ○7월: 미국·파나마 동맹조약 성립 ○7월: 장개석 국민혁명군 총사령관 취임, 북벌 개시 ○9월: 독일 국제연맹 가입·상임이사국이 됨

	○10월 13일 임시정부 기관지《독립》에〈대혁명당의 흉도胸度〉발표하여 '대공주의' 원리를 보완 ○10월 16일 북경에서 '대독립당조직 북경촉성회' 결성 ○12월 민족유일독립당 조직을 위한 만주 각지 순행 시작		
1927년 (49세)	○1월 27일 길림에서 독립군단체통일과 민족유일독립당을 결성하여 대동단결해서 민족 독립을 쟁취하자는 요지의 "독립운동의 과거와 현재, 미래" 제목의 강연 도중 동지 200명과 함께 만주 군벌 경찰에 체포되었다가 약 20일 뒤에 석방 ○3월 21일 도산이 추진한 '한국유일독립당 상해촉성회韓國唯一獨立黨上海促成會' 결성 ○4월 1일 길림에서 이주 한국농민동포들을 위하여 이탁李沰·최일(崔日, 崔明植)·곽문郭文·김이대金履大 등 동지들과 함께 협동조합 성격을 가진 '농민호조사農民互助社' 설립 ○4월 15일 이탁의 집에서 정의부의 중앙위원 김동삼·오동진·이광민·김원신·고활신·현정경·이웅 등 12명과 남만청년총동맹의 박병희 등 10여 명, 한족노동당의 김응섭 등의 독립운동대표자회의에 도산도 참가하여 민족유일독립당 추진을 설명하고 3부 통합 독립운동강화 대책 토의 ○7월 1일 송화강 일대 독립운동 근거지 설치 후보지역을 답사하고 8	○2월: 좌·우민족협동전선 신간회 창립 ○2월: 조선어연구회《한글》창간 ○2월: 경성방송국 방송 개시 ○2월: 월간잡지《시대평론》창간 ○5월: 신간회 자매단체 근우회 창립 ○12월: 안재홍 등 재만동포옹호동맹 결성	○2월: 브뤼셀에서 국제 반제국주의·민족독립 지지동맹 창립대회 ○2월: 중국 왕조명 등 무한 국민정부 수립 ○3월: 델리에서 전인도 노동조합 대회, 반영국·인종차별 철폐 결의 ○3월: 중국 국민혁명북벌군 남경점령 ○4월: 장개석 상해서 반공쿠데타, 반공 남경 국민정부 수립 ○5월: 일본 관동군 산동반도 출병(제1차 산동 출병) ○12월: 중국 공산당 광동에서 무장봉기 ○12월: 중국 대對소련 국교 단절을 통고

	월 16일 상해로 돌아옴 ○11월 9일 상해에서 '한국독립당 관내촉성연합회韓國獨立黨關內促成聯合會 개최 지원		
1928년 (50세)	○1월 촉성연합회 대표로 홍진을 길림성 반석현에 파견하여 '민족유일독립당' 결성 독려 ○5월 12일~26일 길림성 반석현과 화전현에서 '전민족유일당 촉성회' 개최 ○5월 20일 도산은 중국언론에 '대일對日' 한중연합전선 형성 강조 ○11월 모스크바에서 개최된 코민테른 제6차 대회에서 '식민지 및 반식민지 국가들에서의 혁명운동에 대하여'라는 테제를 채택하여 조선공산주의들은 개인적으로 부르주아 민족주의자들과 민족혁명당을 구성하지 말고 독자적 혁명조직을 갖도록 촉구. 이를 받아서 1928년 12월 코민테른 동양비서부는 이르쿠츠크에서 '조선혁명 농민 및 노동자의 임무에 관한 테제'(통치 12월 테제)를 채택하여 조선공산주의자들을 민족주의자들과 합작하지 말고 별도로 혁명투쟁을 하도록 촉구. 사회주의·공산주의노선 독립운동가들이 이에 맹종함으로써 '민족유일당'운동 실패	○4월: 불교전수학교 개교 ○5월:《조선일보》 무기정간(~9.20.) ○11월: 홍명희〈임거정전〉 조선일보 연재 ○12월:《중외일보》 무기정간(~1929. 2. 28)	○2월: 인도 반영국 민중운동 격화 ○5월: 중국 국민혁명 북벌군 제남 점령, 일본군과 충돌(제남 사변) ○6월: 중국 국민혁명군 북경입성(북벌 완료) ○10월: 소련 제1차 5개년계획 시작 ○10월: 장개석 국민정부 주석 취임 ○12월: 국민정부에 의한 중국통일(만주 장학량 국민정부에 합류) ○12월: 코민테른 12월 테제 채택(사회주의자의 독자 혁명 노선 요구)
1929년 (51세)	○2월 28일 도산은 '미국 내 재류하는 동포 여러분께'를 발표하여 '흥사단'은 혁명훈련단체이며 수양단체가 아님을 공개 성명	○1월: 원산 총파업 ○3월: 길림성에서 국민부 결성 ○11월: 광주학생운동 시작 ○12월: 신간회, 광주학생운동 보	○1월: 인도국민회의 자치결의 ○10월: 세계 대공황 시

	○3월 말 남경에서 중국 국민당 제3차 전국대표대회에 참석하여 '한중동맹군' 창설 제의 ○4월 민족주의 단체들만이라도 통일하기 위하여 '대한대독립당 주비회'를 구성 ○11월 '대공주의' 원칙을 발표	고 민중대회를 준비했다가 일제경찰 신간회본부 습격	작함 ○12월: 인도국민회의, 대중적 불복종운동 결의
1930년 (52세)	○1월 25일 상해 프랑스조계 임시정부 판공처에 모여서 이동녕·김구·조완구·김철·조소앙·이시영·엄항섭·이유필·김두봉·안공근 등과 함께 상해 '한국독립당韓國獨立黨' 창당 ○2월부터 동지들과 함께 임시정부 지원단체로 '상해 한인청년당' '상해 한인애국부인회' '상해 한인여자청년동맹' '상해 한인소년동맹'을 조직 ○9월 25일 한교韓僑 전체대회에서 '한중연대'와 '한중동맹군' 결성 호소 강연 ○12월 27일 모친 황몽은 여사(83세) 별세	○1월: 전국에서 학생독립만세시위운동 ○4월: 《동아일보》 무기정간(~9.1.) ○6월: 함남 장흥탄광 광부 200여 명 폭동 ○7월: 길림에서 홍진 등 한국독립당 결성 ○11월: 단천 농민조합 봉기 ○12월: 조선어학회 한글맞춤법 통일안 제정 결의	○1월: 봄베이에서 인도 독립요구 비폭력시위 ○5월: 영국 인도 비폭력 독립운동 탄압, 간디 투옥 ○6월: 중국공산당 이립삼노선 채택, 도시폭동 발발 ○9월: 프로핀테른(국제적색노동조합) '9월 테제' 채택(조선 혁명적 노동조합의 부르죠아와 연합 반대)
1931년 (53세)	○1월 6일~7일 흥사단 제17차 원동 대회 개최 ○9월 18일 일제 관동군이 만주침략을 자행하자, 도산과 긴밀한 연락을 가진 만주 길림성 홍진 등의 한국독립당의 한국독립군(사령관 이청천)이 중국호로군中國護路軍 사령관 정초丁超와 '한중항일연합군韓中抗日聯合軍'을 편성하여 일본군에 항전 ○조선혁명당의 조선혁명군도 중국의 용군 사령관 이춘륜李春潤과 합작	○5월: 신간회 전국대회 해소 결의 ○7월: 만주 장춘현 만보산 사건 발생 ○7월: 조선일보 문자보급운동, 동아일보 브나로드 운동 ○11월: 중외일보 경영난으로 해산, 중앙일보 창간 ○11월: 동아일보사 월간지 《신동아》 창간	○1월: 인도에서 대폭동, 간디 등 석방 ○6월: 후버 미 대통령 모라토리엄 선언(독일 배상금 1년간 지불유예) ○7월: 중국 국민당 만보산 사건은 일본인의 사주에 의한 것임을 설명 ○9월: 일본 만주침략(만주사변)

	하여 '한중연합군韓中聯合軍'을 조직하여 항전 ○12월 초 흥사단 본부에서 '대일전선통일동맹' 결성		○11월: 모택동 등 중화소비에트 임시중앙정부 수립
1932년 (54세)	○1월 18일~19일 흥사단 원동대회에서 좌우합작 통일단결을 강조 ○4월 29일 윤봉길 의사의 상해 홍구공원 의거의 배후 혐의로 상해 프랑스 조계 이유필의 집에서 프랑스 조계 경찰에 피체 ○6월 3일 일제 경찰에 인계되어 국내로 압송. 경기도 경찰부에 수감되어 일제 특별고등경찰의 심문을 받음 ○7월 15일 일제 검사국으로 송치되어 일제 검사의 심문을 받음 ○12월 19일 일제 재판소에서 징역 4년형을 언도받고 서대문형무소에 투옥	○1월: 이봉창 일황에게 투탄 ○4월: 윤봉길 상해홍구공원 의거 ○9월: 5개 독립운동단체가 대對일전선통일동맹 결성 ○10월: 조선혁명군사정치학교 성립	○1월: 독일 배상금 불지급선언 ○1월: 일본군 상해 침략(상해사변) ○3월: '만주국' 건국 ○7월: 소련·폴란드·에스토니아·라트비아·필란드 간에 불가침조약 조인 ○7월: 독일 총선거에서 나치스 제1당 ○11월: 프랑스·소련 불가침 조약 조인
1933년 (55세)	○3월 28일 대전형무소로 이감	○11월: 조선어학회 한글맞춤법 통일안 제정 발표	○3월: 독일의회, 바이마르 헌법 폐기, 히틀러 독재 승인
1934년 (56세)	○대전형무소에서 옥중 노역을 하면서 한국지리·산천에 대한 독서를 함. 위장병이 악화됨	○12월: 한국 총인구 2,112만 5,827명(이 가운데 재한 일본인 53만 7,576명)	○8월: 독일 국민투표 히틀러를 총통으로 승인
1935년 (57세)	○3년간 옥고를 겪고 2월 10일 '가출옥'으로 석방, 주거제한 요시찰 ○대보산 기슭 옛 고구려시대 송태사 절터에 임시로 '송태산장'을 짓고 은거	○7월: 5개 독립운동단체 통합하여 민족혁명당 결성	○10월: 이태리 이디오피아 침략 ○11월: 필리핀 공화국 성립
1936년 (58세)	○2월 10일 가출옥 제한 기간이 끝났으므로, 2월 20일부터 충청도·전라도·경상도 일대를 순행 ○12월 중국으로 탈출 망명을 계획	○8월: 손기정 베를린 올림픽에서 마라톤 우승	○5월: 이태리 이디오피아 병탄선언 ○7월: 스페인 내란 시작됨

1937년 (59세)	○6월 28일 일제가 중국침략·중일전 쟁 도발(7월 7일)을 앞두고 춘원이 회장으로 있는 '수양동우회 사건'을 조작하여 도산을 다시 체포 투옥 ○8월 10일 일제 종로경찰서에 유치 되어 가혹한 학대로 건강이 극도 로 악화되어 중환자가 되었으나 일제의 심문에 불복 ○11월 11일 검사국에 송치되어 중환 자 상태에서 검사 심문을 받았으 나 "조선은 반드시 독립될 것이고 반드시 독립되어야 한다"고 일제에 불복 ○12월 24일 '중환'으로 '옥사' 직전 상태에서 '병보석'으로 경성제국대 학 부속병원에 입원	○1월: 화북 한국인들, 한족 항 일동지회 조직 ○5월: 《천도교월보》 폐간, 조선 물산장려회 강제 해체당함 ○5월: 동북항일연군 갑산군 혜 산진 보천보주재소 습격 ○7월: 임시정부 외곽단체 한국 광복전선 결성 ○10월: 조선의용대 조직(대장 김 원봉)	○4월: 버마 인도에서 분리 ○4월: 독일 공군 게르니 카를 폭격(2000여 명 사상) ○7월: 일제 중일전쟁 도발 ○9월: 국민정부, 국공 합작선언 발표 ○11월: 장개석 중경 천 도를 선언 ○12월: 일본군 남경 점 령(남경 대학살 자행)
1938년 (60세)	○3월 10일 12시 5분 경성제국대학 병원에서 순국 ○3월 12일 일제의 장례식 금지조치로, 일제 헌병과 경찰의 임석 감시하에 단 6명이 영결식을 하고 망우리 공 동묘지에 묻힘 ○3월 13일~4월 15일. 중국 한구, 중 경, 장사, 하와이, 샌프란시스코, 로스앤젤레스, 멕시코, 쿠바 등지 에서 '안창호 추도식' 연속 거행 (상해·남경·북경은 일본군이 점령하 여 추도식 불가능)	○1월: 총독부 전국각도에 1000 여 개 일본어 강습소 설치 ○6월: 총독부 근로보국대 조직 을 전국에 지시 ○7월: 총독부 국민정신총동원 조 선연맹 조직	○1월: 스페인 프랑코 국 민정부 조직 ○3월: 독일 오스트리아 병합 선언 ○4월: 영국·이태리협정 조인(영국, 에티오피 아에서의 이태리 주 권 승인)

참고문헌

도산에 대한 연구논문과 저작은 매우 많아서 여기에 모두 수록하기 어렵다. 여기서는 필자가 선택한 이미 간행된 주요 '저서'의 일부만 한정하여 수록한다.

강영현, 《務實과 力行을 넘어서: 21세기 도산 안창호와의 대화》, 경인문화사, 2003.
곽경용·박성희, 《도산 안창호와 진정성》, 학지사, 2017.
곽림대, 《도산》, 프린트(재미), 1968.
김계덕, 《안창호》, 학원출판공사, 1989.
김삼웅, 《투사와 신사 안창호 평전》, 현암사, 2013.
김신철, 《안창호》, 래더교육, 2000.
김영범, 《혁명과 의열: 한국독립운동의 내면》, 경인문화사, 2010.
김용제, 《안창호》, 정음사, 1973.
김윤수, 《안창호》, 예림당, 2015.
도산사상연구회, 《도산 안창호의 사상과 민족운동》, 학문사, 1995.
도산아카데미, 《한국 사회의 발전과 도산 안창호》, 흥사단출판부, 2007.
도산아카데미연구원 엮음, 《도산 안창호의 리더십》, 흥사단출판부, 2004.
도산안창호선생기념사업회, 《수난의 민족을 위하여: 도산 안창호의 생애》, 1999.
도산안창호선생기념사업회·도산학회, 《미주국민회자료집》, 경인문화사, 2005.
도산안창호선생전집편찬위원회 편, 《島山安昌浩全集》(전14권), 도산안창호기념사업회, 2000.
독립기념관, 《島山安昌浩資料集》, 독립기념관 한국독립운동사연구소, 1990.
미주한인 이민 100주년 남가주기념사업회 편, 《미주 한인사회와 독립운동 I》, 박영사, 2003.
박의수, 《도산 안창호의 생애와 교육사상》, 학지사, 2010.
박인주 편, 《도산 안창호》, 흥사단 출판부, 1983.
박재순, 《愛己愛他: 안창호의 삶과 사상》, 홍성사, 2020.
박재순, 《애국가 작사자 도산 안창호》, 종문화사, 2020.

박현환, 《(속편) 도산 안창호》, 삼협문화사, 1954.

송호근, 《국민의 탄생: 식민지 공론장의 구조변동》, 민음사, 2020.

신용하, 《한국민족독립운동사연구》, 을유문화사, 1985.

신용하, 《개정증보판 한국민족운동사연구》, 일조각, 2017.

신용하, 《한말 애국계몽운동의 사회사》, 나남, 2004.

신주백, 《1920~30년대 중국지역 민족운동사》, 선인, 2005.

심옥주, 《도산 안창호의 정치철학》, 정언, 2013.

안병욱, 《민족의 스승 도산 안창호》, 흥사단본부, 1966.

안용환·오동춘, 《애국가와 안창호 : 당분간 나를 밝히지 마오!》, 흥사단, 2013.

안용환, 《독립과 건국을 이룩한 안창호 애국가 작사》, 청미디어, 2016.

안창호, 《도산 안창호 논설집》, 을유문화사, 2007.

안창호순국기념추도회, 《韓國革命領袖 安昌浩先生 四十年革命奮鬪史略》, 1938.

안효선, 《안창호》, 뉴턴코리아, 2003.

오병학, 《안창호》, 규장, 2004.

유경환, 《(겨레의 스승) 도산 안창호》, 흥사단출판부, 1996.

유한준, 《(겨레를 일깨운 민족의 스승) 안창호 리더십: 조국을 사랑하라》, 북스타, 2015.

윤경로, 《개정증보판 105인사건과 신민회연구》, 한성대학교출판부, 2012.

윤병석·윤경로 공편, 《안창호 일대기》, 역민사, 1995.

윤병욱 엮음, 《도산의 향기, 백 년이 지나도 그대로: 안창호의 세계와 사상》, 기파
    랑, 2012.

윤정경, 《동해물과 백두산이 마르고 달토록 시상(詩想)과 도산 안창호 대한광복군
    총영 태동편》, 흥사단, 2013.

윤정환, 《안창호》, 웅진출판주식회사, 1993.

이광수, 《도산 안창호》, 도산기념사업회, 1947.

이명화, 《도산 안창호의 독립운동과 통일노선》, 경인문화사, 2002.

이영석, 《도산 안창호의 정치적 리더십》, 박영사, 2018.

이창걸, 《도산 안창호의 지도력과 독립혁명 운동》, 한국인물정보연구소, 2006.

이태복, 《도산 안창호 평전》, 동녘, 2006.

임중빈, 《도산 안창호》, 명지사, 1992.

임진택, 《애국가 논쟁의 기록과 진실》, 한국학중앙연구원출판부, 2020.

장리욱, 《도산 안창호》, 태극출판사, 1972.

장석흥, 《(한국 독립운동의 혁명 영수) 안창호》, 역사공간, 2016.

장수철, 《안창호》,계몽사, 1994.

장태한, 《파차파 캠프, 미국 최초의 한인타운》, 성안당, 2018.

전영택 편, 《도산 안창호 선생》, 대한기독교 계명협회, 1967.

정윤재, 《한국정치리더십론》, 나남, 2018.

조배원, 《안창호》, 교원, 2002.

존 차 지음, 문형렬 옮김, 《버드나무 그늘 아래: 도산 안창호의 딸 안수산 이야기》, 문학세계사, 2003.

주요한 편저, 《安島山全集》, 삼중당, 1963.

車利錫, 《島山先生略史》, 1938.

최승원, 《도산 안창호의 정치리더십연구》, 한국학중앙연구원 박사논문, 2020.

한승인, 《민족의 빛 도산 안창호》, 흥사단, 2014.

황의동, 《율곡에서 도산으로》, 충남대학교, 2014.

한국독립운동인명사전편찬위원회 편, 《한국독립운동인명사전》 특별판(전 3권), 2019.

Gardner, Arther, *The Korean Nationalist Movement and An Chang-ho*, Ph.D. dissertation, University of Hawaii, 1979.

Kim, Hyung-Chan, *Tosan Ahn Chang-Ho: A profile of a prophetic patriot*, Academia Koreana, Keimyung-Baylo University, 1996.

찾아보기

ㄱ

간호원양성소　211

감리교파　22

강대현姜大鉉　199

강명화姜明化　60

강문수姜文秀　85

강영소姜永韶　156, 184

개납皆納　256

개병·개납·개업　257

개병皆兵　256

개업皆業　256

개조안　282

개조파　283, 284

개혁당改革黨 사건　39

〈거국가去國歌〉　139, 141, 142

건전한 인격　189

〈격검가〉　124

경성제국대학 병원　367, 368

경신학교儆新學校　22

경제 평등　325, 340

계명육桂明陸　86

계몽강연　106, 108

고등경찰　355

고려공산당 이르쿠츠크파　283

고려공산당 상해파　283

고려임시정부(안)　218

고려자기　126

고조선　181

고한高漢　201

고할신高轄信　335

공개단체　82

공공公共　340

《공립신보共立新報》　58, 66, 68, 85, 161

공립협회　66~68, 70, 82, 85, 87

공립협회 원동지회　73

공립협회 중앙총회　73

공립협회 회관　66, 69

공산당 사건　359

공산주의　308

공익公益　340

공적公的 통일　257, 319

관동학회關東學會　107

광동廣東 정부　348

광복군　239

광복군총영光復軍總營　281

광복독립　367

광복사업　299

광흥학교光興學校　83, 114

교육구국운동　99, 104, 106

교육열　99

교육평등　326, 340

교통국交通局　214, 216, 239

구국군후원회救國軍後援會　337

구국운동선언　32

구미위원부　271

구연흠具然欽 359
구영필具榮佖 201
구익균具益均 353
구체제舊體制 98
국가國歌 80
국가평등 324
국권광복 175
국권회복 88, 177, 188
국권회복운동 82, 127
국권회복의 간부 101
국기 80, 114
국내진입 준비 239
국무령 299, 301
국무원 199
국무위원제 306
국민개납 345
국민개납주의 256
국민개병 345
국민개병주의 249, 250
국민개업 345
국민개업주의國民皆業主義 256
국민교육 사부師傅 101
국민당 정부 348
국민대표회의 274, 276, 281
국민대회 202, 203, 224
국민부國民府 336, 338, 349
국민주권 사상 244
국민회國民會 68
국민회 원동지회 143
국호 '대한민국' 200
군사무장투쟁 271
군사통일주비회軍事統一籌備會 275
군사통일촉성회軍事統一促成會 271
군사훈련 102, 249
군주제 96
군중 313
균명학교均明學校 83, 114
귤밭 농장 50

극동인민대표회의 279
극동 피압박민족대표회의 279
근대민족 152
근면 128
《금강산 유기》 361
금릉대학金陵大學 287
기독교 86, 150
기러기 180, 181
기산도 86
기아임금 168
〈가치 높고 귀중한 말〉 124
기호흥학회畿湖興學會 107
길림 사건 334, 335
김갑金甲 201, 300, 306
김구金九 86, 91, 201, 260, 263, 285, 299, 306, 328, 341, 352, 354
김규면金圭冕 300
김규식金奎植 190, 197, 198, 201, 203, 236, 279, 283, 285
김규金奎 202
김대지金大地 200, 201
김도희金道熙 128
김동삼金東三 200, 281, 283, 284, 303, 335
김동원金東元 117
김두봉金枓奉 208, 288, 341
김명준金明濬 131
김병모 48
김병조金秉祚 208, 269
김병종 156
김병헌金炳憲 86
김보연金甫淵 304
김사국金思國 202
김석황金錫潢 212
김성겸金聖謙 209
김성무金成武 45, 48, 67, 73, 87, 143
김성숙金星淑 329
김순애金淳愛 304
김순원 368

김승학金承學   300
김여제金輿濟   208, 212, 260
김연창金演彰   85
김영준金榮濬   201
김우희金宇希   283
김원식金元植   335
김응섭金應燮   201, 305, 335
김인집金仁輯   86
김종림金鍾林   184
김종학金鍾學   165
김좌진金佐鎭   129, 303, 337
김지간金志侃   80, 136, 137, 371
김진용金晉鏞   203
김찬일   48
김창세金昌世   347
김창숙金昌淑   274
김철수金喆壽   359
김철金澈   200, 201, 247, 269, 280, 306, 341, 353
김충일金忠一   201
김태연金泰淵   210, 260
김필순金弼淳   130
김한金翰   208
김항작金恒作   184, 260, 261
김현진金鉉鎭   17
김형식金瀅植   118
김홍균   155
김홍서金弘敍   85, 201, 208, 212, 260
김희선金義善   86, 136, 137, 142, 247

ㄴ

나는 새   180
나석주羅錫疇   332
나용균羅容均   280
〈나의 사랑 한반도야〉   141
남경정부   349

남만주   338
남만청년총동맹   335
남자현南慈賢   333
남형우南亨祐   197, 198, 200, 201, 280
내각책임제   199, 301
내무총장 겸 국무총리대리   205, 222
노농운동 사건   359
노동공제회   279
노동국 총판(노동국장)   229, 268
노동국 총판 문제   224
노백린盧伯麟   86, 203, 236, 299, 300
노병회勞兵會   263

ㄷ

〈단심가〉   124
단일민족   257
대공大公   321, 323
대공주의大公主義   318~320, 324~327, 340
대독립당大獨立黨   292, 299, 316, 318, 326, 327
대독립당조직 북경촉성회   328
대독립혁명당   303
대독일 선전포고   239
《대동大同》   275
《대동공보大東共報》   144
대동공사大東公司   332
대동단결大同團結   257, 314, 321
대동보국회大東輔國會   68
《대만보大晚報》   353
대성학교大成學校   101, 105, 115, 117, 357
《대양보大洋報》   144
대일본 선전포고   239
대전형무소   358
대통령 대리   234
대통령 대리 선출   233
대통령불신임안   282

대통령중심제　228
대통령책임제　301
대표적 인물　313
대한 신민회　96
대한광복군총영大韓光復軍總營　269
대한광복단大韓光復團　269
대한국국제大韓國國制　39
대한국민의회大韓國民議會　197
대한국민의회 임시정부　194, 196, 220
대한독립단　269
대한독립당 광동촉성회　329
《대한매일신보》(Korea Daily News)　69, 82,
　84, 112, 113, 142
대한매일신보사　85, 89
대한민간정부(안)　218
'대한민국' 국호　199
대한민국 임시정부　237, 345, 349, 372
《대한민국 임시정부공보》　373
〈대한민국 임시헌장〉　199
대한국민의회 임시정부　218
대한민국임시정부장大韓民國臨時政府葬　373
대한민족　319
대한신민회(New Korean Society)　74, 87, 92
〈대한신민회취지서〉　73, 75, 82
〈대한신민회통용장정〉　75, 78, 82
대한야소교진정회大韓耶蘇敎陳情會　260
대한인국민회大韓人國民會　68, 154, 160, 292,
　294, 372
대한인국민회 멕시코 지방총회　169
대한인국민회 북미 지방총회　158
대한인국민회 자치활동　163
대한인국민회 중앙총본부　354
대한인국민회 중앙총회　155, 157, 161, 192
대한인국민회 중앙총회 한국독립 결의문　92
대한인동지회　294
《대한인 정교보》　145
대한적십자회大韓赤十字會　209~212
대한제국　68, 152

대한제국 군대 강제 해산　129
대한제국 정부　50, 69
대한제국 외교권 강탈　68
대한청년단　269
대혁명당　307, 312
〈대황조의 높은 덕〉　125
데라우치총독암살음모사건　149
도(島)마메　15
도덕적 모범　176
도롱섬　14
도룡섬　14
도봉리　14
도봉섬　14, 370
도산島山　14
도산 서거 추도식　372, 373
도산 선생 공화국　55, 60
도산 장례식　370
도산 지도력　281
도산환영회　80
도인권都寅權　247
독립　151, 370
《獨立(독립)》　212
독립군獨立軍　129, 142, 152, 248
독립군단체 대표　283
독립군 장교　248
독립군 창설　104
독립군기지　129, 130, 132, 136, 138
독립군사관獨立軍士官　131
독립만세 시위운동　191
독립문獨立門　28
독립선언　191
《獨立新聞(독립신문)》　212, 213, 242
《독립신문》　28, 29, 115
독립신문사　260
독립운동　311, 322
독립운동 6대 사업과 방략　258
독립운동 근거지　297, 345, 346
독립운동 단계　319

독립운동 전선　309
독립자금　256
독립자금 조달　273
독립전쟁　129, 134, 209, 211, 245, 251, 300
독립전쟁 근거지　343
독립전쟁노선　271
독립전쟁의 해　246
독립전쟁전략　132, 136, 152, 246, 275
독립투쟁사　207
독립혁명　323
독립혁명정신　189
독립협회　28~30, 32
독립협회 평양지회　32, 34, 37
돌프(Dolph)　279
동림무관학교東林武官學校　152
동맹금주　189
동맹독서　188
동맹수련　176, 188
동맹저금　189
동명학원東明學院　254, 287~290
동우구락부　265
동제회同濟會　107
동학농민군　24
동학농민혁명운동　18
동해　122
동화同化정책　309, 310, 364
디어(I.C. Dyer)　270

ㄹ

라인취(P. Reinch)　270
러시아 군사교관　32
러일전쟁　68
러한은행 철수　32
레닌　279, 280
리버사이드河邊　50, 52, 74, 78
리버사이드 공립협회共立協會　55

ㅁ

만민공동회萬民共同會　32, 35, 36
만민공동회 해산　36
만보산萬寶山 사건　349
만주 군벌　333, 334
만주 한국독립당　337
만주사변　349
멕시코 동포　167
멕시코 이민　167
멕시코 한인 이민노동자　170
〈모란봉〉　124
모범 방직공장　126
모범적 공화국　206
모범촌　126, 298, 343, 346
모범학교　105
목인睦仁　369
무관학교　129, 130, 132, 138
무궁화 노래　115
무실務實　128, 175, 180
무실역행　104
무장독립투쟁　333, 334
문답교육　183
문창범文昌範　201, 203, 236, 270, 285
문화융성　311
미국 의원단　269
미나미 지로南次郎　364
미쓰야三失 협정　333
미와三輪　355
민노야 학당(Miller School)　22
민력양성民力養成　99
민비정권　18
민영환閔泳煥　50
민원식閔元植　309
민족 완전독립　320
민족간부　151
민족개량주의　364
민족개조론　263, 364

민족대혁명당民族大革命黨　316
민족독립역량　152
'민족독립'의 대공大公　323
민족독립전선　320
민족독립혁명　310
민족독립혁명 지도자　371
민족산업운동　127
민족유일대독립당　338
민족유일독립당民族唯一獨立黨　292, 303, 306,
　307, 312, 316, 318, 326~328, 331, 332,
　335, 336, 338
민족자결주의　190
민족자본가　86
민족평등　324, 340
민족해방 독립투쟁　372
민족혁명　177, 299, 307~309, 322, 327, 340
민족혁명가　370, 372
민족혁명단체　177
민족혁명운동　311, 322
민족혁명전선　364
민족협동전선　329
민주공화국　92, 96, 97, 175, 206
민주공화국 헌법　228
민주공화제　74, 199, 237, 238, 243
민주주의사상　97, 244, 308
민찬호閔讚鎬　190, 203
밀러(Edward H. Miller)　22, 42, 288
밀산 독립군기지 창설사업　144
밀산무관학교密山武官學校　152

ㅂ

박건병朴健秉　328
박경종朴景鐘　203
박병희朴秉熙　335
박상하朴相夏　155
박선제朴善濟　260

박성겸　48
박승지　48
박영순朴永順　48, 74
박영효朴泳孝　81, 197, 198
박완朴完　281
박용만朴容萬　155, 162, 164, 167, 203, 236,
　270, 275, 283, 294
박용희朴用熙　202
박은식朴殷植　38, 85, 92, 113, 203, 208,
　274, 285, 300, 301
박종병朴宗秉　201
박중화朴重華　128
박찬익朴瓚翊　203
박현환朴賢煥　208, 260
반半식민지 상태　68
방향전환론　328
배일결의문　68
배재학당　22
배천택裵天澤　281, 283, 284, 328
백남칠白南七　200
백두산　122, 133
《백두산 유기》　361
백영엽白永燁　260, 269
105인 사건　148
백의민족　180, 181
백일규白一圭　162
범부의 혁명당　315
베델(Ernest Thomas Bethell)　113
베어(W. S. Vare)　270
병보석　367
보창학교普昌學校　106
복지제도 도입　326
'본보기' 공장　126
볼셰비키　295
봉상도鳳翔島　14
북경군사통일회　275
북경촉성회　329
북만주　336, 337, 338

북미실업주식회사　189, 347
북장로교파　22
브레케(J. B. Brekke)　295
블라디보스토크　143
비밀결사　82, 87

ㅅ

사랑　360
사료편찬회　207
사립학교　106
사립학교령私立學校令　106
사범강습소　84
사익私益　340
사적私的 통일　257, 319
사탕수수 농장　50
사회민주주의　326
사회주의 독립운동　326
사회주의 독립운동 단체　331
사회주의 독립운동자　331
사회주의자동맹　328
사회체제　98
〈산아 산아 높은 산아〉　125
산업진흥　311
삼균주의　326
3두체제　196
3부통합운동　336
3·1운동　191, 192, 194~196, 199, 208, 218,
　226, 237
상동교회尙洞敎會　85
상무동사商務同事　126
상민공동회商民共同會　84
상해 대한민국 임시정부　194, 198, 199, 213,
　218, 220, 227, 247, 299, 328
상해 한국독립당　318, 326, 341
상해 홍구공원 의거　352
상해국민대표회기성회　277

상해사변　349
상해 한국독립당　324
상해한인소년동맹上海韓人少年同盟　341
상해한인애국부인회　341
상해한인여자청년동맹　341
상해한인청년당上海韓人靑年黨　341
새 민족혁명　176
새 민주공화국　176
새 민주공화국 건설　179, 188
생육사生育社　337
서대문형무소　358, 366, 367
서병호徐丙浩　50, 201, 210, 280
서북학회西北學會　107
서상팔徐相八　86
서성근徐成根　201
서영해徐嶺海　354
서우학회西友學會　83, 107
《서유견문西遊見聞》　25, 29, 80
서재필徐載弼　28, 190, 279, 295, 297
서재필 연설　29
선우혁鮮于爀　201, 260, 288
선우훈鮮于薰　305, 368
섬메　15
섬뫼　15
성현당聖賢黨　315
3개 임시정부　223
3개 임시정부의 통합　220
세계평화　253, 325
《소년少年》　81, 113
소련 공산당　286
소비에트 레닌정부　239
소작농　344
손두환孫斗煥　260
손문孫文　279
손문 호법정부　239
손병희孫秉熙　197, 198
손보형孫普衡　201, 203
손정도孫貞道　200, 203, 248, 260, 348

송병조宋秉祚 260
송석준宋錫俊 69, 73, 74, 87
송세호宋世浩 201
송종익宋鍾翊 184, 186, 190, 343
송태사松台寺 362
송태산장 362, 365
수민원綏民院 50
수양단체 176, 364
수양동맹회 265
수양동우회 265, 363, 364
수양동우회 사건 364, 366
스몰(J.H. Small) 269
시민궐기대회 32
시민적 신민족·신민주 독립혁명당 98
시민적 신민족·신민주 혁명사상 98
시민혁명당 93
시민혁명운동 152
《시사신보時事新報》 353
신간회新幹會 329
신고려회(New Korean Society) 74
신교육 97, 151
신국가 98
신국권申國權 201
신국민新國民 97
신규식申圭植 203, 235, 236
신달원申達元 74
신도덕 97
〈신문지법新聞紙法〉 113
신문화 97, 98
신민부新民府 303, 335, 336
신민족 민주혁명당 151
신민족·신민주 혁명당 93
신민주국가 324, 325
신민주국가 건설 단계 319
신민주국가 건설 320, 324
신민주의新民主義 97, 151
신민회 82, 84, 88, 92, 130, 149, 151, 333, 343, 357, 368

신민회 간부회의 246
신민회 사업 151
신민회 사건 148
신민회 회원수 91
신사상 97
신사회 98
신석우申錫雨 200, 201
신숙申肅 270, 275, 283, 284
신식학교 100
신실업 97
신열심 97
신익희申翼熙 200, 201
신정치 97
신채호申采浩 85, 113, 128, 134~137, 200, 203, 270, 275, 283, 285
신철申鐵 200, 201
신체제 98
《신한국보新韓國報》 164
신한민국 임시정부(안) 218
《신한민보新韓民報》 68, 161, 372
신한민촌新韓民村 133, 138, 145
신한청년당新韓靑年黨 190, 195, 198, 260
신흥강습소 152
신흥무관학교新興武官學校 152, 269
실력양성운동 97, 311
실력준비운동 311
실업가 86
심용준沈龍俊 335
13도 대표 국민대회 226
12월 테제 331, 342

ㅇ

안공근安恭根 341
안도산 송별회 298
안맥결 371
안명근安明根 148

안상덕安商悳 202
안상훈安相勳 359
안신호安信浩 14, 371
안악군면학회安岳郡勉學會 107
안악 사건 148
안정근安定根 210, 260
안중근安重根 131, 143
안창호安昌浩 14, 28, 30, 32, 35~37, 42,
    45, 72, 82, 84, 87, 108, 114, 117, 131,
    134~137, 145, 156, 162, 184, 186, 194,
    197, 198, 201, 203, 208, 212, 223, 227,
    229, 231~233, 236, 269, 277, 281, 283,
    285, 288, 294, 303, 304, 308, 332, 335,
    341, 342, 347, 372, 373
안창호 환영회 83
안창호형安昌浩型 리더십 45, 47
안창호安彰昊 292
안치호安致浩 14, 371
안태국安泰國 84, 86, 113, 117, 128
안흥국安興國 14
알렉산드로 드류(Alexander Derew) 43
〈애국가〉 114~119, 123, 206
애국계몽 창가 114
애국계몽운동 114, 151
애국계몽운동가 107, 148
애국공채 271, 273
애국교육 151, 254, 287
애국단체 172
애국사상 114
애국심 101
애국정신 교육 253
애국주의 101
애국창가 117
〈야구단가〉 124
야소교학교 22, 23
야학夜學 56
양계초梁啓超 102
양기탁梁起鐸 82, 84, 85, 87, 89, 112, 303

양기탁등보안법위반 사건 148
양세봉梁世奉 349
양인탁梁寅鐸 85
양주은 184
양준명梁濬明 201
양헌梁憲 260
언더우드 학당 22
언더우드(Horace G. Underwood) 22, 42
〈언제나 언제나〉 124
엄항섭嚴恒燮 341, 353
에와 친목회 68
여운형呂運亨 108, 190, 195, 198, 200, 201,
    209, 269, 277, 279, 283, 359
여운홍呂運弘 108, 200
역행力行 128, 175, 180
연설회 334
연초공장 126
연통제聯通制 213, 216, 239, 269
연학회練學會 107
연합정부 238, 259
염만석廉萬石 184
염석산閻錫山 332
염온동廉溫東 304
오능조吳能祚 305
오동진吳東振 303, 335
오영선吳永善 300, 306
오윤선吳胤善 371
오창환吳昌煥 281, 284
옥관빈玉觀彬 85, 212
옥성빈玉成彬 210
올몬(Allmon) 354
완전독립 206, 237, 309, 311
왕삼덕王三德 274
왕정위汪精衛 348
외교노선 271
외교독립운동 275
외교연구회 279
요주의 인물 296

요한 364

용감勇敢 128, 175, 176, 180

《우리소식》 212

원세훈元世勳 195, 222, 274, 280, 283, 327, 328

위임통치(mandatory) 223, 275, 301

월슨(Thomas Woodrow Wilson) 190

월슨의 민족자결주의 190

유격대 264

유격작전 353

유격전 263

유기석柳基石 263, 332

유길준俞吉濬 25, 29, 80, 175

유동열柳東設 84, 86, 131, 134, 136, 137, 142, 197, 198, 203

유언 370

유예균劉禮均 274

유일劉逸 260

유일독립당 328

유재성劉在成 305

유주구 156

유치겸俞致兼 85

유카탄 애니깽(선인장) 농장 167

유호한국독립운동자동맹留滬韓國獨立運動者同盟 331

육군무관학교陸軍武官學校 247

6대 사업과 방략 242, 259

윤기섭尹琦燮 129, 306

윤병구尹炳球 155, 162

윤봉길尹奉吉 352, 353

윤봉길 의거 354, 355

윤세화尹世華 303

윤원삼尹愿三 201

윤자영尹滋英 282

윤치호尹致昊 87, 116, 117, 128, 355~357

윤해尹海 203, 280, 281, 283~285

윤현진尹顯振 197, 198, 201

을사조약 68

을사조약 반대 상소운동 86

《음빙실문집飲氷室文集》 102

의무교육제도 326

의병무장투쟁 130

의병전쟁 86

의열투쟁 352

의용군 349

의원내각제 228, 301

의정원 200

의회민주체제 199

의회설립법 35

의회체제 200

이갑李甲 84, 86, 131, 134~137, 154, 343

이강李剛 45, 67, 73, 74, 87, 137, 143

이경희李慶熙 129

이계필李啓弼 35

이관용李灌鏞 211

이광민李光民 335

이광수李光洙 44, 113, 176, 200, 201, 207, 212, 260, 262~265, 363, 364

이권침탈 32

이규갑李奎甲 202, 203

이규봉李奎鳳 129

이규서李奎瑞 260

이규정李奎楨 201

이규풍李奎豊 203

이규홍李圭洪 300, 306

이당치국以黨治國 297, 327, 328

이대위李大爲 48, 155

이동녕李東寧 84, 86, 128, 134, 195, 198, 200, 203, 235, 299, 300, 306, 341

이동휘李東輝 84, 86, 106, 131, 134, 197, 198, 201, 203, 223, 225, 235, 248, 272, 273, 285, 286

이만직李晩植 85

이범교李範教 201

이범윤李範允 203

이병용李秉庸 303

이봉수李鳳洙　199, 201
이상룡李相龍　302
이상재李商在　39
이상촌理想村　345, 346
이석관李錫觀　26, 42
이석원李錫元　37
이세영李世永　203
이승길李承吉　86
이승만李承晩　164, 167, 190, 195, 198, 201,
　　203, 220, 223, 227, 236, 248, 270, 273,
　　275, 277~279, 284, 294
이승만 대통령 불신임안　270
이승만의 위임통치 청원　270
이승훈李昇薰　84, 86, 108, 113, 128
이시영李始榮　84, 195, 200, 201, 203, 235,
　　236, 300, 341
이영근李泳根　208
이영렬李榮烈　212
이용설李容卨　263
이용익李容翊　143
이웅李雄　335
이원익李元益　208
이유필李裕弼　260, 300, 302, 304, 305, 341,
　　352, 354
이일림李逸林　288
이일세李一世　335
이장훈李章薰　85
이재수李在洙　74
이종만李鍾萬　136, 137
이종욱李鐘旭　202
이종호李鍾浩　131, 134, 136, 137, 143
이준李儁　86
이진산李震山　283, 284
이청천李青天　337, 349
이춘륜李春潤　349
이춘숙李春塾　201
이탁李鐸　269, 348
이탁李沰　302

이토 히로부미　109, 110, 131
이한근李漢根　200
이항직李恒稙　86
이혜련李惠鍊　26, 42, 45, 62, 360
이회영李會榮　86, 128, 134, 200
이희간李喜侃　86
이희경李喜儆　209, 210
인격수양　176
일본 정규군　130
일본 제국주의　68, 92, 99, 181, 308, 367,
　　370
일본 제국주의 침략　98, 207
일본 제국주의 타도　237, 245
일본군　18
일제 고등경찰　265
일편단심　120
임승업林承業　201
임시 대통령 이승만 탄핵안　301
임시대한공화정부(안)　218
임시의정원　199
임시정부　327
임시정부 수립　208
임시정부 청사　205
임시정부 경제후원회　304
임시정부 선전위원장　268
임시헌법 개정　228
임종　369
임준기林俊基　74, 87, 189
임치정林蚩正　85, 87
임필은任弼殷　304
임현林鉉　201
입단 문답　177, 183
입헌공화국　99
입헌군주제　96

ㅈ

자강自强 128
자신自新 98, 107
자유 370
자유문명국 74, 99
자작농 344
자주독립 98
자치 321
자치공동체 53, 55, 59
자치·참정권 운동 309
자치단체 70
자치론 309, 363
자치론자 254
자치운동 309, 311
자치운동파 363
장개석蔣介石 348
장건상張健相 201, 329
장경 48
장덕로張德櫓 260
장덕준張德俊 269
장도빈張道斌 85
장도순張道淳 129
장리욱張利郁 298
장백령張伯岑 270
장붕張鵬 202, 208
장성산張聖山 305
장응진張膺震 80, 128
장작림張作霖 334
장작상張作相 334
재만조선무정부주의자연맹在滿朝鮮無政府主義
    者聯盟 337
재미 한국인 자치기관 160, 161
재미한인공동대회 68
전 민족적 대동단결 326
전덕기全德基 84, 86, 128
전동삼 48
전민족유일당조직촉성회 335

전민족적 대혁명당 312, 313
전제군주제 96
전투적 전쟁 250
절대독립 206, 237, 309
절영도 조차租借 요구 31
점진적 실력양성론 310
점진학교漸進學校 37
점진학교 교가 38
정광호鄭光好 304
정도원鄭道元 184
정동명鄭東鳴 23
정봉규 190
정순만鄭淳萬 86
정신貞信여학교 26
정양필 203
정영도鄭英道 136
정우회正友會 328
정우회선언 328
정원鄭遠 331
정원명鄭元明 155
정의돈수情誼敦修 188
정의부正義府 302, 335, 336
정인과鄭仁果 192
정재관鄭在寬 45, 73, 74, 87, 143
정제整齊 128
정초丁超 349
정치 평등 325, 340
정치망명객 355
정한경鄭翰景 279
정현식 203
제2차 동학농민혁명운동 24
제2차 만민공동회 32
제2차 투옥 366
제6회 의정원 회의 228
제정 러시아 31
조趙 마리아 304
조국광복 172, 175, 179, 181, 367
조국독립 176, 360

조국독립=대공大公 320
〈조국의 영광〉 124
조동진趙東珍 200, 201
조동호趙東祜 200, 201, 212
조만식曺晩植 371
조맹선趙孟善 269
조민희趙民熙 33
조병옥趙炳玉 184, 185
조상섭趙尙燮 260, 300, 304, 305, 353
조선농민 344
조선독립 357, 365, 367
조선무정부주의자연맹 372
조선민국 임시정부(안) 218
조선민족전선연맹 372
조선민족해방동맹 372
조선민족혁명당 372
《조선 상세 지도》 361
조선신흥회 328
조선실업회사朝鮮實業會社 126
조선어학회 363
조선청년전위동맹 372
조선청년총동맹 328
조선총독부 고등경찰 333
조선혁명군 336, 349
조선혁명당朝鮮革命黨 336, 349
조성환曺成煥 86, 134, 200, 201, 203, 303, 328
조소앙趙素昻 200, 201, 300, 305, 326, 341, 353
조완구趙琬九 200, 201, 203, 341
조직적 운동 312
주요섭朱耀燮 288
주요한朱耀翰 176, 212, 260
주현칙朱賢則 260
중견분자 313
중국 국민당 348
중국 군벌 332
중국 항일군 349

중국민족 349
중국본부 한인청년동맹 331
중소기업 보호 326
중일전쟁 366, 370, 372
중추원 신관제 35
진희창秦熙昌 200, 304
질레트(Philip H. Gillet) 288
집단지도체제 306
집정관총재 195, 223, 227

ㅊ

차리석車利錫 128, 269, 288, 373
차이나타운 43
참의부參議府 302, 336
참정권론자 254
참정권운동 311
창조안 283
창조파 283, 284, 285, 300
창조파 새 임시정부 285
채원배蔡元培 270
채필근蔡弼近 128
청국군 18
청년운동 127
청년학우회靑年學友會 81, 127~130, 175, 181
청년학원靑年學院 86
청도회의 137, 138
청련학교靑蓮學校 83, 114
청소운동 45
청일전쟁 17
체육 102
촉성회연합회 329, 331
최광옥崔光玉 37, 84, 109, 128
최근우崔謹愚 201, 212
최남선崔南善 81, 113, 128
최명식崔明植 332
최석하崔錫夏 134

최승봉崔昇鳳　304
최완崔浣　201
최응두崔應斗　84, 86
최익崔益　85
최익한崔益翰　359
최재학崔在學　86
최재형崔在亨　201
최정익崔正益　155
최창문崔昌文　305
최창호崔昌浩　305
춘원春園　364
충실忠實　128
충의忠義　175, 176, 180
치안유지법　364
친일파　254
친일행위　265
친화력　46

ㅋ

코넬리우스 럼지(Cornelius. E. Rumsey)　54
코민테른　286, 331, 332, 342
코민테른 12월테제　331, 338
쾌재정 연설　33
쿠니토모國友　333
쿠바 동포　167

ㅌ

태극기　57, 81, 180, 206
태극서관太極書館　113
《태극학보太極學報》　80
태극학회太極學會　80
태동실업주식회사泰東實業株式會社　145
태백산太白山　122
태평양 군축회의　278, 279

태평양외교 후원회　279
《태평양잡지》　165
토론회　28, 30
토지개혁　326
통감부　68
통군부統軍府　281
통일　257
통일·통합 임시정부　227, 232
통일연합統一聯合　99, 107
통일적 지휘체계　249
통합 대한민국 임시정부　228, 229, 236, 268
통합 임시정부 헌법　228

ㅍ

파리강화회의　199
파차파 에비뉴　53
파차파 캠프　55, 56, 58, 59
패배주의　356
평등사상　326
평등외교平等外交　252
평양 독립지회관平壤獨立支會館　34
평양자기제조주식회사　126
평양청년권장회平壤靑年勸獎會　107
평화적 전쟁　250
포츠머스 조약　68
포터(S.G. Porter)　269
폴란드 망명정부　239
프랑스 경찰관 치료비　274
프랑스 망명정부　239
프랑스 조계　205, 223, 349, 355
프랑스 조계 경찰　352, 353
프랑스 조계 경찰서　354, 355
프랑스 헌법　355
필대股畢大股　17, 19, 24, 39
필립必立　62

ㅎ

하상린河相麟 304
하상옥 184
하와이 이민 50
〈학도가〉 124
학회활동 106
한·중 동맹군 348
한·중연대 349
한국 민족 181
한국 민족혁명 진정 영수領袖 373
한국노병회韓國勞兵會 299, 334
한국독립군 337, 349
한국독립당 338, 340, 349
한국독립당 관내촉성회연합회 330, 331
《한국독립운동사략韓國獨立運動史略》 208
《한국독립운동지혈사韓國獨立運動之血史》 208
한국말 56
한국민족 180, 349
한국민족 말살정책 364
한국민족 영구 소멸 309, 310
한국민족 임시정부 195
한국민족문화 말살정책 364
한국유일독립당 무한촉성회 329
한국유일독립당 상해촉성회 329, 331
한국인 노동국(Korean Labor Bureau) 54,
    55, 57
한국인 노동자 52, 59
한국인 모범촌 297
한국인 캠프(Korean Camp) 53
《한국혁명영수 안창호선생 40년 혁명분투사략》
    373
한글 56, 57
한기악韓基岳 201
한남수韓南洙 201~203
한민족 멸종주의 정책 309
한민학교韓民學校 117
〈한반도〉 124, 371

한북흥학회漢北興學會 107
한성 임시정부 195, 201, 218, 220, 226
한성연회 128
〈한양가〉 124
한양학교漢陽學校 83, 114
한위건韓偉建 201
한인 공립협회 67
한인 노동자 169
한인 모범촌 342~346
한인 모범촌 건설계획 344, 347
한인 합성협회 67
한인공립협회 66
한인공립협회 중앙총회 66
한인사회당 259
한인애국단 352
한인친목회韓人親睦會 48, 66
《한일관계사료집韓日關係史料集》 208
한재영 155
한족노동당 335
한족총연합회 337
한중항일연합군韓中抗日聯合軍 348~350
한진교韓鎭敎 200
한형권韓馨權 280
항일무장투쟁 152
〈항해가〉 124
해방 370
해서교육총회海西敎育總會 107
해외 한국인 157
해외동포 자치기관 158
허영숙許英肅 262
헌법개정안 301
혁명革命 322
혁명가의 아내 360
혁명단체 176
혁명수련단체 177
혁명운동 360
혁명전사 176
혁명전사의 양성기관 179

혁신의회 336, 337
현 임시정부 고수파 284
현상건玄尙健 203
현순玄楯 194, 199~201, 203, 225
현익철玄益哲 336
현정경玄正卿 335
현창운玄彰運 200
현천묵玄天黙 303
〈혈성대〉 124
혈전血戰 251
협성동사協成同事 126
협성회 28
호로군護路軍 349
홍구공원 투탄 의거 353
홍남표洪南杓 329
홍명희洪命憙 113
홍신언 156
홍언洪焉 156, 162, 184, 186
홍재형 117
홍진洪震 202, 279, 303~306, 331, 336, 337,

348, 349
황국협회 36
황몽은黃夢恩 14
황민화 체제 364
황민화皇民化정책 364
〈황실가〉 116
황진남黃鎭南 192, 269
황학수黃學秀 337
흥사단興士團 129, 154, 172, 175, 176, 181,
186, 259, 274, 287, 290, 292, 297, 334,
343, 364, 368, 372
흥사단기 179
흥사단 깃발 179, 181
흥사단 국내지부 265
흥사단 약법 177, 183
흥사단 원동위원부 178, 259, 261, 263,
264, 287
흥사단 창단 184
흥사단 특별단우 299
흥사단 활동 262, 311